Jeff Jarvis, né en 1954, est un ancien critique de télévision, journaliste et chroniqueur américain. Fondateur d'Entertainment Weekly et animateur de buzzmachine.com, il enseigne également les nouveaux médias à l'école de journalisme de l'Université de New York.

LA MÉTHODE
GOOGLE

JEFF JARVIS

LA MÉTHODE GOOGLE

Que ferait Google à votre place ?

*Traduit de l'anglais (États-Unis)
par François Durel*

ÉDITIONS SW TÉLÉMAQUE

Titre original :
WHAT WOULD GOOGLE DO ?

Pocket, une marque d'Univers Poche,
est un éditeur qui s'engage pour la
préservation de son environnement et
qui utilise du papier fabriqué à partir
de bois provenant de forêts gérées de
manière responsable.

Le Code de la propriété intellectuelle n'autorisant, aux termes de l'article L. 122-5, 2° et 3° a, d'une part, que les « copies ou reproductions strictement réservées à l'usage privé du copiste et non destinées à une utilisation collective » et, d'autre part, que les analyses et les courtes citations dans un but d'exemple et d'illustration, « toute représentation ou reproduction intégrale ou partielle faite sans le consentement de l'auteur ou de ses ayants droit ou ayants cause est illicite » (art. L. 122-4).
Cette représentation ou reproduction, par quelque procédé que ce soit, constituerait donc une contrefaçon, sanctionnée par les articles L. 335-2 et suivants du Code de la propriété intellectuelle.

© 2009 by Jeff Jarvis
© Éditions SW Télémaque, 2009, pour la traduction française
ISBN : 978-2-266-21621-0

Pour Tammy, Jake et Julia

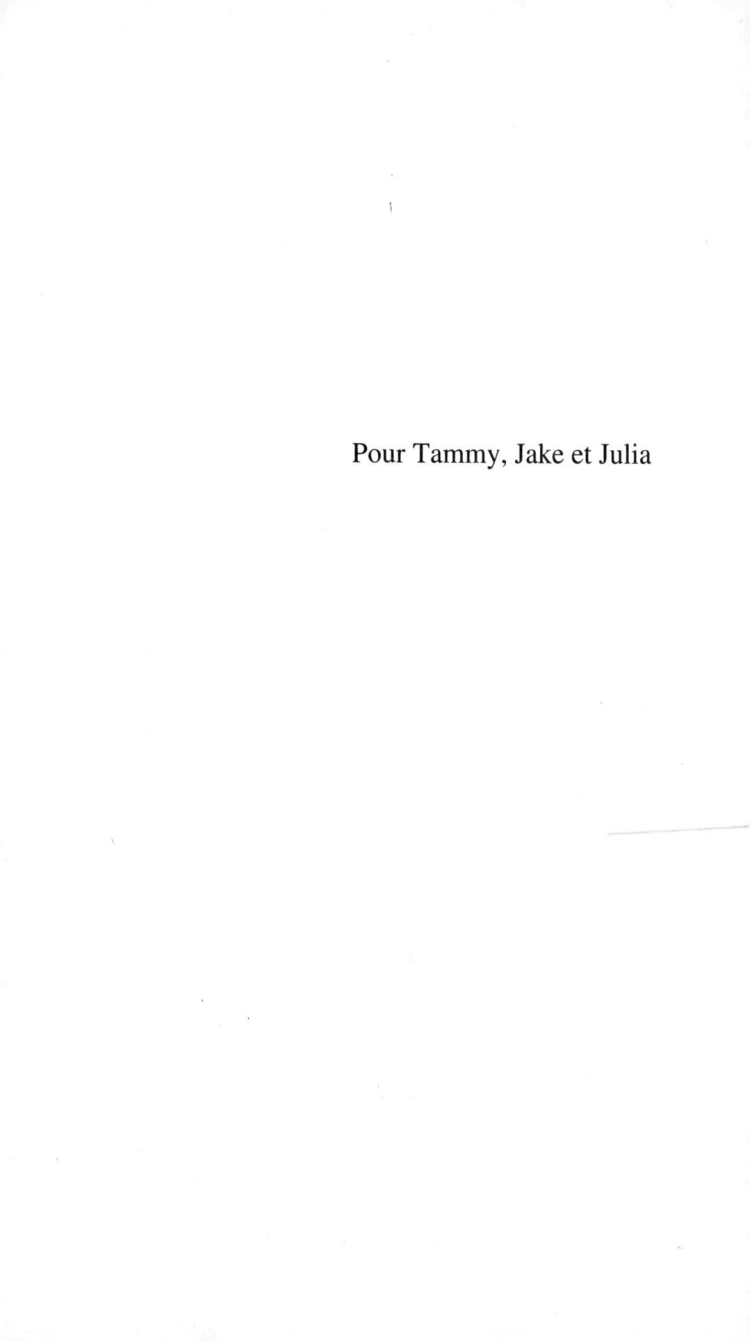

SOMMAIRE

Introduction, Stéphane Distinguin 13
Préface, Franck Riboud 17

Avertissement de l'auteur 19
WWGD ? (What Would Google Do ?) 21

Les lois de Google 31
Des relations renouvelées 33
*Donnez le pouvoir aux clients
   et ils le prendront* 33
Dell, c'est l'enfer 35
Votre pire client est votre meilleur ami 50
*Votre meilleur client
   est votre partenaire* 55
De nouvelles organisations 58
Les liens qui changent tout 58
*Concentrez-vous sur ce que vous faites
   le mieux et faites des liens vers le reste* ... 62
Entrez dans un réseau 65
Devenez une plate-forme 76
Pensez « distribué » 84

Une nouvelle diffusion 92
  *Si on ne peut pas vous chercher,
    on ne vous trouvera pas* 92
  Tout le monde a besoin de l'effet Google . 96
  *Tout se fait au grand jour :
    la vie privée et les affaires* 102
  Vos clients sont votre agence de publicité 104
Une nouvelle entreprise 108
  Une organisation élégante 108
Une nouvelle économie 120
  Les petits sont les nouveaux gros 120
  L'économie de l'abondance 127
  *Entrez dans l'économie gratuite
    de l'Open Source* 132
  *Les marchés de masses sont morts.
    Vive les masses de niches* 139
  Google simplifie tout 149
  Bienvenue dans la Google économie 152
Les nouvelles réalités des affaires 156
  Les atomes sont des freins 156
  Les intermédiaires sont morts 163
  La gratuité est un modèle d'affaires 171
  À vous de choisir votre business 178
Des comportements nouveaux 183
  Le contrôle et la confiance s'inversent 183
  Vox populi, vox Dei 186
  Mettez-vous à l'écoute 194
Une nouvelle éthique 200
  Plantez-vous en beauté 200
  La vie est une version bêta 204
  Soyez honnête 208
  Soyez transparent 212
  Collaborez 214

Ne soyez pas diabolique 216
Un nouveau rythme 223
Les réponses sont immédiates 223
Vivre en temps réel 227
Les foules se forment en un instant 230
De nouveaux impératifs 234
Méfiez-vous de la politique de l'autruche . 234
Encouragez, développez
et protégez l'innovation 238
Surtout faites simple 246
Restez dans l'ombre 250

Si Google régnait sur le monde 255
L'industrie des médias 261
The Google Times : les journaux
sans papier 261
Googlewood : ouvert au divertissement 277
GoogleCollins : tuer le livre
pour mieux le sauver 290
La publicité 308
Et maintenant, une page de publicité 308
La distribution 324
Google Cafétéria : un commerce
fondé sur l'ouverture 324
Google Shopping : une entreprise fondée
sur les gens 332
Énergie et Télécom 343
Google Énergie : ce que ferait Google 343
Google Telecom : ce que Google
devrait faire 351
Industrie 363
La Google Mobile : du culte du secret
au partage 363

 *Google Cola : nous sommes
  plus que des consommateurs* 375
Services 385
 Google Air : un réseau social de clients ... 385
 *Google Immobilier : le pouvoir
  de l'information* 393
Argent 400
 *Google Investissement : l'argent
  crée les réseaux* 400
 *Google Banque : les marchés mais
  pas les intermédiaires* 412
Santé publique 420
 Hôpital Saint-Google 420
 *Mutuelle Google : travailler
  en coopération.* 429
Service public 440
 *Google Université : des enseignements
  ouverts* 440
 *Les États-Unis de Google : les geeks
  font la loi* 456
Exceptions 463
 *Les agences de relations publiques
  et les avocats : sans espoir* 463
 Dieu et Apple : au-delà de Google 471

Génération G 479

Pour continuer la conversation 387

Remerciements 389

Postface 393

INTRODUCTION

Je me souviens de mes premiers clics sur Google. La bulle était déjà là et pourtant, en quelques mois, Google est devenu « la référence », assumant vite et bien deux ambitions folles : « organiser et donner accès à la connaissance du monde » et « faire le bien », en tout cas, ne surtout jamais faire « le mal ».

La page Google est restée la même et pourtant tout a changé : Time Warner oublie AOL, Yahoo est une vieille fille à marier, France Telecom s'appelle Orange, Sun, l'autre miracle de Stanford qui a donné son CEO à Google, ne brille plus que pour Oracle, Microsoft ne fait plus peur et Apple, mieux que le Sphinx, est plus fort et riche que les plus grands fans de la pomme ne l'auraient jamais imaginé.

Google n'a que dix ans et collectionne les records (100 000 milliards de pages Web indexées, 200 milliards de capitalisation boursière, le plus grand parc au monde de serveurs, plus de 20 000 employés...) mais le plus surprenant reste sans doute la rapidité et l'aspect « explosif » de sa croissance.

En tant qu'entrepreneur candide, on doit se comparer à cette réussite insensée pour se contenter fièrement de son « jardin » ou partir à la recherche de son eldorado. Google est donc à la fois le navire et le nouveau monde, le modèle dynamique et l'objectif à atteindre.

En 2003, je créais faberNovel, presque dans un garage ; faberNovel, c'est Google sans le moteur de recherche, sans les milliards, sans la Californie !... Plus sérieusement, faberNovel développe un modèle original de designer de nouveaux services : notre mission est l'innovation déléguée, nous alignons les concepts, les talents, les technologies et le marché, pour permettre à nos clients, de la start-up aux groupes industriels, de créer des prototypes ou des entreprises innovantes, de définir et réussir leur stratégie d'innovation et de développement. Nous sommes ce que les Américains modélisent déjà sous le terme de « lifestyle company » : une entreprise dont le cœur du système réside dans la réunion de personnes aussi compétentes qu'enthousiastes pour répondre à des défis qui changent sans cesse, en privilégiant la démarche et le bien-être des contributeurs internes et externes. Chez faberNovel, plus grenouille (frog !) que bœuf par culture et vocation, nous partageons néanmoins le modèle de développement « organique » et admirons la « martingale de Mountain View ». L'innovation est avant tout l'occasion de rebattre les cartes et mieux, de changer les règles du jeu, elle ne s'anticipe que très difficilement, il faut donc assurer avant toute chose les conditions qui la rendent possible. Une invention doit être utile et l'ouverture et le partage sont les meilleures garanties d'une entreprise qui doit aller vite et privilégier son karma dans un écosystème en mouvement permanent.

C'est pour cela qu'en 2008, dans le cadre de nos activités d'analyse, nous avons voulu partager avec le plus grand nombre notre perception du modèle Google et voir en quoi et comment il était réplicable, généralisable à d'autres entreprises qui évoluaient sur Internet. Il s'agissait aussi de redonner une vision « cohérente » à cette entreprise tentaculaire qui est la première à avoir compris et mis en pratique la dynamique du Web où tout est flux. Par l'application de six grands principes, Google définit les facteurs clés de succès d'une « net company » : « scalabilité », effets de réseau, données, ouverture, cocréation, modèle économique. Plus généralement, nous voyons aussi dans cette réussite le modèle de l'innovation ouverte où la quantité est toujours à privilégier sur la qualité…

C'est alors que nous avons rencontré Jeff Jarvis. Journaliste, bloggueur, universitaire, ce spécialiste des nouveaux médias est allé beaucoup plus loin dans l'exercice : il applique la « méthode Google » aux autres industries, imaginant une voiture conçue par ses conducteurs, une université mondiale où les élèves créent leur parcours scolaire, une compagnie aérienne nourrie par un réseau social ou encore un restaurant open source. Il passe ainsi au crible toute une série d'industries et d'institutions qui seront bientôt contraintes de se remettre en question.

Et comme cette remise en question, cette course à la connaissance qui n'avance que par l'action, le faire de faber vers le nouveau, le novel que nous visons, nous avons naturellement décidé avec nos amis des éditions Télémaque de nous lancer dans cette entreprise, a priori surprenante quand on vient de l'Internet, d'« édition de livres en papier ». Nous avons ainsi appliqué la « méthode Google » : s'ouvrir à de nouveaux métiers pour apprendre et partager ce qu'on peut apporter de son métier d'origine, rester cohérent dans sa mission pour grandir.

Mais maintenant, place à l'introduction de cette méthode par un de nos rares modèles français, Franck Riboud, qui transforme Danone, et avec cette entreprise, le paysage industriel français. Que ce soit dans les alicaments ou encore plus récemment avec danone.communities en trouvant un sens profond à l'innovation pour le plus grand nombre au Bangladesh avec le Prix Nobel Muhamad Yunus, nous n'avons pas su trouver – sur Google ou ailleurs – meilleur champion de l'économie dite classique pour éclairer un modèle digital que Jeff Jarvis rend universel !

Stéphane DISTINGUIN
Fondateur et gérant de faberNovel

PRÉFACE

Danone UK, la filiale de Danone au Royaume-Uni, a été élue début 2009 « *Best Place to Work in the UK* ». En dehors de la joie d'être numéro un de ce classement, les collaborateurs de Londres m'ont récemment expliqué que l'une de leurs plus grandes fiertés était d'avoir détrôné Google. Cette anecdote m'a d'une certaine manière révélé la puissance qu'avait désormais cette entreprise qu'il y a cinq ans personne chez Danone n'aurait sérieusement prise comme référence ou comme benchmark.

Jamais sans doute, en effet, une marque n'aura connu un succès aussi massif et aussi universel en un temps aussi réduit. L'ampleur et la rapidité du phénomène conduisent naturellement à se demander s'il ne marque pas l'entrée des entreprises dans un nouvel ordre économique, fondé sur des règles inédites et une manière radicalement différente d'appréhender la stratégie et les modes de management. Confronté à des marchés plus ou moins englués dans des taux de croissance fragiles et poussifs, le chef d'entreprise « classique » peut être ainsi vite tenté, pour réinventer son business, d'essayer d'imaginer comment Google aurait abordé la situation à laquelle il est confronté. L'exercice est difficile mais il est en même temps salutaire, ne serait-ce que parce qu'il force à changer radicalement de point de vue et à challenger toutes les certitudes. À commencer par celle qui veut que la valeur d'un service ou d'un produit naisse du prix qu'est prêt à payer le consommateur final pour l'acquérir.

En même temps, quand j'essaye rapidement (et un peu superficiellement peut-être) d'analyser le succès de Google, je me dis qu'il a deux vertus principales. La première est de nous réconcilier avec la notion d'expérimentation. Cette notion, avec les tâtonnements et le processus d'essais et d'erreurs qu'elle suggère, est le fondement même de toute innovation de rupture. Dans un monde où l'on n'innove plus que si l'on est sûr de son succès, Google nous rappelle que si l'on veut changer les règles du jeu, on doit construire sa réussite sur le risque de l'expérimentation et pas uniquement sur l'assurance de tests consommateurs qui, invariablement, vous ramèneront vers les sentiers battus et rebattus par vos concurrents.

La deuxième vertu de l'exemple Google est que cette réussite d'un genre nouveau nous invite à redécouvrir la puissance de quelques règles intangibles du management, malheureusement souvent oubliées : la force d'une marque et d'une culture d'entreprise, l'obsession de l'avantage compétitif avec ses challengers, le souci du bien-être et de l'épanouissement des collaborateurs, l'excellence opérationnelle... Ce n'est pas là le moindre des paradoxes et des intérêts de la Googlemania qui agite aujourd'hui le monde du management.

Franck RIBOUD
Président-directeur général de Danone

AVERTISSEMENT DE L'AUTEUR

Dans un souci de transparence, je tiens à vous donner les informations suivantes :

J'ai travaillé de près ou de loin avec la plupart des entreprises que je cite dans ce livre, notamment l'école de journalisme de l'université de la ville de New York, *The Guardian*, Daylife, The New York Times Company, About.com, Advance Publications, Time Warner, Denuo, News Corp. et Burda.

Je possède des actions de quelques entreprises que je cite, notamment Google (j'ai acheté des actions de l'entreprise juste au moment où je terminais mes recherches pour ce livre, ce qui m'a permis de suivre le cours de l'action avec un autre regard. Au moment d'écrire ces lignes, au beau milieu de la crise financière, mon investissement a perdu environ 30 % de sa valeur), Time Warner, Apple, Amazon, Sirius XM et Microsoft. J'ai également fait quelques investissements dans des start-up dont Covestor et 33Across. J'ai siégé à un conseil d'administration de Publish2. J'ai eu plusieurs fois l'occasion de conseiller des start-up dont Technocrati, Outside.in et Meetup.

Je fais de la publicité sur mon blog et j'en tire des revenus grâce à Google AdSense et BogAds.

Je tiens cette liste d'informations à jour sur mon blog à la rubrique Buzzmachine.com/about-me.

WWGD ?
(WHAT WOULD GOOGLE DO ?)

Aucune entreprise, aucun dirigeant ni aucune institution ne semblent réellement comprendre comment survivre et prospérer à l'ère de l'Internet.
Excepté Google.

Alors que Google affronte de nombreux défis, nous sommes en droit de nous demander : quelle est donc la méthode Google ?

En matière de management, de commerce, d'information, de média, d'industrie manufacturière, de marketing, d'industrie de service, d'investissement, de politique, de gouvernement voire même d'éducation ou de religion, répondre à cette question constitue une clé pour naviguer dans un monde qui a changé du tout au tout, et pour toujours.

Ce monde est sens dessus dessous, bouleversé, contre-intuitif et trompeur. Qui aurait pu imaginer qu'un service gratuit de petites annonces aurait pu affecter en profondeur et de façon durable toute l'industrie de la presse papier et que des gamins munis de caméras et de connexions Internet rassembleraient plus d'audience que les chaînes du câble ? Qui aurait cru que derrière des claviers des individus feraient tomber des hommes politiques ou des entreprises et que des chômeurs créeraient des entreprises valant des milliards ? Ils ne l'ont pas fait en transgressant les lois, mais en mettant en œuvre les nouvelles règles d'une nouvelle ère, au nombre desquelles :

– Aujourd'hui, les clients ont le pouvoir. Ils peuvent se faire entendre tout autour du globe et déstabiliser d'immenses institutions en un instant.
– Les gens, où qu'ils soient, peuvent se retrouver et se rassembler instantanément autour de vous – ou contre vous.
– Les marchés de masses sont morts, remplacés par des masses de niches.
– « Les marchés sont des conversations » a décrété en l'an 2000 le *Manifeste des évidences*[1], travail initiateur de l'ère de l'Internet. Cela signifie qu'aujourd'hui dans une organisation, la compétence-clé n'est plus le marketing mais le dialogue.
– Nous sommes passés d'une économie fondée sur la rareté à une économie fondée sur l'abondance. Le contrôle des produits ou de la distribution n'est plus une garantie d'exclusivité ou de bénéfice.

---

1. Accessible en français sur http ://www.cluetrain.com/manifeste.html.
Toutes les notes sont du traducteur.

– Permettre aux clients de collaborer avec vous – dans les phases de création, de distribution, de marketing et de support des produits – c'est ce qui crée un avantage comparatif sur le marché d'aujourd'hui.

– Les entreprises qui actuellement connaissent la plus grande réussite sont des réseaux – qui font aussi peu de profit que possible pour grossir autant que possible – ainsi que les plates-formes sur lesquelles sont construits ces réseaux.

– Posséder des tuyaux, de la main-d'œuvre, des produits, voire même de la propriété intellectuelle n'est plus la clé du succès. La clé du succès, c'est l'ouverture.

Les fondateurs et les dirigeants de Google ont compris le changement apporté par Internet. C'est pour cette raison qu'ils connaissent une telle réussite et détiennent tant de pouvoir, étant à la tête de ce que le *Times* de Londres a appelé « l'entreprise au développement le plus rapide de l'histoire du monde ». Il en est de même pour quelques capitalistes de rupture et quelques « quasi-entrepreneurs » tels que Mark Zuckerberg, le fondateur de Facebook, Craig Newmark, qui se présente lui-même comme le fondateur et responsable du service client – c'est très sérieux – de Craigslist, Jimmy Wales, le cofondateur de Wikipedia, Jeff Bezos, le fondateur d'Amazon, et Kevin Rose, le créateur de Digg. Ils ne voient pas le monde avec le même œil que nous et prennent donc des décisions différentes. Celles-ci n'ont aucun sens au regard d'anciennes règles suivies par les industries du passé, et désormais balayées par ces nouvelles méthodes et ces nouveaux penseurs.

La réponse sensée à apporter à tout ce changement consiste à se demander ce que ces innovateurs – ce que Mark, Craig, Jimmy, Jeff, Kevin et, naturellement, Google – feraient. Généreusement, Google partage sa propre philosophie sur son site Web où elle expose « la philosophie d'entreprise de Google en dix points ». Ce sont des vérités qui tombent sous le sens, telles qu'on en trouve dans les présentations PowerPoint servant à l'endoctrinement des employés. Et c'est particulièrement nécessaire quand le nombre d'employés augmente de 50 % en une seule année – jusqu'à 16 000 fin 2007 et 20 000 avant la fin de l'année suivante. « Rechercher l'intérêt de l'utilisateur et le reste suivra », décrète Google… « Mieux vaut faire une seule chose et la faire bien… Toujours plus vite… Il est possible de gagner de l'argent sans vendre son âme au diable… La masse d'informations continue de croître… Le besoin d'informations ne connaît aucune frontière. » Tout ceci est utile mais ne nous dit pas tout. On peut en apprendre davantage en regardant Google.

La question que je pose dans le titre de ce livre propose de penser autrement, d'affronter de nouveaux défis, de résoudre les problèmes par des solutions nouvelles, de considérer de nouvelles opportunités et d'envisager un nouveau regard porté sur la structure de l'économie et de la société. J'essaie de regarder le monde comme Google le regarde, en analysant et en disséquant son succès, à distance, pour que nous puissions appliquer à nos entreprises, à nos institutions et à nos carrières ce que Google nous apprend. Ensemble nous allons faire le *reverse ingeneering* de Google. Vous pouvez appliquer cette même méthode à d'autres concurrents, entreprises et dirigeants dont vous admirez la réussite incompréhensible à vos yeux. En fait, vous devez le faire.

Google est notre modèle pour penser autrement parce que son succès est particulièrement remarquable. Hitwise, qui mesure l'audience sur Internet, nous apprend qu'en 2008, 71 % des recherches aux États-Unis et 87 % au Royaume-Uni se faisaient sur Google. D'après Attributor, grâce à l'acquisition de DoubleClick en 2008, Google contrôlait 69 % du marché des serveurs de publicité et, d'après IDC, 24 % des revenus publicitaires en ligne. En 2008, au Royaume-Uni, les revenus publicitaires de Google ont crû plus vite que ceux de la plus grande chaîne de télévision commerciale, ITV. On s'attend d'ailleurs à ce qu'ils dépassent les revenus publicitaires cumulés de tous les journaux nationaux britanniques. Et l'explosion continue. L'audience de Google a augmenté de 22,4 % en un an. Google ne nous dit plus combien de serveurs elle utilise – certaines estimations sont autour d'un million. Elle a cessé de révéler le nombre de pages actuellement sous sa surveillance, mais à ses débuts en 1998, elle avait indexé 26 millions de pages. Dès l'an 2000, elle en suivait un milliard, et à la mi-2008 elle affirmait suivre un milliard de milliards d'adresses Web. D'après le classement Top 100 établi par Millward Brown BrandZ, Google est la première marque du monde.

En comparaison, Yahoo et AOL, les deux précédents souverains du royaume d'Internet, semblent bien dépassés. Ils jouent encore avec les règles anciennes. Ils contrôlent les contenus et la distribution et pensent qu'ils peuvent avoir les clients, les relations et l'attention.

Ils créent des destinations et s'enorgueillissent de croire que les clients devraient venir à eux. Ils consacrent une grande part de leurs revenus au marketing afin d'attirer les gens chez eux et ils s'acharnent ensuite à les retenir. Yahoo est le dernier industriel de l'ère des médias du passé.

Google est la première entreprise de l'ère post-média. À la différence de Yahoo, Google n'est pas un portail. C'est un réseau et une plate-forme. Google pense selon des modes distribués. Elle va vers les gens. Il y a des bouts de Google éparpillés sur la totalité du Web. Environ un tiers des revenus de Google – on s'attend à ce qu'ils s'élèvent à 20 milliards de dollars en 2008 – est engrangé non pas sur Google.com mais sur des sites répartis dans tout l'Internet. Voici comment Google s'y prend : la boîte Google AdSense sur la home page de mon blog, Buzzmachine.com, fait de moi un acteur de l'empire Google. Google me rémunère pour ces publicités et m'envoie des lecteurs au moyen de son moteur de recherche. Google récolte les lauriers en offrant à la vue de ces mêmes lecteurs davantage de ses publicités, qu'elle peut mieux cibler, rendre plus efficaces et plus rentables, car elle sait de quoi parle mon site. J'ai eu recours à Google car Google m'aide à faire ce que je veux faire.

En retour, je participe à la diffusion de Google en installant ses publicités sur mes pages, en incluant des vidéos de YouTube, des Google Maps et des boîtes de recherche Google sur mon blog. Quand je crée un lien vers une autre page sur Internet, j'aide Google à comprendre ce que contient cette page et quelle est sa popularité. Je rends Google plus intelligent. Avec nos clics et nos liens, c'est ce que nous faisons tous. Google est assez astucieuse pour organiser ce savoir et en tirer avantage. Elle exploite l'intelligence collective. Google nous fait confiance. Enfin, c'est le cas pour la plupart d'entre nous, à l'exception de ces satanés spammeurs – mais Google a les moyens de dénicher ces quelques individus diaboliques qui se cachent parmi nous. Google s'est rendu compte que nous sommes des individus qui vivent dans un univers presque infini de communautés d'intérêt, d'information, de localisation. Google ne nous traite pas comme une masse, mais a compris que l'économie est faite d'une masse de niches – c'est-à-dire que le petit est le nouveau grand. Google ne se considère pas comme un produit. C'est un service, une plate-forme, un outil pour donner des moyens aux autres qui, jusqu'à preuve du contraire, ne connaît pas de limites.

Aussi difficile à imaginer que ce soit aujourd'hui, Google pourrait échouer. Elle pourrait grossir de manière trop désordonnée pour fonctionner efficacement. Ainsi, d'après certaines rumeurs internes dont j'ai eu l'écho, il est de plus en plus difficile de faire aboutir rapidement un projet car la taille de l'entreprise est devenue trop importante. Google pourrait imposer, en se développant, une domination telle que les régulateurs publics tenteraient de l'arrêter. En 2008, le Département de la Justice des États-Unis a engagé un avocat expérimenté. Il l'a chargé d'enquêter sur l'accord commercial permettant à Google d'afficher ses publicités sur Yahoo et sur la prédominance de Google sur le marché de la publicité (il faut noter que

Google a gagné une telle position avec le plein accord de Yahoo, de la presse et des agences de publicité). Google pourrait aussi atteindre une importance telle qu'il lui deviendrait difficile de se développer davantage, ce qui est déjà en train de devenir le cas. Google pourrait perdre notre confiance dès lors qu'elle utiliserait à tort les données personnelles qu'elle possède à notre sujet ou qu'elle déciderait de se servir de notre état de dépendance croissante comme d'un goulot d'étranglement pour nous facturer ses services (comme le font les câblo-opérateurs, les opérateurs de télécommunications et les compagnies aériennes). Elle pourrait s'égarer ou simplement s'engager sur la voie du fiasco. Quand Gmail a connu un rare moment de dysfonctionnement, Eric Schmidt, le P-DG de Google, l'a rappelé au monde : « Nous ne sommes pas parfaits. »

Ne vous obstinez donc pas à essayer d'être Google, à singer ce que fait Google. Le propos de ce livre va au-delà de Google et de ses règles, au-delà de la technologie et des affaires. Son objectif est de voir le monde comme Google le voit, de vous permettre d'acquérir une nouvelle vision du monde, qui vous soit propre, et de voir différemment. En ce sens, ce n'est pas un livre à propos de Google. C'est un livre à propos de vous. Il s'intéresse à votre monde, comment vous le sentez changer, et comment vous pouvez en tirer profit. Il est difficile de citer une industrie ou une institution – que ce soit des publicitaires, des compagnies aériennes, des distributeurs, des constructeurs ou des revendeurs automobiles, des marques grand public, des entreprises informatiques, des maisons de couture, des opérateurs de télécommunications, des câblo-opérateurs, des politiciens briguant un mandat, des gouvernants ou des professeurs d'université – qui ne devrait pas se demander : que ferait Google à ma place ?

Dans la première partie de cet ouvrage, je vais tenter de vous aider à répondre à cette question concernant votre propre monde, en transposant la philosophie de Google en un corpus de lois vous permettant de vivre et de mener vos affaires dans n'importe quel secteur de la société. Puis, dans la deuxième partie, je montrerai à l'appui d'exemples que ces lois peuvent s'appliquer dans de nombreuses entreprises, industries et institutions. Je présenterai chacun d'eux comme un exercice permettant de penser et d'agir différemment. Enfin, j'examinerai comment la *pensée Google* influe sur nos vies et sur la future Génération Google. Nous allons commencer par examiner les nouvelles structures de pouvoir dans la société et l'économie dont nous, le bas peuple, sommes maintenant devenus responsables – grâce à Google.

Les lois de Google

DES RELATIONS RENOUVELÉES

*Donnez le pouvoir aux clients et ils le prendront
Dell, c'est l'enfer
Votre pire client est votre meilleur ami
Votre meilleur client est votre partenaire*

Donnez le pouvoir aux clients et ils le prendront

Avant d'aborder les lois de Google, permettez-moi de commencer par une première loi issue d'une expérience personnelle et apprise sur Internet :

Donnez le pouvoir aux clients et ils le prendront. Ne le faites pas, et vous les perdrez.

C'est une loi capitale en cette ère nouvelle de l'Internet. Auparavant, les puissants – entreprises, institutions et gouvernements – pensaient avoir le contrôle. Et ils l'avaient. Mais ce n'est plus le cas aujourd'hui. L'Internet nous permet de parler à la planète entière, de nous organiser, de trouver et de diffuser de l'information, de défier le monde d'autrefois. En un mot, de reprendre le pouvoir.

Prendre le contrôle est une chose naturelle. Qui ne désire pas être maître de son travail, de ses affaires, de son foyer, de son temps et de son argent ? Votre vie vous appartient. Pourquoi donneriez-vous le contrôle à quelqu'un d'autre si vous n'avez pas à le faire ? Et, une fois le contrôle perdu, vous le reprendrez dès que vous en aurez l'occasion. C'est parce que nous possédons cette capacité à contrôler que, de nos jours, nous nous énervons lorsqu'il nous faut attendre en ligne le service informatique ou, à la maison, le technicien du câble, ou, à l'aéroport, patienter pour arriver au bon terminal. C'est pour cette raison que l'on invective les entreprises sur le Web. Parce que, aujourd'hui, nous en avons le pouvoir. Mais c'est aussi la raison pour laquelle, lorsqu'on nous traite avec respect et qu'on nous donne le pouvoir, nous, clients, pouvons être généreux et utiles.

Nombre de bons ouvrages ont déjà salué l'arrivée de cette ère nouvelle, celle du pouvoir aux mains des clients. Dans ce livre, nous demandons : que devez-vous faire de ce pouvoir ? En quoi ce changement va-t-il modifier la façon dont les entreprises, les institutions et les managers travaillent ? Comment y survivre ? Comment en tirer profit ? La réponse – qui est la première leçon de ce livre, et la plus importante – est la suivante : les entreprises doivent savoir qu'elles tireront de grands avantages à donner le pouvoir à leurs clients. Donnez-nous le pouvoir, nous l'utiliserons et vous en tirerez profit.

Dell, c'est l'enfer

Voici une première étude de cas de la loi de Jarvis, qui nous met en scène, Dell et moi-même. Mais cette histoire n'est pas celle du client furieux que j'étais. Cette histoire raconte la transformation de Dell, qui a su passer du pire au meilleur en entrant dans l'ère du pouvoir du client. Dell a longtemps été l'exemple-type de ce qu'il ne faut pas faire. Puis l'entreprise a évolué pour devenir le modèle de ce que toute entreprise devrait faire.

Après avoir quitté mon travail de directeur média et renoncé à mes frais de représentation, j'ai dû acheter un nouvel ordinateur portable. J'ai acheté un Dell parce qu'il n'était pas cher et que Dell avait la réputation d'avoir un bon service client. Pour être entièrement rassuré, j'ai même pris l'option de maintenance à domicile.

J'ai eu des problèmes dès la première mise en route de la machine. Je vous épargne les détails infernaux de mes aventures avec mon portable, c'est à dormir debout. Bref, ce portable a connu un nombre de bugs hallucinant, et j'ai passé un temps fou à les résoudre, pendu au téléphone pendant je ne sais combien d'heures avec des techniciens qui se trouvaient à l'autre bout de la planète. Bien qu'ayant payé pour le SAV à domicile, j'ai dû renvoyer la machine plusieurs fois en usine pour découvrir un nouveau problème à chaque fois qu'elle revenait. J'avais fini par avoir peur d'appeler Dell : il fallait repartir de zéro à chaque fois et c'était un vrai supplice. À en devenir fou.

En juin 2005, en dernier recours, ne sachant plus à quel saint me vouer, j'ai fini par écrire une note sur mon blog, intitulée « Dell, ça craint[1] ». Ce n'est pas aussi anodin que ça y paraît. En effet, en tapant n'importe quel nom de marque dans Google, suivi de l'expression « ça craint », vous trouverez l'ensemble des avis de clients mécontents de cette marque. Je voulais ajouter mon grain de sel à la sagesse populaire – ce que Google me permettait désormais de faire. Je voulais prévenir le prochain client potentiel qui aurait eu l'intelligence de chercher « Dell ça craint » sur Internet avant de cliquer sur le bouton « acheter » (ce que j'aurais moi-même dû faire d'abord, car l'information était bien là, sur Google – tout ce que j'avais à faire, c'était prendre la peine de la chercher). Il y avait déjà quelques millions de résultats pour « Dell ça craint ». Le mien n'en était qu'un parmi tant d'autres. Je ne pensais pas que cela me servirait à résoudre mon problème, ni que cela m'apporterait quoi que ce soit. Mais j'ai pu me défouler, et cela m'a fait du bien. Si j'avais su que publier cette note sur mon blog serait l'étincelle qui embraserait un tel mouvement d'opinion et un tel déferlement de communiqués officiels, j'aurais peut-être été plus modéré dans mes propos. Mais, que voulez-vous, j'étais énervé. Voici le texte publié sur mon blog :

---

1. En anglais, « Dell sucks ».

Je viens d'acheter un nouveau portable, chez Dell, et j'ai payé une fortune pour le SAV à domicile pendant quatre ans.
Cette machine est une daube et on vous ment sur le service. J'ai des tonnes de problèmes matériels : la machine chauffe, le réseau ne marche pas et surcharge le processeur. C'est une daube.
Mais ce qui me sort par les yeux c'est qu'ils me disent que s'ils envoient quelqu'un chez moi – alors que j'ai payé pour ce service – il n'aura pas les bonnes pièces détachées, donc ils me demandent de renvoyer la machine et de m'en passer pendant une semaine ou plus – sans compter le temps de transport de cette merde. J'ai acheté cette nouvelle machine et je les ai payés pour qu'ils viennent LA RÉPARER À LA MAISON, bordel, ils ne le font pas et je n'ai plus de portable pendant 15 jours.
DELL CRAINT, DELL MENT. Mettez ça dans votre Google et allez vous faire foutre, Dell.

Il s'est passé une chose incroyable. Quelques personnes, puis de plus en plus, des dizaines et des centaines et peut-être même des milliers de personnes sont venues à ma rescousse et ont hurlé « Regardez ce qu'il dit » ! Elles ont laissé des commentaires sur mon blog. Elles en ont posté sur d'autres blogs en faisant des liens vers le mien. Mon histoire s'est propagée comme une traînée de poudre, elle a été lue par des milliers, des millions de gens, peut-être même plus. Elle a fait grossir l'anti-fan club de Dell. Je recevais des mails où les gens me décrivaient leurs déboires avec Dell en y mettant des détails croustillants – d'ailleurs certaines personnes m'écrivent toujours aujourd'hui.

Cette histoire a continué à vivre sa vie. Les liens menaient vers d'autres liens et vers des discussions portant plus généralement sur les blogs, les clients et les entreprises. Nous autres, blogueurs, avons fini par décréter que c'était un test : est-ce que Dell lit les blogs ? Est-ce que Dell écoute ? Dwight Silverman, qui tient la chronique « Technologie » du *Houston Chronicle*, a fait son boulot de journaliste. Il a appelé Dell pour leur demander quelle était leur politique en matière de blogs. La représentante officielle lui a répondu : « On les regarde, mais on n'y participe pas. » La porte-parole de Dell a ajouté que si les clients voulaient parler à Dell, ils devaient le faire *via* le site de l'entreprise, en suivant les conditions imposées. Mais les clients parlaient déjà dans le dos de Dell, en appliquant leur propre méthode.

Rapidement, sur Google, les notes de mon blog sont apparues de plus en plus haut dans les résultats de recherches sur Dell, jusqu'à atteindre la fameuse première page, quelques lignes seulement sous le lien du site officiel de Dell. Les commentaires portant sur la note que j'avais mise en ligne commençaient à faire de l'ombre à la marque Dell.

À peu près au même moment, les indicateurs de Dell ont commencé à chuter. La satisfaction client baissait. Le chiffre d'affaires décevait les analystes. Le cours en bourse a plongé et l'action a fini par perdre la moitié de sa valeur pendant la durée de toute cette histoire. Ce n'était pas totalement ma faute. Je jure que je n'y étais pour rien. Bien que certains m'aient encensé et d'autres blâmé pour avoir terrassé Dell, il ne faut rien exagérer. Je n'ai fait qu'une petite chose. Tout ce que j'ai fait, c'est écrire une note sur mon blog qui est devenue un point de rencontre pour d'autres clients déçus par Dell, comme moi. Ils se tiennent maintenant derrière moi, ils brandissent des fourches et des torches, rassemblés grâce au pouvoir de cristallisation d'Internet, des blogs et de Google. Ce sont tous ces gens-là – et pas seulement moi – qui auraient dû retenir l'attention de Dell, des analystes et des journalistes qui ont couvert l'événement. Ce sont eux qui racontaient l'histoire vraie de ce qui arrivait à Dell.

En août 2005, deux mois après le début de mon enfer avec Dell, *Business Week* a rapporté l'histoire dans la presse papier. Sous le titre « Dell : dans la blogosphère », le magazine écrivait : « Le bruit court dans le milieu de l'industrie informatique que le service client de Dell fait des bourdes – ce qui est confirmé par une étude de l'université du Michigan datée du 16 août qui montre une baisse importante de la satisfaction client depuis un an. La dernière chose dont Dell avait besoin, c'est que quelqu'un transforme le problème du service client en cause célèbre. Ce type s'appelle Jeff Jarvis. »

Entre-temps, je m'étais arrangé pour me faire rembourser mon portable, sans que cela ait aucun lien avec mon blog. J'avais envoyé un e-mail au directeur marketing de l'entreprise et, en bon râleur, au responsable de la déontologie. J'ai été contacté par une dame charmante et patiente dont le boulot consistait à parler avec les empêcheurs de tourner en rond qui arrivaient à contacter les directeurs généraux. Elle m'a appelé pour me proposer son aide. Je vous le donne en mille : je l'ai eue en ligne sur mon téléphone portable, juste au moment où j'étais dans un magasin d'informatique en train d'acheter un Mac. Elle m'a proposé de me fournir un nouvel ordinateur en échange de mon portable Dell. Je lui ai répondu que je n'avais plus confiance dans les produits et les services de Dell et que je voulais simplement être remboursé. Ce qu'elle a fait.

C'est ainsi qu'au cours de ce mois d'août, j'ai renvoyé ma machine, et je croyais clos le chapitre de mes aventures avec Dell. Dans l'optique de ce que je pensais être le dernier acte de ma saga électronique, j'ai posté sur mon blog une lettre ouverte à Michael Dell[1] en lui proposant des conseils sincères. Je croyais qu'ils pourraient lui être utiles à propos des blogueurs et des clients, qui forment aujourd'hui une seule et même personne.

Votre satisfaction client s'effondre, votre part de marché diminue et le cours de votre action chute.
Permettez-moi de vous expliquer pourquoi, du point de vue du client que je suis... En résumé, un bon de réduction m'a sans doute incité à acheter un Dell, mais vos produits sont des daubes et votre service client a été consternant.
Je tape ce message avec un PowerBook d'Apple. J'ai acheté deux autres Mac pour la maison.

---

1. Le P-DG fondateur de Dell.

Mais vous n'avez pas seulement loupé trois ventes de PC et perdu ma clientèle.
Aujourd'hui, quand on perd un client, on ne perd pas seulement ce client. Vous risquez aussi de perdre les amis de ce client. Et grâce à l'Internet, aux blogs et aux outils qui permettent aux clients de donner des notes aux services et de faire des commentaires, vos clients ont des masses d'amis dans le monde entier.

J'ai évoqué les autres clients, ceux qui n'avaient pas parlé de leurs problèmes. Je lui ai suggéré d'embaucher des stagiaires – ou mieux, des directeurs généraux – chargés de lire ce qui se disait sur son entreprise dans la blogosphère. Je lui ai également signalé que la presse à grand tirage, y compris *Business Week*, s'était emparée du sujet. *Fast Company Magazine* a même parodié les publicités de Dell et transformé les plaintes des clients sur l'Internet en un slogan : « Vous vous êtes fait Dell-é ».

Mais mon histoire préférée, que j'ai aussi rapportée dans ma lettre ouverte à Michael Dell, m'a été racontée par Rick Segal, un blogueur qui travaille dans le capital-risque à Toronto. Il explique que dans la cafétéria de la banque où il travaille il a entendu deux caissières discuter de mon aventure avec Dell. Elles avaient été mises au courant de l'affaire grâce à la diffusion aisée que connaît l'information en ligne. Rick Segal rapporte la scène sur son blog :

Caissière 1 : « J'allais acheter un nouveau Dell mais j'ai hésité à cause de ce qui est arrivé à Jeff Jarvis et de l'épreuve infernale par laquelle il a dû en passer avec leur service client. »

Caissière 2 : « Oui, oui, je sais, l'informaticien m'en a parlé... »

Rick Segal donne même un avis très personnel à propos de Dell. « En conclusion : beaucoup d'entreprises [sans doute veut-il parler de Dell] prétendent que les "clients moyens" ou encore "la plus grande partie des clients" ne regardent/lisent pas les blogs. Donc, on n'y fait pas attention et on continue. Grossière erreur ! »

Mes conseils adressés à Dell se poursuivaient avec quatre petits trucs simples :

1. Lisez les blogs. Allez sur Technorati, IceRocket, Google, Blogline ou Pubsub (des moteurs de recherche pour les blogs), lancez une recherche sur Dell et lisez ce qu'on dit sur vous. Ôtez-vous de la tête l'idée que ce ne sont que des « blogueurs », des drôles d'oiseaux qui parlent à tort et à travers. Ce sont des clients, votre marché, vos clients – si vous avez de la chance. Ce sont seulement de vrais gens. Vous dépensez sans doute des fortunes en études marketing : enquêtes, « *focus groups* » et groupes de réflexion, tout ça pour découvrir ce que les gens ont dans la tête. Sur les blogs, les gens vous le diront gratuitement. Tout ce que vous avez à faire, c'est les lire. Tout ce que vous avez à faire, c'est écouter.

2. Dialoguez avec vos clients. Un de vos directeurs a dit que vous aviez une politique de lecture sans intervention vis-à-vis des blogs. Comme c'est insultant : vous ignorez donc vos clients ? Vous faites comme s'ils n'existaient pas ? Que diriez-vous si vous aviez payé quelques milliers de dollars et qu'on vous ignorait ? Vous-même, vous n'avez pas l'habitude d'être traité de la sorte. Nous non plus. C'est

mal élevé, un point c'est tout. Ces blogueurs prennent le temps de parler de vos produits, de vos services, de votre marque. Le moins que vous puissiez faire, c'est de les contacter et d'engager le dialogue. Vous en apprendrez plus qu'aucun groupe de réflexion ne pourra vous en apprendre sur ce que le marché pense de vos produits. Mais allez plus loin : demandez à vos clients ce que, d'après eux, vous devriez faire. Vous en retirerez de meilleurs produits et vos ventes n'en seront que meilleures car elles s'adresseront à des clients plus satisfaits, qui pourront même s'entraider, pour autant que vous leur en laissiez la possibilité. Voilà du travail bien fait, messieurs.

3. Les blogs. Si Microsoft, Sun et même General Motors, au nom d'un capitalisme bien compris, permettent à leurs cadres les plus débrouillards d'avoir un blog, pourquoi ne faites-vous pas de même ? Ou, mieux, pourquoi devriez-vous faire de même ? Parce que c'est un gadget ? Non. Parce que ça fera de vous un type cool aux yeux de vos enfants ? Non. Créez un blog parce que cela montrera que vous êtes ouvert, que vous n'avez pas peur – mieux, que vous êtes avide – d'engager le dialogue avec vos clients, les yeux dans les yeux.

4. Mettez-vous à l'écoute de tous les articles négatifs, de tous les blogs qui parlent en mal de vous, de vos conseillers en communication, des plaintes de vos clients, de votre cours de bourse qui s'effondre, de l'échec de votre stratégie de produits discount, et utilisez ce blog pour reconnaître que vous avez un problème. Puis montrez-nous comment vous prévoyez d'améliorer la qualité et laissez-nous vous aider. Faites de meilleurs ordinateurs et embauchez au ser-

vice client des employés véritablement au service des clients.

Je concluais : « Si vous prenez part à la conversation que vos clients tiennent pour l'instant sans vous (…) il n'est peut-être pas trop tard. » Aux dernières nouvelles, il y avait plus de 600 réponses de clients à cette seule note sur mon blog. L'une d'elles disait : « Je ne pensais pas que Dell était tombé si bas que cela touchait la qualité de ses produits. Il y a quelques années, je serais resté dans l'ignorance. Internet est une aubaine pour les clients. »

Je pensais que les choses en resteraient là. Mais huit mois plus tard, en avril 2006, Dell a commencé à faire ce que je lui avais suggéré de faire, ce que d'autres avaient trouvé coûteux et impossible à mettre en œuvre. L'entreprise a demandé aux équipes techniques de contacter les blogueurs dont émanaient des plaintes, en leur proposant de les aider à résoudre leurs problèmes, un par un. Vous devinez ce qui s'est passé : quand les techniciens résolvaient les problèmes des blogueurs, le buzz sur les blogs, en retour, faisait part d'une agréable surprise à l'égard de Dell. La communication négative était devenue positive. Dell découvrit que, contrairement à ce que pensaient les plus sceptiques, ce dialogue direct avec les clients était un moyen efficace d'appréhender les problèmes et de les résoudre.

Au mois de juillet, Dell a lancé son blog, Direct2Dell. Sans tambour ni trompette, sans promotion pour l'entreprise. Mais après quelques semaines, le blogueur en chef de l'entreprise, Lionel Menchaca, s'est mis à dialoguer avec une simplicité et une ouverture d'esprit déconcertantes, en répondant aux critiques adressées à Dell et assurant que « des personnes en chair et en os sont derrière l'écran et vous écoutent ». Il a même évoqué publiquement le cas d'un « foutu portable qui crame » – un ordinateur dont la batterie avait explosé et pris feu de manière très spectaculaire et dont des photos avaient circulé sur Internet (il a aussi rappelé que ce problème avait affecté des ordinateurs de marques différentes). Il a chargé d'autres cadres d'être à l'écoute des clients au sujet des ventes en ligne, du design des produits, et, oui, du service client. Toutes les équipes de l'entreprise se sont réparti la lecture des notes postées sur le blog et les ont commentées. Par la suite, on a donné aux clients la possibilité de noter et d'évaluer les produits – en bien ou en mal – sur le site de Dell. L'entreprise était désormais à l'écoute de ses clients et communiquait avec eux, sur un ton humain et crédible.

En février 2007, Michael Dell a appuyé le lancement de IdeaStorm, un site où les clients pourraient suggérer à Dell quoi faire, en votant et en débattant des idées les plus pertinentes de la communauté. Et voilà : l'entreprise passait de l'écoute à l'action. Les clients réclamaient de Dell qu'elle fasse des portables grand public livrés avec le système Libre Linux à la place de Windows de Microsoft. Les employés de Dell ont beaucoup tergiversé sur ce choix. Mais les clients les ont aidés à le faire. Dell s'inquiétait à propos du SAV à apporter à ce nouveau système mais les clients leur ont rappelé que la communauté était là pour ça. Aujourd'hui, Dell vend des ordinateurs équipés de Linux. Plus tard, dans une interview, Michael Dell a reconnu que vendre des machines équipées de Linux n'était pas un très gros marché mais que, symboliquement, c'était important, le signe d'un nouveau partenariat entre l'entreprise et ses clients.

Je n'ai pas l'intention de m'attribuer la transformation de Dell mais je note simplement que Dell faisait désormais tout ce que je lui avais suggéré de faire dans ma lettre ouverte : lire les blogs, contacter les blogueurs, se mettre à bloguer elle-même, permettre aux clients de dire à l'entreprise ce qu'elle devait faire, et le faire. Je devais donc féliciter Dell, qui était enfin sur la bonne voie.

Au mois d'avril suivant, j'ai rencontré Lionel Menchaca, le blogueur de Dell, qui avait lu sur mon blog que j'allais assister à une conférence à Austin, le pays de Dell. Il m'a invité à boire une bière avec des collègues. Sur le chemin du bar, il a appelé sa mère et lui a dit qu'il allait rencontrer Jeff Jarvis, le fameux blogueur. Sa mère lui a répondu : « Tu es sûr que ça va aller, mon chéri ? » Ma réputation m'avait précédé. Mais l'équipe de Dell était venue sans arrière-pensées, tout comme moi. Ils m'ont affirmé avoir tiré des leçons de toute cette agitation sur les blogs à propos de Dell et s'en servir pour construire une nouvelle relation avec leurs clients.

À l'automne 2007, je suis allé au siège de Dell à Round Rock, au Texas, pour interviewer Michael Dell pour *Business Week*. Celui-ci m'a raconté toute l'histoire de la transformation de Dell. Au début de notre entretien, il n'était pas très chaleureux – il est sans doute comme ça naturellement (attitude courante chez les grands patrons). Après tout, j'étais celui par qui le scandale était arrivé. Il a commencé en me disant : « On a bien rattrapé le coup, hein ? » Après cette confession, il a continué avec le blabla habituel des grands patrons : « Il faut chercher la source des problèmes et trouver des solutions de sorte qu'ils ne se produisent plus. »

En fin de compte, Michael Dell tendait à se comporter comme un blogueur. Il aurait pu faire graver ma première loi sur son bureau. « Une entreprise peut beaucoup apprendre, me dit-il. La manière la plus simple d'aborder le problème est de se dire qu'un tel dialogue aura nécessairement lieu, que ça vous plaise ou non. OK ? Eh bien, voulez-vous entrer dans la danse ? À mon avis vous devez absolument y prendre part. Il y a beaucoup à en tirer… et l'entreprise peut s'améliorer en écoutant et en participant à ce dialogue. »

Naturellement, l'entreprise a dû faire bien plus qu'un blog pour se sortir de ses problèmes. Dell a dépensé 150 millions de dollars en 2007 pour remettre à niveau ses centres de support client qu'on avait descendus en flammes à juste titre. Dick Hunter, l'ancien patron de la fabrication, a pris la direction du service client. Il a apporté dans ce domaine son savoir-faire industriel de management et d'évaluation. Auparavant, l'entreprise évaluait les employés des centres d'appels sur leur « durée d'appel », mais Hunter s'est aperçu que ce paramètre poussait les employés à transférer les appels et à se débarrasser de leurs clients mécontents, en refilant le problème à quelqu'un d'autre. Les clients avaient 45 % de chances d'être transférés. Hunter a fait passer ce taux à 18 %. Plus incroyable, sur les 40 000 clients appelant chaque semaine, 7 000 devaient supporter d'être transférés au moins sept fois.

Au lieu de continuer à comptabiliser la « durée d'appel », Hunter a entrepris de mesurer, en minutes, le temps nécessaire à la résolution d'un problème. Le nouvel objectif consistait à résoudre les problèmes en un seul appel. Il a lancé un programme pilote pour appeler 5 000 clients spécialement sélectionnés à New York (pour autant qu'on puisse les joindre...) avant même qu'ils rencontrent des problèmes, en espérant que les experts de Dell remplaceraient leur « beau-frère qui s'y connaît » comme personnes de confiance. Il a mis en avant le fait que Dell possédait la capacité d'entretenir des relations directes avec au moins la moitié de ses 20 millions de clients.

Au même moment, les techniciens entraient en contact avec les blogueurs pour résoudre leurs problèmes. J'ai remarqué que de plus en plus de blogueurs réagissaient avec stupéfaction en voyant Dell apporter des solutions aux problèmes décrits sur leurs blogs. Sur le sien, Adam Kalsey a évoqué les problèmes causés par la réinstallation de Windows sur une vieille machine Dell et a trouvé immédiatement un commentaire de Brad, chargé de clientèle chez Dell, qui lui donnait la solution à tout. Kalsey a alors mentionné sur son blog : « J'avais entendu Jeff Jarvis dire que Dell s'échinait à améliorer la réputation de leur service client. Il est évident qu'ils tentent d'aller au-delà du strict nécessaire. L'année dernière, je conseillais à l'un de mes clients de ne pas acheter de matériel chez Dell. Aujourd'hui, je ne pourrais pas redonner le même conseil. Bravo Dell et bravo Brad. »

J'ai demandé aux équipes de Dell s'il était efficace de régler les problèmes des râleurs sur les blogs les uns après les autres. Leur réponse a été affirmative, sans conteste. Quand les blogueurs expliquent leurs problèmes, les techniciens trouvent la solution immédiatement. Ni les techniciens ni les clients ne gaspillent leur temps et leur argent au téléphone.

Puis la direction de la communication chez Dell a montré le bout de son nez. D'après ses calculs, après le lancement du programme, le buzz négatif sur les blogs avait bel et bien diminué : il était passé de 49 % à 22 %.

En clair, avant l'apparition du programme, un blog sur deux donnait des avis négatifs sur Dell. Depuis le lancement du programme, le chiffre n'était plus que d'un sur cinq.

Il y a beaucoup de leçons à tirer de cette aventure avec Dell. Si vous traitez vos clients par-dessous la jambe, vous devrez instantanément faire face à une foule hostile. Il est nécessaire d'écouter et de faire confiance à ses clients, c'est une bonne chose de les mettre à contribution, leur générosité permet de nouer des relations sur de nouvelles bases – nous y reviendrons dans les chapitres suivants. Mais la première leçon à tirer de cette histoire est la suivante : pendant des années, nous avons été nombreux à dire que c'est le client qui sait le mieux, que le client est roi, et maintenant nous en sommes sûrs. Le client a le pouvoir. Si le client n'a pas le pouvoir, vous vivrez un enfer.

Votre pire client est votre meilleur ami

Et maintenant, imaginez votre pire cauchemar – le jour où vous devenez la victime d'un ouragan qui secoue les blogs – et voyons ce que vous pouvez retenir de ce que Dell nous a appris pour survivre à la crise et la surmonter, vous aussi, en fondant vos relations avec vos clients et le grand public sur de nouvelles bases.

Commencez par aller sur Google et faites une recherche sur vous – votre entreprise, votre marque, voire même votre nom – et trouvez ce que les gens disent sur vous. Si ce n'est pas déjà fait, faites aussi une recherche sur les moteurs de recherche dédiés aux blogs : Technorati, Icerocket, Blogpulse, ainsi que YouTube, Twitter (une plate-forme de microblogging) et sur Facebook (où il y a certainement des groupes qui sont favorables ou hostiles à votre entreprise).

Maintenant, répondez à tous ces gens. Ne demandez pas à un stagiaire de faire la recherche et de prendre contact à votre place. Faites-le personnellement. Soyez vous-même. Trouvez quelqu'un qui ait un problème. Entrez en contact avec lui et renseignez-vous sur son problème. Donnez-lui une solution. Tirez-en une leçon. Puis communiquez aux autres ce que vous avez appris. Vous avez sans doute déjà pratiqué ce genre d'échanges depuis des années par courrier, par téléphone... Mais aujourd'hui cette conversation aura lieu en public, tout comme vos progrès. N'ayez pas peur. C'est une excellente chose.

Imaginons que vous ayez repéré un client – appelons-le Jim le râleur – qui a un problème avec l'un de vos produits – nous l'appellerons le e-Machin. Jim écrit sur son blog qu'il a trouvé que le service client était une daube et qu'il a été traité n'importe comment. La garantie n'a servi à rien. Il n'a pas pu renvoyer le produit. Il explique, dans une langue fleurie, que vous vous foutez de vos clients.

Imaginez tout ce que Jim le râleur pourrait faire sur Internet. Il pourrait se plaindre sur son blog, puis créer un site Web consacré aux problèmes que vous connaissez – appelons-le FoutuMachin.com. Dès les premières informations publiées, le chrono démarre. Jim et ses lecteurs se demandent combien de temps il vous faudra pour en prendre conscience et passer à l'action. Jim le râleur peut mettre en ligne tout l'historique de ses rapports avec votre entreprise, en notant chaque coup de téléphone – y compris les temps d'attente et ce que ça lui a coûté. Il peut même publier toutes les lettres-types reçues par mail. Il peut publier des enregistrements audio des appels téléphoniques et compléter le tout par des commentaires rappelant « combien son cas importe à vos yeux ». Pour se faire entendre, il pourra laisser des commentaires sur d'autres blogs parlant du même sujet, sur des forums ou dans les revues sur Amazon. Il pourra publier une vidéo dans YouTube, une parodie d'une publicité pour le e-Machin, et y ajouter un message personnel et un jingle bien à lui. Si c'est drôle, ça fera tache d'huile. Il pourra publier une liste, mise à jour automatiquement, comprenant les sites qui renvoient vers le sien. Tout ça servira à rassembler sa communauté. Ensuite, Jim incitera ses compagnons d'infortune à prendre des photos de leurs foutus machins et à les mettre en ligne sur Flickr. Ils pourront également créer un groupe sur Facebook, pour se plaindre des e-Machins. Quand Jim aura trouvé des lecteurs, son site FoutuMachin.com va grimper au classement des résultats de requêtes pour e-Machin dans Google. Et voilà, il vient de créer une contre-marque. Ça ne peut pas être pire mais ça le deviendra si un journaliste vous appelle au sujet du site FoutuMachin.com. Même si vous n'écoutez pas ce qu'on dit de vous, les journalistes et les concurrents, eux, le font. Avant, vous pouviez penser que le problème n'était connu de personne, aujourd'hui vous pouvez être certain du contraire.

Et maintenant, que pouvez-vous faire ? Fuir ? Vous voiler la face ? Maudire cet enfoiré ? Lui intenter un procès ? Augmenter vos dépenses de publicité ? Embaucher des attachés de presse et leur demander de faire *quelque chose* à propos de ce foutoir ? Attendre que ça s'arrête ? Relire les conditions de votre parachute doré ? Vous essaierez de faire tout ça, mais cela ne servira à rien. Vos clients savent vous trouver. Vous ne pouvez plus vous cacher. On observe tout ce que vous ou vos employés êtes amenés à faire et on peut le rendre public instantanément. Comment réagir ?

À votre place, j'enverrais un mail à Jim. Bien sûr, il a dit des choses désagréables sur votre e-Machin. Vous pouvez croire qu'il demande l'impossible. Vous devez craindre que tout ce que vous direz pourra être retenu contre vous (et vous aurez raison). L'idée même de ne pas avoir le contrôle de la situation vous fait horreur. Mais rappelez-vous : quand vous reprenez du poil de la bête, vous commencez à gagner.

Dites à Jim que vous voulez comprendre le problème et le résoudre, et remerciez-le pour l'aide qu'il vous apporte. Il *est* en train de vous aider. Il aurait pu tout aussi facilement arrêter d'être client chez vous. Au lieu de ça, il vous dit ce qui a foiré et comment rattraper le coup. Rappelez-vous que si vos employés avaient été à l'écoute, les choses ne seraient pas allées aussi loin. L'affaire a été montée en épingle parce que Jim a crié dans un désert qui portait votre nom. Il voudrait bien aimer votre produit, c'est même pour ça qu'il l'a acheté. À votre place, je tirerais du cas du client Jim autant de connaissance, d'expérience et de perspectives futures que possible – à la fois parce que vous allez apprendre des choses et parce qu'il remarquera que vous êtes à l'écoute. Enfin, je l'encouragerais à raconter votre conversation sur son blog et à la diffuser largement (vous n'aurez probablement même pas à le lui demander). Ah, j'allais oublier : envoyez-lui gratuitement un nouveau e-Machin.

C'est maintenant que les choses sérieuses commencent. Dans votre entreprise et votre train-train quotidien, il y a quelque chose qui cloche, sinon toute cette aventure n'aurait pu se produire. Tous vos employés se moquent de votre nouveau pote Jim comme de l'an quarante, ce qui veut bien dire qu'ils ne défendent ni votre réputation, ni votre marque, ni votre entreprise. Je convoquerais tout votre staff et je projetterais le blog de Jim sur grand écran. Naturellement, certains de vos cadres se mettraient alors à chercher des poux dans la tête de Jim : il a dû annuler la garantie, il a appelé alors que c'était le milieu de la nuit en Inde, il n'a pas lu le manuel, c'est un râleur. Mais si Jim avait été un râleur solitaire, il n'aurait rassemblé personne autour de lui. Ce qu'il avait à dire, beaucoup d'autres clients l'ont ressenti à leur tour.

Certains de vos cadres voudront utiliser les bonnes vieilles méthodes : engager des consultants, intervenir dans les médias, mettre à jour le site Web. Ignorez-les. Il est temps d'appliquer les nouvelles méthodes. Commencez par inciter vos cadres à effectuer les mêmes recherches que vous, en demandant aux meilleurs éléments – les plus sympas, les plus malins, les plus ouverts – de résoudre chaque problème qu'ils rencontreront. Réparer, remplacer ou même rembourser : ils devront faire tout ce que les clients réclament. Cela vous coûtera certainement moins cher que les dommages dont souffre votre réputation, ou dont elle aurait souffert si cette tempête avait empiré.

Ensuite, je vous propose d'ouvrir un blog, qui vous permettra de parler franchement et ouvertement du problème et de partager les solutions. Je ne vois aucune raison qui empêcherait un P-DG d'entamer une conversation directe avec le grand public. Qu'avez-vous à craindre de vos clients ? Ayant donné l'exemple, le P-DG peut s'attendre à ce que les cadres et les employés, y compris les plus obscurs, prennent également part à la conversation et en tirent quelque chose. Cela permettra de changer plus efficacement la culture d'entreprise – pour, finalement, mettre le client au centre de cette culture et le faire savoir – qu'en payant des dizaines de consultants ou des millions en publicité.

Et, bien entendu, dans le premier message que vous posterez sur ce blog, n'oubliez pas de remercier Jim.

Votre meilleur client est votre partenaire

Jim, qui ne râle plus, va raconter à ses potes de blog comment vous avez changé. Comme vous l'avez écouté, il va vous donner d'autres idées pour améliorer vos produits et votre entreprise. Vous comptez pour lui. Il n'est plus l'ennemi à abattre.

C'est un client, voire même un fan. Jim est votre ami. Maintenant, votre défi – et votre objectif – c'est de faire venir à vous d'autres Jim. En prime, vous faites face à un autre défi, celui de réorganiser et de réorienter chaque service de votre entreprise – le design, la production, le marketing, les ventes, les supports client – autour de cette relation nouvelle avec les personnes que vous nommiez des clients, et qui maintenant sont devenues des partenaires.

Confier la gestion de cette nouvelle relation à un seul service – le service client, la communication ou le marketing – ne marchera pas. L'externaliser en faisant appel à un cabinet de gestion de crise ou une agence de publicité ne ferait qu'empirer les choses. Vous devez transformer vos relations avec le grand public, et ce dans chacun des bureaux de votre entreprise. Cette nouvelle relation – ce partenariat – doit être plus importante que les relations entretenues avec d'autres entreprises, l'administration, les établissements publics, les universités, les œuvres de bienfaisance, c'est-à-dire n'importe quelle institution ou n'importe quelle entreprise.

Pour commencer, suivez l'exemple de Dell. Bloguez, dialoguez avec les blogueurs, donnez à vos clients la possibilité de critiquer vos produits et les moyens de partager leurs idées. Puis impliquez-les dans la création de vos produits, y compris dans votre méthode de conception (nous reviendrons sur cette idée dans un prochain chapitre consacré à la Goggle Mobile). Pourquoi ne pas en profiter pour rendre publique la conception du prochain e-

Machin ? Le e-Machin 2.0, bien sûr. Faites tout au grand jour : la recherche, les retours du service client, les besoins, les méthodes de conception, les maquettes, les spécifications techniques et les idées innovantes. Allez-y, jetez-vous à l'eau. Le produit est déjà mal en point. Qu'avez-vous à perdre ? Je suppose que vos détracteurs et vos concurrents diraient que votre e-Machin est déjà tellement mauvais que sa cause est désespérée. Mais cela n'arrivera pas si vos clients se joignent à vous, ajoutent de la valeur au produit et se l'approprient. Rira bien qui rira le dernier.

Il y a beaucoup d'autres manières de développer cette nouvelle relation, par exemple en laissant vos clients assurer le SAV, voire même le marketing, et peut-être en leur permettant d'utiliser votre entreprise comme plate-forme pour créer leurs propres entreprises. Tout au long de ce livre, nous reviendrons souvent au sujet de ce chapitre – les relations. Parce que le seul grand pouvoir de transformation que mettent à notre portée l'Internet et Google n'a pas grand-chose à voir avec la technologie, ou les médias, ou même le business. Tout est une affaire de personnes et tout est dans la manière dont vous leur permettez de créer de nouveaux rapports entre elles. On en revient toujours à une question de relations.

DE NOUVELLES ORGANISATIONS

Les liens qui changent tout
Concentrez-vous sur ce que vous faites le mieux
et faites des liens vers le reste
Entrez dans un réseau
Devenez une plate-forme
Pensez « distribué »

Les liens qui changent tout

Le matin du 11 septembre 2001, j'étais dans le train en provenance du New Jersey et à destination de New York. Je suis arrivé juste au moment où le premier avion détourné par les terroristes se fracassait contre la tour nord du World Trade Center. Certes, je n'avais pas réalisé de reportage depuis des années, mais j'étais toujours journaliste et j'avais déjà travaillé pour un groupe d'information. Aussi ai-je décidé de rester sur place et de couvrir ce qui était manifestement un truc énorme – je ne réalisais pas encore à quel point c'était énorme et dangereux. Sur place j'ai pris des notes, interrogé les survivants. Puis j'ai publié mes papiers sur les sites et dans les journaux de mes employeurs. Une heure plus tard, j'étais à deux rues du World Trade Center quand la tour sud s'est effondrée. J'ai vu le nuage de l'explosion passer juste devant moi. Aveuglé et couvert de poussière, j'ai eu la chance de pouvoir m'abriter dans une banque. Je suis ensuite parvenu à pied à Times Square, où j'ai couché mes notes par écrit. Finalement, j'ai pu rentrer chez moi, grâce à Dieu.

Le lendemain, j'avais encore beaucoup à dire sur ce que j'avais vu, ce que j'avais ressenti, et sur ce qu'on racontait à propos de l'événement. J'ai donc décidé de démarrer un blog. J'avais déjà lu des blogs. J'avais aussi géré l'investissement réalisé par mes employeurs dans l'entreprise qui avait créé Blogger et popularisé la formule (elle a été rachetée par Google en 2003). Mais je n'avais jamais tenu de blog car je pensais n'avoir rien de spécial à dire. Après le 11 septembre, j'ai ressenti le besoin de m'exprimer. J'ai donc pris plusieurs semaines pour écrire sur ce blog, avant de tourner la page.

Mais, après avoir rédigé mes premières notes, mes premiers « *post* », j'ai appris une chose qui a changé pour toujours ma façon de voir les médias et ma propre carrière. C'est peut-être même cela qui m'a amené à écrire ce livre. Quelques blogueurs de Los Angeles ont lu ce que j'avais écrit, en ont parlé sur leurs blogs et ont créé des liens vers le mien. Je leur ai répondu en créant moi aussi des liens vers chacun de leurs blogs. Et, à cet instant précis, j'ai eu une révélation. J'ai compris que j'entamais une conversation – une conversation indirecte, tenue dans des lieux différents, à des moments différents, et rendue possible par ces liens. Peu de temps après, en faisant des recherches sur Google, j'ai trouvé d'autres conversations sur le 11-Septembre, abordant les mêmes sujets que ceux que j'évoquais sur mon blog. Une nouvelle structure des médias m'est alors apparue : bidirectionnelle et collaborative. J'ai réalisé que cette organisation allait redéfinir le commerce, le marketing, la politique, l'administration, l'éducation – en un mot, le monde entier. Aujourd'hui, tout le monde peut parler et tout le monde peut écouter. Les gens ont ainsi la possibilité de se rassembler autour de centres d'intérêts, de projets, de besoins, de marchés et même de grandes causes. Les liens et le moteur de recherche avaient fait naître une révolution, et ce n'était que le début.

Meg Hourihan, une des cofondatrices de Blogger, a écrit en 2002 un article de référence dans lequel elle présente en détail les fondements de ce nouveau système. (Entrez le titre de l'article sur Google : « What We're Doing When We Blog » et vous le trouverez facilement.) Meg y affirme que le niveau atomique des médias en ligne n'est plus la publication ou l'article, comme dans l'approche traditionnelle des médias, mais la note de blog, habituellement centrée autour d'une seule idée. Chaque note dispose d'un permalien, une adresse permanente, où l'on peut la trouver à tout moment[1]. Il est

---

1. Sur un site Web, les adresses peuvent être relatives et cela ne permet pas toujours de retrouver facilement une information, si le site change de structure notamment. Sur un blog, au contraire, chaque note dispose d'une adresse « absolue », qui ne change pas. Cela permet de retrouver les informations beaucoup plus facilement.

ainsi possible de faire un lien vers cette note depuis n'importe où. Meg Hourihan avait compris que le permalien était à la fois une nouvelle méthode d'organisation de l'information et un outil pour construire un réseau social comprenant des conversations partagées par tous. C'est exactement ce qui s'est passé quand ces blogueurs de Los Angeles ont créé des liens vers les notes de mon blog. Nous avons entamé une conversation, nous sommes devenus amis et pour finir nous avons même fait des affaires ensemble. Nous étions entrés en contact par nos liens. « Comme dans toute conversation normale, ajoute Meg Hourihan, ce que nous disons n'est pas aussi important que le système qui nous permet de le dire. »

Ce système exige que tout ce qui touche à votre personne – vos produits, vos affaires, et le message que vous voulez faire passer – puisse être mis en ligne quelque part et dispose d'une adresse permanente. Ainsi, n'importe qui peut vous chercher et vous trouver, puis créer un lien vers vous, vous répondre, voire même rediffuser votre message. Plus qu'un site, c'est le creuset électronique de tout ce que vous faites. Grâce à ce que vous mettez en ligne, vous pourrez entrer en contact avec d'autres personnes – des amis, des clients, des électeurs. Vous pourrez utiliser des réseaux rendus possibles par des liens et construits sur des plates-formes comme Blogger et Google. Aujourd'hui, on peut entrer directement en contact avec n'importe qui, sans intermédiaire. Les liens et les recherches sont simples à utiliser mais leurs conséquences sont profondes.

Concentrez-vous sur ce que vous faites le mieux et faites des liens vers le reste

Les liens changent toutes les entreprises et toutes les institutions. Nous pouvons illustrer ce constat par les impacts sur l'information. Si l'industrie de l'information devait être inventée aujourd'hui, dans l'ère post-liens, toute l'activité – la façon de rassembler et de partager les informations, voire même de structurer un article – serait différente. Dans la presse écrite, par exemple, les journalistes apprennent qu'il faut commencer par un chapeau avant l'article pour résumer le contenu de l'information, au cas où le lecteur louperait quelque chose. En ligne, au contraire, les journalistes peuvent faire des liens vers le sujet plutôt que de le répéter. Cela permettra à tel lecteur d'approfondir la question bien mieux qu'avec n'importe quel résumé, et à tel autre, déjà informé, de ne pas perdre son temps à lire du réchauffé. Mais l'utilisation possible des liens ne s'arrête pas là. Quand un article cite une interview, faut-il faire un lien vers le texte de l'interview ou plutôt vers un site consacré au sujet ? Quand l'unique photo d'un événement a déjà été publiée par une autre source d'information, les lecteurs ne s'attendent-ils pas à ce qu'un article de fond sur le sujet crée un lien vers cette photo ?

Les liens changent la structure et l'équation de revenus des groupes de presse. Tous les journaux n'ont pas besoin d'envoyer un spécialiste du golf couvrir une compétition quand il est plus facile et moins cher de faire des liens vers des sites de sports qui couvrent les tournois – et de libérer ainsi des ressources qui seront mieux utilisées sur place. Tous les journaux n'ont pas besoin de leur propre critique de cinéma, parce que de nos jours les sorties sont nationales et que chacun d'entre nous est un critique. Les journaux ne devraient pas consacrer de moyens à la recherche d'informations banales que nous connaissons déjà tous. Ils doivent se réorganiser, grâce aux liens.

Les liens changent la structure de l'industrie des médias. Un journal qui veut sortir du lot – qui veut que les gens puissent trouver ses contenus grâce aux moteurs de recherche et aux liens – devra proposer des articles d'une qualité hors du commun. Les journaux qui veulent survivre devront concentrer tous leurs moyens sur ce qui importe vraiment. Pour le reste, il leur faudra renvoyer leurs lecteurs vers d'autres sites. En un mot : concentrez-vous sur ce que vous faites le mieux et faites des liens vers le reste.

En dehors des médias, les distributeurs peuvent faire des liens vers les informations produit fournies par les constructeurs. Les constructeurs peuvent faire des liens vers les clients qui parlent de leurs produits et les auteurs vers les experts (si seulement les livres permettaient de faire des liens…). Les chasseurs de têtes, les conférences, les associations professionnelles et les universités peuvent utiliser les liens pour mettre en contact des gens qui souhaitent partager des besoins, des connaissances ou des intérêts.

Les liens obligent à la spécialisation dans la plupart des entreprises et des institutions. Vendre des panacées qui marchent pour tout et pour tout le monde, c'est un vestige de l'ère de l'isolement. Autrefois, les habitants du Texas ne pouvaient pas accéder aisément aux informations du *New York Times*, du *Guardian* ou de la BBC. Mais aujourd'hui, c'est possible. Les habitants de Chicago ne pouvaient pas trouver de bonne sauce épicée chez l'épicier du coin. Mais aujourd'hui, il leur suffit d'aller sur HotSauce.com. Les grands magasins généralistes ont déjà succombé à cette même pression de la spécialisation – dans un premier temps à cause des petits magasins spécialisés dans les centres commerciaux et aujourd'hui à cause des vendeurs hyper-spécialisés sur Internet. Comme nous le verrons plus loin, s'adresser à un marché de masses n'est plus l'alpha et l'oméga du commerce. L'avenir, c'est de s'adresser à des masses de niches – comme le fait Google.

La spécialisation qui découle des liens favorise la collaboration – je fais ce que je veux faire et vous comblerez mes lacunes. Cela ouvre des opportunités. Quand on trouve des centaines de magasins clinquants sur Internet ou des milliers de sites sur Paris, c'est l'occasion pour quelqu'un de les organiser et de faire des liens vers les meilleurs sites. La spécialisation crée une exigence de qualité : si vous avez l'intention de vous spécialiser sur un marché ou un service, vous avez intérêt à être le meilleur. Ainsi, les gens feront des liens vers vous, vous gagnerez des places dans le classement des résultats de recherches sur Google. Les gens vous trouveront et cliqueront sur votre adresse.

Dans le commerce, les médias, l'éducation, les services publics, la santé – dans tous les domaines, en réalité – les liens obligent à la spécialisation, la qualité et le travail en commun. Ils changent les rôles anciens et en créent de nouveaux. Les liens modifient l'architecture fondamentale des sociétés et des entreprises, tout comme les poutrelles métalliques et les rails ont un jour changé la manière de construire les villes et les pays, et de les diriger. Google rend les liens utiles. Google est l'US Steel[1] de cette ère nouvelle.

Entrez dans un réseau

Dans leurs visions les plus prophétiques, les entreprises, tous secteurs confondus, voient l'Internet à leur image. Les distributeurs imaginent l'Internet comme un grand magasin – c'est-à-dire un catalogue et un bon de commande. Les marketeurs le voient comme un vecteur permettant de diffuser l'image de marque. Les médias le voient comme un support, en supposant que l'Internet soit une affaire de contenus et de distribution. Les hommes politiques l'imaginent

---

1. US Steel est une des plus anciennes entreprises sidérurgiques des États-Unis. Sa grande capacité de production, qui lui a permis de devenir le premier producteur d'acier au monde avant la Première Guerre mondiale, a été un facteur permettant le développement des chemins de fer et la construction de gratte-ciel à architecture métallique.

comme un canal utile pour relayer leurs campagnes électorales et récupérer des dons en ligne (une autre façon de bourrer les boîtes aux lettres de prospectus). Les opérateurs de télécom et de câble espèrent que l'Internet sera le prochain réseau à posséder.

Tous veulent contrôler l'Internet parce que c'est de cette manière qu'ils voient leurs propres mondes. Il suffit d'écouter un peu les discours officiels : les entreprises *possèdent* leurs clients, *contrôlent* leur distribution, signent des contrats *exclusifs, barrent la route* à leurs concurrents et gardent leurs accords commerciaux *confidentiels*. L'Internet fait voler en éclats tous ces points de contrôle. Il a horreur de la centralisation. L'Internet remet tout à plat et fait sauter les barrières à l'entrée. Il méprise le secret et récompense l'ouverture. Il préfère la collaboration à la propriété. Quand ils s'aperçoivent qu'ils ne pourront pas le contrôler, les puissants d'antan regardent l'Internet avec effroi.

Les réseaux de liens de l'Internet passent par-dessus les entreprises. Ils mettent chaque personne en relation avec des informations, des actions, et d'autres personnes. Toutes ces connexions font naître de la valeur, créent de l'efficacité, étendent le savoir et tissent des relations. Chaque lien, chaque clic est une connexion, et avec chaque connexion un réseau se crée ou se renforce. C'est exactement ainsi que le Web s'est développé, pour devenir le réseau des réseaux.

Plus il y a de connexions, plus il y a de valeur. Vous avez certainement entendu parler de cette vieille théorie à propos des réseaux : un fax ne vaut rien puisqu'il ne peut rien envoyer à personne, deux fax valent deux fois plus, et des millions de fax connectés ensemble donnent individuellement à chaque fax une valeur exponentielle (les économies d'échelle qui en résultent font baisser le prix des machines... et le prix des cartouches d'encre, qui deviennent enfin abordables). La valeur du réseau est supérieure à la somme des éléments qui le composent[1]. Mais, dans le cas des fax, c'est un réseau à une seule dimension : une seule machine parle à une seule autre et dans un seul sens. L'Internet, au contraire, est un espace à trois dimensions fait de liens bi-directionnels, dont la valeur se démultiplie avec l'utilisation et le temps. Google est le grand ordonnateur de cette création de valeur.

Évidemment, c'est grâce à son moteur de recherche que Google procède à cette alchimie. Faites une recherche et, quoi que vous cherchiez, nous le trouverons en une fraction de seconde. À chaque fois la magie opère – 4,4 milliards de fois par mois en 2008 pour les seuls États-Unis, d'après une enquête Nielsen – et une nouvelle connexion voit le jour entre une personne et une information, ou entre deux personnes. Google a créé un cercle vertueux. Plus on clique sur les liens, plus Google s'améliore. Plus Google s'améliore, plus les résultats sont de bonne qualité, et plus nous utilisons Google.

---

1. L'auteur illustre par un exemple certaines lois fondamentales de développement des réseaux de télécom, la loi de Metcalfe, notamment.

Google finance son éco-système de liens et de clics par des publicités qui apparaissent soit en tout petit sur les sites, comme sur mon blog, ou bien viennent envahir l'écran, comme sur le site du *New York Times*[1]. À peu près n'importe qui peut entrer dans le réseau de publicité de Google. Si Google avait réfléchi comme au temps des médias du passé – par exemple, comme Time Inc. ou Yahoo – elle aurait cherché à contrôler son contenu, à l'enclore par des murs, et à nous confiner à l'intérieur de cet espace. Au contraire, Google s'est ouverte et a diffusé ses publicités partout. Elle a ainsi pu construire un réseau de publicité si étendu et si puissant qu'il commence à surpasser à la fois l'industrie des médias et l'industrie de la publicité, tout en collaborant avec elles pour leur donner des moyens de développement en ligne. Et voilà l'autre cercle vertueux de Google : plus Google envoie de trafic sur les sites grâce à ses publicités, plus elle gagne d'argent, plus ces sites gagnent eux aussi d'argent, et plus ils peuvent créer de contenu que Google va organiser. Google aide également ces sites en mettant à leur disposition du contenu et des applications : des cartes, des widgets[2], une fonction de recherche, des vidéos *via* YouTube. Google donne au réseau de la matière pour lui permettre de se développer.

---

1. Accessible sur http ://www.NYTimes.com.
2. Applications qui peuvent être intégrées à des sites Web.

Je suis étonné de constater que les entreprises des médias du passé n'ont pas essayé de copier le modèle de Google – c'est-à-dire de créer des réseaux ouverts. Ceci dit, l'une d'entre elles est en train de le faire. Glam[1] est un réseau de sites féminins consacrés à la mode, à la santé, aux people, etc. Elle est devenue la plus connue des marques féminines en deux ans seulement. À l'heure où j'écris ces lignes, d'après comScore, ce site rassemble plus de 43 millions d'utilisateurs par mois aux États-Unis, et plus de 81 millions dans le reste du monde. Glam dépasse le record de iVillage, le précédent champion de l'Internet, avec 18 millions de clients. iVillage, tout comme Yahoo, fonde son développement sur le modèle des médias du passé : créer ou contrôler les contenus, les mettre en forme pour attirer des lecteurs, et abreuver ces derniers de publicité... jusqu'à ce qu'ils partent. Au contraire, Glam a construit un réseau de plus de 600 sites indépendants, dont certains créés par des blogueurs solitaires et d'autres par de grands groupes de médias. Glam vend des publicités sur ces sites et partage avec eux le chiffre d'affaires généré. Glam publie également les meilleures informations provenant de ce réseau de sites sur Glam.com, où elle vend aussi de la publicité – à tarif plus élevé – et partage aussi les revenus générés. Glam met à disposition de ses membres le contenu et les outils utiles à l'amélioration de leurs sites. Glam leur envoie du trafic. Ces sites se renvoient du trafic les uns les autres par des clics en

---

1. Accessible sur http ://www.glam.com.

direction d'autres sites du réseau. Plus un site a de trafic, plus il peut en diriger vers les autres. C'est cela l'effet réseau, un autre cercle vertueux. Contrairement à Google, Glam est sélectif. Par là, elle donne une touche d'exclusivité aux sites membres de son réseau. Les journalistes de Glam trouvent des sites à leur goût et mettent en valeur les meilleurs contenus, offrant à Glam un contenu sélectionné et un réseau de publicité. Glam a ainsi la possibilité de se tourner vers certains annonceurs pointilleux et de leur garantir que leurs messages s'afficheront dans un réseau sûr et de qualité. Cela permet également d'augmenter le prix de ces publicités.

L'approche choisie par Glam a un autre avantage de taille : le coût. Glam n'a pas eu à embaucher une équipe onéreuse pour créer du contenu en quantité. Elle élimine ainsi la nécessité de payer des droits sur ce contenu. Au début de son activité, Glam garantissait des minimums de revenus publicitaires à certains sites – ce qui revenait à investir dans des contenus pour amorcer la pompe – mais ces garanties ont été supprimées par la suite. Aujourd'hui, il s'agit d'un réseau d'avantages réciproques. Plus les sites publient des contenus de qualité, plus ils attirent de trafic, plus ils peuvent en envoyer vers les autres sites du réseau, et plus Glam peut vendre ses annonces publicitaires à des tarifs élevés. Les groupes de médias devraient se demander : QFG ? Que ferait Glam ?

Soyons réalistes : Glam n'est pas Google, du moins pas encore. Elle n'est pas encore rentable et, en 2008 encore, il lui a fallu lever des fonds auprès de capital-risqueurs – dont, entre autres, Burda, un groupe de média allemand – et faire des investissements de développement et des investissements technologiques. Je pense cependant que son modèle tient la route, et je ne suis plus le seul à le croire. *The Guardian*, Reuters et Forbes ont tous les trois lancé des réseaux de blogs pour élargir l'espace de diffusion de leurs contenus et de leurs publicités, alors même que leur cœur d'activité était menacé. Ces entreprises tirent les leçons du modèle de Google, qui a saisi l'organisation distribuée des réseaux. Dans la deuxième partie de ce livre, je montrerai que les restaurants, les magasins, mais également l'administration et les universités, voire les compagnies aériennes et sans doute également les assureurs, peuvent eux aussi fonctionner en réseau. Chacun suscite alors davantage d'occasions de contacts à l'intérieur de son propre univers, et permet ainsi de créer plus de valeur.

En 2005, j'ai participé à une table ronde organisée à New York par Union Square Ventures, une banque de capital-risque, au sujet de la production de contenus communautaires et de la création de plates-formes et de réseaux ouverts. Au cours de cette réunion, des entrepreneurs, des investisseurs et des universitaires ont analysé le succès des entreprises construites sur ce modèle. Dans la salle, un certain nombre de leçons, contre-intuitives, ont été mises au jour. Tom Evslin assistait à cette table ronde ; il est le héros méconnu du Web. C'est lui qui a permis l'explosion de l'Internet. Alors qu'il dirigeait AT&T Worldnet, il a lancé l'accès Internet illimité pour un forfait mensuel de 19,95 dollars. Cette décision a sonné le glas de la facturation à l'heure, a réduit le coût de l'accès pour les clients, et nous a tous rendus accros au Web.

Tom Evslin nous a donné une leçon surprenante à propos des réseaux. Les entreprises les plus florissantes du Web – Skype, eBay, Craigslist, Facebook, Amazon, YouTube, Twitter, Flickr et bien sûr Google – ne font pas payer les clients le plus possible. Elles leur font payer *le moins* possible. Elles sont ainsi accessibles au plus grand nombre sur Internet et connaissent un développement et une valorisation maximum. Pour illustrer son propos, Tom Evslin s'est appuyé sur l'exemple d'un réseau de publicité. Il a montré comment mettre à profit certains effets de levier. Un réseau de publicité qui applique la plus petite commission possible à la vente d'annonces sur les sites de ses membres se développera plus vite que son concurrent le plus agressif car de très nombreux sites y entreront. L'audience d'un réseau de publicité doit atteindre une taille critique avant que ce réseau puisse vendre des espaces au « top 10 » des annonceurs, c'est-à-dire à ceux qui ont les moyens de payer un tarif plus élevé. Conclusion : en facturant des commissions moins élevées pour se développer plus rapidement, un réseau de publicité peut vendre plus d'annonces à des prix tirés vers le bas.

Mais cette leçon nous a menés à plus étonnant encore. Tom Evslin a affirmé qu'une entreprise qui gère un réseau et devient trop rentable s'attire des concurrents qui cassent les prix et lui raflent sa part de marché. « Si pour vous tout se passe pour le mieux, mais que vous restez juste au niveau du seuil de rentabilité, a-t-il expliqué plus tard sur son blog

(TomEvslin.com), personne ne peut plus casser les prix, sauf à perdre de l'argent. » Pour résumer la loi d'Evslin sur les réseaux : tirez le moins de gains possible du réseau pour le laisser s'étendre au maximum en taille et en valeur – ce qui permet à chacun des membres de facturer plus – et maintenez les coûts et les marges au plus bas pour bloquer la concurrence.

Ce n'est pas tout à fait ainsi qu'opèrent les réseaux de la vieille économie. Les câblo-opérateurs nous ont emprisonnés dans leurs tuyaux pour nous tondre la laine sur le dos. C'est la même chanson avec les opérateurs télécom, les journaux et les distributeurs. Il leur semblait naturel de nous facturer ce que le marché était prêt à payer. Mais aujourd'hui, ils doivent affronter les réseaux de la nouvelle économie. Skype – qui comptait 276 millions de comptes dans 28 langues différentes fin 2007 – a construit son énorme succès avec un service gratuit avant de proposer des services payants à des tarifs défiant toute concurrence par rapport aux opérateurs télécom traditionnels. Les fondateurs de Skype en ont tiré profit quand ils ont été rachetés par eBay. D'ailleurs, eBay lui-même a créé une place de marché d'un nouveau genre en ne facturant que de toutes petites commissions pour chaque vente. Puis, quand eBay a cru être devenu le leader incontesté, il a commencé à augmenter ses prix – et des magasins en ligne comme Amazon ou Etsy ont pu voir le jour et le concurrencer sur son terrain.

Pour Tom Evslin, c'est Craigslist qui constitue l'exemple emblématique de la croissance en réseaux. Craigslist ne tire pas ses revenus de la publication d'un très grand nombre de petites annonces dans un très grand nombre de domaines. Il ne fait payer que les annonces d'emploi et les annonces immobilières dans quelques villes, et c'est précisément ce qui en fait *la* place de marché pour toutes les petites annonces. Pour Tom Evslin, « si Craig tentait de développer son chiffre d'affaires en facturant beaucoup plus d'annonces, il ouvrirait grand la porte à ses concurrents ». Et Tom d'ajouter : « Au tarif actuel, un concurrent n'a aucune chance de récupérer les annonces de Craig (et ses visiteurs) en facturant moins. » C'est dans cette économie-là qu'agit Google. Durant ses premières années d'activité, Google ne possédait pas le moindre modèle économique, avant que l'on s'aperçoive que le modèle en question, c'était la publicité. Marissa Mayer, vice-présidente des produits de recherche de Google, avait recommandé de construire les nouveaux services et réseaux en s'adressant « aux clients des banques, pas à l'argent ». En 2006, au cours d'une intervention à Stanford, elle avait affirmé que lorsque Google lancerait un nouveau produit, elle ne s'intéresserait pas au modèle économique. « Nous nous préoccupons énormément de savoir si nous aurons des utilisateurs ou pas. » Ceci parce que sur Internet « l'argent suit le nombre de consommateurs ».

Pendant cette table ronde à New York, un industriel a cité Yossi Vardi, le créateur israélien légendaire. Cet homme affirmait qu'au moment où il avait lancé ICQ, le premier service de messagerie instantanée (par la suite racheté par AOL), il ne s'intéressait qu'aux moyens de s'étendre. Il avait décrété que « le chiffre d'affaires, c'est de la rigolade ». Cette doctrine de la croissance sans tenir compte du chiffre d'affaires a été cause de l'éclatement de la bulle du Web 1.0. Les start-up, après avoir gaspillé l'argent des investisseurs en dépenses de marketing dans l'espoir de devenir aussi grosses que le bœuf, n'ont pu que s'effondrer quand les sources d'argent se sont taries et les clients volatilisés. Aujourd'hui, sur le Web 2.0, c'est la croissance que l'on recherche. On laisse de côté l'investissement dans le marketing. À la place, on cherche à créer quelque chose de si génial que les utilisateurs eux-mêmes le diffuseront – la croissance devient virale. Ce n'est qu'une fois devenu incontournable qu'un service générera du chiffre d'affaires. Généralement, ce chiffre d'affaires ne provient pas des utilisateurs, qui ne payent ni redevance ni abonnement. Les revenus sont tirés de la publicité, des ventes de billets (d'avion, de train, de spectacles…), des ventes de produits dérivés, ou bien de la valeur provenant des informations récupérées par le réseau – ces données pouvant ensuite être vendues. Plus loin dans ce livre, je présenterai des voies détournées pour générer des revenus.

L'économie des réseaux peut paraître déconcertante, mais les réseaux eux-mêmes sont simples. Ce sont juste des connexions. Vous agissez déjà dans un certain nombre de réseaux. Prenez le plus grand tableau blanc que vous pourrez trouver et dessinez-y vos réseaux, en adoptant des points de vues différents. Commencez par dessiner votre entreprise, avec tous ses réseaux : les clients, les fournisseurs, les agences de marketing, les pouvoirs publics, les concurrents. Maintenant, dessinez un réseau en vous mettant dans la peau de vos clients et regardez où vous vous situez. Puis, dessinez votre réseau personnel, dans votre entreprise ou votre secteur, et en dehors. Dessinez votre entreprise non pas en râteaux hiérarchiques, mais sous forme de réseaux, avec toutes ses connexions. Dans chacun de ces réseaux, notez où la valeur s'échange et se capte (quand vous vendez, vous générez des revenus ; quand vous échangez avec des clients, vous accumulez de la connaissance ; quand vous rencontrez des confrères, vous construisez des connexions). Puis, cherchez à comprendre comment ces connexions peuvent s'étendre, comment chacune d'elles peut en créer plusieurs autres, comment chaque connexion peut générer plus de valeur pour tout le monde. Ne vous considérez plus comme une boîte coincée entre une seule ligne au-dessus, et quelques lignes en dessous. Au lieu de cela, représentez-vous comme un nuage de connexions qui s'éclaire à chaque fois qu'une connexion s'établit. Faites en sorte que le nuage tout entier devienne de plus en plus gros, de plus en plus dense, de plus en plus lumineux. Alors, votre monde commencera à ressembler à celui de Google.

Devenez une plate-forme

Les réseaux se construisent au sommet de plates-formes. L'Internet est une plate-forme, Google est une plate-forme. Des services comme Flickr, comme le service de blog de WordPress.com, comme Paypal, le service de paiement, comme Lulu.com, le service d'auto-édition, comme l'éditeur de logiciel Salesforces.com, sont tous des plates-formes. Une plate-forme met des moyens à votre disposition. Home Depot est une plate-forme pour les sous-traitants, Continental Airline une plate-forme pour les agences de voyages. Les plates-formes aident leurs utilisateurs à créer des produits, à gérer leurs affaires, leurs communautés, et à animer leur propre réseau. Quand une plate-forme est ouverte et collaborative, ses utilisateurs, en retour, peuvent y ajouter de la valeur. IBM n'agit pas autrement quand il partage les améliorations apportées à Linux, le système d'exploitation Open Source.

Google a beaucoup de plates-formes : Blogger, pour publier du contenu, Google Docs et Google Calendar, pour le travail collaboratif, YouTube pour les vidéos, Picasa pour les photos, Google Analytics pour suivre l'audience des sites, Google Groups pour construire des communautés, AdSense pour générer des revenus. Google Maps est si utile que si Google l'avait rendu accessible sur l'adresse Web maps.google.com et nous avait demandé d'y aller, nous y serions allés. Mais Google a aussi ouvert son service de cartes de telle manière que d'autres sites puissent inclure directement les cartes dans leurs propres pages. Un hôtel peut très bien publier une carte portant les itinéraires pour s'y rendre. Les banlieusards qui organisent des brocantes peuvent ajouter des cartes sur leurs blogs pour faciliter la venue des clients. Google utilise ses propres cartes pour améliorer son moteur de recherche et afficher des publicités pour des annonceurs locaux. Elle est sur le point d'incarner les nouvelles Pages Jaunes. Google Maps est si indispensable que j'ai même acheté un iPhone pour l'avoir toujours à portée.

S'il avait conservé les vieux réflexes et le vocabulaire de l'ancienne économie centralisée et contrôlée, Google Maps aurait été un *produit* utilisé par des *clients*. Il aurait créé une *audience* que Google aurait *vendue* aux annonceurs. Voilà ce qu'il en aurait été si Google avait voulu contrôler la situation. Au contraire, Google a laissé le contrôle à tout le monde. Elle a laissé Google Maps librement accessible. N'importe qui a la possibilité d'utiliser les cartes pour construire un service. L'ouverture a fait naître une infinité de nouvelles applications, les fameux « mashups » [1]. Dans son numéro de juin 2007, le magazine *Wired* attribuait l'invention des mashups utilisant des cartes à Paul Rademacher, un programmeur de chez DreamWorks Animations. En 2004, ce dernier cherchait un nouvel appartement à San Francisco. Il avait imprimé des montagnes d'annonces de Craigslist et des montagnes de cartes et a eu l'idée de génie – exactement comme le gars qui a imaginé de mettre des noisettes dans le chocolat – d'assembler les deux. Il s'est aperçu qu'il pouvait fouiller dans le code de Google et afficher des listes et des cartes sur la même page. Au bout de deux mois, il avait créé une version de démo qui a attiré des milliers d'utilisateurs dès le premier jour. « Je ne pensais pas que ce serait si énorme. Je voulais juste faire quelque chose d'utile », a-t-il dit. D'après *Wired*, « Microsoft et Yahoo lui ont intenté un procès » mais « en très peu de temps, le Web a été submergé de mashups à base de cartes ». Google n'a pas poursuivi

---

1. Application composite, construite par assemblages de services existants.

Paul Rademacher en justice pour avoir bidouillé son produit sans autorisation. Google l'a embauché.

Faire de Google Maps une plate-forme ouverte n'a pas seulement causé une déferlante d'applications pratiques. Cela a changé des pans entiers de l'économie. Les constructeurs de téléphones mobiles intègrent Google Maps dans leurs terminaux et mettent ainsi les cartes aux mains des nouveaux utilisateurs. Platialcom a construit une très belle interface, intégrant Google Maps, qui permet aux utilisateurs de signaler n'importe quel endroit, pour indiquer le restaurant préféré d'un tel ou repérer un endroit sympa pour passer des vacances en famille. Des voisins peuvent créer ensemble une carte figurant tous les nids-de-poule de la ville. À son tour, cette carte peut être intégrée dans un blog ou une page de journal. Des sites d'informations ont utilisé les cartes pour permettre à leurs lecteurs de publier les photos qu'ils avaient prises d'événements importants, comme les inondations en Grande-Bretagne.

Adrian Holovaty, journaliste et technologue – une race précieuse que l'industrie devrait cloner –, s'est servi de Google Maps pour créer un nouveau produit et ensuite une entreprise. Il a créé un mashup en superposant aux cartes de Google Maps le taux de criminalité de Chicago. Il a ainsi permis aux habitants de s'informer sur tous les crimes commis, quartier par quartier. Comme le site d'Adrian Holovaty était lui-même ouvert, une autre personne a créé à son tour un site sur lequel les gens qui se rendent à leur travail ont la possibilité d'afficher tous les crimes ayant eu lieu sur le trajet entre leur domicile et leur lieu de travail. Adrian Holovaty a transformé son service, Chicago-Crime.org, en une start-up, EveryBlock, qui permet de visualiser toutes sortes d'informations – des crimes aux permis de construire et au nettoyage de graffitis – sur des cartes, quartier par quartier.

Ces nouveaux produits et ces nouvelles entreprises ont pu voir le jour parce que Google leur a fourni une plate-forme. En retour, ces entreprises ont permis à Google de s'imposer comme standard de diffusion de cartes et d'informations de proximité. Et cela crée un trafic énorme sur les cartes – des dizaines de millions d'utilisateurs par mois. Google investit pour rendre le service encore et toujours meilleur. Elle achète des droits sur des images satellite, loue des avions et des voitures pour prendre des images au niveau du sol. Pendant la conférence DLD (Digital, Life, Design) organisée par Burda à Munich en 2008, Marissa Mayer, vice-présidente des produits de recherche de Google, a annoncé : « Nous développons nos géotechnologies comme un miroir au-dessus du monde. » Elle a déclaré que Google Maps couvrait la moitié de la population mondiale et un tiers des terres émergées. L'utilisation que tout un chacun fait des cartes l'enrichit sans cesse d'informations multiples. Des utilisateurs à Santiago du Chili et à Buenos Aires (en Argentine) ont construit, à l'aide de Google Maps, les seules cartes détaillées de transports publics. D'autres utilisateurs ont téléchargé des millions de photos géolocalisées associées à des points remarquables situés sur les cartes, donnant à chacun la possibilité de disposer d'images nouvelles pour un grand nombre d'endroits.

Quand on a une plate-forme, il faut des informaticiens et des entrepreneurs qui puissent la développer, y créer de nouvelles fonctionnalités, en augmenter la valeur et attirer de nouveaux utilisateurs. C'est ce qu'a fait Facebook. Ce service de networking social a capté l'attention générale et attiré un grand nombre d'utilisateurs quand il a laissé tout le monde libre de créer de nouvelles applications au sein de son service. En quelques mois, Facebook – qui employait 500 personnes en 2008 – a cristallisé 200 000 développeurs à l'origine de 20 000 nouvelles applications utilisables par pratiquement tous les clients, sans aucun coût de main-d'œuvre pour l'entreprise. Quand Facebook a ouvert en Allemagne et en Espagne, au lieu de tout traduire lui-même, il a développé un outil de traduction et laissé les utilisateurs effectuer la traduction, ce qu'ils ont fait gratuitement.

Facebook a pu tirer profit de cette situation parce que le service se trouvait ainsi amélioré, et que les utilisateurs avaient davantage de raisons pour passer encore plus de temps sur le service. Pour arriver à ses fins, Facebook a dû dévoiler son infrastructure et certains de ses secrets de telle façon que des développeurs externes puissent programmer sur sa plate-forme. Quel contraste avec l'amende de 4,1 milliards de dollars imposée par la Commission européenne à Microsoft parce qu'il refusait de facturer un prix raisonnable aux développeurs ayant besoin d'accéder à sa plate-forme pour y développer des logiciels !

Facebook est même allé plus loin en mettant fin à certaines applications développées en interne, considérant que le boulot serait mieux fait par la communauté. Jake, mon Webmaster de fils, qui avait 15 ans à cette époque, a programmé sa propre version de *Courses*, une des applications développées en interne et supprimées par Facebook. Elle permet aux élèves de partager leur emploi du temps. Qu'on me pardonne ce moment de fierté paternelle, mais son application s'est classée numéro 1 de cette catégorie de programmes. Elle a rassemblé les emplois du temps d'environ 1,5 million de classes – et il a vendu cette application à un de ses concurrents pour un montant tel qu'il aurait largement pu se payer une année de lycée[1].

Facebook n'a pas facturé le moindre centime à Jake, ni à aucun autre développeur. Facebook ne prend pas non plus la moindre commission sur les revenus publicitaires générés par les applications. L'intérêt de Facebook est d'aider les développeurs à réussir parce que ce sont eux qui aident l'entreprise à accroître sa valeur. Facebook est devenu si incontournable que l'investissement réalisé par Microsoft en 2008 a valorisé l'entreprise à 15 milliards de dollars (à comparer à MySpace, son concurrent direct, que NewsCorp. a acheté 580 millions de dollars en 2005).

---

1. Ce qui représente une grosse somme d'argent, car aux États-Unis le coût des études est bien supérieur à ce qu'il est en France.

Je suis un des associés de Daylife, une start-up à l'origine de la création d'une plate-forme qui agrège, analyse, met en forme et distribue des informations internationales. Alors que l'entreprise était en phase de démarrage, j'ai organisé une rencontre entre son fondateur, Upendra Shardanand, et Fred Wilson, un capital-risqueur. À la fin de la réunion, Fred Wilson a demandé : « Est-ce que je peux utiliser votre plate-forme pour monter ma propre affaire ? Et laissez-moi vous dire que la bonne réponse est "oui". » Fred Wilson considère que construire une plate-forme est une stratégie incontournable. « Dans l'économie d'aujourd'hui, si on n'est pas une plate-forme, on ne sera rien d'autre qu'un site lambda », m'a-t-il dit. Selon lui, si Google avait gagné contre Microsoft et Yahoo, c'était parce que énormément de gens s'étaient investis dans la plate-forme de Google. C'est leur investissement qui les rend fidèles à la plate-forme.

Voici quelques questions à vous poser : comment pouvez-vous agir comme une plate-forme ? Qu'est-ce que les autres peuvent construire avec vos outils ? Comment pouvez-vous ajouter de la valeur ? Quelle est la plus petite valeur que vous puissiez dégager ? Comment faire pour que le réseau construit sur votre plate-forme soit le plus étendu possible ? Comment améliorer la plate-forme en tirant des leçons des utilisateurs ? Comment créer des standards ouverts de telle façon que même vos concurrents participent au réseau et que vous captiez une partie de leur valeur ? Il est temps de créer votre propre cercle vertueux.

Pensez « distribué »

La plupart des entreprises pensent « centralisé », comme au bon vieux temps du catalogue Manufrance ou de Félix Potin. Les entreprises pensent qu'elles doivent nous faire venir à elles. Elles dépensent des fortunes en publicité. Elles s'attendent à ce que nous tombions sous le charme des sirènes de cette publicité, que nous nous précipitions dans leurs magasins, dans leurs concessions, dans leurs kiosques à journaux et, aujourd'hui, sur leurs sites Web. Elles vont même jusqu'à imaginer que nous sommes ardemment désireux de venir à elles, que nous sommes attirés et éblouis par leurs marques.

Pas Google. Google pense « distribué ». Elle vient à nous quand elle veut et comme elle le veut. La fameuse boîte de recherche de Google peut s'afficher sur notre navigateur Internet ou sur n'importe quelle page où que nous soyons sur le Web. Si nous nous enquiquinons à aller sur le site Google.com, nous n'avons pas d'autre récompense que cette même boîte de recherche au milieu d'une page blanche et, de temps en temps, une décoration rigolote sur le logo de Google – mais aucune publicité. En 2008, Jim Cramer, animateur d'une émission sur la chaîne CNBC, a demandé à Eric Schmidt, le P-DG de Google, ce que l'entreprise pourrait facturer pour afficher des publicités sur sa home page. Eric Schmidt a répondu : « Quelques milliards de dollars. » Mais Google ne le fera pas, « parce que ça déplairait aux gens ». Yahoo et la plupart des autres sites, au contraire, tentent de transformer leur home page en hub, truffée de contenus et de publicités dont ils pensent qu'elles attireront les lecteurs et seront utiles aux marketeurs. Mais la plupart des utilisateurs des sites d'information ne vont jamais sur ces home pages parce que, dans 80 % des cas, ils parviennent à leurs fins *via* un moteur de recherche ou un lien.

Yahoo et la plupart des sites Web croient qu'ils sont une fin en soi. Google se voit comme un moyen. Dans les débuts de Yahoo, Jerry Yang, un des cofondateurs, m'a dit que son boulot était de faire venir les gens sur Yahoo et de les laisser en repartir aussi vite que possible. Cette situation a changé quand Yahoo a pris la décision de se transformer en groupe de médias. Dorénavant, le nouvel objectif de Yahoo était de maintenir les gens captifs du site aussi longtemps que possible. Quelques années plus tard, j'ai entendu Jerry Yang et son staff se vanter du « flot continu » de trafic qu'ils étaient capables de renvoyer ailleurs depuis leur home page.comme beaucoup d'autres sites, ils voyaient leur home page comme un moyen pour vous envoyer où *ils* avaient décidé que vous iriez. Google pense que sa home page est là pour vous emmener là où *vous* voulez aller. Et, quand vous y êtes, il y a de grandes chances pour que vous y trouviez une publicité ou une application Google. Là où vous êtes, Google veut aussi être présent.

Google est éparpillée. Elle installe ses publicités sur des millions de pages Web qui ne lui appartiennent pas, elle fait gagner des millions de dollars à ces sites, et elle en gagne autant. Elle propose des tas de widgets – de petites boîtes gratuites que tout le monde peut installer sur son site Web ou sur son ordinateur, avec des fonctionnalités ou des contenus sans cesse mis à jour. Elle propose de tout, de la météo aux bandes dessinées, de la messagerie instantanée à l'agenda, des résultats sportifs aux photos, des recettes de cuisine aux jeux, des citations du jour aux bons de réduction. Ces widgets sont alimentés par des contenus fournis par d'autres entreprises. Google a juste créé la plate-forme qui sert à les distribuer. Yahoo, AOL et les autres sites de contenu auraient dû créer de telles plates-formes de distribution il y a des années, en s'autolimitant, mais en mettant leurs contenus et leurs services de qualité à la disposition des autres utilisateurs pour qu'ils redistribuent les contenus et construisent des services. Mais ce n'était pas leur façon de penser. Ils ne pensaient pas « distribué ». Ils voulaient que nous venions vers eux.

C'est cette approche distribuée du Web qui a permis à Google de racheter YouTube en 2006 pour 1,65 milliard de dollars (en dépit du fait que Google avait déjà un service, moins bon, de vidéos en ligne). YouTube s'est développé au point de devenir le standard de la vidéo en ligne. YouTube permet non seulement de télécharger et de regarder des vidéos mais également de les inclure – c'est-à-dire de les distribuer – sur n'importe quel site. Mon associé Peter Hauck et moi-même avons utilisé cette plate-forme pour construire Prezvid.com, un blog qui couvrait les élections présidentielles américaines de 2008 et voyait la campagne à travers les yeux de YouTube. Google nous a permis de créer des contenus autour de ces vidéos – tout en assurant leur promotion. Puis nous avons généré du chiffre d'affaires en syndiquant notre contenu sur le site du *Washington Post* (http://www.washington-post.com) et sur celui de CBS News (http://www.cbsnews.com).

À Londres en 2007, au cours d'une conférence destinée aux grands pontes des médias, j'ai eu un échange musclé mais cordial à propos du modèle de distribution de Google avec Martin Nisenholtz, vieux complice et ancien collègue, directeur général des opérations digitales à la New York Times Company. Il y avait là environ 200 patrons de médias de tous les pays du monde. Je les ai encouragés à penser comme Google. C'était la première fois que je suggérais publiquement que chacun devrait se demander : QFG ? Je leur ai conseillé de suivre l'exemple de Google et de se distribuer aussi largement que possible, pour se rendre là où sont leurs lecteurs, plutôt que de s'acharner à les faire venir sur leurs sites. Martin Nisenholtz m'a rétorqué que certaines marques, comme le *Times*, valent la peine qu'on fasse l'effort d'aller sur leur site. Il avait raison, mais le *Times* vaut aussi la peine qu'on le distribue.

Au cours de cette même conférence, deux brillants consultants – Jeffrey Rayport de la Harvard Business School et Andrew Heyward, ancien président de CBS News – ont conseillé aux dirigeants présents de mettre leurs entreprises de médias « sens dessus dessous » et d'y inviter leurs audiences. Ils avaient parcouru la moitié du chemin. Le problème, dans cette approche, c'est qu'elle place encore les groupes de médias à l'intérieur, au centre. Ce n'est pas comme cela que les clients considèrent leur monde. Chacun se voit au centre de sa propre bulle et chacun voit tous les autres – en particulier ceux qui veulent lui soutirer de l'argent – à l'extérieur de cette bulle. C'est ainsi que les entreprises et les institutionnels devraient se considérer : ils sont à l'extérieur et ils demandent la permission d'entrer.

Quincy Smith, le président de CBS Interactive, a résumé la situation pour le *Wall Street Journal* en déclarant : « Nous ne pouvons plus exiger des clients qu'ils viennent à nous. C'est une posture arrogante qu'un groupe de médias ne peut pas revendiquer. » Quincy Smith a abandonné la stratégie suivie par son réseau, qui visait à créer un site sur lequel les spectateurs viendraient regarder des émissions. Il a lancé une plaisanterie et révélé que l'adresse de ce portail, voué à l'échec, aurait dû être « CBS.com/personnenevientici ». Au lieu de cela, Quincy Smith a développé une stratégie envisageant l'audience comme un réseau. Il a placé ses émissions sur autant de sites et de plates-formes que possible, les rendant insérables dans des pages. Il espérait que les gens chercheraient encore plus à les redistribuer. Jusqu'à preuve du contraire, ça marche.

Autoriser l'inclusion de contenus par les réseaux permet la distribution mais offre également un avantage supplémentaire : cela permet les recommandations. Si je mets sur mon blog un extrait du « Daily Show », l'émission de Jon Stewart[1], c'est que je vous recommande de

---

1. Le « Daily Show » est une émission quotidienne de la chaîne Comedy Central qui parodie un journal télévisé.

la regarder. Même si je critique cette émission, je vous dis en réalité qu'on y trouve certaines choses qui valent la peine d'être vues et discutées. Vous pouvez la regarder directement sur mon blog, sans faire l'effort d'aller sur ComedyCentral.com. Cette approche du réseau transforme les spectateurs en distributeurs et en marketeurs et, plus largement, fait entrer les contenus dans les discussions qu'ils suscitent.

L'audience peut également se transformer en vendeurs. Avec le programme d'affiliation de BarnesAndNoble.com, n'importe qui peut devenir libraire sur son blog s'il y inclut un widget fournissant des recommandations pour certains livres. Si des lecteurs achètent, le blogueur perçoit 6 % de commission. Ce n'est pas Byzance, mais c'est un argument de plus pour les clients qui souhaitent devenir distributeurs ou marketeurs. Et les librairies sont loin d'être le seul exemple. Il suffit d'ajouter « programme d'affiliation » à tout un tas de domaines et de lancer la recherche dans Google. Vous serez surpris de trouver des milliers de gens qui seraient heureux de partager avec vous leur chiffre d'affaires si vous vous mettiez à vendre des cadeaux, des fleurs, des chaussures, des polices d'assurances, des Bibles, et, bien entendu, des contenus porno.

Du temps de la presse papier, les petites annonces étaient l'exemple même de la place de marché centralisée : il fallait aller acheter le journal pour vendre ou acheter une voiture ou une maison, pour chercher un travail ou pour trouver un employé. C'était là que les gens se retrouvaient pour faire des affaires. C'était le seul point de rencontre entre les acheteurs et les vendeurs. Et puis ils ont découvert Craigslist. La presse papier a accusé son fondateur, Craig Newmark, d'avoir tué la poule aux œufs d'or. Mais cette attitude n'est pas fair-play. Craig Newmark a simplement inventé un outil qui rend les marchés plus efficaces et grâce auquel les gens qui réalisent les transactions font des millions de dollars d'économies. S'il ne l'avait pas fait, quelqu'un d'autre l'aurait fait (et Google a certainement dû en rêver). Craigslist, cependant, est encore organisé de manière centralisée. C'est juste une place de marché plus pratique et moins chère que les petites annonces des journaux. Des services aisément distribuables pourraient certainement supplanter les petites annonces de Craigslist (mais certainement pas sa communauté). Des moteurs de recherche spécialisés, comme SimplyHired.com, Indeed.com et Oodle.com sont capables de récupérer n'importe quelle annonce d'emploi ou n'importe quel CV publié sur le Web. Mais, une fois encore, l'avantage de Craigslist est qu'il ne facture pas ce que le marché est prêt à payer – en fait, il facture au prix le plus bas possible – et qu'il a une communauté fidèle.

Je ne suis pas en train de dire que tout ce qui est en ligne devrait être distribué. Des petits bouts d'informations et de commerce éparpillés deviendraient difficiles à trouver. Il faudrait également les rassembler à nouveau – et il y a là encore une occasion pour créer une activité. Google News et Daylife, pour qui je travaille, collectent et organisent les informations importantes éparpillées sur Internet pour que chacun puisse retrouver facilement les dernières informations parues dans le monde entier. Certains journaux ne souhaitent pas que les informations qu'ils publient soient agrégées par d'autres sites. Je pense, au contraire, qu'ils devraient tout faire pour que ce soit le cas. Cela permettrait à davantage de lecteurs d'accéder à leurs contenus. Daylife agrège des contenus, les transforme en pages Web et en widgets que d'autres sites peuvent redistribuer à leur tour. Cette pratique, l'agrégation et la redistribution, c'est le yin et le yang du Web distribué, fait d'allers-retours : chacun doit être distribué, puis agrégé, puis redistribué. Vous devez être facile à trouver.

UNE NOUVELLE DIFFUSION

*Si on ne peut pas vous chercher,
on ne vous trouvera pas
Tout le monde a besoin de l'effet Google
Tout se fait au grand jour :
la vie privée et les affaires
Vos clients sont votre agence de publicité*

Si on ne peut pas vous chercher, on ne vous trouvera pas

Dans le temps, tous les chemins menaient à Rome. Aujourd'hui, tous les chemins partent de Google.

Votre présence sur le Web devrait être définie à l'aune de Google. Naturellement, il vous faut un site Web. Qui n'en a pas ? Ne voyez surtout pas votre site comme un porte-voix pour messages officiels. Ne vous acharnez pas à créer une home page sophistiquée avec une navigation toute faite pour guider vos clients (et, de grâce, ne diffusez pas de musique sur votre site). Gardez à l'esprit que personne ou presque ne verra votre home page. La plupart des visiteurs viendront probablement sur votre site parce qu'ils auront posé une question sur Google.

Pourrez-vous y répondre ? C'est comme ça qu'il faut concevoir votre site : des réponses à toutes les questions que vous pourrez imaginer, chacune sur la page qui lui convient. Concevez des pages très simples, pour que Google et les lecteurs puissent instantanément y trouver des réponses claires. Si vous êtes un fabricant de matériel, les clients doivent pouvoir trouver les caractéristiques de vos produits et les informations techniques correspondantes. Si vous êtes un homme politique, les électeurs voudront connaître votre programme et vos prises de position. Si vous êtes dans l'agroalimentaire, les clients voudront disposer d'informations nutritionnelles. Si vous êtes une entreprise qui fabrique des vêtements, les clients s'attendent à trouver les informations que leur fournirait un bon vendeur – est-ce que ce modèle existe dans telle taille ? où puis-je trouver vos produits ? comment vous contacter ? Vos clients vous disent déjà ce qu'ils veulent savoir. Votre équipe Web vous a-t-elle déjà montré les recherches faites sur Google par les gens qui arrivent sur votre site en cliquant sur un lien ? Voilà les premières questions que vous devez vous poser.

J'ai beaucoup appris en regardant les recherches faites sur Google depuis About.com, le premier média conçu pour l'ère de Google. Une très grande partie de son trafic vient de Google, ainsi qu'une partie importante de son chiffre d'affaires. About.com pourrait tout aussi bien être un service de Google, mais ce n'est pas le cas. About.com s'est tout simplement développé à partir de la plate-forme de Google. Il appartient à la New York Times Company, qui l'a acquis en 2005 pour 410 millions de dollars (et m'a demandé de l'auditer). Au moment de l'achat, j'étais plutôt dubitatif à propos de cette acquisition, mais j'avais tort. Aujourd'hui, alors que les journaux du groupe se battent pour survivre dans la nouvelle économie, About.com est une des seules notes positives dans l'ensemble des comptes de résultat.

Dans un premier temps, About.com voulait affronter Google, et même être Google. Créé par Scott Kurnit sous le nom de The Mining Company en 1997 – un an avant que la société Google ne soit immatriculée –, le service s'était fixé comme objectif de proposer sur Internet un guide de navigation élaboré par des êtres humains et non par des mécanismes automatiques. Mais, tout comme Yahoo avant elle, l'entreprise s'est rendu compte que cette tâche allait être difficile et coûteuse, d'autant plus que l'Internet grossissait à vue d'œil. Elle a alors été rebaptisée About.com et s'est transformée en service de contenus. Ce dernier contient plus de 700 sites gérés par des auteurs indépendants et plus d'un million d'articles de référence, aussi utiles que précis, portant sur des sujets très pointus – de la réparation automobile aux pathologies de la thyroïde. Tous ces articles sont conçus pour que Google les trouve facilement.

About.com travaille d'arrache-pied pour être compatible avec Google. L'entreprise apprend aux auteurs à écrire des articles compatibles avec les moteurs de recherche (qu'ils appellent SEO, *« search engine optimization »*). Elle leur montre comment mettre à profit les titres, les chapeaux, les noms des pages, les textes et les mots-clés pour ruser et aider Google à reconnaître le sujet de chaque article. Les auteurs apprennent aussi à pister les mots les plus demandés dans le moteur de recherche. Si les utilisateurs posent des questions pour lesquelles About.com n'a pas de réponse, ils rédigent des articles pour en donner. Mettre les sujets recherchés sous surveillance revient à réaliser une enquête client par anticipation, sauf qu'au lieu de demander ce que les gens ont lu, About.com trouve ce que les gens veulent lire.

Les tours de passe-passe d'About.com pour optimiser l'utilisation du moteur de recherche ont influencé son grand frère, le *New York Times*. Les rédacteurs de ce journal ont commencé à réécrire les titres des articles pour que les ordinateurs de Google les comprennent mieux et leur envoient davantage de trafic (un exemple : le titre d'une critique de livre parue dans la version papier du journal peut être tout à fait visible mais totalement incompréhensible sans avoir, en même temps, la photo de la couverture ou les extraits du livre qui, sur le journal papier, illustrent l'article. Sur le Web, le titre qui convient à cette critique devra comprendre le titre du livre, mais également le nom de son auteur. Ainsi, quelqu'un qui lancerait une recherche sur un mot plutôt qu'un autre aurait dans les deux cas la possibilité de tomber sur cet article). Le *New York Times* publie également des pages de contenus dans le but, entre autres, de plaire à Google.

Ce sont des pages accessibles en permanence, consacrées à des sujets récurrents ou à de grandes entreprises, et dont le journal espère qu'elles deviendront des ressources souvent cliquées dans Google ou que les gens les mettront en liens avec le temps. Elles pourront ainsi gagner des places dans le classement des résultats de recherches sur Google et développer le trafic dirigé vers le site du journal. C'est encore Google qu'a invoquée le *New York Times* comme motivation principale pour changer de modèle économique et arrêter de vendre l'accès à ses contenus en ligne sur abonnement (je traiterai ce sujet plus loin, voir « La gratuité est un modèle d'affaires »). Le plus gros avantage que le *New York Times* a tiré de sa stratégie d'ouverture ? Il a profité de « l'effet Google ».

Tout le monde a besoin de l'effet Google

L'effet Google ? C'est l'élixir magique que vous absorbez quand Google accroît votre valeur parce que le monde entier vous porte plus d'attention. C'est encore un cercle vertueux : plus on fait de liens vers votre site, plus on clique sur vos liens, plus on mentionne vos pages, et plus votre site augmente ses chances d'être affiché sur la première page des résultats de recherches de Google, ce qui, à nouveau, démultiplie les possibilités de clics supplémentaires. Les riches deviennent plus riches. Plus vous adoptez la Google attitude, plus vous profitez de l'effet Google. Je me demande si, un jour, on évaluera les entreprises non seulement d'après leur chiffre d'affaires, leurs parts de marché, leur Ebitda et leurs résultats, mais aussi d'après leur effet Google.

Les entreprises qui n'ouvrent pas leurs informations aux moteurs de recherche ne peuvent pas profiter de l'effet Google. C'est valable pour les boutiques du coin qui n'ont pas de site, les magasins qui ne mettent pas leurs promotions en ligne, les fabricants qui ne publient pas les détails techniques de leurs produits, les magazines qui publient leurs contenus dans des sites conçus en dépit du bon sens, et les bases de données que Google ne peut pas parcourir. Quelques entreprises de médias se privent également de l'effet Google en plaçant leurs contenus hors de portée des moteurs de recherche. Elles cherchent à résister à Google en qui elles voient le grand méchant loup… et, ce faisant, ne voient pas plus loin que le bout de leur nez. Certains journaux européens ont fait remarquer que Google et GoogleNews gagnent de l'argent en profitant de leurs contenus et ont donc exigé que Google arrête d'envoyer ses moteurs d'indexation sur leurs sites (ce qui est très facile à faire : il suffit d'ajouter quelques lignes de code sur n'importe quelle page pour donner l'ordre aux robots et aux spiders, les programmes qui parcourent le Web pour mettre à jour les moteurs de recherche, de ne pas venir sur une page). L'unique effet de ce blocage est que Google ne leur enverra plus de lecteurs, ce qui ressemble à une attitude suicidaire. Pour un journal, cela revient à dire aux kiosques : « Comment osez-vous gagner de l'argent en vendant mes produits ? Rendez-moi mes journaux ou je vous traîne en justice ! » Google est leur nouveau kiosque.

Il est stupide de traiter Google en ennemi. Même Yahoo ne le fait pas (il a demandé à Google de vendre ses propres publicités). Aujourd'hui, l'objectif est de considérer Google en ami, ou au moins d'en faire un « coo-pétiteur », d'après le surnom donné à Google par Sir Martin Sorrel, publicitaire de l'agence WPP. Pour bien s'entendre avec Google et en tirer le meilleur, il faut être ouvert à la recherche.

Au contraire, si l'on souhaite devenir l'ennemi de Google, il suffit d'utiliser le moteur de recherche en dépit du bon sens et de spammer les résultats de recherches. Certains malfaisants iront jusqu'à tenter de pirater les algorithmes de Google, offrant en récompense à leurs pauvres clients un effet Google frelaté. Des pirates construisent des automates pour créer des spam blogs – des sblogs – bourrés de contenus bidon et remplis de liens vers les sites de leurs clients. Ils espèrent ainsi rouler Google qui indexera quand même ces liens et leur donnera de la valeur. Certaines entreprises font faire ce sale boulot par des êtres humains pour donner le change et rendre plus difficile la lutte contre la fraude. Des spammeurs sous-payent des gens dans les pays du Tiers Monde pour qu'ils créent des sblogs. Certaines entreprises embauchent des blogueurs pour publier des propos agréables au sujet de leurs clients, alors qu'en réalité ce qu'ils écrivent ne vaut pas un kopeck. Tous ces blogueurs anonymes ne font rien d'autre que créer des liens vers quelques sblogs de plus pour permettre à des fraudeurs de dérober de l'effet Google. Tous ces sblogs sont autant de chausse-trappes pour les utilisateurs. Et, malheureusement, Google ne chasse pas toujours les sblogueurs aussi vite qu'il le devrait. Cela dit, même ces pages-là affichent des publicités Google qui font gagner de l'argent à Google.

Ce qui est valable pour des entreprises aussi importantes qu'About.com est également valable pour toute entreprise de taille plus petite – voire même pour des individus. Chacun d'entre nous cherche à être trouvé sur Google. Nous voulons tous profiter de l'effet Google. Aujourd'hui les clients s'attendent à trouver n'importe quelle information en un clic. C'est pour cela que tous les restaurants devraient au moins mettre en ligne leurs menus, leurs plats du jour et leurs spécialités maison, leurs heures d'ouverture, leurs coordonnées et l'ensemble des informations qu'ils jugent utile de donner. En préparant la liste des restaurants pour nos dernières vacances en famille, nous nous sommes rendus uniquement dans des endroits qui possédaient un site Web. En fait, j'ai considéré que les autres ne s'intéressaient pas assez à leurs clients. Ne pas avoir un site Web à jour que Google puisse indexer, lister dans les résultats de recherches et afficher aux clients, cela revient à ne pas avoir de téléphone ou de nom sur la vitrine. Et c'est particulièrement vrai aujourd'hui, tellement il est aisé d'avoir un site Web. L'ère des sites Web bricolés par des bidouilleurs enthousiastes est révolue. N'importe quel restaurant peut utiliser un outil gratuit comme Blogger pour publier son menu tous les jours – Blogger est un service proposé par Google. Ce restaurant peut attirer les clients sur son blog en achetant des publicités qui s'afficheront sur les sites vus par les gens du coin – grâce à Google. Il peut aussi se signaler dans Google Maps et y acheter des publicités.

Vous vous devez d'appliquer cette méthode à votre propre personne. Si l'on vous cherche, il faut que l'on puisse vous trouver. Votre CV doit être en ligne car une proposition d'emploi peut arriver à tout moment. Si vous mettez en vente votre maison, votre voiture, ou vos clubs de golf, il faudra le faire là où les gens pourront les chercher et les trouver. Sans la moindre trace de vous sur Google, vos anciens amis ne pourront jamais vous retrouver (ni d'ailleurs vos amours de jeunesse). Aujourd'hui, ne pas être sur Google revient à ne pas exister.

Comment être certain d'être trouvé sur Google ? Ce seul besoin a fait naître toute une industrie. Les prospectus diffusés par les entreprises d'optimisation de recherche jonchent le sol de tous les salons informatiques. Ces entreprises vous promettent toutes de conquérir le saint Graal : afficher l'adresse de votre site Web en première page des résultats de Google dans le domaine de votre activité. Un nombre incalculable de livres et de consultants vous guideront à travers les arcanes techniques vous permettant d'être facilement trouvable sur le Web. Je ne prétends pas être un gourou du SEO, mais il faut garder à l'esprit quelques règles simples et évidentes quand on considère sa présence sur Internet :

— Assurez-vous que la moindre information qu'on puisse vouloir connaître à votre sujet se trouve sur le Web, et qu'on peut la trouver sur Google.

— Concevez chaque page de telle manière qu'elle puisse être lue par des machines ou des humains. En un mot, soyez le plus clair possible. Si vous êtes dentiste, dites que vous êtes dentiste et ne vous décrivez pas comme « le spécialiste des plus beaux sourires ». Mettez « dentiste » dans le titre de votre site, le titre des pages, et dès la première phrase du site. Soyez si clair que même un ordinateur ne pourra pas se tromper. Évidemment, cela permettra aussi aux êtres humains qui liront vos pages de savoir ce que vous faites en quelques minutes. On a toujours intérêt à la clarté.

— Ne surchargez pas votre page avec tout un tas d'innovations technologiques dernier cri qui lui feront danser la gigue. Google ne les reconnaîtra pas (et ça énervera vos visiteurs). Faites simple.

— N'enfouissez pas vos informations dans des gestionnaires sophistiqués qui planquent les contenus dans des bases de données auxquelles Google ne peut pas accéder.

— Tout ce que vous publiez devra avoir une adresse permanente – un permalien –, ce qui permettra de faire facilement des liens vers vos pages, augmentera votre audience, et donnera à Google un endroit fiable où envoyer les gens qui vous chercheront.

— Faites une page par sujet. Un restaurant devra mettre ses menus sur une page et son plan d'accès sur une autre. Ainsi Google pourra m'envoyer directement sur la page du menu si je cherche « le menu de la Table des Amis ».

— Si n'importe qui, à l'autre bout du Web, trouve n'importe quelle bonne raison de faire un lien vers votre site, facilitez-lui la tâche. S'il y a près de chez vous des sites ou des blogueurs qui publient des critiques gastronomiques, demandez-leur de faire un lien vers votre site. Google remarquera qu'ils ont fait un lien vers vous et cela vous apportera un peu plus du précieux effet Google.

— Une fois que les gens sont arrivés sur votre page, faites en sorte qu'ils sachent clairement où ils sont. Faites apparaître votre marque sur chaque page. Quand quelqu'un cherche une réponse et qu'il la trouve *via* un clic sur un résultat de recherche de Google, il ne sait pas toujours où il atterrit ni qui lui a donné la réponse. Vous ne pourrez pas dire que vous n'en étiez pas conscient.

**Tout se fait au grand jour :
la vie privée et les affaires**

Quand le service de partage de photos Flickr a démarré, ses fondateurs, Caterina Fake et Steward Butterfly, mari et femme dans la vie privée, ont fait, un peu par hasard, un choix dont la conséquence fut fatidique. Comme le dit Caterina Fake, « par défaut, les photos étaient publiques ». Ce qui signifie qu'à la différence des autres services de partage de photos en ligne, qui partaient du principe que les utilisateurs voulaient interdire l'accès à leurs photos privées – ce qui tombe sous le sens, non ? –, Flickr a décidé que, sauf décision contraire, toutes les photos seraient publiques.

Cette décision a eu des conséquences étonnantes. Les gens faisaient des commentaires sur les photos des autres membres. Des communautés sont nées autour d'eux. Comme les gens désiraient que leurs photos soient vues, ils leur associaient des mots-clés pour qu'on les trouve facilement. Et plus leurs photos étaient vues, plus ils en publiaient. Comme je l'expliquerai un peu plus loin, cette façon d'utiliser les photos a permis de faire sortir du lot les plus intéressantes, et ce uniquement parce que toutes les photos étaient publiques.

Caterina Fake donne un nom à ce prérequis : « l'ouverture ». L'ouverture est en train de s'imposer comme une caractéristique fondamentale de la société et de la vie sociale à l'ère de Google. Et je crois fermement qu'elle est également en train de s'imposer comme condition essentielle pour réussir dans les affaires. La vie professionnelle se déroule aujourd'hui dans des maisons (et des bureaux) de verre, et ce n'est pas forcément un mal.

L'ouverture ne consiste pas seulement à avoir un site Web. Elle consiste à agir au vu et au su de tous pour donner à chacun la possibilité de voir ce que vous faites et de réagir, de faire des suggestions, d'en parler à ses amis. Aujourd'hui, vivre en public est une question d'intérêt personnel bien compris. Vous devez vous montrer ouvert pour être trouvé. Chaque fois que vous décidez de ne pas rendre public quelque chose, vous prenez le risque qu'un client ne vous trouve pas ou, parce que vous gardez vos petits secrets, qu'il ne vous fasse plus confiance. L'ouverture est aussi une éthique. Plus vous faites preuve d'ouverture, plus vous êtes facile à trouver... et plus vous créez d'opportunités.

Vos clients sont votre agence de publicité

Depuis plus d'un siècle, pour le grand public, l'image des entreprises repose sur leurs publicités, leurs slogans, leurs marques et leurs logos. Ce serait nettement mieux si l'image d'une entreprise reposait sur son public, ses clients satisfaits désireux de partager leur satisfaction, et ses employés en dialogue direct avec les clients. Ce sont les gens qui sont les marques.

Ce serait l'idéal. Et voici l'objectif à atteindre : supprimer la publicité. Ou, du moins, virer votre agence de publicité. Bien sûr, vous ne serez pas pour autant débarrassé de la publicité, même si vous devriez connaître cette chance. Mais chaque fois qu'un client émet à un ami une recommandation pour vous ou vos produits, vous n'avez plus à vous adresser à cet ami. Aujourd'hui, il est possible de croire qu'un avis favorable puisse se propager autant qu'une publicité. Ce scénario n'est pas une vue de l'esprit. Quand j'ai rencontré des problèmes avec Dell, à mesure que les gens laissaient des commentaires sur mon blog pour dire qu'ils n'achèteraient pas de Dell, je voyais Dell perdre des ventes, d'autant plus que les gens passaient le mot à leurs amis. Il est impossible de savoir combien un client qui est allé voir ailleurs vous coûtera. Mais le contraire se vérifie. Un client satisfait peut vendre vos produits. Maintenant que les blogueurs font l'éloge de Dell sur Internet, les ventes redécollent à mesure que les clients reprennent confiance dans l'entreprise. Quand Dell s'est mise à proposer des rabais aux utilisateurs de Twitter, ces derniers ont passé le mot à de nombreux autres utilisateurs et l'entreprise a généré 500 000 dollars de chiffre d'affaires supplémentaire en très peu de temps.

Plus les utilisateurs s'approprient votre marque, moins vous aurez à enquiquiner les gens avec vos publicités. J'entends d'ici votre agence de publicité : vous ne pourrez jamais vous adresser directement aux gens, ils ne seront pas dans la cible. Répondez alors à votre agence que c'est sans doute leur discours qui est dépassé. Vos clients se sont toujours approprié votre marque.

La publicité doit être le cadet de vos soucis, votre dernier recours, un pis-aller au cas, malheureux, où vous n'auriez pas assez d'amis… pas encore. Faites comme Google, qui ne dépense presque rien en publicité. Cette entreprise a connu la croissance la plus rapide de toute l'histoire de l'humanité sans la moindre dépense de marketing. Grâce à ses amis et non grâce à la publicité. Dans la « philosophie de Google en 10 points », l'entreprise affirme que « [notre] succès ne fut pas acquis à grands renforts de spots télévisés mais, au contraire, grâce au bouche à oreille d'internautes satisfaits ». Cette génération qui avait eu ce fichu « Yahoo-ooo » jingle en tête sans pouvoir s'en débarrasser, du fait de millions de dollars dépensés en publicité, est la même qui a utilisé et popularisé Google, gratuitement.

Google a eu de la chance, naturellement. Elle a créé un excellent produit qui résolvait le bon problème au bon moment. Elle est devenue incontournable en ligne. Elle a ainsi pu se développer sans limites, à l'échelle de l'Internet. Les gens ont besoin de Google. Ils aiment Google. Vous n'aurez peut-être pas autant de chance. Vous vous acharnez peut-être à vendre un produit qui ne change pas la face du monde, sur un marché ancien et concurrentiel. Tant pis pour vous. En revanche, vous pouvez mettre en place un excellent service client dont les gens parleront autour d'eux. Après avoir déjeuné avec le plus grand défenseur du service client de tous les temps, Craig Newmark, le fondateur de Craigslist, Brad Burnham, un capital-risqueur, a écrit sur son blog que « le service client est le nouveau marketing ». Cette règle a été popularisée après avoir servi de thème à une conférence tenue en 2008 sous l'égide de GetSatisfaction.com, entreprise à l'origine d'une plate-forme permettant à n'importe quel client d'obtenir l'aide de n'importe quelle entreprise. Pour Mark Jarvis (qui n'est pas de ma famille), le directeur marketing de Dell, « écouter nos clients est, en fait, le meilleur des marketings possible ». Même si aucun de ses produits ne vous plaît, il se peut que vous appréciiez quand même une entreprise. En 2008, Alloy Media a effectué un sondage auprès des étudiants et découvert que 41 % d'entre eux préféraient les marques socialement responsables. Ce chiffre représente une augmentation de 24 % en deux ans. C'est peut-être pour cette raison que vos clients parleront de vous.

Encore une fois, on en revient aux relations – aux relations qui se tiennent au grand jour. Chaque fois qu'un internaute dit du bien de vous en ligne, du fait de vos produits, de votre service, de votre réputation, de votre honnêteté, de votre ouverture, ou de votre cordialité, c'est un dollar de plus économisé sur votre budget de publicité. Arriverez-vous à le réduire à zéro ? Avec un peu de chance, c'est possible.

UNE NOUVELLE ENTREPRISE

Une organisation élégante

Une organisation élégante

En 2008, au cours du Forum économique mondial de Davos, j'ai assisté à une réunion de l'International Media Council. J'étais assis au milieu d'un parterre de dirigeants. Un patron d'une grande entreprise de médias suppliait Mark Zuckerberg, le jeune fondateur de Facebook, et j'ai été sidéré de voir ce dernier rester de marbre. S'il vous plaît, l'implorait-on, comment faire émerger une communauté comme la vôtre parmi mes lecteurs ? Nous devrions construire une communauté, n'est-ce pas ? Dites-nous comment faire.

Mark Zuckerberg, qui avait 22 ans à ce moment-là, est un informaticien plutôt avare de ses paroles. Certains ont pris son laconisme pour de l'arrogance – à cause de son silence et aussi parce qu'il a l'habitude de venir aux grandes conférences en sandalettes. Mais il n'en est rien. Il est timide, c'est tout. Il ne fait pas de chichis. C'est un informaticien, et les informaticiens sont comme ça. Il vaut mieux s'y habituer. Quand les informaticiens prendront le pouvoir – et ils le prendront –, la nouvelle étiquette de la vie sociale consistera en quelques mots bien sentis suivis d'un long regard dans le vague. Et comme Mark Zuckerberg est un garçon doué et brillant, ça vaut la peine d'attendre qu'il prononce quelques mots.

Après avoir été supplié par un géant des médias qui lui demandait conseil sur la manière de construire sa propre communauté, Mark Zuckerberg a eu une réponse lapidaire. Je cite, *in extenso* : « Vous n'y arriverez pas. » Un peu plus tard, il a quand même distillé quelques conseils. Il a dit à tout cet aréopage de magnats des médias qu'ils posaient la mauvaise question. Il a déclaré qu'on ne créait pas une communauté. Les communautés existent déjà. Elles font déjà ce que bon leur semble. La question qu'il faut se poser, c'est de savoir comment les aider à mieux faire ce qu'elles font déjà. Sa recommandation : mettez à leur disposition une « organisation élégante ».

Arrêtons-nous un instant pour savourer cette parole. Une organisation élégante. À bien y regarder, c'est exactement ce que Mark Zuckerberg a apporté à Harvard – puis à d'autres universités, puis au monde entier – grâce à sa plate-forme de réseau social. La communauté de Harvard faisait déjà ce que bon lui semblait depuis plus de trois siècles. Elle n'avait pas attendu Mark Zuckerberg pour exister. Il l'a juste aidée à le faire mieux. Facebook a aidé les gens à organiser leurs réseaux sociaux – ce que Mark

Zuckerberg nomme « le graphique social » : qui ils sont, ce qu'ils font, qui ils connaissent, et, ce qui n'est pas dénué d'intérêt, à quoi ils ressemblent. Facebook a connu un succès immédiat parce qu'il répondait à un besoin. Il a permis d'organiser la vie sociale à Harvard.

Lors du forum de Davos, Mark Zuckerberg nous a raconté l'histoire de son cours de dessin (ça s'est passé hors micros, mais il m'a permis de le publier sur mon blog). Mark Zuckerberg n'avait pas le temps d'assister au moindre cours ni d'étudier par lui-même. Après tout, il était très occupé par la création d'une société qui allait valoir 15 milliards de dollars. À une semaine de l'examen final, c'était la catastrophe. C'est une chose que d'abandonner ses études pour lancer une entreprise destinée à changer la face du monde, c'en est une autre que d'être collé aux examens.

Naturellement, comme tous les étudiants nés à l'ère du Web, Mark Zuckerberg s'est rendu sur Internet et a téléchargé les photos de toutes les œuvres qu'il savait être au programme. Il les a mises sur un site Web, laissant un espace vide pour saisir du texte sous chacune d'elles. Puis il a envoyé un e-mail à tous ses condisciples en leur expliquant qu'il venait de créer un polycopié électronique. Il s'est souvenu de la cigale et de la fourmi. Toute la classe est venue sur le site et a consciencieusement rempli les espaces vides avec le minimum à savoir sur chaque œuvre. Les élèves commentaient réciproquement leurs textes au fur et à mesure. Le résultat de ce travail était un cours complet et à jour. S'agissant d'étudiants de Harvard, le boulot était plutôt bien fait.

Vous devinez la suite : Mark Zuckerberg a été brillamment reçu à l'examen. Mais il y a mieux : le professeur de dessin a déclaré que la classe entière avait eu de meilleures notes que d'habitude. Les élèves avaient rassemblé toutes leurs connaissances et s'étaient entraidés. Mark Zuckerberg n'avait fait que créer un moyen pratique permettant à toute la classe de travailler en commun. Il lui avait donné une organisation élégante.

Maintenant regardez autour de vous, vos clients, votre communauté, votre auditoire – y compris vos concurrents – et demandez-vous comment vous pouvez mettre à leur disposition une organisation élégante. C'est maintenant qu'il faut le faire, pendant que l'Internet met tout sens dessus dessous. C'est la base même de la stratégie qui a conduit à l'émergence de nombre d'entreprises sur Internet. Google nous aide à nous organiser autour de son moteur de recherche, de ses publicités, de ses cartes, de son service de partage de documents... En fin de compte, la mission que se fixe Google n'est rien moins que d'organiser l'information du monde entier. eBay nous permet d'organiser nos marchés pour la vente de biens. Amazon nous aide à organiser des communautés qui partagent les avis des acheteurs pour tous les produits mis en vente. Facebook et tous les services équivalents – dont Linked-in (un acteur majeur), Bebo (très important en Europe), Orkut de Google (surtout développé au Brésil et en Inde) et StudieVZ (très important en Allemagne) – nous aident à gérer nos amis et nos collègues. En mettant à notre disposition des services de messagerie instantanée, de téléphonie ou de vidéo, Skype, AOL et Yahoo nous fournissent des outils collaboratifs pour gérer nos moyens de communication. Flickr nous permet de gérer nos photos ainsi que les communautés d'intérêt qu'elles contribuent à faire naître. De.li.cious fait de même pour nos sites favoris et ceux que nous conseillons à d'autres. Daylife organise les informations du monde entier. BlogAd permet aux blogueurs de gérer des réseaux de publicité. La plateforme de Wikipedia nous permet de gérer nos savoirs collectifs. Les forums du support client de Dell permettent de gérer les connaissances des utilisateurs. L'Internet nous ouvre tellement de possibilités pour contacter des gens, lire des informations ou utiliser des applications que nous avons bien besoin d'aide pour en tirer quelque utilité. Nous avons longtemps eu besoin d'aide pour nous organiser. Les pouvoirs publics et les médias le faisaient pour nous. Puis les portails d'information sur Internet et les médias en ligne ont remplacé les organisations centralisées. Mais la nouvelle génération d'entreprises organisationnelles – les Facebook, Flickr, Wikipedia – n'organisent rien à notre place. Ce sont des plates-formes qui nous aident à nous organiser par nous-mêmes.

Dans son ouvrage *Here Comes Everybody*[1], Clay Shirky, professeur à l'université de New York,

---

1. Clay Shirky, *Here Comes Everybody : The Power of Organizing without Organizations*, Penguin Press, 2008.

démontre que l'auto-organisation est une donnée-clé pour comprendre l'impact d'Internet sur la société. Aujourd'hui, il est possible de « s'organiser sans organisation ». C'est la nouvelle règle de la vie en société. Clay Shirky a mené une étude sur le site Meetup pendant les premières années de son existence. Meetup est une entreprise new-yorkaise qui se sert des outils de l'Internet pour permettre à des groupes de gens de se rencontrer dans la vraie vie. Le fondateur de cette entreprise, Scott Heiferman, s'est inspiré d'un livre de Robert Putnam, *Bowling Alone*[1], qui prouve que plus nous nous déconnectons du réseau, plus nos communautés s'étiolent. C'est ce que Scott Heiferman a voulu éviter en donnant à des groupes la possibilité de se rassembler. La page d'accueil de Meetup proclame : « Utilisez l'Internet pour sortir ». Là où d'autres ne voyaient qu'un dysfonctionnement social, Scott Heiferman a vu une opportunité. Clay Shirky a étudié la première année d'activité de Meetup. Il a démontré que les groupes qui s'étaient alors créés n'étaient pas ceux auxquels on pouvait s'attendre. Le groupe le plus populaire ? Pas celui des mamans de footballeurs, des fans de football ou club de tricot. Non. Le groupe le plus populaire était celui des « sorcières ». Eh oui ! les sorcières. À la réflexion, ça tombe sous le sens. Les sorcières ont très peu de moyens à leur disposition pour organiser des assemblées générales ou des cafés magiques. Meetup les y a aidées.

---

1. Robert Putnam, *Bowling Alone : The Collapse and Revival of American Community*, Simon & Schuster, 2000.

Il m'est arrivé de travailler pour les sites Web de certains journaux. À chaque fois, je leur proposais de mettre à la disposition de leurs clients des outils pour que des communautés puissent s'organiser. Des forums de discussion et des outils sur des pages Web. En fait, ce que je proposais, c'était de refaire des portails et d'agir comme un groupe de médias traditionnel. Je commettais une grave erreur, car c'est moi qui décidais de la nature de la communauté – les parents, les habitants de tel ou tel pays, les amateurs de cuisine. Je pensais avoir la science infuse. Si, à la place, j'avais fourni une plate-forme ouverte, qui sait combien de sorcières auraient pu se rencontrer dans le New Jersey ? Le secret pour mettre des platesformes élégantes à la disposition des individus et des groupes – en fait, le secret de toute plate-forme – c'est de permettre à tout le monde d'utiliser la plateforme comme bon lui semble. Chacun connaît ses besoins. Au surplus, une plus grande ouverture et une plus grande flexibilité offrent l'avantage de laisser un plus grand nombre de groupes se former. Chacun de ces groupes peut être très petit, mais tous ensemble, ils s'additionnent pour former un très grand réseau de groupes – autrement dit, une masse de niches.

La question de savoir qui gagnera la course aux réseaux sociaux est encore posée. Quelle entreprise parviendra à posséder le Web social ? Ceux qui posent la question sous cette forme ont une vision déformée des opportunités qui se présentent à eux. L'Internet est déjà, en soi, un réseau social. Tout comme la vie ellemême. L'Internet ne fait que fournir davantage de moyens pour créer davantage de liens. Le gagnant ne sera pas l'entreprise qui nous fera entrer dans un réseau et y enfermera notre vie sociale. C'est ce que font déjà AOL ou MySpace ou, vu sous cet angle, Facebook. Le gagnant sera celui qui comprendra comment fournir une organisation élégante au réseau social désorganisé qu'est déjà l'Internet. On attend encore le Google des réseaux sociaux. L'ambition avouée de Mark Zuckerberg est d'être ce nouveau Google. Et Google a bien peur qu'il y arrive. C'est d'ailleurs pour cette raison que Google a créé le standard Open Social et s'est associé à d'autres réseaux sociaux : pour battre Facebook avec ses propres armes. Si Facebook veut remporter la course, il lui faudra faire preuve d'encore plus d'ouverture, regarder au-delà de ses propres limites et trouver comment étendre son système au reste de notre vie en ligne. Parions qu'il est assez intelligent pour y réussir.

Les hommes politiques n'ont encore rien compris à l'auto-organisation. Aux États-Unis, pendant la campagne électorale de 2004, Howard Dean[1] s'est servi des blogs et des forums de discussion ainsi que des groupes de Meetup pour permettre à ses partisans d'organiser des levées de fonds[2]. En 2008, Barack Obama a excellé dans l'utilisa-

---

1. Ancien gouverneur de l'État du Vermont, candidat à l'investiture du parti démocrate pour les élections présidentielles de 2004. C'est John Kerry qui, en définitive, a été le candidat, malheureux, du parti démocrate pour cette élection présidentielle.

2. Aux États-Unis les partis ne perçoivent pas de dotation de l'État pour organiser leur campagne et doivent donc lever des fonds par eux-mêmes, tâche qu'ils confient aux militants.

tion des outils sociaux, y compris Facebook et l'iPhone, pour organiser des meetings et aller à la pêche aux dons. Plus important, il a utilisé les réseaux sociaux du Web pour organiser un mouvement de fond. Il a aussi mis à profit le fait que d'autres communautés – comme celle du blog DailyKos – s'étaient déjà rassemblées autour de sa candidature. Et personne n'a été surpris d'apprendre que Chris Hughes, un des cofondateurs de Facebook, faisait partie de l'équipe de ses conseillers de campagne.

Tout le monde cherche à être connecté. À l'ère de l'Internet, on imagine les internautes comme des êtres asociaux, qui ne parlent à personne, affalés dans leur canapé, avec leur ordinateur portable sur les genoux et leurs écouteurs dans les oreilles. Mais en réalité, les internautes communiquent beaucoup plus souvent et avec plus de gens parce qu'ils utilisent plus d'outils qu'auparavant. Grâce à Google et à Facebook, j'ai pu renouer le contact avec d'anciens collègues et d'anciens amis. J'ai aussi pu établir des relations d'affaires. Une des raisons du succès de Facebook tient en grande partie à ce qu'il nous renvoie à nos vraies identités, nos vraies réputations et nos vraies relations. L'anonymat a connu son heure de gloire sur Internet à une certaine époque – ça nous a amusés un moment, puisque, comme le révèle un dessin humoristique bien connu du *New York Times*, « sur Internet personne ne sait qu'on est un chien ». Mais aujourd'hui, on en revient aux bonnes vieilles habitudes : lier des relations avec des gens que l'on connaît, que l'on apprécie et en qui l'on peut avoir confiance. Et on veut souvent aller plus loin qu'entrer en relation : on veut réaliser des choses ensemble.

Il faut chercher le modèle d'affaires propice à la manière dont vous fonctionnez. Regardez les communautés autour de vous – pas les communautés que vous avez créées, mais celles auxquelles vous appartenez. Il en existe forcément une, même si vous êtes une compagnie aérienne, un câblo-opérateur ou un cabinet médical. Il existe une communauté de gens qui partagent les mêmes intérêts et les mêmes besoins. Leur avez-vous donné la possibilité de s'exprimer, de partager ce qu'ils aimeraient savoir ou ont besoin de connaître, de s'entraider, de faire des affaires, voire même juste d'entrer en contact ? Vous travaillez sans doute avec un groupe de personnes qui partagent des intérêts communs : des petites entreprises qui achètent des agrafes, des fins gourmets qui font des excursions gourmandes, des acheteurs de routeurs Cisco qui en connaissent un rayon sur les réseaux, des étudiants qui cherchent un boulot, des anciens élèves qui recrutent. Ils se rassemblent hors de chez vous. Tout ce que vous avez à faire, c'est d'ouvrir votre porte en grand et de les laisser parler librement les uns avec les autres.

Mais faites-le avec prudence. Ne partez pas du principe que tous ces gens s'intéressent à vous ou s'imaginent faire partie de votre communauté. Vous ne pourrez pas créer une communauté. Les gens ne vous appartiennent pas. Ils ne vont pas se mettre à porter vos tee-shirts ou à chanter le jingle de Toyota – à moins que vous ne possédiez un produit ou une marque hors du commun (une marque de divertissement par exemple, ou un logo créé par le designer à la mode) ou que vous ne soyez Apple. C'est la chose la plus stupide que j'ai jamais entendue de la part des entreprises : elles parlent de *leur* communauté. Souvent, lors de réunions, il m'est arrivé d'écouter des représentants de marques – de friandises, de savons, de magasins – décréter que leur communauté viendrait sur leur site y faire ce qu'elles avaient décidé que les gens y feraient. Mais rappelez-vous bien ce que disait Mark Zuckerberg. Les communautés font déjà ce qu'elles veulent. C'est seulement si vous êtes chanceux qu'elles vous laisseront les aider.

Si jamais une communauté se rassemble autour de vous, ne succombez pas à la tentation de vous l'approprier. La communauté n'appartient qu'à elle-même. American Girl, une marque de poupées, avait lancé un club sécurisé sur le Web grâce auquel les petites filles pouvaient communiquer et jouer en ligne pour gagner des points de fidélité et des cadeaux. Mais pour Mattel (le groupe qui possède la marque American Girl) ce service n'était pas assez rentable. Un beau jour, ils ont décidé de supprimer ce club, purement et simplement, au grand dam de ma fille Julia qui s'est ainsi vue séparée des amies qu'elle s'était faites au sein de la communauté. Mattel aurait pourtant dû savoir qui faisait marcher son commerce. Barack Obama, lui aussi, a reçu cette leçon quand ses partisans, décontenancés par l'une de ses prises de position, ont utilisé sa propre plate-forme de campagne pour organiser une manifestation contre lui. Une fois que vous avez lâché le contrôle, vous ne pouvez plus reprendre la main.

Nous n'avons plus besoin de nous appuyer sur les entreprises, les institutions ou les pouvoirs publics pour nous organiser. Aujourd'hui, nous avons en main les outils pour nous organiser nous-mêmes. Nous pouvons nous retrouver, nous liguer autour de causes politiques, de mauvaises entreprises, de gens talentueux, de projets d'affaires ou même d'idées. Il nous est désormais possible de partager et d'organiser nos savoirs et nos actions. Nous pouvons communiquer et nous rassembler en un tourne-main. Abreuvés par cette nouvelle organisation dont nous ne connaissons pas encore l'impact sur la société, nous avons également développé une éthique et des habitudes nouvelles en nous fondant sur l'ouverture, le partage, la collaboration et l'efficacité. Nous mettons à profit l'enchevêtrement des réseaux d'Internet pour faire sauter les frontières – qu'elles soient politiques, économiques ou démographiques. Nous réorganisons la société. C'est cela, le nouvel ordre mondial de Google – et de Facebook, de Craigslist et de tant d'autres.

UNE NOUVELLE ÉCONOMIE

Les petits sont les nouveaux gros
L'économie de l'abondance
Entrez dans l'économie gratuite de l'Open Source
Les marchés de masses sont morts,
vive les masses de niches
Google simplifie tout
Bienvenue dans la Google économie

Les petits sont les nouveaux gros

Vous pensez certainement que les grosses structures resteront incontournables. Wal-Mart est la plus grande entreprise du monde. Home Depot restera encore longtemps le fournisseur de papa-maman. Les groupes de médias s'allient les uns aux autres. Les compagnies aériennes fusionnent. Même les communes rurales regroupent leurs services et créent des districts d'agglomérations. Le SuperBowl attire 97 millions de téléspectateurs. Sans compter Google, naturellement, qui n'est plus seulement gros, mais bel et bien énorme. Rien ne changera, les gros vont perdurer.

Mais les petits vont émerger. Une petite start-up est susceptible de se transformer en une grosse usine si elle utilise les usines et le réseau de distribution d'un autre, et si elle vend ses produits partout dans le monde – pour autant qu'on puisse les trouver *via* Google. N'importe qui peut se servir d'un logiciel de blog pour créer un média hyper-spécialisé et le financer grâce à Google Ads. N'importe qui peut lancer un parti politique.

Plus personne n'osera créer de toutes pièces une chaîne de grands magasins prêts à s'attaquer à Wal-Mart dans un combat de titans. Au lieu de cela, Wall-Mart et les autres grands groupes de distribution subissent les attaques de milliers de concurrents microscopiques – on en trouve un peu plus de 500 000 rien que sur eBay – qui leur mordillent les chevilles en permanence. En 2007, le chiffre d'affaires réalisé par les 547 000 magasins présents sur eBay s'élevait à 59,4 milliards de dollars. Évidemment, la domination exercée par les 345 milliards de Wal-Mart est toujours écrasante. Cependant, en 2007, les ventes réalisées sur eBay ont quand même dépassé le chiffre d'affaires de Macy's, la plus grande chaîne de grands magasins des États-Unis. Avec ses 853 magasins, Macy's n'a généré que 26,3 milliards de dollars.

Certains blogs ont désormais plus d'audience que les sites de grands médias. En juillet 2008, Gwaker Media, un réseau de blogs à scandales créé par Nick Denton, a fanfaronné partout en annonçant que ses quelques dizaines de sites attiraient deux fois plus d'audience que le site du *Los Angeles Times* – 254 millions de pages vues par mois contre 127 millions. Si l'on agrège les lecteurs de tous les blogs, cela revient à 57 millions de personnes (d'après les chiffres de l'enquête Pew[1] de début 2006 sur Internet et la société américaine), c'est-à-dire davantage que le nombre de gens qui achètent le journal (50 millions de personnes début 2008, d'après la Newspaper Association of America). Encore plus étonnant : dès 2004, l'enquête Pew avait déjà montré que 53 millions d'Américains[2] utilisaient l'Internet pour « publier leurs états d'âme, échanger des avis, publier des photos, partager des fichiers, et plus largement, contribuer d'une manière ou d'une autre à l'explosion des contenus disponibles en ligne ». Le nombre de contributeurs commence à dépasser le nombre de lecteurs.

C'est le triomphe des lilliputiens. Aujourd'hui les économies à grande échelle issues des méga-fusions doivent affronter les micro-économies individuelles. Ce qui a changé, c'est la définition de la notion de « taille critique » – pour générer du chiffre d'affaires, pour survivre et pour réussir. Après avoir culminé au plus haut des frondaisons, la taille minimale néces-

---

1. Organisme de sondage américain qui publie des enquêtes sur les sujets les plus divers, y compris les plus inattendus. Il est accessible sur http:// pewresearch.org.
2. À rapprocher de la population totale des États-Unis qui est de 305 millions d'habitants.

saire pour réussir en affaires est dorénavant redescendue au niveau du sol. Aux temps du commerce à la papa, il fallait ouvrir un magasin. Ce magasin avait besoin de surface, beaucoup de surface, de plus en plus de surface. Il fallait des fonds propres pour accumuler le stock permettant de le remplir. Il fallait aussi de la trésorerie pour embaucher du personnel et faire de la publicité pour attirer des clients. Et puis on transformait cela en chaîne, en vue d'avoir plus de poids dans les négociations avec les fournisseurs et de créer des synergies de marché. Aujourd'hui, on trouve des clients *via* eBay ou Amazon (qui est à la fois une plate-forme pour les commerçants et un magasin lui-même), Google (qui, de plus, vend des publicités ciblées pour pas cher) et de nombreuses autres places de marché en ligne bien faites qui offrent d'excellents outils, comme Etsy.com (où l'on peut vendre des vêtements faits main et des produits artisanaux). Comme il n'est pas nécessaire d'acquérir de magasins en dur, de maintenir un stock important ou de dépenser des fortunes en marketing, les premiers bénéfices peuvent être très rapides.

Au temps de la presse papier, on vivait difficilement de sa plume, sauf à être sous contrat avec un bon journal qui pouvait se permettre de posséder des rotatives en raison de son grand nombre de lecteurs (c'était même un cercle vertueux, en ce temps-là). Aujourd'hui, combien de blogueurs gagnent de l'argent avec leur blog ? Assez pour en vivre ? Eh bien, ça dépend de vous, lecteurs. Les revenus que l'on tire d'un blog peuvent suffire à payer l'hébergement du site, voire un ou deux dîners au restaurant –

voire même à en vivre. Voici un petit bilan des revenus que je tire de mon blog, BuzzMachine.com. En 2007, j'ai gagné 13 855 dollars grâce à la publicité (dont 4 450 dollars *via* Google). Vous devez penser que cela n'était pas assez pour démissionner de mon boulot quotidien. Mais BuzzMachine.com m'a également permis de trouver un poste de professeur à l'école de journalisme de la ville de New York (ce n'est quand même pas le Pérou), de vendre de temps en temps des journées de consulting et des conférences (qui m'ont apporté beaucoup de satisfaction et qui valaient bien le temps que j'y ai consacré), sans compter le contrat pour ce livre (qui vaut plus encore que tout le temps consacré au reste). Ce que mon blog m'a rapporté depuis quelques années se compte en millions. Le coût de ce blog : un hébergement pro qui vaut 327 dollars par an. Certains blogueurs gagnent beaucoup plus – et leurs blogs valent bien mieux que le mien. Mais je me contente de ce qu'est devenu BuzzMachine.

Il vous est facile de calculer ce que vous pourriez économiser si vous vous lanciez seul sur Internet. Pas de bureau, pas de temps passé dans les transports, pas de costume. La rentabilité, la taille critique, tous les critères habituels de réussite sont ramenés à leur niveau minimum. Le prix de l'indépendance s'est effondré. À une époque où tout le monde travaille comme un malade – vous y compris –, vous avez la possibilité de profiter pleinement de cette nouvelle indépendance. Au cours de ma vie professionnelle, j'ai vu disparaître la loyauté des employeurs envers leurs salariés. Aujourd'hui on est encouragé à travailler depuis chez soi et on peut facilement gérer son argent soi-même, ce qui a pour conséquence de réduire aussi la loyauté des salariés envers leur employeur. De plus en plus de gens vont se mettre à leur compte, parce que ça les amuse et parce que c'est facile – ou bien parce qu'ils n'auront pas d'autre choix après avoir été licenciés pour cause de réduction de personnel.

Comment ces nouveaux indépendants vont-ils gérer leurs relations avec leur employeur, et réciproquement ? Les entreprises devraient promouvoir les départs dans le cadre de projets personnels. Rick Waghorn et un de ses anciens collègues ont lancé un blog et commencé à animer une communauté sur le football après avoir été virés par le journal pour lequel ils travaillaient à Norwich. Leur ancien journal a considéré qu'ils étaient concurrents. C'était stupide. En fait, c'était le journal qui avait permis à Rick Waghorn de bâtir sa propre réputation et son lectorat. En le virant, le journal a perdu non seulement ses articles, mais également tout ce qu'il avait investi en lui. Il n'aurait pas dû le considérer comme un concurrent. Il aurait dû lui faire de la publicité et promouvoir son site. Cela aurait permis au journal de profiter de ses connaissances, de son travail, de sa réputation et de son lectorat sans avoir à lui verser de salaire. Parallèlement, Rick Waghorn aurait eu les moyens de lancer sa propre société. Tout le monde y gagnait. Si j'avais été à la place de ce journal, j'aurais investi dans Rick Waghorn. J'aurais cherché à construire un réseau en travaillant avec d'autres journalistes.

La partie n'est pas gagnée pour Rick Waghorn. Sans l'appui du journal pour assurer sa promotion, il lui faudra beaucoup de temps, à lui et à ses semblables, pour attirer une audience suffisante et les annonceurs dont il a besoin. Même si l'on est entré dans l'ère de la multitude des petits, il ne faut pas être trop petit quand même. Lors d'une conférence sur le journalisme interactif que j'ai organisée à l'université de la ville de New York, Mark Potts, vieux routier des médias en ligne, affirmait qu'une des seules façons de survivre pour un petit est d'être intégré à un gros : autrement dit, à un réseau. Les gros ont encore leur place. Ce qui évolue, c'est le rapport entre les gros et les petits.

S'il finit par y avoir un grand nombre de petits indépendants qui donnent le meilleur d'eux-mêmes chacun dans sa spécialité – bijoutiers, conseillers d'achats informatiques ou écrivains –, il faut espérer qu'on pourra en finir avec le monde monotone que les grands constructeurs et les grands distributeurs nous ont imposé depuis des années. Avant la chute du mur de Berlin, j'avais été stupéfait de constater qu'il y avait des magasins Benetton jusque dans Berlin-Est. Ils étaient partout. Starbucks et McDonald's ont remplacé les pubs partout dans Londres. On ne trouve plus ni artistes indépendants ni boutiques de curiosités à Soho : ils ont fait place à Gap et à Banana Republic. C'est partout la même chose, l'originalité a disparu. Et le plaisir d'aller faire du shopping ou même d'acheter s'est envolé. L'émergence de cette multitude de petits va permettre le retour de la diversité. L'artisanat revit sur Etsy.com, sur eBay, sur

Amazon, et sur Threadless.com (ce site où les clients sont eux-mêmes les stylistes).

En 2005, lorsque j'ai écrit sur mon blog qu'on pouvait maintenant créer une nouvelle race de concurrents, que les petits étaient les nouveaux gros, je me suis inspiré de deux textes signés Seth Godin. Ce gourou du marketing disait des entreprises qu'elles n'étaient plus indispensables. Au même moment, suivant la même intuition que moi, il reprenait cette phrase sur son blog (il m'a même surpassé et en a fait le titre d'un de ses livres) : « Devenez petits mais voyez grand. »

L'économie de l'abondance

Nous entrons dans une économie où la rareté a disparu. Google nous apprend à gérer l'abondance et à remettre en cause l'un des fondements mêmes de l'économie, qui remonte à 1767 : la loi de l'offre et de la demande.

Un grand nombre de secteurs économiques ont fondé leur valeur sur la rareté. Les compagnies aériennes, les music-halls et les universités proposaient un nombre limité de places assises, ce qui signifie qu'elles pouvaient fixer les prix comme bon leur semblait. Tout cela était rare, et donc cher. Pendant longtemps, seuls les journaux ont eu la possibilité d'utiliser les rotatives des imprimeries, tandis que nous ne le pouvions pas. Il nous coûtait donc très cher de lire les journaux. L'espace disponible dans les rayons des supermarchés connaissait lui aussi des limites et les marques devaient payer pour obtenir le privilège d'y placer leurs produits. À la télévision, on contingentait le temps consacré à la publicité et le nombre de téléspectateurs, ce qui engendrait de farouches compétitions entre les annonceurs pour l'achat des temps d'antenne. Le secret de la rareté tenait dans la maîtrise : ceux qui maîtrisaient une ressource rare pouvaient s'octroyer le privilège d'en fixer le prix.

Il n'en est plus rien désormais. Vous vendez un produit spécialisé ? Aujourd'hui, vous n'avez plus à vous battre pour obtenir une petite place sur un rayonnage parmi un millier de magasins. Sur Internet, vous pouvez toucher directement la totalité de vos clients dans le monde entier. Vous cherchez une robe originale quand tout le monde achète les mêmes robes dans les mêmes centres commerciaux ? Internet et la livraison à domicile vous offrent un choix infini, au prix d'un simple clic. Vous n'avez pas envie d'aller au kiosque acheter le *New York Times* ou vous refusez de payer un abonnement pour accéder au site du *Wall Street Journal* et suivre la vie des affaires ? Ce n'est pas un problème : il existe aujourd'hui des milliers de sites qui vous fourniront les mêmes informations. Même si le *Wall Street Journal* a réservé un scoop aux abonnés de son édition électronique payante, l'information finira par être accessible d'une manière ou d'une autre. Elle sera citée, on la mettra en lien, on en parlera sur les blogs, elle finira dans les sites d'agrégation, sera réécrite et transmise par e-mail dans le monde entier. Cette information ne peut plus rester rare ou exclusive. Aujourd'hui, la rareté de l'information est morte.

Les agences de publicité se comportent toujours comme si les espaces publicitaires étaient encore rares, eux aussi. Mais, aujourd'hui, le nombre de supports publicitaires utilisables est virtuellement illimité. Les agences de publicité ont toujours eu un faible pour la vente en gros. À chaque rentrée, elles rencontrent leurs homologues des chaînes de télévision, et ensemble ils passent en revue les grilles de programmes et achètent des espaces publicitaires en gros. Certaines coupures de prime-time – notamment celles du jeudi soir, propices à la communication avant le week-end – sont vendues de plus en plus cher, quand bien même l'audience télévisuelle diminue (voire, en reprenant notre raisonnement, se raréfie). Mais ce fait a longtemps été une pratique habituelle de l'ancienne économie. De même qu'en informatique on ne prenait aucun risque en achetant un IBM, en publicité on ne prenait aucun risque en passant à la télévision. Que les agences s'obstinent à ignorer la nouvelle économie de la publicité s'explique par leur propre pratique de la publicité. Les agences se rémunèrent en prélevant un pourcentage sur l'argent dépensé en achats d'espaces. Plus les espaces publicitaires sont rares, plus ils se vendent cher ; plus ils se vendent cher, plus les agences dépensent ; et plus elles dépensent, plus elles gagnent d'argent. Ce n'est pas un cercle vertueux, c'est un attrape-nigauds.

Cette conception absurde de la publicité s'est exportée vers l'Internet. C'est à se tordre de rire : d'après *Advertising Age*, les agences de publicité se plaignent du manque d'espaces publicitaires sur les home pages des portails, y compris sur Yahoo. Les agences tentent de créer la rareté là où elle n'existe pas. L'espace publicitaire disponible à la vente est infini. Il s'étend sur des milliards de pages partout sur Internet. La plupart de ces pages sont très spécialisées : on pourrait y afficher des publicités beaucoup plus ciblées et bien moins chères que sur la home page de Yahoo, et accroître ainsi l'efficacité des investissements publicitaires. Par-dessus le marché, les messages des annonceurs toucheraient directement les clients à qui ils sont destinés, alors que la home page de Yahoo arrose tout le monde. Dans la presse papier et dans l'audiovisuel, les annonceurs payent pour s'adresser à la totalité du potentiel d'audience, car l'audience tout entière est censée voir la totalité de la publicité. Alors que sur Internet c'est l'inverse : les annonceurs ne payent que pour les pages qui affichent effectivement leurs publicités – et, avec GoogleAds, les annonceurs ne payent que si quelqu'un clique sur une de leurs publicités. L'Internet est un bien meilleur support : il est moins cher et améliore la mesure de l'impact de la publicité. Mais cette efficacité n'est pas à l'avantage des agences dont les revenus, comme vous le savez, dépendent des dépenses qu'elles engagent.

Y a-t-il encore de la rareté dans les médias ? Certains affirment que notre capacité d'attention diminue, mais je n'en crois rien. Mon attention est permanente : sur les 24 heures d'une journée, je suis réveillé pendant 18 heures et occupé pendant 17. Pendant cette durée, c'est moi qui choisis où porter mon attention. Aujourd'hui que le choix est pléthorique et que je peux maîtriser mon emploi du temps, je pense que mon attention est plus efficace et réclame plus de qualité que jamais. D'autres affirment que c'est la confiance qui devient rare. Je pense que cela a toujours été le cas, mais aujourd'hui j'ai à ma disposition plus de sources d'information que jamais auparavant – pas seulement mon journal local mais également le *Washington Post*, le *Guardian*, la BBC, les blogueurs que je trouve dignes de foi, etc. Est-ce que la qualité se raréfie ? Oui, naturellement. Mais plus on dispose d'informations, plus il y a d'opportunités pour créer des contenus de qualité. Chacun est mis au défi de passer tous ces contenus au crible et d'y trouver la perle rare. Là où l'on voyait des défis, la Google attitude nous apprend à voir des opportunités. Des entreprises sont susceptibles de naître de ce besoin de sélection, comme des sites de commerce électronique à la recherche des meilleurs produits, des sites qui font des revues de presse et des sites culturels qui rassemblent les critiques des internautes sur les spectacles. L'Internet tue la rareté mais crée des opportunités en abondance.

Le modèle d'affaires de Google met à profit la création, l'utilisation et la gestion de l'abondance. Plus il y aura de contenus à organiser, plus nombreuses seront les opportunités d'y placer ses publicités, et mieux Google s'en portera. Si votre entreprise est fondée sur la rareté – et la plupart le sont – vous devez vous demander comment, vous aussi, vous pouvez organiser l'abondance et en tirer parti.

Entrez dans l'économie gratuite de l'Open Source

Devant les merveilles proposées par l'économie de l'Open Source, de nombreux gourous en sont restés bouche bée. Tout le monde en a entendu parler : des armées d'informaticiens éparpillés sur toute la planète ont créé les logiciels indispensables au développement de l'Internet, que ce soit Linux, le système d'exploitation qui fait tourner la plupart des machines d'hébergement, Apache, le serveur qui permet d'afficher la plupart des pages Web, ou Firefox, le navigateur qui permet à plus de 500 millions de personnes de les consulter.

Pourquoi ces informaticiens font-ils tout ça gratuitement ? Parce qu'ils sont généreux. Parce qu'ils veulent participer à une grande cause. Parce que ça les intéresse. Pour faire enrager le grand méchant loup (c'est-à-dire Bill Gates). Et aussi parce qu'ils savent que s'ils se rassemblent tous dans un réseau ouvert, ils pourront créer un produit meilleur que s'il leur fallait travailler dans n'importe quelle grande entreprise.

Comment se fait-il que l'Open Source ne soit pas un fiasco ? Dans son projet de site NewAssigment.net, Jay Rosen, professeur de journalisme à l'université de New York, a voulu appliquer cette méthode de travail collaboratif au journalisme. Il a étudié en détail le projet Firefox et il a découvert que, contrairement aux apparences, l'anarchie est loin de régner dans les projets Open Source[1]. Ces projets ont des responsables et des structures, des gens sont là pour encadrer les nouveaux arrivants. En pratique, c'est une organisation sophistiquée.

Le projet Wikipedia, qui appartient à l'Open Source, est une ressource fantastique, une bibliothèque de savoir humain plus vaste et plus facile à éditer que n'importe quelle encyclopédie. Les auteurs ne sont pas payés pour y écrire. Ils y contribuent par générosité et pour satisfaire leur ego, et aussi parce qu'ils croient en être propriétaires[2]. Il faut faire remarquer que, pour se financer par des dons, un projet n'a pas besoin des contributions de toute la communauté. Sur Wikipedia, les contributeurs ne représentent environ que 1 % des utilisateurs – ce que Wikipedia appelle la règle du 1 %. Si cette proportion venait à doubler, cela désorganiserait certainement le projet. Dans son livre *Here Comes Everybody*, Clay Shirky étudie les réseaux sociaux. Il s'est intéressé à la façon dont les auteurs construisent un article sur Wikipedia. Il écrit : « Sur les 129 auteurs de l'article

---

[1]. Il aurait aussi pu lire ma thèse ! Je démontre que les projets les plus organisés sont ceux qui arrivent aux résultats les plus aboutis.

[2]. En fait, les contenus de Wikipedia sont versés dans le domaine public et le projet est géré par la Wikimedia Foundation. Il est donc erroné de prétendre que Wikipedia appartient à ses auteurs. Pour faire simple et prendre quelques raccourcis, Wikipedia est un « bien commun » de l'humanité géré par la Wikimedia Foundation.

sur l'asphalte, 100 n'ont fait qu'une seule contribution. Les 5 auteurs les plus actifs ont fait environ 50 contributions, c'est-à-dire environ 25 % du total[1]. » Pour écrire cet article, l'auteur le plus actif a travaillé dix fois plus que l'auteur le moins actif.

Wikipedia ne fait aucun profit. En revanche, elle a été à l'origine d'un projet commercial, Wikia[2], dans lequel les utilisateurs font tout en commun, jusqu'à la programmation des algorithmes du logiciel. Wikia a des concurrents, par exemple Mahalo, un guide construit à la main[3] et qui rémunère ses auteurs, inventé par Jason Calacanis, créateur d'entreprises. Au cours de la conférence DLD organisée par Burda à Munich en 2008, Jason Calacanis a reproché à Jimmy Wales, le créateur de Wikipedia et de Wikia, de ne pas acheter ses contenus. Jimmy Wales lui a rétorqué que personne ne travaille gratuitement. « La seule chose que les gens font gratuitement, c'est s'amuser… Personne n'a jamais dit que ceux qui jouent au basket-ball le week-end ont tort de le faire gratuitement. » Les gens font don de leur savoir et de

---

1. Clay Shirky, *Here Comes Everybody*, *op. cit.*
2. Là encore l'auteur commet une petite imprécision : bien que Jimmy Wales, le créateur de Wikipedia, soit un des cofondateurs de Wikia, ni Wikipedia ni la Wikimedia Foundation ne participent à Wikia. Wikia permet à tout un chacun de publier du contenu qui n'aurait pas sa place sur Wikipedia et de garder ses droits d'auteur. La seule chose que les deux projets ont en commun, c'est le logiciel MediaWiki, qui est mis en œuvre sur les deux plates-formes.
3. À la différence de la construction par agrégations de contenus trouvés par des crawlers.

leur intelligence si, en retour, on leur donne la possibilité de participer à un projet, d'y exercer une certaine influence, d'en garder le contrôle, de venir en aide à un de leurs semblables (mieux que ne le ferait une entreprise), et de devenir propriétaires.

Les clients non plus ne sont pas avares de leurs idées. En 2008, Starbucks Café a lancé le site MyStarbucksIdea.com, sur lequel l'entreprise invitait ses clients à lui dire ce qu'elle devait faire (elle a en cela suivi la voie inaugurée par Dell avec le site IdeaStorm, les deux sites utilisant d'ailleurs la même plate-forme, Salesforce.com). Les réponses ont tout de suite fusé par milliers : des idées, des votes, des commentaires. Un client a demandé à Starbucks de faire des glaçons avec du café, pour que les boissons ne se diluent pas quand les glaçons fondent. En très peu de temps, cette idée a été soutenue par 7 600 clients. Un autre client a proposé d'installer des tablettes dans les toilettes – sinon, où poser son gobelet quand on a une petite envie ? Quelques clients ont trouvé cette idée un peu bizarre, mais Starbucks a trouvé la proposition intéressante et l'a mise sur la liste des projets à étudier.

Certains sujets ont émergé de tout ce flot de discussions et de suggestions. Un grand nombre de demandes portaient sur l'installation de caisses express pour éviter aux clients désirant un simple café d'avoir à patienter des heures derrière des accros aux cafés à la carte, avec un peu de ceci et un peu de cela, un peu de mousse mais pas trop, etc. D'autres clients auraient aimé pouvoir passer leurs commandes depuis leur iPhone. Et puis certains clients ont proposé – appuyés par des milliers d'autres – que Starbucks crée une carte magnétique mémorisant leur commande habituelle et dont on pourrait se servir aux bornes automatiques pour commander et payer directement sans faire la queue à la caisse. Un autre client a suggéré un coin self-service. Un autre encore, un service de livraison à domicile. Pour Starbucks, toute cette agitation était révélatrice d'un vrai problème : des queues longues, lentes, inefficaces et énervantes. Cependant, aucun client ne mentionnait ce problème. Au lieu de se plaindre, les clients proposaient des solutions pour régler le problème. Ce que Starbucks s'était contenté de faire, c'était de les laisser s'exprimer.

C'est Chris Bruzzo (un des anciens patrons d'Amazon, entreprise au sein de laquelle il a pu initier des relations clients innovantes), le directeur du système d'information de Starbucks, qui a créé MyStarbucksIdea. Il m'a décrit le forum de discussion du site comme le simple prolongement d'un phénomène bien connu des employés de Starbucks. Dès que ces derniers révèlent où ils travaillent, « les gens commencent à réciter la litanie de tout ce que Starbucks devrait faire. Les clients ont des idées bien arrêtées ». Aujourd'hui, Starbucks ne fait que mettre à leur disposition une plate-forme pour qu'ils échangent leurs idées. Parce que c'est ouvert à tous et que les clients peuvent réagir à toutes les idées, certaines suggestions sont populaires et d'autres ne font pas long feu. Les clients ont aidé l'entreprise à faire cesser certaines lubies (comme par exemple proposer du sucre de régime dans le café ou les cookies, ou encore changer le nom des tailles de gobelets à l'occasion des Jeux olympiques. La taille « venti » ne deviendra pas la taille « médaille d'or »). D'autres idées (comme, par exemple, celle de fêter l'anniversaire des clients en leur offrant leur café, et que Starbucks a retenue) ont peut-être été lancées grâce au site.

Pour Chris Bruzzo, il est essentiel pour l'entreprise de « boucler la boucle avec authenticité et de montrer toute l'implication que met Starbucks à proposer des réponses aux clients, ce qui exige également de passer des idées aux actes ou de co-construire des idées avec les clients ». En clair : « Nous allons réellement adopter cette méthode dans notre processus de création des offres, dans le développement des nouveaux produits, dans le développement de l'expérience client et dans la conception de nos magasins. » Pour mettre tout ça en musique, il a nommé 48 « animateurs d'idées », choisis au sein de l'entreprise. Il leur a assigné la tâche d'entamer le dialogue avec les clients et d'utiliser le forum comme un laboratoire. Une fois revenus dans leurs services respectifs, ces « animateurs » défendaient les idées des clients « exactement comme si les clients avaient assisté aux réunions de lancement du produit ». Tout comme Dell, Starbucks a également lancé une version parallèle de la même plate-forme en interne, pour permettre aux employés de partager et de discuter entre eux de leurs idées propres.

Marc Benioff, le P-DG de Salesforce.com, connu pour son franc-parler, s'est d'abord servi de la plate-forme de gestion des innovations[1] pour son propre compte, avant de l'ouvrir aux autres entreprises. « C'est comme un focus group en temps réel et qui ne s'arrête jamais », m'a-t-il écrit dans un e-mail. « Je crois qu'aujourd'hui, avec les wikis, les blogs, Twitter, YouTube, et tout le reste, le rythme des communications s'emballe. Quelle que soit votre entreprise, il n'y a aucun doute que vos clients parlent de vos produits et de vos méthodes. Reste à se poser les bonnes questions. Est-ce que je veux participer à ces discussions ? Est-ce que je veux en tirer quelque chose ? Est-ce que je peux m'en servir pour innover ? Vous gagnerez à vous laisser guider par cette communauté. Si vous lui tournez le dos, vous vous détacherez de plus en plus de ses préoccupations et laisserez le champ libre à vos concurrents. Les boîtes à idées qui n'aboutissent à rien et les réponses automatiques par mail sont autant de symboles de votre indifférence envers vos clients. Aujourd'hui, ce n'est plus tolérable. » (Rien d'étonnant à ce que le discours de Marc Benioff vous rappelle celui de Michael Dell : c'est Marc Benioff qui a fait comprendre à Michael Dell qu'il devait lancer IdeaStorm.)

N'importe quelle entreprise peut se servir d'une telle plate-forme. Les gouvernements devraient en faire usage pour rassembler les suggestions des citoyens. Les rédactions des magazines devraient chercher auprès de leurs lecteurs les sujets à traiter et en discuter avec eux. Les

---

1. Salesforce.com est implanté en France et a renommé certains services. Ainsi, la plate-forme « Ideas » s'appelle « gestion des innovations » en français.

distributeurs devraient s'en servir pour décider des produits à référencer dans les rayons. La vraie question est de savoir jusqu'à quel point les entreprises sont prêtes à s'ouvrir à l'économie gratuite et à laisser les clients prendre part aux décisions. L'économie gratuite va au-delà de l'écoute polie des clients et du minimum de considération qu'ils attendent qu'on leur porte. D'ailleurs, aujourd'hui, les entreprises ne peuvent plus se permettre de cacher leurs numéros de téléphone et leurs adresses e-mail, ni condamner les clients aux répondeurs téléphoniques et aux mails automatiques. Il faut comprendre que les clients veulent participer au débat et s'impliquer dans les décisions. Cette attitude apporte des améliorations à la manière de réaliser des affaires. Les clients peuvent-ils aider à la conception des produits ? Les citoyens à la rédaction les lois ? Peuvent-ils nommer des journalistes ? Nous nous poserons ces questions dans la deuxième partie de ce livre.

Cela vous dirait-il de donner le bureau d'à côté à vos clients pour qu'ils travaillent avec vous ? Eux le réclament. Donnez-leur une chance.

**Les marchés de masses sont morts.
Vive les masses de niches**

Dans son ouvrage *Culture and Society*[1], le sociologue Raymond Williams écrivait en 1958 : « Les masses sont composées d'individus ». Et il ajoutait : « En réalité, il

---

1. Raymond Williams, *Culture and Society – 1780-1950*, Oxford University Press, rééd. 1985.

n'y a pas de masses ; il y a seulement différentes façons de voir les individus comme des masses. »

Les agences de publicité, les industriels, les distributeurs, les groupes de médias et les politiciens trouvent pratique de nous regrouper en grandes masses. C'est l'essence même de leur approche des affaires, de leur façon de s'adresser à nous. Cela leur permet de réaliser des économies d'échelle. Nous sommes leur taille critique. Rien d'étonnant donc à ce qu'ils soient très déstabilisés de nous voir prendre notre revanche. Puisque aujourd'hui nous pouvons agir individuellement, nous rassembler en réseaux indépendants et nous mesurer à eux dans les résultats de recherches sur Google – que nous nous posions en concurrents ou en détracteurs –, certains vont même jusqu'à voir en nous une menace.

Les activités qui mettent à profit les grandes masses s'inquiètent désormais de la « fragmentation », expression utilisée par ceux qui contrôlent les marchés de masses. Mais nous qui constituons ces masses, nous préférons parler de « choix ». Donnez-nous plus de choix et nous en profiterons. Nous pourrons enfin changer de point de vue et mettre à nouveau nos intérêts, nos goûts et nos communautés au centre de nos préoccupations. Le choix est au cœur même de la vie, du commerce et des médias.

L'ouvrage de Chris Anderson, *La Longue Traîne*[1], fut le premier à décrire ce phénomène et à sonner le

---

1. Chris Anderson, *La Longue Traîne – La nouvelle économie est là*, Pearson Éducation, 2007.

glas des marchés de masses. Chris Anderson y affirme que l'Internet permet la création d'une infinité d'offres en tous genres et propose des outils utiles pour les mettre en avant et les retrouver facilement. Il arrive à la conclusion que des domaines tels que les médias, la culture et le commerce seraient de moins en moins dépendants de leur capacité à toucher de grandes masses. Une vidéo portant sur la chasse aux papillons ne sera sans doute regardée que par très peu de gens, mais avec la possibilité de diffuser des contenus spécialisés en très grand nombre, l'audience cumulée de toutes ces niches finira par constituer une part importante de l'audience totale. Dans un article publié par la *Harvard Business Review* en 2008, Anita Elberse a remis en cause la théorie de Chris Anderson en affirmant qu'elle ne se vérifiait pas dans la réalité. Elle appuyait sa démonstration sur le fait qu'un petit nombre d'acteurs concentrent encore la plus grande partie de l'audience et des revenus. Sur son blog, LongTail.com, Chris Anderson lui a répondu avec facilité et élégance. En reprenant certaines de ses données et en précisant quelques définitions proposées par Anita Elberse, il a montré que la « longue traîne », telle qu'on peut en tout cas la mesurer, est en réalité une variable d'environnement. Il cite cet exemple, concernant la musique : chez Wal-Mart, les clients continueront à acheter les CD du Top 50 en grandes quantités, cependant l'intérêt qu'ils portent à la musique vendue *ailleurs* que chez Wal-Mart est lui aussi réel et augmentera.

Aussi étonnant que cela puisse paraître, c'est une présentation PowerPoint réalisée par Umair Hague sur la nouvelle économie des médias qui a réussi à faire avancer la question (vous trouverez cette présentation en cherchant « Haque new economics of media » dans Google. Vous pouvez aussi lire son blog sur Bubblegeneration.com. Ce blog nous a largement influencés, Chris Anderson et moi). Ne vous laissez pas décourager par les 107 slides du document ou par ses tableaux économiques abscons. La leçon à en tirer est évidente : l'ère des méga-succès au box-office est révolue. Contrôler la production, la distribution et le marketing sera de moins en moins rentable. Pour Umair Haque, l'ère des médias 2.0 fait émerger trois voies nouvelles de création de valeur : la mise en avant (ce qui revient à trouver les pépites), l'agrégation (c'est-à-dire la distribution 2.0) et la modularité (c'est-à-dire la propagation des contenus au travers de mashups, par exemple). D'après lui, cette économie requiert l'ouverture, la décentralisation et le dialogue inter-niches – mais pas de méga-succès au box-office. C'est dans la « longue traîne » que résident les nouvelles opportunités.

Je connais les contre-exemples par cœur : les Oscars du cinéma, les Jeux olympiques, *Harry Potter, Da Vinci Code, American Idol*, et même Wal-Mart. Je vous l'accorde, les succès au box-office perdureront. Mais il faut également reconnaître qu'un nouveau facteur entre en jeu. Au final, les outils dont chacun dispose pour créer et distribuer des biens et des contenus feront tendre vers l'infini les choix possibles. On verra également se multiplier les occasions de tirer profit de cette faculté à faire des choix, et ce dans de très nombreux domaines. L'attention portée à ce nouveau mode de choix se renforcera, en accroissant la valeur. Cette abondance fera naître de nouvelles opportunités, car il faudra la nourrir, l'organiser et la monétiser. Parier sur le box-office a toujours été risqué, et aujourd'hui plus que jamais, l'impact des marchés de masses sur l'économie diminuant petit à petit.

Rapportés à l'échelle humaine, les marchés de masses auront été une sorte de génération spontanée. Ils sont nés avec la généralisation de la télévision au milieu des années 1950 – phénomène qui, par ailleurs, a entraîné la disparition de nombreux journaux locaux, drainant vers les marchés de masses non seulement la télévision mais également la presse. C'est au milieu des années 1980, à l'ère de la télécommande, que j'ai commencé mes critiques TV dans *People Magazine*, le dernier magazine très grand public lancé aux USA. Pendant ses dix premières années, ce magazine jouait sur du velours. Il suffisait d'afficher une couverture aguicheuse montrant n'importe quelle star du petit écran pour voir le magazine se vendre comme des petits pains. Mais je me souviens encore du jour qui a sonné le glas de cette époque dorée, celui où Pat Ryan, mon mentor au sein du magazine et le directeur de la rubrique où je travaillais, a hurlé depuis le bout du couloir : « La télé est morte, Jeff ! La télé est morte ! »

On avait consacré une série de couvertures à des vedettes de télévision et le plantage du dernier numéro confirmait les mauvais chiffres enregistrés. Mettre des stars de la télévision en couverture n'assurait plus un succès garanti sur facture parce que les émissions de télévision ne rassemblaient plus l'ensemble du pays comme un seul homme. Terminé aussi le temps où toute la nation se demandait à l'unisson : « Mais qui a bien pu tuer J.R. ? » À cette époque déjà, alors que je regardais MTV, vous regardiez la chaîne Histoire, votre femme Sport24, et les enfants une cassette VHS – ou bien ils jouaient aux jeux vidéo (et n'oubliez pas que l'Internet et les iPod n'avaient pas encore débarqué). Il se trouve encore des nostalgiques pour pleurer la mort de cette expérience unique qu'était cette soi-disant grand-messe médiatique. Ils la dépeignent comme un grand feu de camp électronique autour duquel nous nous regroupions tous pour partager une expérience culturelle commune. Moi pas. Je trouve que la valeur réside dans le choix.

Cette fragmentation des médias a jeté un grand flou sur les stratégies commerciales. Comme les agences de publicité cherchaient encore à acheter l'audience par grandes masses, les médias ont dû travailler d'arrache-pied pour les constituer et satisfaire les publicitaires. C'est à partir de ce moment-là que *People* a commencé à parler non plus de la carrière des stars, mais de leur vie privée. Et de nombreuses autres publications ont suivi le mouvement. J'appelle cela du journalisme de la mécanique corporelle : des articles sur la mort des stars, leurs maladies, leurs petites affaires, leurs scandales, leurs mariages, leurs bébés, leurs divorces. Dans les magazines à grand tirage – sur leurs couvertures, du moins – on a abandonné l'information pour la rubrique people, le journalisme pour les cancans, le pouvoir des chefs de rubriques pour la dictature des chargés de relations publiques, les contre-enquêtes d'investigation pour les communiqués de presse officiels. Les vedettes ont alors compris que leur nom et leur visage devenaient une valeur commercialisée par les magazines. Très vite sont donc entrés dans la danse leurs agents et leurs organisations publicitaires. Les chefs de rubriques des magazines se sont alors révélés être les gardiens du temple sacré de l'audience. Naturellement, les chargés de relations publiques se sont à leur tour mués en gardiens du temple encore plus sacré de la célébrité. Ils se sont octroyé la négociation des rendez-vous, ont obtenu des couvertures exclusives, sélectionné les photos, accrédité les journalistes. Ils se sont même arrogé le droit de retoucher les articles, au besoin. Si les chargés de relations publiques ont acquis une telle importance, c'est parce qu'ils détenaient la clé permettant aux magazines d'ouvrir les portes de l'audience des masses. Tous les titres de la presse magazine évoquaient les mêmes célébrités et les mêmes scandales : ils développaient les masses. Mais, en réalité, le nombre de sujets abordés diminuait et ce qui aurait dû attirer les acheteurs les faisait fuir. Nombreux parmi nous passaient leur temps devant Discovery Channel au lieu de regarder *Dynasty*. À son tour, ce phénomène a modifié l'équation économique des contenus télévisuels. Les grands réseaux ont vu leurs audiences se réduire comme peau de chagrin. Ils n'avaient plus les moyens de promouvoir des programmes ambitieux et ont arrêté les miniséries (s'en souvient-on encore ?). Ils ont substitué à tous ces programmes de la soi-disant télé-réalité, qui était non seulement moins coûteuse à produire, mais qui, par-dessus le marché, offrait plus de sensationnel.

Qu'est-ce qui remplace les masses ? C'est l'accumulation des niches de la « longue traîne ». En bref, les marchés de masses sont remplacés par des masses de niches. Chacun d'entre nous gravite autour de ses propres centres d'intérêts et, grâce aux nouveaux outils de création de contenus, simples et abordables, est assuré de trouver en ligne des informations sur les sujets qui l'intéressent. Si ce n'est pas le cas, eh bien, il n'y a qu'à les créer soi-même. On nous avait promis 500 chaînes de télévision. Elles n'ont jamais vu le jour. Mais dans le même temps s'est dévoilé un nouveau monde où chacun est libre de choisir entre des milliards d'offres différentes. D'après comScore, un service de suivi d'audience Internet, les internautes ont regardé mensuellement 10 milliards de vidéos en ligne en 2008. Évidemment, aucune de ces vidéos n'a jamais atteint l'audience du SuperBowl. Mais en audience cumulée, ces 10 milliards de vidéos par mois ont accaparé une grande partie de notre attention. D'après eMarketer, en 2007, 22,6 millions de blogs ont été lus par 94 millions de personnes aux États-Unis. Ces blogs existent en plus grand nombre que la totalité des journaux et des magazines : blogs sur le tricot, sur les maladies cardiaques, blogs dédiés à l'art et la manière d'écrire des blogs spécialisés. À l'heure où j'écris ce livre, il y a 2,3 millions d'articles sur Wikipedia[1]. Certains viennent même la concurrencer, comme Woo-

---

1. En février 2009, on trouvait 2,749 millions d'articles sur la version anglophone de Wikipedia et 769 000 articles sur la version francophone. En décembre 2008, Wikipedia a publié un total de 12 millions d'articles dans 265 langues différentes.

kieepedia, une encyclopédie sur *Star Wars*. Sur Internet, le soleil brille pour tout le monde, quel que soit le sujet.

Les agences de publicité restent attachées au bon vieux principe de la vente en gros. Elles persistent à dépenser des sommes énormes pour diffuser leurs annonces à la télévision. Rapportées au peu de temps que l'on passe devant la télévision, alors qu'on en passe aujourd'hui beaucoup plus sur Internet, ces sommes représentent des fortunes. Cette situation ne pourra pas durer éternellement. D'ici peu de temps, les agences ne pourront plus se contenter de leurs rentes de situation, elles devront mouiller leur chemise. Au lieu d'acheter machinalement des temps d'antenne aux heures de grande écoute, il leur faudra agréger des audiences plus faibles provenant de médias plus petits pour, au final, leur faire atteindre une masse critique. Cette approche demande plus de travail mais offre une audience plus ciblée et garantit plus d'efficacité dans les résultats. Je ne vois pas l'intérêt de diffuser des publicités pour des couches-culottes pendant une émission que je regarde avec mes ados. Pampers ferait mieux de faire de la publicité sur les blogs écrits par les jeunes mamans.

Quand les marchés de masses seront morts, les annonceurs et les agences seront bien obligés de les abandonner. Leurs dépenses se porteront alors vers l'Internet, ce qui permettra de financer de nouveaux contenus, d'attirer grâce à eux de l'audience, et d'augmenter les revenus. Ce cercle vertueux se renforcera jusqu'à ce que la télévision traditionnelle ne soit plus que l'ombre d'elle-même. Naturellement, il y aura toujours des succès populaires, mais en plus petit nombre.

Google a montré le chemin dans l'art de naviguer de niche en niche. Elle a trouvé une recette magique pour en tirer des revenus confortables. En mettant à profit son moteur de recherche et l'appétit de lecture des internautes, Google a inauguré une voie nouvelle grâce à laquelle les annonceurs peuvent toucher des audiences très ciblées. Chose surprenante aux yeux des médias traditionnels, Google ne facture pas les annonceurs en comptabilisant l'audience, c'est-à-dire la capacité de lecture des internautes, mais l'action, c'est-à-dire le nombre de clics effectués par les internautes. Les annonceurs ont ainsi la possibilité de mesurer précisément leur retour sur investissement. Fini le temps où faire de la publicité consistait à crier à la ronde, sans savoir si les gens vous entendaient ou pas. Et, encore plus surprenant, Google ne fixe aucun tarif à l'avance, comme les médias traditionnels ont l'habitude de le faire. Les mots-clés sont vendus aux enchères. Google fonde ses revenus sur les clics. C'est donc dans son intérêt de perfectionner son savoir-faire en matière de ciblage et d'efficacité. Ainsi s'améliorent à la fois l'impact dont jouissent les annonceurs et le compte de résultats de Google. Cette imbrication de cercles vertueux a permis à Google de bâtir son empire en profitant de l'agonie des grandes masses d'audience et de l'avènement des niches.

Vous aussi, vous allez devoir accompagner ce passage des audiences de masses aux audiences de niches, et chercher comment en tirer parti. Si à l'heure actuelle vous vendez encore des produits à des masses, les temps vont bientôt vous sembler rudes. Si vous créez des produits passe-partout, vous devez être conscient que demain, justement, ils ne passeront plus partout. Ce sont les clients qui vous diront de quels produits ils ont besoin. Dans la prochaine partie suivante de ce livre, je vous proposerai différents scénarios pour s'adapter à la transition vers les niches et trouver comment en profiter. Comment l'industrie automobile pourrait-elle laisser les clients concevoir les nouveaux modèles ? Comment les distributeurs pourraient-ils aider les clients à trouver des produits spécifiques ? Comment les universités pourraient-elles permettre aux étudiants de construire les programmes ? En réalité, le passage des masses aux niches fait glisser le pouvoir du haut vers le bas, du centre à la périphérie, d'eux à nous.

Les marchés de masses sont morts. Ils se sont suicidés. Google n'a fait que leur tendre la corde pour se pendre.

Google simplifie tout

Aux tout débuts du Web, j'ai assisté à des focus groups dans lesquels les utilisateurs évoquaient une entreprise extraordinaire qui avait accaparé tous les contenus possibles dans tous les domaines imaginables. C'était comme si l'on avait assemblé une bibliothèque, un journal, un magazine et un service de météo. Ils parlaient de Netscape, qui avait tout simplement inventé le premier navigateur Web commercial. En se contentant d'envoyer les internautes vers les sites d'autres entreprises, il avait ainsi récolté les lauriers.

Aujourd'hui, l'entreprise sous les feux de la rampe, c'est Google. Lorsqu'on fait une recherche sur Internet, on obtient une réponse, et bien souvent on ne se souvient même plus du site grâce auquel on l'a obtenue. C'est Google qui a trouvé la réponse. Aujourd'hui, on a un peu plus de jugeote et l'on sait que Google ne possède pas les contenus mais se contente de faire des liens vers les sites. Mais puisque Google a réponse à tout, tout le monde s'en fiche – et Google est vraiment très bon à ce petit jeu-là. Tout ça est excellent pour elle, mais ça ne fait pas le jeu des marques. Actuellement, vous vous embêtez à créer une marque en ligne, vous constituez une équipe pour maintenir le site à jour, vous dépensez des fortunes en marketing et en référencement dans les moteurs de recherche parce que vous voulez que les clients trouvent votre site, vous communiquez l'audience de votre site aux annonceurs et leur affirmez que les clients apprécient votre marque. Mais, en fin de compte, la grande majorité des gens ne se souvient pas être venue sur votre site et ne connaît même pas votre marque. Lorsque je travaillais pour des sites de journaux, nous étions bien conscients d'avoir en réalité plus de visiteurs que ne l'affirmaient les études marketing. La raison en était claire : quand nous demandions aux gens où ils avaient lu une information qui ne pouvait venir que de chez nous, ils n'en avaient tout simplement plus aucun souvenir. Ils l'avaient trouvée sur Google, c'était leur seule référence.

Google a fait de la simplification une stratégie commerciale. Pour un internaute, accéder à des contenus publiés sur mon blog n'est pas plus difficile que d'aller sur le site de *Newsweek*. Par le passé, les marques permettaient d'organiser l'information. Mais aujourd'hui, c'est Google qui trône en grand ordonnateur des informations. Les médias se sont simplifiés. Google affiche des publicités partout, sans même informer les annonceurs des sites sur lesquels elle le fait. Google affiche les publicités non pas en fonction de l'audience, du socio-type du lectorat, de la confiance ou des valeurs de la marque – comme le font toutes les agences de communication traditionnelles – mais tout simplement en fonction des mots présents sur les sites. Le prix de la publicité dépend seulement du nombre de clics. Par conséquent, les marques des sites perdent de leur importance et de leur valeur. Google simplifie même l'audience. Elle n'affiche pas les publicités en fonction de l'âge, des revenus, du sexe ou du niveau d'études, ni d'aucune de ces données sociologiques que, par le passé, les agences facturaient aux annonceurs. Chacun est l'égal de l'autre. Nous sommes tous clients. Les annonceurs connaissent eux aussi la simplification : les logos et les marques n'apparaissent plus, les annonces, qui se ressemblent toutes, sont réduites à des textes et à des liens. Mais si vous imaginez que cela leur pose un problème, il n'en est rien, car les annonceurs n'achètent que des clics vers leurs sites. Google a réduit leurs investissements publicitaires, donc les annonceurs laissent faire Google.

Mais tout n'est pas perdu pour tout le monde. L'Internet et Google ont rebattu les cartes. Ils ont permis à de micro-magasins hyper-spécialisés de toucher les bons clients ou à des blogueurs amateurs de faire jeu égal avec les bons vieux gros médias. Mais, dans ce processus de remise à plat, il y a un paradoxe : quoi que l'Internet permette aux créateurs de contenus de mettre en avant – l'identité, la personnalité, les marques, les savoir-faire, les centres d'intérêts, les relations et les réputations – tout ceci est totalement gommé par le moteur de recherche de Google.

Comment survivre à cette menace de simplification que brandit Google ? Pour relever intelligemment ce défi, le plus simple est encore d'adopter les règles de Google pour engranger des revenus grâce à elle, comme le fait About.com. Il est aussi possible de construire des réseaux de niches pour atteindre une masse critique, comme l'a fait Glam.com. Ou encore de faire en sorte que votre nom soit sur toutes les lèvres, que les gens créent des liens vers votre site tellement vous êtes génial – c'est ce que fait Apple. On peut aussi faire de la publicité ou nouer des partenariats avec des sites très ciblés sur lesquels on est certain de trouver des clients fidèles. Il faut approfondir la relation client de telle sorte que les gens reviennent sur votre site, non plus seulement par le biais d'une recherche sur Google, mais également *via* des réseaux sociaux, comme Facebook. Bref, faites le maximum pour les niches et non plus le minimum pour les masses.

Bienvenue dans la Google économie

En avril 2008, alors que les États-Unis se trouvaient déjà en pleine crise économique et financière, Google a annoncé, pour la énième fois, des résultats trimestriels records. À cette occasion, le *New York Times* a titré : « Google défie l'économie ». Mais il aurait plutôt dû titrer : « Google définit l'économie ».

Du temps de l'ancienne économie, c'étaient les performances des grandes entreprises et les impacts des unes sur les autres qui servaient d'étalon de mesure boursier (il suffit de se pencher sur les mécanismes de l'indice Dow Jones pour s'en rendre compte). Les médias et les agences de publicité ne s'adressaient qu'aux grandes entreprises qui, seules, avaient les moyens de faire de la publicité dans les supports de large audience. Pour pouvoir accéder à la grande distribution, les industriels étaient dans l'obligation de faire jouer les économies d'échelle. C'était l'économie de la taille critique. Et puis est arrivée Google, avec son système de publicité bon marché ouvert à tous. Le petit devenait le nouveau gros. Les masses de niches remplaçaient les marchés de masses.

Google vend ses publicités aux enchères, ce qui fluidifie le marché et comble certains vides. Prenons un exemple. Imaginons que le marché du voyage soit en crise. Certains annonceurs – les compagnies aériennes, les chaînes hôtelières – réduiront leurs dépenses publicitaires. La presse spécialisée en sera affectée, car il n'y aura pas d'autres grandes entreprises du secteur pour investir des sommes aussi importantes. Et c'est toute la chaîne économique du secteur qui en souffrira. Sur Google, au contraire, si American Airlines ou Marriot n'achètent pas le mot « Paris » pour leurs annonces du mois, d'autres annonceurs peuvent toujours le faire.

Évidemment, du fait de la baisse du nombre de demandes, le prix de ce mot va décroître, mais cette perte sera sans doute compensée par des enchères à la hausse sur d'autres mots.

Le marché de la publicité est fluidifié par un nombre d'annonceurs quasi illimité, grâce à quoi Google a créé un modèle économique nouveau qui l'isole des mécanismes d'une économie fondée sur les masses et la rareté. Google a inventé son propre système économique.

Mais Google ne fait que montrer la voie de l'économie nouvelle qui se profile à l'horizon. Le grand chambardement économique qui a culminé à l'automne 2008 n'a pas seulement vu la chute du crédit immobilier, des produits dérivés, des banques et de leur cadre réglementaire, mais également l'émergence d'une nouvelle économie, qui fait de Google – par construction ou par chance – le précurseur d'un nouvel ordre mondial. Au moment même où les banques, les entreprises, voire certains pays sentaient leurs fondations chanceler, Google annonçait tranquillement des profits en hausse de 26 %.

Dans ce système économique promu par Google, les entreprises traditionnelles n'auront plus à atteindre une taille critique en finançant des méga-fusions par des levées de fonds sur les marchés – en tout cas, pas dans un avenir prévisible. Au contraire, il va leur falloir apprendre à réussir tout comme Google a réussi : se développer en construisant des plates-formes pour permettre à d'autres de prospérer. La croissance ne sera plus tirée par l'accumulation des actifs et des risques à l'intérieur des entreprises traditionnelles, mais par leur capacité à fournir à chacun un réseau grâce auquel construire sa propre valeur. Les grandes entreprises réduiront ainsi leurs coûts et diversifieront leurs risques. C'est ça, la méthode Google.

LES NOUVELLES RÉALITÉS DES AFFAIRES

Les atomes sont des freins
Les intermédiaires sont morts
La gratuité est un modèle d'affaires
À vous de choisir votre business

Les atomes sont des freins

Nous sommes encombrés d'un fatras de produits en tous genres : des papiers, des livres, des machines, etc. Tous ces produits sont des souvenirs du passé. Et, bien entendu, plus on possède de produits, plus il faut de place. Par-dessus le marché, on a besoin d'acheter des matières premières pour pouvoir ensuite fabriquer des produits qu'on peut alors vendre à leur tour. Et puis il faut stocker ces produits, les emballer dans des machins, les mettre sur d'autres trucs, pour les emballer à nouveau et les expédier. Il va sans dire que tout cela est coûteux et risqué, notamment la production et le stockage. Mais il faut également compter avec la dépréciation : les modes changent parfois plus rapidement que ne se vendent les stocks. De plus, en pratiquant le reverse ingeneering, tout le monde est capable de produire la même chose que vous[1]. Naturellement, vous clamerez haut et fort que vos produits sont les meilleurs, mais les autres produits finiront par concurrencer les vôtres et vous devrez baisser vos prix. Les produits sont des nuisances. Mais pas les électrons.

Depuis les temps les plus reculés de l'ère industrielle, le contrôle a été le moteur des affaires : contrôle des produits, des moyens de production, des marchés et de la distribution. L'industrie automobile vendait des voitures, la presse vendait des journaux, les éditeurs vendaient des livres. Chacun était identifié – et limité – par ses produits. Les entreprises étaient ce qu'elles fabriquaient.

Que vend la presse magazine ? Des magazines ? Pas nécessairement. En 2008, Colin Crawford, l'un des directeurs d'IDG Publications, éditeur spécialisé dans les nouvelles technologies, s'est vanté de ce que son entreprise n'était plus dans l'édition papier. IDG avait opéré le passage du papier à l'électronique deux ans auparavant, au moment où les revenus de ses activités sur Internet avaient dû combler les pertes de ses activités d'édition papier. Comme Colin Crawford l'a écrit sur son blog, ce changement a permis à ses équipes de se concentrer sur « les nouveaux

---

1. Analyse très simplificatrice ! L'auteur « oublie » de mentionner tout l'arsenal de la propriété industrielle.

besoins des clients », sur de nouveaux produits pour Internet et les téléphones mobiles, et sur l'événementiel. Ses équipes, disait-il, étaient « libérées du papier ».

Pour cet éditeur, le papier était devenu un frein. Pour un journal papier, tout est coûteux : les contenus, la fabrication et la distribution. Le papier limite l'espace disponible, il empêche de traiter tous les sujets auxquels les clients portent de l'intérêt. Le papier ne permet pas de suivre en temps réel l'actualité la plus brûlante. Dès la sortie de l'imprimerie, un journal papier n'est déjà plus d'actualité. Un journal papier a pour objectif de plaire à tout le monde et ne peut s'adapter aux besoins de chacun de ses lecteurs. On ne peut pas y cliquer sur un lien, ni utiliser un moteur de recherche ou faire suivre un article à un ami. Un journal papier ne laisse pas la liberté d'accéder directement aux anciens numéros. Un journal papier tue les arbres, entraîne une forte consommation d'énergie et, même si ce n'est pas pratique, doit être recyclé en fin de vie. La presse écrite ça craint. Les produits ça craint.

Qui réclame encore des produits ? Certainement pas Amazon, en dépit du fait que Jeff Bezos ait connu la réussite en vendant des produits – des livres, des gadgets, des produits en tous genres et presque tout ce qu'on peut livrer à domicile. Tout comme le fondateur de Craigslist, Craig Newmark, à qui l'on reproche (injustement) d'avoir construit son succès sur la disparition des petites annonces, Jeff Bezos est souvent accusé d'avoir tué les libraires indépendants et mis en péril les réseaux de distribution de biens culturels. Mais qui reprocherait aux clients d'aller faire leurs achats sur Amazon, de profiter de ses promotions, de sa facilité d'utilisation et de la multitude de choix qu'elle propose ?

Jeff Bezos a simplement cherché à gérer les produits aussi intelligemment que possible. Son stock est restreint au maximum. Jeff Bezos ne s'approvisionne que lorsqu'il reçoit les commandes de ses clients. Il n'a pas de magasin, ne paye pas de bail commercial, n'emploie pas de vendeurs. Il sous-traite sa chaîne logistique et, comme il traite de gros volumes, s'arrange pour négocier des tarifs très serrés avec ses prestataires. Du fait de l'importance des volumes de ses ventes, il parvient à obtenir les meilleurs prix possibles[1]. Une partie des bénéfices retirés – liés à l'effet Internet – fait l'objet d'une redistribution en faveur des clients, ce qui les incite à acheter encore davantage. L'approche de Jeff Bezos repose sur une organisation efficiente, des volumes et un chiffre d'affaires importants, ainsi que sur des marges calculées au plus juste.

Je nourris les plus grands espoirs en ce qui concerne les actions Amazon que j'ai intégrées à mon portefeuille boursier. Non parce que Jeff Bezos a construit la meilleure librairie qui soit, mais parce

---

[1]. Cette analyse sur Amazon doit être relativisée car en France les prix de vente des biens culturels sont soumis à une réglementation particulière, notre fameuse loi Lang.

qu'il est en train de créer une égalité numérique. Il permet à d'autres commerçants d'utiliser sa plate-forme de vente. Il leur envoie des clients en prélevant un pourcentage sur les ventes réalisées. Il leur propose aussi, contre rémunération, des services d'entreposage et d'expédition pour leurs produits. Il a également une offre low cost, facturée à l'usage, destinée aux commerçants qui souhaitent utiliser le système d'information construit par Amazon pour ses besoins propres. Jeff Bezos a élaboré une offre informatique complète : système d'information, stockage, bases de données et même service de paiement. Pour un grand nombre de commerçants, Amazon Web Services représente aujourd'hui une alternative pratique et crédible face à des investissements informatiques de taille visant à assurer une présence en ligne efficace. Amazon propose également le Turc Mécanique (ainsi nommé car le Turc Mécanique, créé en 1769, était un soi-disant automate de jeu d'échecs permettant à un humain de jouer caché). Il s'agit d'une infrastructure par le biais de laquelle on peut acheter de la main-d'œuvre à la demande. Des entreprises viennent y publier des offres pour des travaux répétitifs (vérifier une adresse sur une image, ou classer des fichiers par exemple) et n'importe qui peut, en retour, accepter ces boulots contre rémunération – le plafond bas étant de 1 centime la tâche. Cette place de marché est très souple et permet de trouver de la main-d'œuvre à bon compte. Avec tous ces services, Amazon a mis au point une plate-forme grâce à laquelle un grand nombre d'entreprises pourront aisément voir le jour. Pour quelle raison une librairie en ligne a-t-elle bien pu décider de créer tout ça ? La réponse est simple : Amazon a transformé des centres de coûts en centres de profits. Et, sur ce coup-là, Amazon a même coiffé Google sur le poteau (depuis, Google s'est engagée sur la même voie).

Jeff Bezos n'a pas monté une entreprise de vente de produits parmi d'autres. Il est en train de créer une entreprise dont le cœur d'activité est l'expertise de vente. Personne ne connaît mieux les comportements d'achats qu'Amazon. Pas même Wal-Mart (pour qui nous ne sommes que des masses de gens), ni même les banques (car les débits des cartes bancaires ne leur donnent aucune information sur ce que nous avons dans notre panier lorsque nous payons à la caisse du supermarché). Amazon sait ce que nous achetons, elle sait à quel moment nous avons passé nos commandes et même ce que nous avons ajouté à notre panier juste avant de payer. Amazon peut mettre en avant certains produits et regarder lesquels ont le plus de succès. À partir de nos achats antérieurs, elle peut prédire ce que nous sommes susceptibles d'apprécier et nous suggérer de l'acheter. Amazon a collecté, sur toutes sortes de produits, des millions de commentaires et d'évaluations mis en ligne par des visiteurs du site (car il n'est pas nécessaire d'acheter pour écrire un commentaire ou faire une évaluation). Au total, cela représente une base de connaissances sans égale, y compris par rapport à celle de ConsumerReports.org. Personne ne connaît mieux les produits que nous achetons que Jeff Bezos. En regard d'une telle perspicacité au sujet des comportements d'achats, gérer des produits représente un investissement minime.

Amazon occupe la meilleure position possible pour se lancer dans la vente de produits numériques. Elle a déjà lancé le Kindle Reader et vend des livres électroniques téléchargeables sur ordinateur et lisibles avec le Kindle. Elle vend des vidéos qu'on peut regarder directement sur sa télévision, ou encore de la musique téléchargeable. Amazon a su se réserver une place enviable sur le marché en proposant de nombreuses innovations. Cela va des commentaires à la recherche textuelle dans le contenu des livres en passant par les recommandations d'achats. Nous sommes nombreux à nous rendre sur Amazon par réflexe, pour nous renseigner sur un produit avant de l'acheter. C'est cela qui fait la marque et la valeur d'Amazon, tout autant que les produits qu'elle met en vente.

Jeff Bezos a construit une base de connaissances immense et un empire du service. Le cœur de métier d'Amazon n'est pas vraiment la promotion des produits. En cela, Jeff Bezos suit la voie déjà empruntée par les fast-food, qui gagnent plus d'argent en vendant du Coca-Cola que des cheeseburgers, de même que la valeur de certaines chaînes tient davantage dans leur parc immobilier que dans la vente de marchandises. Comme Google, Amazon crée de la valeur parce qu'elle accumule du savoir et assemble des octets informatiques.

Et vous, êtes-vous limités par vos produits ? À partir du moment où un magazine ne se décrit plus lui-même comme un éditeur, où un libraire sait construire une entreprise d'expertise de vente, vous devez vous interroger : qu'est-ce que vous pouvez devenir ? Où est votre vraie valeur ? Je parie qu'elle n'est pas dans les produits que vous manipulez. Votre vraie valeur ne réside-t-elle pas plutôt dans les connaissances que vous accumulez et dans ce qui vous permet d'anticiper les besoins ?

Les intermédiaires sont morts

Personne n'aime les intermédiaires. Personne sauf mon agent. Quand elle a lu dans le projet de ce livre que les intermédiaires étaient morts, elle s'est insurgée : « Mais, Jeff, je suis une intermédiaire. » Oui, il faut admettre cette évidence, désolé. À la voir soutenir mon livre auprès de mon éditeur, je me disais qu'elle était en train de signer l'arrêt de mort de son propre boulot.

Ceci dit, il faut reconnaître qu'une fois encore, c'est elle qui a fait la vente. Sans elle – sans les relations qu'elle entretient avec les éditeurs – mon projet de livre n'aurait pas atterri chez trois éditeurs différents, et ces derniers ne se seraient pas départagés lors d'une vente aux enchères qui a fait monter les prix (ça, c'était la partie sympa du projet). Même si mon agent me demande une commission bien supérieure à celle d'un agent immobilier, elle m'a permis d'obtenir une avance bien supérieure à ce que je lui dois. Elle met également à ma disposition des conseillers éditoriaux, juridiques et commerciaux. Mon agent a facilité ma relation avec le marché. Elle m'a apporté une grande valeur ajoutée. Elle rend aussi les choses plus aisées pour les éditeurs, car elle fait une sélection parmi l'énorme vivier où se groupent auteurs et projets de livres.

Dans les années 1990, quand j'ai commencé mon boulot de directeur des activités Internet dans un grand groupe de médias, je me réjouissais d'avance à l'idée de travailler avec un éditeur au moment même où celui-ci démarrait son activité sur Internet. Mais mon patron m'a remis les pieds sur terre. Il m'a expliqué qu'un éditeur n'avait pas de relation directe avec les lecteurs (ça, c'est le boulot des libraires), ni même avec les auteurs (c'est le boulot des agents). Il m'a montré que l'éditeur était un distributeur. Les éditeurs, eux aussi, sont des intermédiaires.

L'Internet et les nouvelles technologies ont entraîné la création d'entreprises d'auto-édition – Lulu.com ou Blurb.com, par exemple – qui proposent aux auteurs de gérer eux-mêmes le maquettage de leurs ouvrages, l'impression, les ventes et la distribution. Les auteurs peuvent ainsi s'approprier la majeure partie du chiffre d'affaires – jusqu'à 80 % du prix facial, alors que dans l'ancienne économie le chiffre était d'environ 15 % (moins les 15 % de commission pour leur agent). Naturellement, rien n'empêche les auteurs de mettre leurs ouvrages en vente sur Amazon. Évidemment, les auteurs connus sont, eux, déjà en relation avec les libraires et les médias : ils ont donc la possibilité de vendre beaucoup plus que s'ils s'auto-éditaient. Cela reste vrai, du moins pour le moment. Aussi, même si j'ai beau être un grand fan des réseaux, j'ai choisi de publier ce livre à l'ancienne. Je diffuse ainsi plus largement mon livre et mes idées, et j'en tire plus de revenus. Mon éditeur m'apporte de la valeur ajoutée. Dans la prochaine partie de ce livre, je vous montrerai en quoi les éditeurs se doivent d'adapter leur activité pour entrer dans l'ère de Google.

Le compte à rebours a commencé pour tous les intermédiaires. La question de leur valeur ajoutée se pose déjà. Les intermédiaires perdent de la valeur ajoutée à chaque fois que Google donne lieu à un contact direct. Êtes-vous un intermédiaire ? Pour le savoir, demandez-vous si le Web vous gêne plus qu'il ne vous aide dans vos affaires. Si la réponse est oui, vous êtes sans doute un intermédiaire. Si votre activité consiste à rendre les marchés plus fluides, si votre valeur ajoutée réside dans votre capacité à résoudre des problèmes liés à l'abondance et à la confusion, c'est mieux. Mais, même dans ce cas, n'importe qui peut mettre l'Internet à profit pour casser votre marché et diminuer les prix – en se comportant comme le Craigslist de votre secteur d'activité. Si vous passez votre temps à dire à vos clients ce qu'ils ne peuvent pas faire parce que vous contrôlez le marché ou les relations, si vous agissez sur un marché fermé où l'information et le choix sont contrôlés, où la transparence est absente, alors vos jours sont comptés. Vous avez bien compris, je parle de vous : vous les représentants, les agences de publicité, les bureaucrates de l'administration, les agents d'assurances, les chasseurs de têtes, les agences de voyages (ah, désolé, elles sont déjà presque enterrées) et vous, les agents immobiliers.

L'Internet a horreur de l'inefficacité. Il la grignote un peu plus à chaque fois que Google, Amazon, eBay, Craigslist et tous les autres mettent en relation les vendeurs et les acheteurs, l'offre et la demande, les questions et les réponses, les BJF et les BJH[1]. Dans une note publiée sur le blog de la *Harvard Business Review*, l'économiste Umair Haque a montré que nous étions en train de passer d'une économie fondée sur l'inefficacité du marché, où la propriété et le contrôle sont centralisés, à une économie fondée sur l'efficacité, où l'information circule librement et le pouvoir est décentralisé. Pour lui, « fondamentalement, l'avantage concurrentiel consiste à faire baisser l'efficacité des marchés. Pour atteindre ce but, un des moyens les plus efficaces est d'empêcher la transparence des marchés – ce qui permet d'avoir le pouvoir dans les négociations ». Dans la nouvelle économie, c'est exactement l'inverse : « Il faut éliminer la rétention et fluidifier la circulation de l'information. » En d'autres termes, il faut cesser de gagner de l'argent en voulant interférer dans les échanges.

Concentrons-nous sur le dernier de mes marchés inefficaces préférés en date : l'immobilier. Je ne supporte pas de payer 6 % de commission à des agents immobiliers pour si peu de valeur ajoutée. Évidemment, de leur côté, ces derniers n'apprécient pas que je parle d'eux sur mon blog. Mais, partout dans le monde, ce qu'on pense des agents immobiliers n'est qu'un secret de polichinelle. En 2008, un article de la *British*

---

[1]. Pour reprendre les abréviations des annonces de rencontres.

Journalism Review indiquait qu'on avait tendance à faire encore moins confiance à un agent immobilier qu'à un journaliste de la presse people. Les Britanniques ne sont que 10 % à leur accorder leur confiance.

Mais les agents immobiliers n'ont rien à craindre de moi – ni même de l'Internet, du moins le croient-ils – parce qu'ils contrôlent un des derniers bastions de l'information fermée : la base de données des biens à céder[1]. Si le bien que vous voulez vendre n'est pas dans la base de données, aucun agent immobilier ne saura qu'il est en vente. Le problème, c'est que seuls les agents immobiliers peuvent entrer de nouveaux biens dans la base. On peut parler de monopole sectoriel de marché. Les agents immobiliers, eux, appellent ça leur cœur de service. En 2008, dans un arrêt rendu contre la National Association of Realtors, le Département de la Justice des États-Unis a exigé que des brokers puissent accéder à la base de données, au nom de la loi antitrust. C'était une petite victoire de plus contre les intermédiaires.

Les agents immobiliers se proclament experts dans la détermination du prix de vente. Mais, pour le marché américain, Zillow.com fait des estimations automa-

---

1. L'auteur parle ici du Multiple Listing Service, MLS, qui n'a pas d'équivalent français. C'est un service de broking, réservé aux agents immobiliers, un peu comme les GDS (Amadeus, Sabre) pour les agents de voyages. Si on voulait comparer, il faudrait parler des notaires, qui ont un « monopole » du marché de l'enregistrement des actes et qui ont construit une base de données nationale des biens immobiliers.

tiques, en se fondant sur les montants des dernières transactions réalisées dans le voisinage de votre maison. Pour rester à jour, Zillow compare les montants des transactions et ses propres estimations. Zillow est gratuit. Dommage pour les agents immobiliers !

Les agents vous assurent qu'ils mettent votre maison en valeur. Foutaises ! Quand ils font passer des annonces dans les journaux, c'est d'abord leur agence qu'ils vendent avant votre maison. Les agents immobiliers se servent de votre maison comme d'un produit d'appel destiné à attirer les gens dans leurs agences. Grâce à l'Internet, les agents immobiliers ont désormais moins besoin de diffuser leurs annonces dans la presse. Ils peuvent publier leurs listes de biens sur leurs sites Web ou même sur Craigslist et Zillow. Ils ne voient pas leurs commissions se réduire pour autant.

Les agents immobiliers se vantent d'apporter leur expertise non seulement aux vendeurs, mais également aux acheteurs. Les fois où il m'est arrivé d'acheter des maisons, c'était moi qui choisissais les propriétés que je désirais visiter. L'unique service que m'apportait l'agent immobilier, c'était de me balader de maison en maison et de me laisser entrer.

Dans leur *Freakonomics*, paru en 2005, Steven D. Levitt et Stephen J. Dubner ont voulu apporter un regard différent sur les mécanismes économiques. À propos des agents immobiliers, ils écrivaient : « Les agents immobiliers ne vous considèrent pas comme un allié mais comme une cible. » Ils citaient une étude prouvant que les agents immobiliers laissaient en vente les biens qu'ils avaient en propre 10 % plus longtemps que les biens qu'ils avaient sous mandat – ce qui leur permettait de vendre les premiers 3 % plus cher. Levitt et Dubner expliquent qu'il est plus rentable pour un agent de réussir des ventes rapides, quitte à vendre les biens un peu moins cher. « Et voilà l'arme secrète des agents immobiliers : ils transforment les informations en peur. » Avec le temps, Zillow et les services équivalents finiront par devenir aussi bien informés que le mieux informé des agents immobiliers. Sur Internet, plus on transmet d'informations, plus on crée de pouvoir et de valeur (dans la deuxième partie du livre, on verra de quelle manière je propose de remplacer les agents immobiliers).

Au début des années 1990, je travaillais dans la presse papier et j'avais prédit que les agents immobiliers abandonneraient les petites annonces au profit d'Internet. J'avais conseillé à certains journaux de se lancer dans l'immobilier et de devenir agents pour avoir le droit d'accéder aux bases de données réservées aux agents immobiliers. En effet, ce qui constitue le cœur de métier des journaux, c'est l'information, pas l'imprimerie. Or les bases de données contiennent les informations-clés de l'immobilier. Les acteurs de la presse ont refusé de suivre mes conseils parce qu'ils ne voulaient pas risquer de mettre en péril le chiffre d'affaires des petites annonces. Mais, quoi qu'il en soit, la presse était condamnée à perdre le marché des petites annonces.

À cette époque-là, les journaux ne connaissaient ni leur cœur de métier ni leurs clients. Ils croyaient vendre des petites annonces immobilières mais ne réalisaient pas le service qu'ils rendaient aux propriétaires (c'est-à-dire à leurs lecteurs). Certains journaux sont même allés jusqu'à décourager les petites annonces de particulier à particulier, de peur qu'elles ne fassent de l'ombre aux agents immobiliers pour qui elles représentaient une réelle concurrence. La fidélité des journaux aux agents immobiliers n'a pas servi à grand-chose. Les agents immobiliers ne leur ont pas retourné la politesse. Dans la presse, le chiffre d'affaires engendré par les annonces classées est passé de 19,6 milliards de dollars en 2000 à 14,2 milliards de dollars en 2007 (si l'on tient compte de l'inflation, cela représente une chute de 40 %). Si les journaux avaient pu ne serait-ce qu'entrevoir ce que l'avenir leur réservait, ils se seraient détournés des agents immobiliers qu'ils protégeaient et auraient favorisé le développement des annonces entre particuliers. Mais le couperet est tombé trop vite. Grâce à l'augmentation des prix de l'immobilier, les petites annonces ont connu un sursis. Mais la bulle immobilière a éclaté en 2008 et supprimé la dernière rente de situation que possédaient les journaux.

Les agents immobiliers et les journaux ne sont pas les seuls intermédiaires ni les derniers propriétaires de marchés inefficaces. L'Internet pousse à l'ouverture de nombreux marchés. Il sera cause de profonds changements pour les monopoles, duopoles, oligopoles, cartels, ainsi que pour les secteurs contrôlés dont profitent les opérateurs téléphoniques, les agences de publicité, les administrations et tant d'autres. Sur Internet, Google n'est pas leur concurrent. Google est une arme au service de leurs concurrents.

La gratuité est un modèle d'affaires

On ne peut pas lutter contre la gratuité. Le meilleur marché est un marché gratuit. L'argent pervertit le marché. Si l'on veut vendre quoi que ce soit, il faut avoir de l'argent pour lancer des produits et pour attirer les clients. Il faut payer pour encaisser des paiements. Le prix arrête certains clients, et vous ne parviendrez pas à entrer en contact avec eux. Bref, l'argent est coûteux.

Ce raisonnement est absurde. L'objectif de toute entreprise est de faire du chiffre d'affaires et d'engranger des bénéfices. Et, pour y parvenir, le plus simple est encore de faire payer aux clients ce que vous leur vendez, n'est-ce pas ? Eh bien pas toujours. Relisez le chapitre sur les nouvelles organisations où je montre que des nouveaux opérateurs (comme Skype), des places de marché (comme Amazon ou eBay) et des services de petites annonces (comme Craigslist) connaissent une croissance rapide grâce à des prix tirés au plus juste, voire tombant à zéro.

Je me moque souvent de la presse qui persiste à suivre les règles de l'ancienne économie, mais il faut reconnaître qu'il y a plus d'un siècle, c'est elle qui a inventé un nouveau modèle d'affaires pour que les clients ne supportent pas la totalité des coûts. Les médias se sont mis à vendre de la publicité à des annonceurs. Grâce à la publicité, les clients n'avaient pas à payer la totalité du montant auquel s'élevait la fabrication des journaux. C'est aussi la publicité qui a permis à la radio et la télévision d'être gratuits et aux journaux et aux magazines d'être bon marché.

Google et l'Internet ont créé de nombreux modèles qui sont la preuve qu'on peut faire du profit sans faire payer le client. Il suffit que d'autres supportent ce coût. Tout ceci est possible parce que, bien souvent, il n'est pas nécessaire de posséder l'actif pour gagner de l'argent. Google ne cherche pas à posséder les contenus qu'il indexe dans son moteur de recherche. Au contraire, Google milite pour que les contenus accessibles sur Internet soient gratuits car elle veut en organiser le plus possible. À la fin des années 1990, alors que je travaillais pour un groupe de presse magazine, certains patrons de Google étaient venus nous demander de mettre gratuitement en ligne la totalité de nos archives – à ce moment-là, la recherche d'archives était encore payante pour les clients. En échange, grâce à son moteur de recherche, Google pourrait diriger beaucoup de trafic sur ce site d'accès aux archives. Google nous proposait également d'afficher de la publicité dans ce service de sorte que nous puissions engranger de nouveaux profits avec de vieux contenus. À les croire, les revenus que nous pourrions ainsi tirer de cette publicité s'avéreraient plus élevés que ce que nous gagnions déjà en faisant payer la recherche d'archives. Ils avaient probablement raison. Mais je savais également qu'il aurait été impossible de convaincre mes patrons – qui ne pensaient qu'à posséder leurs actifs et à en tirer le maximum de bénéfice – d'envisager de gagner de l'argent autrement. Les groupes de presse n'avaient pas encore saisi que restreindre l'accès à l'information sur Internet revenait à ignorer des clients potentiels avec qui tisser des liens et grâce auxquels faire du profit, avec la publicité ou la vente de magazines. Les groupes de presse voyaient le prix de vente comme une source de chiffre d'affaires. Ils auraient dû voir la gratuité comme un investissement.

Le *New York Times* a tiré cette leçon de sa propre expérience. Pour sa direction générale, il était si naturel de vendre des journaux et de facturer l'accès aux contenus que personne n'aurait jamais imaginé que ces précieuses informations puissent un jour être consultables gratuitement sur le Web. Il a donc été décidé que l'accès au site Web serait payant. Cependant, il convenait de trouver quelque chose à publier dans cet espace réservé aux abonnés. Il fallait que ce soit un produit sans danger pour les revenus publicitaires et suffisamment valorisé pour justifier la souscription d'un abonnement. En 2005, sur le site NYTimes.com, l'accès aux éditoriaux, aux archives et à quelques autres bricoles a été rendu payant. Le tout était facturé 49,95 dollars par an. Ce service, nommé TimeSelect, a totalisé 227 000 abonnés payants (plus les abonnés au journal papier et les étudiants, qui y avaient gratuitement accès). Au total, ce service a généré un chiffre d'affaires de 10 millions de dollars. Mais le journal n'a jamais fait de communication sur les dépenses de marketing que TimeSelect avait entraînées ni sur les bénéfices engendrés. C'est au cours d'un discours qu'Alan Rusbridger, rédacteur en chef du *Guardian*, a montré une photo du somptueux nouveau siège social du *New York Times*, et affirmé que les revenus de leur Web ne seraient même pas suffisants pour payer la facture de gaz.

Le *New York Times* a mis fin à ce service en 2007. Il a finalement rendu gratuit l'accès à tous ses contenus. De nombreuses raisons ont été avancées pour justifier ce choix. Tout d'abord, on a ainsi pu augmenter l'audience du site. Quelques mois après l'arrêt de la version payante, d'après certains calculs, l'audience avait déjà augmenté de 40 %. Ensuite, cette audience supplémentaire a entraîné une augmentation des revenus publicitaires générés par le site. De plus et surtout, rendre publics les contenus a permis au site de développer son « effet Google ». Puisque Google envoyait plus de trafic sur le site et que davantage de gens créaient des liens, l'accroissement de l'audience s'est renforcé. Enfin, en éliminant la barrière du paiement, les éditorialistes du journal ont pu reprendre leur place dans le débat public. Alan Rusbridger, lui, trouvait « excellent » pour le *Guardian* que les éditoriaux du *New York Times* soient protégés par la barrière du paiement. Il avait ainsi la liberté de récupérer les lecteurs du *New York Times* (un tiers de l'audience du *Guardian*[1] venait alors des États-Unis). En un mot, le

---

1. *The Guardian* est un journal britannique publié à Londres.

New York Times avait fini par redécouvrir la valeur de la gratuité.

Google comprend la valeur de la gratuité mieux que personne. Après avoir racheté Blogger, Google a rendu le service gratuit et y a ajouté de la publicité. Gmail, qui offre une très grande capacité de stockage, est gratuit depuis son lancement et affiche des publicités ciblées. Plus récemment, Google s'est débrouillée pour promouvoir Craigslist dans le champ des annonces sur téléphone mobile, un marché s'élevant à 7 milliards de dollars. Google possède même un service de *pages jaunes* gratuit, le 1-800-GOOG. Dire que mon satané opérateur mobile ose encore me facturer son service d'annuaire 1,79 $ l'appel ! Et pourtant, si je recherche un numéro de téléphone, c'est bien pour l'appeler et donc utiliser le réseau de mon opérateur pour lequel je paye déjà un abonnement. Pour un magasin, cela reviendrait à vendre les plans d'accès y menant.

Il y a fort à parier que Google génère des revenus de publicité grâce à son service d'annuaire. Google va donc pouvoir en apprendre encore plus à propos des comportements et des attentes de ses clients. J'imagine qu'un jour elle utilisera ces informations pour créer une sorte de base de données rassemblant les avis des clients sur les entreprises (« laissez votre commentaire après le bip », ou bien « notez le restaurant en utilisant le clavier de votre téléphone »). Google va bien finir par trouver, d'une manière ou d'une autre, comment en faire une source de revenus. Sur son blog, Tim O'Reilly, le patron de la maison d'édition spécialisée du même nom, a émis l'hypothèse que Google en profiterait pour collecter des milliards d'échantillons de voix. Elle s'en servirait pour améliorer sa technologie de reconnaissance vocale et être fin prête le jour où les ordinateurs et les téléphones seront à commande vocale. Chris Anderson, le rédacteur en chef de *Wired*, a calculé que si le service avait été payant, il aurait pu générer un chiffre d'affaires de 144 millions de dollars d'ici 2012. Mais, en anticipant un peu, l'initiative de Google serait susceptible de générer 2,5 milliards de dollars sur le marché de la recherche en reconnaissance vocale pour téléphonie mobile. Comme ce fut le cas pour les petites annonces de la presse papier, tous les acteurs du secteur en souffriront, mais ceux qui survivront en sortiront renforcés. Le gagnant de ce défi sera probablement un nouvel entrant, et sûrement pas un dinosaure arc-bouté sur sa rente de situation. En fournissant un accès gratuit à son service de pages jaunes, Google se positionne en leader de l'information de proximité et prend une longueur d'avance face à l'explosion qui se profile dans le secteur des services de téléphonie mobile. Interviewé par Jim Cramer dans son émission sur CNBC, Eric Schmidt, le patron de Google, a indiqué que l'entreprise s'attendait à gagner plus d'argent grâce aux services sur téléphone mobile que grâce à ceux accessibles *via* un ordinateur. En effet, sur un mobile, on peut mieux cibler les publicités. Et le ciblage, c'est la vraie force de Google.

Chris Anderson, l'auteur de *La Longue Traîne*, s'attachera dans son prochain livre à montrer que la gratuité est un modèle d'affaires. Dans quelques bonnes pages publiées par *Wired*, il propose une étude du cas de la compagnie aérienne low cost Ryan Air, qui couvre tous les pays d'Europe, propose des billets à partir de 5 euros et ne désespère pas de pouvoir un jour proposer des billets gratuits. Même avec des prix aussi bas, la compagnie gagne de l'argent car elle utilise des aéroports secondaires – et personne ne se plaindra de pouvoir acheter des billets bon marché. Après l'achat d'un billet Ryan Air, tous les services supplémentaires sont facturés, de l'enregistrement prioritaire aux bagages, en passant par les plateaux repas. Ryan Air va jusqu'à diffuser de la publicité sur les écrans vidéo de ses avions – une belle façon de mettre à profit une audience captive. Et la compagnie envisage aussi de proposer des jeux de casino pendant les temps de vol, ce qui pourrait générer des profits confortables.

Depuis quelques années, « le budget base zéro » est une des formules préférées des consultants. Ces derniers vous proposent de repenser et de reconstruire votre activité en repartant de zéro, sans tenir compte des structures ou des principes existants. Eh bien, je vous propose moi aussi de repartir de zéro. Que se passerait-il si le coût de production de vos biens était nul ? Si vous ne facturiez pas un seul centime ? Où votre valeur ajoutée se logerait-elle ? Quelle serait la substantifique moelle de votre activité ? Que pouvez-vous en retenir ? Sur quoi se fonderait votre chiffre d'affaires – pourriez-vous le générer par une voie détournée ? En répondant à ces questions, vous serez sans doute en position d'opérer un changement d'échelle. Il vous sera peut-être nécessaire de réduire votre activité, tout en baissant également vos charges, mais en augmentant vos marges. Ou, au contraire, vous pourrez peut-être accroître votre activité en réduisant vos marges, ce qui suscitera une croissance plus rapide, avec moins d'investissement, et moins de risque. Cela vous permettrait d'envisager votre activité différemment. Rich Barton, le fondateur du site immobilier Zillow.com, a un jour affirmé au *New York Times* : « L'Internet est une course à la gratuité. Tous ceux qui proposent des services dont le prix dépasse zéro, alors qu'ils pourraient être gratuits, ont adopté une mauvaise stratégie. »

Comment allez-vous donc vous débrouiller pour proposer le premier un service gratuit ?

À vous de choisir votre business

Quel est donc le métier de Google ? Naturellement, ce n'est pas la recherche sur Internet, comme vous l'avez deviné. Google ne tire pas de revenus d'une licence portant sur une technologie de recherche. Elle s'est aussi taillé une part dans les services en ligne. Elle propose même une offre complète, du mail à la gestion de documents, en passant par la cartographie, les outils de publication, les réseaux sociaux, les pages jaunes et la diffusion de vidéos. Mais Google fournit tous ces outils gratuitement. Elle ne vend pas de produits et n'a donc pas à les entreposer ou à les expédier (même si elle n'est pas encore tout à fait affranchie de la tyrannie des produits du fait des fortunes qu'elle doit dépenser en ordinateurs et en électricité pour assurer leur fonctionnement). Mis à part Knol, son encyclopédie en ligne communautaire, Google ne cherche ni à créer des contenus originaux, ni à contrôler des contenus. Elle préfère se concentrer sur l'organisation de contenus créés par d'autres (posséder ses propres contenus mettrait Google en concurrence avec ceux dont elle organise les contenus). En fin de compte, le métier de Google, c'est de connaître et d'organiser l'information sous toutes ses formes. Google en sait plus que quiconque sur ce que nous savons, ce que nous cherchons à savoir, et ce que nous faisons de ces informations. Mais de cela non plus, elle ne tire aucun revenu. Google tire ses revenus de la publicité. Son moteur de recherche est excellent et nous sommes très nombreux à utiliser les services qu'elle met gratuitement à notre disposition. C'est de cette manière que Google a pu acquérir une connaissance très fine des comportements des utilisateurs, et construire le meilleur service de publicité en ligne. C'est ce qui fait que Google domine le marché de la publicité. Et, en la matière, elle sait de quoi elle parle.

AOL pensait être un acteur des contenus. C'est même pour cette raison que Time Warner, elle aussi une entreprise de contenus, a commis l'erreur fatale de fusionner avec AOL. En réalité, AOL était un réseau social (ses services de messagerie instantanée et de forums étaient célèbres bien avant ceux de Facebook et de MySpace) et une entreprise de services (le service de mail d'AOL est né bien avant celui de Gmail). AOL ne se posait pas la bonne question : quel est *réellement* notre cœur de métier ?

Et ce pauvre Yahoo qui, lui aussi, pensait être un fournisseur de contenus ! C'est pour cette raison que Yahoo a recruté Terry Semel, ancien directeur d'un studio à Hollywood, comme directeur général. Ce dernier a tenté de transformer Yahoo en studio de cinéma numérique. Yahoo aurait pu tirer profit de l'avance qu'il avait dans le domaine de la recherche sur Internet, mais il a abandonné cette activité à Google. Yahoo aurait également pu se lancer dans la publicité en ligne personnalisée, mais sur ce point aussi il a laissé le champ libre à Google, qui a alors eu toute liberté de mettre sur le marché son service automatisé de publicité. Quel est *réellement* le cœur de métier de Yahoo ? Je crois que Yahoo n'a jamais vraiment su répondre à cette question.

Et vous, quel est réellement votre cœur de métier ?
De nombreuses entreprises sont persuadées qu'elles n'arriveront jamais à opérer leur transition vers l'ère numérique : de l'analogique au numérique, du physique au virtuel, du 1.0 au 2.0. Pourtant, certaines en sont plus proches qu'elles ne le pensent. Kodak est le cas typique d'une entreprise qui est faite pour passer du physique au numérique – des films argentiques à la photo numérique, des produits au service. Si seulement il avait pu se rendre compte assez vite que son cœur de métier résidait dans l'image et les supports d'enregistrement – si seulement Kodak ne s'était pas défini par les produits qu'il fabriquait –, il aurait eu toutes les cartes en

main pour coiffer Yahoo sur le poteau. Il aurait pu racheter Flickr, le service communautaire de partage de photos. La première marque qui me vient à l'esprit quand on parle de photo, c'est Flickr. D'autres pensent à Picasa, le service de photo de Google. Je pense également à mon photo-phone Nokia. Qui pense encore à Kodak (ou à Polaroïd, qui a arrêté la fabrication d'appareils instantanés en 2008) ? Personne.

Les compagnies aériennes sont les derniers dinosaures de l'ère des produits. Elles transportent nos petites personnes et brûlent pour cela de grandes quantités d'un tas de produits. Les compagnies aériennes pourraient, elles aussi, centrer leurs activités sur la mise en relation et la connaissance. Les câblo-opérateurs vont-ils rester des gestionnaires de tuyaux ou sauront-ils se transformer en hébergeurs de créations numériques ? Les médecins sont-ils là pour guérir les maladies ou pour nous maintenir en bonne santé ? Les compagnies d'assurances font-elles de l'arbitrage de risques ou seront-elles les garants de la sécurité de leurs clients ? Les épiceries sont-elles des ateliers qui stockent des produits ou vont-elles se transformer en gestionnaires d'informations ? Les restaurants sont-ils des usines à manger ou des lieux de rencontres ? Dans la deuxième partie de ce livre, nous étudierons comment ces activités et quelques autres peuvent appliquer des stratégies de changement.

Il est temps de vous poser quelques questions. Êtes-vous une entreprise de connaissances ? Une entreprise de données ? Une entreprise communautaire ? Une plate-forme ? Un réseau ? Où est votre valeur et où sont vos revenus ? Rappelez-vous que vous ne devez pas les chercher où vous pensez les trouver. Votre chiffre d'affaires peut provenir d'une source détournée.

Il est temps de faire votre crise d'identité.

DES COMPORTEMENTS NOUVEAUX

Le contrôle et la confiance s'inversent
Vox populi, vox Dei
Mettez-vous à l'écoute

Le contrôle et la confiance s'inversent

La confiance est bien plus qu'un échange entre deux personnes. Bien plus, en tout cas, que ce que croient la plupart des gens – en particulier ceux qui détiennent le pouvoir. Au gouvernement, dans les médias, dans les grandes entreprises, dans les universités, les dirigeants pensent s'être approprié la confiance une fois, bien sûr, qu'elle leur a été accordée par les gens. La confiance se gagne difficilement et peut se perdre en un instant. Quand toutes ces institutions traitent les individus comme des masses – quand, tout simplement, elles ne sont pas à l'écoute –, elles ne doivent pas s'attendre à recevoir en retour beaucoup de considération de notre part. Il faut s'ouvrir pour générer de la confiance : c'est une relation réciproque faite de transparence et de partage. Plus vous emprunterez de voies pour vous dévoiler et pour écouter les autres, et plus vous développerez votre capital confiance, c'est-à-dire votre marque.

Ma première loi décrète : donnez le pouvoir aux gens et ils l'utiliseront. Ne le leur donnez pas et ils vous quitteront. J'ai eu l'occasion d'entendre David Weinberger, un des coauteurs du *Manifeste des évidences* et l'auteur de *Everything's Miscellanous*, et un de ses condisciples de Harvard lors d'une réunion de gourous du Web 2.0 qui s'est tenue il y a quelque temps à la National Public Radio. Les deux hommes ont généralisé cette loi. Bien qu'ils la considèrent comme leur propre trouvaille, je préfère voir la loi de Weinberger comme un corollaire de la première loi de Jarvis. « La confiance est inversement proportionnelle au contrôle. » Voilà encore une autre de ces lois contre-intuitives de l'ère de Google : plus vous cherchez à contrôler les choses, moins les gens vous feront confiance. C'est l'exacte antithèse des pratiques habituelles des entreprises et des institutions avant l'arrivée de l'Internet. Elles pensaient que leur contrôle engendrait notre confiance.

Aux premiers temps de l'Internet, certains journalistes ne tenaient pas compte des nouvelles sources d'information – Wikipedia, les blogs et les forums en ligne – sous le prétexte que les informations fournies par ces sources ne provenaient pas de confrères journalistes. On ne pouvait donc pas leur faire confiance. Mais la vérité était bien pire : c'était le grand public qui ne faisait plus confiance aux journalistes. D'après une enquête effectuée par Harris en 2008, 54 % des Américains ne font pas confiance aux médias d'information.

Un sondage réalisé par la Sacred Heart University a révélé que 19,6 % seulement des Américains pensent que les informations données dans la presse sont « totalement ou partiellement dignes de confiance ». En Grande-Bretagne, un sondage effectué en 2008 par YouGov Poll a mis en lumière que 61 % des personnes interrogées – ce qui est un pourcentage flatteur – trouvaient les journalistes de la BBC crédibles ; mais ce chiffre représentait une chute de 20 % par rapport à l'enquête de 2003.

La confiance est – sans surprise – un réel problème quand on se penche sur les responsables politiques. Au cours du Forum économique mondial de 2007, un sondage mené par l'institut Gallup a montré que, globalement, 43 % des citoyens pensent que les hommes politiques sont malhonnêtes (52 % aux États-Unis), 37 % qu'ils ont trop de pouvoir, 27 % qu'ils sont incompétents. Les avis concernant les entreprises sont à peine meilleurs : 34 % des personnes pensent que les dirigeants des grandes entreprises sont malhonnêtes, et 34 % qu'ils ont trop de pouvoir.

Comme dirait Sally Field : on ne vous aime pas. On ne vous aime vraiment pas.

D'après un sondage effectué par Gallup, si l'on demande aux gens ce qui serait susceptible de restaurer la confiance, 32 % répondent « la transparence » et 13 % « le dialogue avec les consommateurs ». Voilà bien une application du corollaire de Weinberger : pour regagner la confiance perdue, il faut pratiquer l'ouverture et arrêter de vouloir mettre les gens sous contrôle.

Vox populi, vox Dei

Avant même que les gens ne fassent confiance aux puissants, les puissants doivent faire confiance aux gens.

J'ai appris cette leçon dans les années 1980, alors que j'étais critique de télévision pour le magazine *People*. Durant cette période le nombre de foyers américains possédant un téléviseur avec télécommande a dépassé la barre des 50 %. Les télécommandes, les abonnements au câble et les magnétoscopes atteignaient leurs tailles critiques et leur combinaison permettait aux téléspectateurs de prendre le contrôle de leur consommation télévisuelle. À partir de ce moment-là, les téléspectateurs n'étaient plus prisonniers des programmes imposés par une poignée de spécialistes travaillant dans les bureaux des chaînes de télévision.

À la fin d'une saison, je devais être interviewé dans le « CBS Morning Show » pour exposer mon avis sur la programmation. Je préparais l'émission avec la productrice Bonnie Arnold[1]. Cette dernière m'a fait un résumé de la situation, me proposant de le présenter publiquement. « Vous vous faites l'avocat des goûts des gens, n'est-ce pas ? » m'a-t-elle dit. Avec le recul, j'en ai encore des haut-le-cœur. Je lui ai répondu que je n'accepterais pas d'être le simple relais de ses opinions. J'ai alors cherché comment prouver que les téléspectateurs avaient

---

1. Bonnie Arnold est une productrice célèbre, qui a notamment travaillé sur *Danse avec les loups* (1990), *La Famille Addams* (1991) et *Toy Story* (1995).

du goût. Après tout, je ne suis que critique, c'est-à-dire que dans l'esprit des gens je porte un regard snob sur les programmes de télévision. Bonnie Arnold m'a renvoyé à ce que je disais dans mes critiques, à savoir que « les bons programmes font de l'audience et les mauvais n'en font pas », laissant entendre par là que les téléspectateurs peuvent avoir bon goût.

Bingo. Elle avait raison. En fait, je me faisais *l'avocat* des goûts des Américains. À ce moment précis ma vision du monde a changé (comme l'Internet allait le faire vingt ans plus tard). Je venais de comprendre que lorsqu'on donne aux gens le choix et le contrôle, ils ont tendance à choisir ce qu'ils trouvent bon. Ainsi émerge un cercle culturel vertueux. Plus les gens ont de choix, meilleurs sont les programmes qu'ils choisissent et, par conséquent, meilleures doivent être les productions des industriels hollywoodiens. Voilà donc une autre loi : l'abondance permet l'émergence de la qualité.

Naturellement, il y a des exceptions dont on a pu croire qu'elles allaient incarner des tendances de fond : la téléréalité, les magazines people, certains talk-shows. Mais ce n'est pas ce qui s'est produit, car tel ne fut pas notre bon plaisir, à nous, téléspectateurs. Cette « trash TV » ne s'est pas imposée et la qualité l'a emporté. J'ai déjà rappelé que les années 1950 n'ont pas vraiment été l'âge d'or de la télévision, qui diffusait alors ses émissions à l'eau de rose et ses séries ridicules[1]. Bien que cela

---

1. Contrairement à la télévision américaine, la télévision française des années 1950 ne diffusait pas des séries idiotes.

puisse être vu comme sacrilège, j'ose affirmer que nous vivons aujourd'hui l'âge d'or de la télévision – voire, sans doute, nous le vivrons demain, car l'Internet ouvre des opportunités et oblige la télévision à se réinventer.

En ce jour précis des années 1980, j'ai appris qu'on devait faire confiance aux gens. Le défi que m'avait lancé Bonnie Arnold a fait de moi un chantre de la *vox populi*. J'ai réalisé que si vous ne faites pas confiance au peuple, vous ne pouvez pas avoir la moindre foi dans la démocratie (à quoi bon nous laisser choisir nos dirigeants, alors même qu'on peut parfois se planter ?), le libéralisme (quelqu'un ne devrait-il pas s'en charger ?), le journalisme et l'éducation (à quoi bon informer les gens si on les laisse dans l'ignorance ?), voire même le protestantisme (les fidèles ne devraient certainement pas s'adresser directement à Dieu).

Cette confiance que j'ai placée dans la *vox populi* s'est vue renforcée par l'arrivée de l'Internet qui non seulement nous donne à chacun le contrôle des médias, mais nous permet également d'être nous-mêmes des créateurs de contenus. L'Internet ne met pas de limite à la création et, comme l'abondance est source de qualité, les contenus de qualité sont légion. Naturellement, vous allez vous précipiter sur YouTube et me jeter à la figure des vidéos ridicules de pétomanes et de chats rendus fous par des pelotes de laine. Vous me rétorquerez que l'Internet est la porte ouverte à toutes les dérives. Vous aurez raison. Mais admettez quand même que l'Internet ouvre des opportunités, que c'est une tribune unique et que, grâce à lui, les talents ont aujourd'hui des moyens qui seraient restés hors de leur portée du temps de l'ancienne économie. Dans les librairies, les romans de gare ont toujours côtoyé les perles de la littérature : pensez au succès de Danielle Steel[1]. Les vidéos idiotes continueront de côtoyer des œuvres d'art. Mais aujourd'hui il est plus facile de diffuser des œuvres d'art. Tout le défi consiste à les trouver et à leur donner les moyens d'exister. Et c'est là que Google entre en scène. Google ne peut pas ni ne doit pas tout faire. On a encore besoin de conservateurs de musées, d'éditeurs et de professeurs – et aussi de vendeurs de publicité – pour nous aider à trouver et à rassembler le meilleur. Mais Google fournit l'infrastructure propice au développement d'une nouvelle culture du choix.

C'est parce que Google fait confiance aux gens qu'ils connaissent tant de réussite (à la fois technique et financière). L'éclair de génie de Sergey Brin et Larry Page[2] a été de faire confiance aux internautes. En assurant un suivi des adresses sur lesquelles on clique et vers lesquelles on fait des liens, Google détecte les contenus de qualité et peut, en retour, y diriger tout le monde. Le terme « qualité » n'est sans doute pas le plus adapté ; le PageRank[3] de Google reflète plutôt la pertinence des pages. D'ailleurs, Google l'explique sur son site :

PageRank permet de mesurer objectivement l'importance des pages Web. Ce classement est effectué

---

1. Une des romancières les plus lues au monde.
2. Les deux cofondateurs de Google.
3. Le PageRank est l'algorithme qui permet à Google de classer les résultats de recherches.

grâce à la résolution d'une équation de plus de 500 millions de variables et de plus de 2 milliards de termes. Au lieu de compter les liens directs, Page-Rank interprète chaque lien de la Page A vers la Page B comme un vote par la Page A pour la Page B. Page-Rank évalue ensuite l'importance des pages en fonction du nombre de votes qu'elles reçoivent.

PageRank tient également compte de l'importance de chaque page qui « vote » et attribue une valeur supérieure aux votes émanant de pages considérées comme importantes. Les pages importantes bénéficient d'un meilleur classement PageRank et apparaissent en haut des résultats de recherche. La technologie de Google utilise l'intelligence collective du Web pour déterminer l'importance d'une page[1].

Pour Google, tous les liens ne se valent pas. Plus on crée de liens vers votre site, plus les liens que vous créez vers d'autres sites ont de valeur. Le PageRank reflète l'importance que les autres sites confèrent au vôtre. Google s'appuie sur la confiance mutuelle que les sites se témoignent les uns aux autres. Pour le dire autrement, vos amis sont les amis de Google.

Google a trouvé un moyen de valoriser la confiance. Mais ce n'est pas le seul. D'autres services ont également mis la confiance au cœur de leur proposition de valeur. Facebook permet de créer des listes de personnes que nous connaissons et en qui nous avons confiance. eBay a

---

1. Dans son ouvrage, l'auteur reprend une partie de la présentation du PageRank par Google. Nous reproduisons ici le texte que Google propose sur ses pages en français.

tiré parti d'un des risques majeurs du commerce électronique – la peur de se faire arnaquer par un vendeur inconnu – pour devenir une plate-forme de confiance dans les échanges de biens physiques de particulier à particulier. Des études ont démontré que les gens étaient prêts à payer plus cher pour acheter auprès de marchands de confiance. Pour son système d'évaluation et de commentaires, Amazon aussi s'est appuyée sur la confiance (bien que parfois les revues se changent en combats entre les auteurs et leurs détracteurs). Idem avec son service de recommandation d'achats grâce auquel elle peut indiquer à un client les produits équivalents achetés par les autres clients. Prosper.com (dont je parlerai dans le chapitre sur la Google Banque) a créé un système de confiance permettant les micro-crédits de particulier à particulier. PayPal a fait de même, avec son système de paiement entre particuliers. Et ce ne sont là que quelques exemples du développement de l'industrie de la confiance.

La communauté qui partage ses informations sur Digg.com trouve son fondement dans la notion de confiance. Les membres trouvent des informations et les soumettent à la communauté, qui peut alors choisir par vote ce qui mérite d'être mis en page d'accueil. En d'autres termes, le rédacteur en chef, c'est la communauté. Et ça marche (surtout pour les sujets qui gravitent autour des nouvelles technologies). Digg.com n'a pas d'équipe de rédaction, mais fait confiance à des milliers de bénévoles qui dénichent des informations partout sur Internet et se battent pour être les premiers à les reprendre sur Digg. Cela fait de Digg un média ultra-réactif et un service d'alerte très efficace. Chaque membre voit sa réputation grandir si les informations signalées sont jugées intéressantes – car les membres de la communauté peuvent s'évaluer les uns les autres.

Certains de mes amis journalistes sont très sceptiques à propos de Digg.com et du fait que des quidams puissent s'attribuer leurs prérogatives et leur boulot. Un jour, je déjeunais avec un patron de presse et avec mon fils Jake. Le type était sympa mais ne s'intéressait pas vraiment aux ados. Tandis que ce patron de presse disait pis que pendre de Digg, qu'il voyait comme un feu de paille, Jake avait le nez dans son iPhone. « Pourquoi les gens feraient-ils confiance à ce truc ? » m'a-t-il demandé. Alors, je me suis retourné vers Jake et je lui ai demandé ce qu'il faisait. Il a répondu : « Je suis sur Digg. » Comme nous l'avons pressé de questions, il nous a expliqué qu'il n'allait jamais sur des sites de journaux, comme ceux de ce monsieur, ni même d'ailleurs sur ses blogs préférés. Il est très rare que Jake aille directement sur un site d'information. Ceci dit, il lit beaucoup l'actualité – beaucoup plus que je ne la lisais à son âge. Mais il ne se rend sur les sites de presse que *via* les liens qu'il trouve sur Digg ou que ses potes lui envoient sur Twitter et sur leurs blogs. Il navigue sur un océan d'informations sélectionnées par ses potes, parce qu'il les connaît et sait qu'ils partagent ses centres d'intérêts. Sur le Web, la confiance se construit au plus bas niveau, entre égaux, et les yeux dans les yeux.

Avant de continuer plus avant, je dois reconnaître que parfois il peut bien sûr y avoir des dérapages. En 2005, le *Los Angeles Times* avait décidé de se lancer dans un cyber-service très tendance. Il avait inventé le « wikitorial », un éditorial écrit par le journal et que les lecteurs étaient invités à réécrire. En moins de temps qu'il n'en faut pour l'écrire, les lecteurs avaient transformé le wikitorial en ring de boxe et se battaient dans un pugilat géant. Le *Los Angeles Times* avait commis une grossière erreur. Un wiki est un outil collaboratif, mais le sujet de l'éditorial – la guerre en Irak – ne se prêtait pas à un travail collaboratif, mais plutôt à une discussion. Quand j'ai compris que la situation était devenue catastrophique, j'ai écrit sur mon blog que le *Los Angeles Times* aurait dû créer deux wikis, un pour chacun des points de vue exposés (pour ou contre la guerre en Irak). Ils auraient dû organiser les débats, comme dans une sorte de parlement. Je proposais que, dans les deux camps en présence, chacun donne son avis et le laisse à l'appréciation de tous les autres. C'est ce qui s'est passé lorsque Jimmy Wales, le fondateur de Wikipedia, a lu ma note et ensuite proposé au *Los Angeles Times* de scinder la discussion en deux sous-discussions. Mais, à ce moment-là, il était déjà trop tard. Cette péripétie a marqué les esprits dans le petit monde de la presse. Depuis lors, dès que l'on évoque l'interactivité dans la presse, il se trouve toujours quelqu'un pour rappeler ce désastreux épisode. Tout le monde a oublié l'erreur qu'avait commise le *Los Angeles Times*, et les wikis ont désormais dans la presse des ennemis jurés.

L'interactivité a ses limites. Il arrive de tomber sur des gens qui se trompent, tout simplement. D'autres sont insupportables ou trop énervés. Il ne faut pas, cependant, que l'arbre cache la forêt. Quel que soit le secteur concerné, j'entends trop souvent des gens attachés aux bonnes vieilles méthodes qui veulent jeter le bébé avec l'eau du bain. Au moindre commentaire désobligeant, à la moindre fausse rumeur, à la moindre contre-vérité, ils cherchent à discréditer tout un service, voire l'Internet tout entier. C'est aussi stupide que chercher à interdire les téléphones, les voitures ou les couteaux de cuisine parce qu'on pourrait les utiliser à tort. Naturellement, certaines personnes utilisent l'Internet à tort. Mais c'est valable dans tout autre domaine. Pourquoi l'Internet échapperait-il à la règle ? Face à un défi, ne vaut-il pas mieux se concentrer sur les opportunités offertes ? LiveWorld, par exemple, a profité de l'arrivée des outils de réseaux sociaux pour offrir aux entreprises un service de gestion des communautés de clients.

Un trop grand nombre d'entreprises se sont construites en oubliant la confiance et en imposant des règles et des interdits. Elles mettent en garde les clients contre ce qu'ils ne doivent pas faire et pénalisent les actions qu'elles jugent néfastes. Google a construit son empire en nous faisant confiance. Vous aussi, faites confiance à Google.

Mettez-vous à l'écoute

Sur Google, chacun est Dieu et nos informations sont la Bible. C'est grâce aux données générées par nos activités que Google peut savoir ce que nous voulons, ce que nous préférons et ce dont nous avons besoin. Marissa Mayer, vice-présidente des produits de recherche de Google, a déjà eu l'occasion d'affirmer que Google tente en permanence d'anticiper et d'interpréter nos désirs pour pouvoir prévoir ce que nous allons faire

– anticiper nos intentions. Pour ce faire, elle scrute nos moindres gestes. Quand une de ses équipes hésite entre deux couleurs pour telle ou telle page, elle ne prend aucune décision. Elle ne fait pas non plus de focus group. Elle propose les deux couleurs et peut ainsi observer celle que choisissent le plus souvent les utilisateurs. Devant des étudiants de Stanford, Marissa Mayer est revenue sur l'importance des données chiffrées aux yeux des ingénieurs : « Un jour, nous serons capables d'anticiper scientifiquement et mathématiquement les préférences des utilisateurs. »

Marissa Mayer leur a expliqué que, lors de ses discussions avec Larry Page et Sergey Brin à propos des besoins clients, elle a intérêt à appuyer ses conclusions sur des données d'usages. En effet, ajoute-t-elle, « leur première question est toujours : combien de gens as-tu testés ? ». Cette confiance dans les chiffres comme outil d'anticipation des besoins clients est si enracinée dans la culture d'entreprise de Google qu'elle prime sur l'organisation. Marissa Mayer ajoute : « On a tellement confiance dans les chiffres et on fait tellement de mesures à propos de tout que personne ne peut croire qu'une idée ait été acceptée par favoritisme. Les chiffres ne font pas de politique. »

Si Google a la religion du chiffre, c'est parce qu'elle a la religion du client. C'est aussi la conclusion qui se dégage de l'ouvrage *La Sagesse des foules*[1]. James

---

1. James Surowiecki, *La Sagesse des foules*, J.-C. Lattès éditeur, Paris, 2008.

Surowiecki y souligne que chaque foule – les utilisateurs, les clients, les audiences, les voisins – a sa sagesse propre. Les questions à se poser sont donc : comment réussir à capter cette sagesse populaire et comment la mettre à profit ? Comment se mettre à l'écoute ? Comment faire en sorte que chacun partage sa sagesse avec les autres et avec vous-même ? Comment en tirer la substantifique moelle sans ennuyer personne ? Avez-vous construit un dispositif d'écoute client ? L'adaptation à l'écoute client est-elle au cœur de votre culture d'entreprise ?

La première chose à faire, c'est d'écouter avant de parler. Très souvent, il m'arrive de rencontrer des entreprises qui désirent lancer un blog parce qu'elles ont des choses à dire. À chaque fois, je leur conseille de ne pas mettre la charrue avant les bœufs. Il faut commencer par lire, avant d'écrire. Utilisez les moteurs de recherche pour trouver les conversations qui parlent de vous, et prenez-y part. Fouillez tous les coins du réseau, observez les moindres agissements de vos clients et apprenez-en le plus possible sur leurs besoins ou leurs souhaits. Vous ne vous rendez pas compte de la masse d'informations que vous pourrez ainsi collecter. Puis, inventez une façon innovante de tester votre public ou de vous adresser directement à lui. Si vous êtes aussi chanceux que Google, vous trouverez le moyen de tester des milliers, voire des millions de clients en une seule journée. About.com possède 700 sites consacrés à des sujets très pointus et reçoit donc des millions d'utilisateurs effectuant des recherches dans des millions de pages. Lorsque j'ai travaillé pour eux, je prenais des heures, avec les dirigeants, pour passer au peigne fin les données de navigation des clients :

chaque lien de chaque page y passait. Avant d'effectuer un changement sur le site, nous avions ainsi la possibilité de tester différentes versions en faisant preuve d'une grande rigueur.

Tout le monde n'a pas la chance de Google ou d'About.com. Parfois, il vaut mieux écouter les gens directement, comme l'ont fait Dell et Starbucks par le biais de leur plate-forme d'écoute client, ou comme le font tant d'autres entreprises qui lisent les blogs et les forums. C'est bien plus efficace que les enquêtes et les focus groups où l'on sélectionne au hasard des gens qui n'ont rien à dire. Il vaut bien mieux écouter les gens qui ont une bonne raison de vous parler. Dans une interview à *Strategy + Business Magazine*, A.G. Lafley, P-DG de Procter & Gamble, a pu dire qu'il souhaitait que les clients soient « pris en compte non seulement pour leur argent, mais également parce qu'ils représentent une source riche d'information et d'orientation ».

Il arrive parfois que ce soit l'écoute même qui finisse par constituer votre produit. Flickr, par exemple, est passé maître dans l'art de l'écoute. Ce service de partage de photos, fondé par Catarina Fake et Steward Butterfield et racheté par Yahoo, a mis au point une infrastructure unique permettant à ses utilisateurs de publier un million de photos par jour. Les utilisateurs peuvent organiser les photos et y ajouter des mots-clés, laissant ainsi les autres utilisateurs libres de les parcourir et de les échanger. Tout ceci a été rendu possible parce que, comme nous l'avons vu précédemment, Flickr avait décidé que les photos seraient par défaut publiques.

Flickr ne fait pas que mettre à profit la sagesse des foules, il va plus loin. Il permet à chacun de mettre en avant ses goûts, et à tous les autres de les partager. Faites un essai : connectez-vous sur flickr.com/explore/interesting/7days/ et réactualisez plusieurs fois la page, ou bien cliquez sur le bouton pour regarder les photos en mode diaporama. Je vous parie que vous aurez du mal à vous arrêter. C'est magique. Comment ont-ils réussi ce coup-là ? En classant les photos en fonction de leur popularité ? Certainement pas. On aurait vu des bébés en maillot de bain sur la plage – ou, encore pire, des photos de chatons jouant avec des pelotes de laine dans des paniers. Flickr a-t-il des armées de modérateurs qui choisissent les photos à la main ? Tel aurait été le réflexe naturel pour un média traditionnel, mais il n'aurait pas permis la montée en charge, comme disent les informaticiens. D'ailleurs, cela aurait été impossible car les utilisateurs de Flickr publient 3 000 photos *par minute*.

Comment Flickr fait-il donc pour choisir les meilleures photos ? C'est simple : il ne fait rien. Les utilisateurs le font à sa place, tout simplement. Catarina Fake et Steward Butterfield m'ont expliqué que le système qui évalue « l'intérêt » des photos sur Flickr utilise plusieurs types de données. Tout d'abord, et c'est évident, Flickr comptabilise les actions réalisées par les utilisateurs sur les photos – le nombre de commentaires, d'envois par e-mail, de mots-clés, de liens. Ensuite, il croise ces informations avec les actions des utilisateurs les plus actifs, ceux qui utilisent Flickr pour animer leur réseau. Flickr considère que ces utilisateurs actifs influent sur les autres. Dans ses algorithmes de choix, il leur donne donc davantage de poids, car la communauté leur fait confiance – cette logique n'est pas très différente de celle du PageRank de Google. Enfin, Flickr procède à une analyse sociale inversée. Imaginons que Bob et Sally passent leur temps à s'envoyer des photos et à les commenter. Le système va considérer qu'ils sont de la même famille ou, du moins, qu'ils se connaissent. Leur relation sociale est fondée sur une forme d'intimité. Mais si Bob réalise une action sur une photo de Jim alors qu'ils ne se connaissent ni d'Ève ni d'Adam, le système va considérer que c'est la photo qui se trouve à l'origine de cette action, non pas leurs liens sociaux. Dans l'algorithme d'intérêt, Flickr va donc sous-pondérer les interactions sociales entre Bob et Sally et sur-pondérer les interactions en Bob et Jim, car ces dernières sont fondées sur les photos. Quand on y pense, c'est contre-intuitif, mais frappé au coin du bon sens.

Au final, Flickr peut ainsi proposer une infinité de photos intéressantes. Ceci dit, il est plus facile de rendre une photo intéressante sur Flickr que d'obtenir des étoiles sur Amazon ou de monter dans le PageRank sur Google. Pourtant, regardez bien les galeries de photos sur Flickr. Je vous parie que, dans la plupart des cas, vous trouverez effectivement que ces photos sont intéressantes. Flickr a trouvé un algorithme qui permet de dégager la sensibilité esthétique d'une communauté. Et, individuellement, chaque utilisateur bénéficie d'un meilleur service. Naturellement, l'audience peut ainsi grandir, les revenus augmenter, et une bonne relation de confiance voir le jour entre Flickr et ses utilisateurs. Cela débouche parfois sur de nouveaux produits. Et tout ça juste parce que Flickr est à l'écoute.

UNE NOUVELLE ÉTHIQUE

*Plantez-vous en beauté
La vie est une version bêta
Soyez honnête
Soyez transparent
Collaborez
Ne soyez pas diabolique*

Plantez-vous en beauté

Personne n'aime se planter. Tout le monde aime bien faire son travail. En général, lorsqu'il nous arrive de faire une erreur, nous avons naturellement tendance à faire en sorte qu'elle passe le plus inaperçue possible. Sans compter qu'il est assez désagréable de corriger ses erreurs.

Cependant, ce qu'on constate dans les faits est assez contre-intuitif : corriger une erreur n'affaiblit pas mais, au contraire, renforce la crédibilité. Admettre vos erreurs publiquement est un moyen pour vous de vous rendre plus crédible. Cela renforce chez vos clients le sentiment qu'à l'avenir vous continuerez à corriger les erreurs éventuelles. Lorsqu'une entreprise présente ses excuses pour ne pas avoir été à la hauteur – comme JetBlue l'a fait pour avoir laissé ses clients attendre des heures sur le tarmac –, elle fait passer un message : elle reconnaît une contre-performance et fait prendre conscience à ses clients du niveau de service qu'ils sont en droit d'attendre.

L'erreur est au cœur de l'innovation. A.G. Lafley, le patron de Procter & Gamble, a déclaré dans *Strategy + Business Magazine* avoir amélioré l'efficacité du lancement des produits nouveaux en passant d'un taux de réussite de 15-20 % à 50-60 %. Il a ajouté ne pas souhaiter aller au-delà, car « si nous concentrons trop d'efforts sur la réussite de nos innovations, nous diminuerons notre potentiel d'adaptation ». Les erreurs peuvent être profitables, la perfection est coûteuse. Le pire est de se comporter comme si personne ne faisait jamais d'erreur. Cette attitude vous porte aux nues, mais à la moindre erreur la chute est d'autant plus rude.

Prenez le cas de Dan Rather et de son reportage sur le service militaire de George W. Bush, diffusé dans *60 minutes* sur CBS en 2004. Le reportage était à peine terminé que certains blogueurs le soupçonnaient déjà d'avoir utilisé de faux documents comme sources d'information. Sur le blog LittleGreenFootball, Charles Johnson en a fourni la preuve. Il a réussi à reproduire sous Word un des documents utilisés par Dan Rather et soi-disant tapé sur une machine à écrire IBM des années 1970. Il a même créé une petite animation démontrant que son document moderne se superposait parfaitement avec le prétendu original. À peine avait-il publié ses conclusions sur son blog qu'elles ont été reprises sur tout l'Internet. Dan Rather a gardé le silence pendant onze jours, ignorant la tempête qui déferlait autour lui. Puis il a répondu et repoussé toutes ces critiques d'un revers de main, au motif qu'il s'agissait d'attaques politiciennes[1]. Du point de vue journalistique, il aurait été plus intelligent pour lui de reconnaître son erreur. Cela aurait prouvé son honnêteté intellectuelle. Dan Rather aurait pu dire : « Merci à tous. Mettons en commun ce que nous savons et essayons de trouver la vérité tous ensemble. »

Mais Dan Rather appartient à une génération de journalistes qui veulent contrôler l'information et qui, ironiquement, ont pris l'habitude de dissimuler les sources, les recherches, les prises de décision, les opinions, à la vue du grand public. À l'Aspen Institute, lors d'une discussion avec un patron de chaîne de télévision au sujet de la transparence journalistique, je m'étais vu rétorquer : « Jugez-nous sur nos produits, pas sur nos méthodes. » Mais aujourd'hui, sur Internet, la méthode est le produit. En dévoilant leur travail au fur et à mesure, les journalistes s'ouvrent à la transparence et peuvent tirer profit d'informations en provenance du grand public. Les blogueurs publient souvent des informations partielles dans l'espoir que d'autres les aideront à les compléter.

---

1. Cette affaire a défrayé la chronique médiatique aux États-Unis où on a parlé de « *RatherGate* ». Elle a sans doute précipité le départ de Dan Rather de la chaîne CBS.

Pour Nick Denton, un des éditeurs de Gawker Media, ces « informations à moitié cuites » sont une manière de s'adresser aux lecteurs. Cela revient à dire : « Voilà ce que nous savons. Voilà ce que nous ne savons pas encore. Et vous, que savez-vous ? Cliquez ici pour répondre. »

Comme toujours, certains ne manqueront pas de rappeler qu'on diffuse des contre-vérités et des mensonges sur Internet. Il faut reconnaître que cela arrive. Il y a des gens qui croient ou qui veulent croire à ces mensonges et à ces erreurs. Mais il y a aussi tous ces blogueurs, les *bêtes noires*[1] de Dan Rather, qui confrontent les faits et cherchent à faire triompher la vérité. Tout le monde suit avec beaucoup d'attention les erreurs et les guerres d'éditions qui éclatent sur Wikipedia. Mais je suis toujours impressionné face à toutes les corrections et améliorations apportées à Wikipedia par des gens qui n'ont d'autre satisfaction que de voir l'encyclopédie s'améliorer de jour en jour. Le seul but du site Snopes.com est de démystifier les légendes urbaines. Le site Wikileaks.org permet aux activistes de partager des informations sur toutes les pratiques répréhensibles – et lorsqu'un juge fédéral a cherché à faire fermer le site en 2007, la réponse de la communauté a fusé. Elle a dupliqué le site partout sur le Web. La vérité est une cause sacrée.

Le contraste est grand entre l'affaire Dan Rather et ce qu'a traversé Reuters lorsqu'un de ses photographes

---

1. En français dans le texte.

a « arrangé » un des clichés pris à Beyrouth pendant les bombardements israéliens de 2006. Un certain nombre de blogueurs, dont le même Charles Johnson, ont réussi à prouver que le photographe avait utilisé Photoshop pour agrandir et assombrir un nuage de fumée noire, en copiant-collant certaines parties de l'image. Immédiatement, Reuters a retiré les photos incriminées puis diligenté une enquête sur les autres travaux du photographe, lequel a été viré sur-le-champ. De plus, Reuters a modifié ses procédures pour éviter qu'un tel incident se reproduise. Mais surtout, Reuters n'a pas oublié de remercier les blogueurs en reconnaissant qu'eux aussi portaient une grande attention aux faits réels. *Voilà*[1] comment on fait une erreur.

La vie est une version bêta

Presque tous les nouveaux services proposés par Google sont des versions bêta – des tests, des essais, des travaux en cours, des produits à moitié finis. C'est une plaisanterie largement répandue dans la Silicon Valley que d'affirmer que les produits de Google resteront éternellement en version bêta. Google News n'était pas finalisé lors de son lancement et, officiellement, il est en test depuis plus de trois ans, tandis que Microsoft sort une première version de ses produits, puis une deuxième et même une troisième, avant qu'ils soient (à peu près) utilisables.

---

1. Souligné dans le texte.

Ne proposer que des versions bêta, c'est le moyen que Google a trouvé pour ne jamais avoir à s'excuser. C'est aussi une manière pour elle de dire : « On est certain qu'il reste des bugs quelque part, aidez-nous à les résoudre et à améliorer le produit. Dites-nous ce que vous attendez de ce produit. Merci. » Pour la plus grande partie des entreprises, mettre sur le marché des produits à moitié terminés est un crime. Personne ne peut se permettre de lancer sur le marché un produit qui ne soit pas parfait – voire un produit à moitié terminé – sans prendre le risque de mettre la marque en péril. Tout le monde sait ça. Mais ce n'est pas le cas si vous vous plantez en beauté. Marissa Mayer, vice-présidente des produits de recherche de Google, a donné ce conseil à des étudiants de Stanford : « Innovez, ne cherchez pas à courir après le produit le plus parfait possible. » Elle a ajouté : « Le secret, c'est de procéder par itérations successives. Quand on lance un produit, on apprend beaucoup en faisant des erreurs, et les utilisateurs vous en apprennent beaucoup également. Et, au final, les itérations peuvent être très rapides. » Grâce à l'Internet, les développements et les itérations portant sur une application peuvent se faire à la volée.

Marissa Mayer a replacé l'approche de Google dans un contexte culturel plus large : « C'est ce que j'appelle l'effet Mac ou l'effet Madonna. Regardez Apple et Madonna : ils étaient sympas en 1983 et ils sont toujours sympas vingt-trois ans plus tard, en 2006. » Comment font-ils ? « Ils ne sont pas tout le temps parfaits. Ils ont commis de nombreuses erreurs. Apple s'est planté avec le Newton et Madonna a sorti le sex-book. » Et Marissa Mayer d'ajouter : « Se planter, c'est une façon de progresser et même parfois de se réinventer. »

Marissa Mayer est revenue sur un débat qui a divisé les ingénieurs avant le lancement de Google News. Quelques jours avant le démarrage de la version bêta, il leur restait un peu de temps pour implémenter une fonction supplémentaire – le classement par date ou par lieu – mais ils n'arrivaient pas à décider laquelle choisir. Finalement, ils n'ont mis ni l'une ni l'autre. Le jour même du lancement du service, ils ont reçu 305 e-mails dont 300 réclamaient le classement par date. Les utilisateurs venaient de trancher la question que se posaient les ingénieurs. « Il faut juste sortir le produit, puis écouter les utilisateurs : c'est eux qui vous diront sur quoi vous devez vous concentrer. » Google est loin d'être parfait. Marissa Mayer avoue : « Nous faisons des erreurs tous les jours. Mais si vous vous adaptez très vite, les gens oublient vos erreurs. Ils reconnaissent votre capacité à vous adapter rapidement et conviennent que vous faites le maximum pour améliorer sans cesse votre produit. Et l'estime qu'ils placent en vous grandit. »

Google n'a pas peur de faire des erreurs, même si cela lui coûte de l'argent. Un tel courage se rencontre peu dans l'industrie. Sheryl Sandberg, directrice de la publicité (qui, depuis, a été débauchée pour prendre la direction des opérations de Facebook), a commis une erreur sur laquelle elle ne s'est jamais étendue et qui a coûté des millions de dollars à Google. « C'était une mauvaise décision, prise trop rapidement, rien n'était sous contrôle, on a perdu du temps et de l'argent », a-t-elle avoué dans *Fortune Magazine*. C'est la seule déclaration qu'elle ait jamais faite à ce sujet. Quand elle a présenté ses excuses à son patron, Larry Page lui a répondu : « Je suis heureux que tu aies fait cette erreur, parce que je veux développer une entreprise où on fait trop de choses trop vite et pas une entreprise où on ne prend aucun risque et où on ne fait rien. Si on n'a pas de temps en temps un gros plantage, c'est qu'on ne prend pas assez de risques. » Dans *The Economist*, Eric Schmidt, le P-DG de Google, a conseillé aux employés : « Faites vos erreurs très vite – pour pouvoir faire un autre essai dans la foulée. »

Facebook a la gaffe facile lors du lancement de ses nouveaux produits. Il commet des erreurs en continu. Lorsque Facebook a lancé une application permettant aux gens de suivre les activités de leurs amis, certains utilisateurs se sont inquiétés des atteintes que cela pourrait porter à leur vie privée (malgré le fait que cette application ne faisait que reprendre des informations déjà publiées). Des groupes de lutte contre cette application ont vu le jour sur Facebook lui-même. Mark Zuckerberg, le fondateur de Facebook, a présenté ses excuses pour avoir omis de prévenir les utilisateurs et être resté trop vague dans ses explications – il a toujours eu des problèmes de communication. Il a ajouté des options pour que chacun puisse contrôler sa vie privée sur Facebook. C'était la seule issue possible. Aujourd'hui, je pense que plus personne ne remet en cause l'intérêt de cette fonctionnalité, qui est l'essence même de Facebook.

Mark Zuckerberg fait des erreurs, mais il les fait bien. Il écoute ses clients et s'adapte très vite à leurs remarques. Par la suite, une nouvelle application publicitaire a défrayé la chronique. Mais Rick Segal, blogueur employé dans le capital-risque, a estimé, dans une note publiée sur son blog, qu'il fallait relâcher la pression sur Mark Zuckerberg. « Il va encore faire beaucoup d'erreurs, mais il va aussi continuer à développer son entreprise et à apprendre… Ne crions pas trop tôt haro sur le baudet car ce que nous demandons tous à Mark Zuckerberg et à son équipe, c'est de repousser les limites de l'utilisation possible d'un tas d'informations en provenance du monde entier. Ce que nous avons à faire, c'est mettre Facebook à l'essai, partager nos réactions, trouver un consensus, effacer tout et recommencer… Si Facebook va trop loin, nous pourrons toujours protester en allant cliquer ailleurs. » Ce qui compte, ce n'est pas de faire des erreurs. C'est la manière dont vous les corrigez.

Soyez honnête

Jon Stewart[1] est un des animateurs américains les plus crédibles parce qu'il dénonce toutes les stupidités

---

1. Jon Stewart, animateur de télévision, présente le « Daily Show », une émission quotidienne de la chaîne Comedy Central qui parodie un journal télévisé.

ambiantes. Howard Stern[1] est le roi de tous les médias parce qu'il est foncièrement honnête. Le slogan de son émission, diffusée sur les radios par satellite, c'est « Stop à toutes les conneries ». Je pense que ce slogan pourrait convenir à tous les médias, et même à toutes les entreprises.

Je suis devenu fan de Howard Stern en 1996 en rédigeant une critique pour *TV Guide Magazine* à propos de son émission. Aussi surprenant que cela puisse paraître, je me suis aperçu que, pour bien profiter de son émission, le mieux était encore de la regarder le plus possible. Tout le monde connaît ses numéros de pétomane, mais il ne faut pas s'y arrêter. Howard Stern vaut mieux que toutes ses provocations. Écoutez son émission régulièrement et vous découvrirez un homme à la personnalité rare – c'est surtout vrai dans ses émissions de radio – qui n'a pas peur de dire ce qu'il pense, et ce que nous pensons sans oser le dire. Howard Stern donne des coups de pied dans la fourmilière aseptisée de ces reporters bien comme il faut qu'on voit à la télévision et de ces humoristes policés qu'on entend à la radio. Son franc-parler, sa candeur et son honnêteté sont appréciables. Il ne cache pas ses opinions, n'a pas peur de poser des questions qui dérangent. Je voudrais bien que les talk-shows diffusés aux heures de grande écoute ne soient pas de pitoyables opérations de relations publiques et

---

1. Howard Stern est un animateur de radio et de télévision, au style provocant et de mauvais goût. Son site officiel : http://www.howardstern.com/

que les animateurs se montrent aussi directs que Howard Stern ou aussi soupçonneux que Jon Stewart.

D'après une enquête du Pew Research Center menée en 2007 pour le compte de People & Press, Jon Stewart, pilier du « Daily Show » de la chaîne Comedy Central, arrive dans le peloton de tête des animateurs préférés des Américains, avec Brian Williams, Tom Borkaw, Dan Rather et Anderson Cooper. Le « Colbert Report », animé par Stephen Colbert sur Comedy Central, est l'émission sœur du « Daily Show », qui parodie les émissions d'actualité.

Howard Stern, Jon Stewart et Stephen Colbert disent ce qu'ils pensent, comme le font les blogueurs partout sur le Web. Dans leurs émissions, on retrouve le langage de l'ère de l'Internet : honnête, direct, franc, focalisé sur le sujet, sans complaisance. Leur ton choquera les habitués de l'ancienne école. Mais il serait inutile de se plaindre d'eux, de les ignorer, de les snober, ou même d'essayer de changer leur style. La génération post-médias a grandi avec l'honnêteté et le style direct. Elle attend des autres la vérité et le franc-parler. Google vous empêche désormais de dissimuler quoi que ce soit et de contrôler l'information. Elle vous ôte l'espoir que les gens oublient ce que vous avez dit la veille et passent au travers de vos erreurs du jour. La vérité est au bout du clic.

Les grandes institutions ont à peine commencé à comprendre comment reconnaître leurs erreurs et comment s'en excuser. En prenant la succession d'Eliot Spitzer, qui avait dû démissionner à la suite d'une affaire de mœurs[1], David Paterson[2] a pris les devants et reconnu publiquement, parmi d'autres broutilles, avoir eu une liaison. Dans un autre registre, le lancement de Mobile Me, un service en ligne proposé par Apple, a failli être un désastre et Steve Jobs a dû admettre publiquement qu'ils avaient frôlé la catastrophe. Voilà des discours honnêtes faits par des humains. Même à l'ère des machines – l'ère de Google –, un discours humain finira toujours par payer davantage que les sempiternels discours institutionnels qui sonnent creux pour tout le monde. Les 95 thèses du *Manifeste des évidences* (que vous pourrez lire sur http ://www.cluetrain.com/manifeste.html) vous aideront à vous faire à cela. Les premières thèses parlent d'elles-mêmes[3] :

1. Les marchés sont des conversations.
2. Les marchés sont constitués d'êtres humains, non de secteurs démographiques.
3. Les conversations entre humains sonnent de façon humaine. Elles sont menées sur un ton humain.
4. Que ce soit pour discuter d'information, d'opinions, de perspectives, d'arguments opposés ou humoristiques, la voix humaine est typiquement ouverte, normale, et naturelle.

---

1. Eliot Spitzer était gouverneur de New York. Début 2008, le *New York Times* a révélé qu'il était client d'un réseau de call-girls démantelé par le FBI. Eliot Spitzer a démissionné en mars 2008.

2. David Paterson, qui a succédé à Eliot Spitzer, est le premier Noir à accéder au poste de gouverneur de New York. Il est également le premier aveugle à devenir gouverneur d'un État des États-Unis.

3. La traduction qui suit reprend le texte français du *Manifeste des évidences.*

5. Les gens se reconnaissent entre eux grâce au son même d'une telle voix.
6. L'Internet permet des conversations entre êtres humains qui étaient tout simplement impossibles à l'ère des mass média.

Lors de chaque conversation que vous tenez sur Internet, vous vous devez de garder un ton humain, exactement comme pour une conversation en face-à-face. Reconnaissez vos erreurs en conservant un ton cordial – même chose quand vous souhaitez manifester un désaccord. Ne faites pas attention à ce que diront vos conseillers en communication. Et gardez en tête que tout ce que vous dites pourra être retrouvé. Google doit être votre ange gardien. Il vous rappellera de rester honnête.

Soyez transparent

Sur mon blog, ma vie privée se lit à livre ouvert. Sur la page « à propos » de mon blog, j'essaie de mettre en application ce que je professe en matière de transparence. J'y nomme les entreprises pour lesquelles j'ai travaillé ou travaille encore, celles avec lesquelles j'aurais pu travailler. J'y dévoile mes relations personnelles et les amis que j'ai connus chez mes anciens employeurs. J'y indique les actions que j'ai en portefeuille. Comme il m'arrive de parler de religion, je révèle à laquelle j'appartiens. Comme il m'arrive souvent de parler de politique, je donne mes opinions politiques et – ô sainte horreur pour les journalistes traditionnels – je dis pour qui j'ai voté. Cette page est mon rempart contre de potentielles attaques m'accusant de cacher mes opinions, de ne pas révéler mes accointances ou de garder dans l'ombre des conflits d'intérêts.

Je vous mets au défi d'appliquer ce principe au sein de votre entreprise. Pourquoi voudriez-vous garder vos petits secrets ? Ou, plus exactement, pourquoi voudriez-vous en garder plus que nécessaire ? Vos concurrents risquent de vous voler vos bonnes idées ? Et alors ? Pratiquer la transparence renforcera la confiance de vos partenaires et vous ouvrira de nouvelles opportunités. L'éthique de la transparence reprend des principes déjà connus bien avant mon livre : co-travailler avec ses partenaires, ne pas imposer son contrôle sur trop d'informations, s'ouvrir aux autres, profiter des réseaux et de l'Open Source, profiter de l'économie de la gratuité et mettre en avant ses capacités d'écoute.

Je dois cependant reconnaître qu'il est assez paradoxal de défendre la transparence dans un livre sur Google, entreprise très opaque vouant un grand culte au secret. On n'entre pas chez Google sans signer de lettre de confidentialité. Google ne révèle pas ses taux de reversements publicitaires. Google refuse de rendre publiques les sources de GoogleNews. Google ne dit rien du nombre de serveurs qu'elle utilise. Certaines applications ne sont pas Open Source : c'est le cas, notamment, des logiciels de supervision des serveurs. Google gagne ainsi un grand avantage concurrentiel.

Comme nous venons de le voir, Google développe la plupart de ses applications au grand jour et livre des logiciels en version bêta pour que les utilisateurs puissent l'aider. En ce sens, sa transparence est assez inhabituelle et sa détermination à s'ouvrir en faisant participer les utilisateurs au développement est tout à fait nouvelle. Je vous propose de suivre l'exemple de la méthode suivie par Google pour son développement et de ne pas vous arrêter sur ce que Google cache derrière son rideau de fumée.

Collaborez

Sans ouverture, pas de collaboration. Collaborer avec ses clients est la forme d'interactivité la meilleure et la plus aboutie. En collaborant, vous pouvez connaître ce que veulent vos clients avant même d'avoir investi dans le moindre produit. Avec un peu de chance, vos clients s'approprieront des produits qu'ils auront créés avec vous. Ils ne seront plus de simples clients, mais des défenseurs de vos produits.

J'ai tenté de rendre l'écriture de ce livre interactive. Bien sûr, je n'ai pas mis en ligne les chapitres au fur et à mesure : d'autres auteurs l'ont déjà fait avant moi et je trouve que cette méthode manque d'interactivité. Ce livre n'est pas non plus le fruit d'une quelconque forme de démocratie participative (je n'ai pas organisé de sondage pour déterminer les sujets que je devais aborder). Ce dont je dois parler, c'est mon boulot, après tout. Au lieu de cela, je me suis servi de mon blog pour discuter des idées que je voulais exposer dans mon livre. C'est en conversant avec les lecteurs de mon blog, en me laissant guider par ce qu'ils m'ont généreusement suggéré, que j'ai pu écrire ce livre. C'est ainsi que sont nées les pages consacrées à « La Mutuelle Google », par exemple.

Le co-travail est une bonne chose. C'est Michael Dell qui m'a parlé de « co-création de produits et de services ». Quelle révolution pour une grande entreprise qui a longtemps eu la réputation de regarder les blogueurs en chiens de faïence ! Aujourd'hui, Dell essaie de concevoir, d'améliorer et d'assurer le service après-vente en collaborant avec ses clients. « Il y a un tas de choses dont je n'ai même pas idée, mais que nos clients ont dans la tête, m'a avoué Michael Dell. Notre entreprise n'innove plus en s'appuyant sur les idées de quelques personnes, elle organise les idées émises par des millions de clients. » Encore faut-il les écouter.

Commencez par mettre vos clients au cœur de la création de vos produits : la phase de conception. C'est impossible, direz-vous, c'est notre secret le mieux gardé. Et pourquoi en est-il ainsi ? En fermant les portes de la conception, vous perdez le bénéfice des meilleures idées proposées par vos clients, ceux qui demandent, achètent et utilisent effectivement vos produits. En y réfléchissant bien, votre entreprise gagnerait plus de valeur à fournir à ses clients les produits correspondant exactement à leurs attentes. Choisissez un projet ou un produit. Essayez de le concevoir en toute transparence (nous reviendrons sur ce point dans le chapitre consacré à l'industrie). Ouvrez un blog et publiez votre planning ainsi que les décisions prises au fur et à mesure. Discutez d'égal à égal avec vos clients. Demandez-leur ce que vous devez faire. Si vous vous trompez, reconnaissez-le. En un mot, soyez ouvert.

L'avantage compétitif ne réside pas dans les secrets de conception de vos produits, mais dans la relation que vous construisez avec la communauté de vos clients. Je ne vous suggère pas de faire de votre processus de conception une démocratie participative, cela condamnerait le projet à l'échec. La conception ne peut pas s'improviser dans un hall de gare. Votre boulot reste d'avoir des bonnes idées, d'être inventif et surprenant – et d'être le meilleur possible sur tous ces points. Les entreprises ne sont pas des foires d'empoigne. Mais il ne faut pas non plus qu'elles deviennent des dictatures. Les entreprises devraient être des méritocraties – ce qui est trop rarement le cas. Vous avez devant vous un défi : faire émerger les bonnes idées, qu'elles proviennent de vos clients ou de vos employés, et les faire vivre pour améliorer sans cesse vos produits.

Ne soyez pas diabolique

Dans un livre sur Google, impossible d'écrire un chapitre sur l'éthique sans aborder la formule que Google a rendue célèbre : « Ne soyez pas diabolique ». C'est dans une lettre écrite en 2004, avant leur entrée en bourse, que Larry Page et Sergey Brin ont mentionné cette expression pour la première fois : « Nous croyons sincèrement que, sur le long terme, une entreprise qui veut faire le bien dans le monde sera plus profitable pour ses actionnaires et ses clients, même si cela nous oblige à renoncer à certains profits à court terme. Il s'agit là d'un point important de notre éthique qui est largement partagé par nos employés. »

Pour Google, bien se comporter, c'est ne pas fournir de résultats de recherches erronés et n'accepter aucune rémunération pour modifier un classement dans les listes de résultats. Reprenant les principes habituels de la presse, Google s'est engagée à identifier clairement la publicité. Elle s'est ainsi clairement distinguée des agences de publicité en affirmant : « Nous croyons qu'il est très important que chacun puisse bénéficier des meilleures informations et du meilleur moteur de recherche possible et pas seulement d'informations sponsorisées par des annonceurs. »

Certains ont vu dans cet engagement pris par Google la manifestation d'un orgueil démesuré – Google se posant en parangon de vertu – ou l'exemple de ce que l'entreprise était prête à assumer. Naturellement, cela pose toujours des questions sur la capacité de Google à tenir de tels engagements. Google a censuré certaines informations en Chine, arguant du fait qu'un Internet censuré valait mieux que pas d'Internet du tout. Je ne suis pas d'accord avec cet argument. Je pense que Google a aujourd'hui plus de pouvoir qu'elle ne le pense et qu'il est de son devoir de faire pression sur certains pays dans le monde pour les mener sur la voie de l'ouverture et de la liberté d'expression. Les concessions que Google a faites, tout comme Yahoo avant elle en Inde et en Chine, à l'égard de certains gouvernements ont conduit à des arrestations d'internautes dont le seul crime avait été de s'exprimer librement. En tant qu'Américain et défenseur du

Premier Amendement[1], je considère ce comportement diabolique. Le manque de transparence de Google en ce qui concerne les reversements publicitaires, sans être diabolique, n'est pas non plus au profit de la bonne marche des affaires. Certains n'ont pas manqué d'affirmer que Google pille les informations de la presse à l'heure où cette dernière se bat pour sa survie. Je leur rétorquerai que Google ne fait que synthétiser des informations existantes pour le plus grand bénéfice d'une audience qu'elle partage avec la presse. D'autres diront que Google est diabolique parce que nul ne sait ce qu'elle peut bien faire de toutes les données personnelles qu'elle traite. Je ne pense pas, cependant, qu'il ait déjà existé des cas d'utilisation abusive de ces informations.

Google est souvent accusée d'être en situation de monopole. En 2008, une enquête a été diligentée par le Département américain de la Justice au sujet de la position abusivement prédominante que pourrait entraîner un accord de vente de publicités par Google pour le compte de Yahoo. Profitant de cette occasion, Joe Nocera, un des éditorialistes du *New York Times*, a mis en lumière la plainte de Sourcetool.com accusant Google d'avoir augmenté ses tarifs publicitaires de manière prohibitive. Les systèmes automatiques de Google avaient considéré que

---

1. Le Premier Amendement de la Constitution des États-Unis dispose une liberté absolue en matière de religion, d'opinion, d'association et de presse, sur le territoire des USA. Avec les neuf amendements suivants, il fait partie du *Bill of Rights*, corpus qui garantit un certain nombre de droits fondamentaux aux citoyens américains.

Sourcetool.com ne remplissait pas certains critères, ce qu'avait confirmé une vérification manuelle. Ce site était considéré, à tort ou à raison, comme un site de spams. Pour le faire sortir de son système, Google avait choisi d'augmenter les tarifs. Sourcetool.com était en profond désaccord avec cette analyse : il a accusé Google de le mener à la ruine. La plainte déposée par Sourcetool.com impliquait donc que Google était potentiellement en situation de monopole. Mais, à l'ère de Google, les choses ne sont pas toujours ce qu'elles semblent être. La question n'est pas de savoir si Google est en position de monopole, mais bien davantage si Google est devenue *la* place de marché du moment, c'est-à-dire l'endroit où les internautes peuvent trouver l'information, et les annonceurs les clients, exactement comme l'ont été les journaux par le passé ou comme peut l'être Craigslist aujourd'hui. Les places de marchés sont les lieux mêmes où les prix se déterminent par la rencontre de l'offre et de la demande. Dans la plupart des cas, publier une petite annonce sur Craigslist est gratuit. Sur Google, les prix sont fixés par un système d'enchères. Sauf dans le cas de Sourcetool.com, pour lequel Google a fixé les prix de manière unilatérale. La bonne question est donc de savoir si nous faisons confiance à Google, Google est-elle en situation de monopole ? Pas encore, à mon avis.

Autre question : Google peut-elle continuer à vivre comme bon lui semble alors que son entreprise s'est transformée en un empire immense et incontournable ? Pour un certain nombre de gens, en effet, la vérité sort de la bouche de Google. Eh bien, l'avenir nous le dira.

Et enfin, Google est-elle diabolique ? À bien y réfléchir, je pense que non. Mais l'entreprise est encore jeune. Pour l'instant, Google tente de faire de son mieux. Et c'est déjà bien plus que ce qu'on peut dire de certaines entreprises que nous avons tous à l'esprit. Aucune autre société n'a jamais pris un tel engagement. Il faudrait l'écrire en lettres d'or au fronton de toutes les bourses. Les banquiers auraient dû s'interroger : les engagements toxiques et autres pratiques qui ont mené à la crise financière de 2008 n'étaient-ils pas diaboliques ? Si au lieu de s'en laver les mains ils s'étaient posé cette question, nous ne serions pas aujourd'hui dans la tourmente.

Imaginez que les opérateurs télécom se posent de telles questions lors des réunions consacrées à la fixation des prix et au plan de déploiement. Est-ce qu'on donne le meilleur de nous-mêmes pour nos clients ? Est-ce qu'on ne les exploite pas ? Ne sommes-nous pas diaboliques ? Les compagnies aériennes, elles aussi, auraient pu appliquer le même questionnement avant d'entrer en lutte contre une loi de l'État de New York en faveur de l'environnement. Si les entreprises s'interrogeaient ainsi elles-mêmes, si leurs employés se demandaient s'ils agissent au profit des clients, alors les choses iraient bien mieux. Je n'aurais pas à jouer sans arrêt les *Monsieur bonne conscience* pour défendre les intérêts des clients. S'engager à ne pas être diabolique est un bon choix.

Début 2008, Wal-Mart a défrayé la chronique pour avoir assigné en justice une ancienne employée renversée par un camion et victime d'un grave traumatisme crânien. Après avoir poursuivi le transporteur en justice, cette employée s'était vu attribuer un million de dollars de dommages-intérêts, et il lui restait 417 000 dollars une fois les frais payés. Wal-Mart a donc poursuivi son ex-employée en justice et exigé 470 000 dollars en compensation des frais de maladie laissés à sa charge. Or une telle somme ne laissait plus rien à la famille de l'employée pour payer les soins à domicile que nécessitait son état. Évidemment, en prenant les textes à la lettre, Wal-Mart était dans son bon droit. Mais si une seule personne, dans cette affaire, s'était demandé « tout cela est-il diabolique ? », Wal-Mart ne se serait pas ridiculisé en place publique, et n'aurait pas été la risée des médias, de la presse et des blogs. Pour un grand nombre de gens, cette histoire a constitué la preuve même que Wal-Mart était une entreprise diabolique. Par la suite, Wal-Mart a fait marche arrière et pris la bonne décision. La plainte contre cette pauvre femme a été abandonnée. Mais, en fin de compte, cette affaire a eu des conséquences désastreuses. Le préjudice d'image de marque a certainement coûté bien davantage que ce que Wal-Mart a effectivement payé. Ne pas être diabolique ne nuit pas à la bonne marche des affaires.

Un peu plus tard en 2008, Facebook a interdit à Google d'utiliser les données personnelles de ses membres (y compris avec leur accord). Umair Haque s'en est alors pris à Facebook, considérant que ce refus était diabolique. Je trouve qu'il y est allé un peu fort. Mais, à cette occasion, il a publié une note intéressante sur son blog de la *Harvard Business Review*. « De quoi s'agit-il exactement ? Nous vivons actuellement une révolution copernicienne de l'économie. Les dirigeants de tous ces nouveaux acteurs découvrent que ce qui importe avant tout, c'est d'être aussi peu diabolique

que possible. Pour le dire dans le jargon formel des sciences économiques : avec l'explosion des interactions, le coût marginal des actions diaboliques dépasse les bénéfices à en tirer. »

Je pense que c'est précisément à cela que songeaient les fondateurs de Google lorsqu'ils se sont engagés à ne pas être diaboliques. Il ne s'agit pas d'un engagement éthique ou d'une vision informaticienne à propos des notions du bien et du mal. Il s'agit simplement d'une règle de bon sens bien appliquée. Quand tout le monde peut s'exprimer librement sur tout le monde, fuir la transparence ne doit plus faire partie de la stratégie d'entreprise.

UN NOUVEAU RYTHME

*Les réponses sont immédiates
Vivre en temps réel
Les foules se forment en un instant*

Les réponses sont immédiates

Google a laissé tout le monde sur place. Prenez une minute, et souvenez-vous de l'avant-Google – c'est facile, c'était il y a moins de dix ans. Il fallait fouiner partout avant de récupérer la moindre parcelle d'information. En vérité, nous allions dans des bibliothèques. Nous passions des heures à chercher des réponses et ressortions bredouilles. Aujourd'hui, il suffit de poser une question sur Google et, quel que soit le sujet, nous obtenons des milliers de réponses en une fraction de seconde. J'allais écrire que ça prend moins de temps qu'un clignement d'œil. Mais au fait, combien de temps cela prend-il exactement ? Naturellement, j'ai posé cette question sur Google : elle m'a répondu en 0,3 seconde qu'un clignement d'œil prend 0,3 seconde.

Un des 10 points de la philosophie d'entreprise de Google est : « Toujours plus vite ». C'est l'un des principes fondateurs de l'esprit Google, c'est lui, entre autres, qui donne à un service sa « Google touch ». Parmi ses principes de conception, Google affirme[1] : « Chaque milliseconde compte… la vitesse est un atout pour les utilisateurs. C'est aussi un avantage compétitif essentiel sur lequel Google ne reviendrait pour rien au monde. »

Google nous a rendus impatients, plus que nous le pensons. Comme nous avons pris l'habitude d'obtenir n'importe quelle information en un claquement de doigts, il nous est de plus en plus difficile de comprendre pourquoi nous devrions faire la queue ou attendre l'ouverture des magasins. Comment accepter que quelqu'un nous fournisse des informations partielles quand Google nous donne des réponses exhaustives ? Nous savons ce que nous voulons et nous ne comprenons pas pourquoi nous ne pourrions pas l'obtenir, tout de suite.

Tous les secteurs sont affectés par ce rythme nouveau. La mode – du moins les marques internationales comme Zara ou H&M – s'adapte du jour au lendemain aux nouvelles tendances. Dès qu'une tendance apparaît dans les rues, tout le monde la suit – ou l'imite – instantanément. Les grandes marques suivent les ventes en permanence pour adapter les stocks des magasins et

---

1. Ces principes sont accessibles sur le site anglais de Google, mais ne figurent pas sur les pages en français.

parfois même piloter les équipes de stylistes et les usines de fabrication. La vitesse n'est plus seulement un avantage compétitif, elle est en train de s'imposer comme impératif stratégique. Plus les entreprises s'adaptent rapidement aux comportements et aux demandes de leurs clients – en fait, plus vite elles parviennent à connaître leurs clients pour tenter d'anticiper leurs besoins – et mieux se portent les affaires.

Manquer de rapidité est un désavantage stratégique. De nombreux secteurs sont condamnés à la lenteur car empêtrés dans des problèmes de matières premières et embourbés dans la complexité. Dans l'automobile, la conception et la fabrication sont si longues et si coûteuses qu'un nouveau modèle est déjà démodé et inadapté lorsqu'il sort. Une voiture ne peut pas suivre les modes et les tendances de marché ni s'adapter au prix de l'essence (dans les pages consacrées à la Google Mobile, j'explore quelques pistes alternatives).

L'industrie du livre est désespérante de lenteur. Il s'est écoulé environ un an entre la signature de mon contrat et la sortie du livre que vous avez entre les mains[1] (d'ailleurs, j'en profite pour vous remercier de l'avoir acheté). Un an, c'est un délai extraordinairement court pour sortir un livre. Mais l'industrie du livre devrait se mettre au diapason de la vitesse à laquelle diffusent les autres sources de savoir, de contenus et de

---

1. La version originale du présent ouvrage date de janvier 2009.

divertissement (je propose quelques pistes pour ce secteur dans les pages consacrées à GoogleCollins).

Le secteur de l'éducation s'attache à ne pas presser les choses. Étant moi-même enseignant, j'apprécie à leur juste valeur les vertus des échanges constructifs, des débats d'idées et de la lente maturation du savoir. Cependant, ceux d'entre nous qui enseignent le journalisme dans une période de rapides changements (je suis professeur de journalisme électronique) se doivent de rester dans le rythme qu'imposent les étudiants, l'industrie et la société, voire de les devancer.

La religion est sans doute le seul secteur qui puisse faire exception quant à cet impératif de vitesse. Plus que toute autre institution, Dieu est intemporel.

Google, tout comme Dieu, donne de la valeur à la stabilité. Dans ses résultats de recherches, Google confère davantage de crédit à des sites en ligne depuis longtemps, ou dont l'audience et le nombre de liens sont importants – c'est l'essence même du PageRank. Il en découle que, dans les résultats de recherches de Google, les sites complets et à propos sont mieux classés que les autres. Google a du mal à faire ressortir les sites les plus récents. Les robots de Google alimentent en permanence les bases de données avec de nouveaux sites, mais tant que ces nouveaux venus ne rassemblent pas un minimum d'audience et de liens le système de recherche de Google ne sait pas trop quoi en faire. C'est sans doute là un des talons d'Achille de Google.

Vivre en temps réel

Puisque Google nous a habitués à la rapidité et à l'immédiateté – toujours prendre connaissance de la dernière information disponible –, tout va de plus en plus vite sur le Web. Et l'Internet finit par vivre en temps réel.

Il m'est déjà arrivé de diffuser des vidéos en direct sur Internet, avec mon téléphone Nokia. Je n'avais pas de camion-régie satellite, ni de système complexe de diffusion, ni quoi que ce soit d'autre. J'utilisais simplement mon téléphone portable. Si jamais une catastrophe majeure vient à se produire à nouveau – un autre 11-Septembre, ou un autre tsunami –, les témoins pourront non seulement enregistrer l'événement mais également le faire partager au monde entier, et en direct.

La diffusion en direct par des témoins va changer en profondeur le métier des journalistes. Jusqu'à présent, ces derniers s'appuyaient sur des informations récupérées auprès de témoins qui leur fournissaient photos, témoignages et vidéos – mais après les faits. En 2007, lors du massacre à l'université de Virginie, un étudiant a enregistré le son des détonations avec son téléphone portable. Ensuite, il a envoyé ce document à CNN, qui a mis plus d'une heure à vérifier l'information et à la diffuser. Si cet étudiant avait utilisé son téléphone pour diffuser l'information en direct, sur des sites comme Qik.com ou Flixwagon.com, il n'aurait pas eu besoin d'envoyer quoi que ce soit à CNN et aurait pu mettre lui-même l'information à disposition du monde entier. Si tel avait été le cas, CNN aurait dû choisir entre plusieurs solutions : faire un lien vers le site où l'étudiant diffusait ses informations, intégrer ces informations à son propre site Web ou, enfin, diffuser ces informations en direct à la télévision. CNN n'aurait pas eu à retarder sa décision : on aurait pu diffuser cette information réellement en direct.

Durant le tremblement de terre qui a secoué le Sichuan en mai 2008, les premières personnes à en ressentir les manifestations ont diffusé l'information sur Twitter, une plate-forme de micro-blogging qui permet à ses utilisateurs de partager des messages-textes de 140 caractères maximum. Les amis de ces personnes pouvaient suivre l'actualité en direct sur leur ordinateur, et par SMS sur leur téléphone mobile. Un des cofondateurs de Twitter, Evan Williams, a également été l'un des cofondateurs de Blogger, un système de blog qui a révolutionné les outils de publication d'information. Aujourd'hui, il autorise la publication en temps réel sur le Web et sur téléphone mobile. J'ai été surpris d'apprendre que Twitter, qui existe depuis à peine deux ans, est déjà disponible en Chine – mais il m'arrive, à moi aussi, d'oublier comme les choses peuvent se diffuser rapidement sur Internet et supprimer les distances. Ce qui n'est pas surprenant, en revanche, c'est d'apprendre que des gens présents dans la zone du séisme aient utilisé Twitter pour informer leurs amis minute après minute. C'est précisément ce pourquoi Twitter a été inventé. Si, moi aussi, j'étais pris dans un tremblement de terre, je chercherais également à dire à mes amis et ma famille que je suis en vie. Tout le monde agirait ainsi, non ?

Twitter est en passe de lancer une nouvelle révolution dans la diffusion d'information sur Internet. Peu de gens, parmi les industriels des médias, ont anticipé cela. Les informaticiens de Reuters et de la BBC ont pressenti le potentiel de Twitter et créé des applications mettant certains mots-clés sous surveillance, notamment « évacuation » et « tremblement de terre ». Pour leurs interviews, les journalistes parcourent Twitter à la recherche de témoins. Pendant le tremblement de terre du Sichuan, un des utilisateurs de Twitter, Casperodj, a écrit : « C'est DINGUE ! y a une secousse pendant que je tape ce message ! » Les médias s'intéressent aussi à Flickr, à YouTube, à Facebook et aux blogs. Ils y cherchent des photos et des vidéos prises par les témoins des événements car celles-ci sont disponibles bien avant que leurs photographes professionnels n'arrivent sur les lieux.

Le Web en direct pose un problème à Google : comment ses crawlers peuvent-ils indexer des informations créées en temps réel, au fil de l'eau ? Heureusement, Wikipedia est souvent mise à jour plus vite que les bases de données de Google. Les décès de Paul Newman et de Tim Russert[1] ont fait l'objet d'annonces sur Wikipedia avant d'être mentionnés sur les sites

---

1. Tim Russert, juriste et journaliste américain, est décédé en 2008. Il était devenu célèbre en animant de nombreuses émissions politiques sur la chaîne NBC.

Web des grands médias. Pendant le tsunami de 2004, les membres de Wikipedia ont actualisé les informations minute par minute. Dans le grand combat de l'homme contre la machine, il est réjouissant de savoir que l'homme peut encore gagner. Le travail humain reste nécessaire pour déterminer quelles sont les informations brûlantes ou importantes – c'est ce que tente de prouver le moteur de recherche Mahalo, c'est ce que Digg met au cœur de sa proposition de valeur. Les entreprises capables d'identifier les informations importantes en temps réel demeurent à inventer – pour venir en complément des services déjà proposés par Google. Elles pourraient être d'un grand secours aux industriels des médias et aux blogueurs.

Le temps réel apporte une nouveauté importante sur le Web : l'interactivité, les relations de personne à personne, de face-à-face. Quand quelque chose se passe en direct sur Internet, on peut nouer des conversations, partager des expériences, discuter et même influer sur le cours des événements. C'est ce qui, pour les entreprises, fait du Web une arme à double tranchant. À moins qu'elles ne se mettent à l'écoute de ce qui se dit et ne participent aux conversations qui en naissent.

Les foules se forment en un instant

Dans ce maelström évoluant en temps réel, les gens qui partagent des intérêts et des objectifs communs – appelons-les des communautés, ou des foules – ont la possibilité de se reconnaître, de s'allier, de s'organiser et d'agir en un instant. Dans un livre publié en 2002,

Howard Rheingold a appelé ce phénomène les *foules intelligentes*[1]. L'auteur retrace la chute du président des Philippines, Joseph Estrada, causée par une foule intelligente, composée de dizaines de milliers d'individus qui, par le biais des SMS, ont pu se rassembler en une heure de temps.

À une moindre échelle, lors d'une conférence tenue à Austin en 2008, les informations pour se rendre à la soirée la plus en vue – celle de Google, bien sûr – ont été diffusées sur Twitter. La file d'attente pour entrer à cette soirée faisait le tour de tout le quartier ! Gary Vaynerchuck, un blogueur qui vend du vin sur Internet et dont je vous reparlerai dans les pages consacrées à la vente en ligne, faisait la queue lui aussi. Et il a décidé d'organiser une contre-soirée. Avec son téléphone mobile, il a lancé un message sur Twitter en demandant qui voulait se joindre à lui. Parmi les gens qui le suivaient sur Twitter, quelques-uns habitaient à Austin. Ces personnes lui avaient déjà apporté de l'aide pour vendre son vin dans la ville, et elles l'ont aidé à organiser sa soirée. Très vite, les gens désirant se rendre à la soirée de Gary Vaynerchuck ont relayé le bouche à oreille sur Twitter et, en quelques instants, une foule s'est créée.

Quelque temps après cet épisode, Michael Arrington, qui édite le blog TechCrunch.com, a pesté sur Twitter – avec des messages de 140 caractères

---

[1]. Howard Rheingold, *Foules intelligentes*, M21 Éditions, 2005 pour l'édition française.

maximum – contre Comcast, son fournisseur d'accès Internet, parce que sa connexion était en panne depuis 36 heures. Il a raconté tout cela en direct sur Twitter. D'après le service client, la panne affectait toute la Californie (ce qu'ont démenti d'autres membres de Twitter qui ne rencontraient pas ce problème). Michael Arrington a fini par aller chez l'un de ses amis pour se connecter sur Twitter et affirmer qu'il dirait pis que pendre de Comcast sur son blog. J'ai parlé de cette affaire sur mon blog en pensant qu'avec sa réputation dans la blogosphère, Michael Arrington parviendrait bien à rassembler une foule sur Twitter en très peu de temps. Mais, au lieu de ça, il s'est produit une chose étonnante : Comcast a appelé Michael Arrington et lui a envoyé une équipe technique pour régler son problème. Comcast avait appris le problème *via* Twitter. Certains membres de Twitter se sont montrés dubitatifs. Ils ont fait part de leur scepticisme sur Twitter, mais un patron de Comcast leur a répondu directement, toujours sur Twitter, ce qui a levé les doutes. Comcast se fait une obligation de suivre toutes les conversations en direct. Chaque seconde compte.

Avec Internet, les entreprises ont déjà perdu le contrôle de pas mal de choses – la marque, le message, les prix, la concurrence, la transparence – mais elles sont en train de perdre quelque chose de bien plus important : la course avec le temps. Il n'est plus possible de planifier la publication de telle ou telle affaire, ou bien la réponse à telle ou telle critique. Il n'est plus possible de faire attendre les clients – quand bien même vous leur serinez combien leurs appels sont importants à vos yeux – sans qu'ils se plaignent, se révoltent et finalement vous quittent rapidement et à grand bruit. L'idée même de garder secret le calendrier de sortie de vos produits et de faire de temps en temps des annonces grandiloquentes est vue par les clients comme une insulte (sauf quand on s'appelle Apple). Plus les clients sont impliqués tôt et mieux c'est. L'Internet a changé la vitesse, le rythme et les méthodes des entreprises. La prochaine sur la liste, c'est l'administration.

Lorsque des clients vous cherchent sur Internet et que Google les envoie sur votre site Web, vous avez intérêt à avoir anticipé leurs questions. Lorsque les clients se mettent à parler de vous en public, vous avez intérêt à les écouter et à leur répondre. Il est facile pour un concurrent de le faire à votre place et de s'emparer de vos clients.

DE NOUVEAUX IMPÉRATIFS

Méfiez-vous de la politique de l'autruche
Encouragez, développez et protégez l'innovation
Surtout faites simple !
Restez dans l'ombre

Méfiez-vous de la politique de l'autruche

Il arrive que nous soyons aveuglés par le succès. D'autres fois, au contraire, la peur de l'échec nous fait manquer le succès.

Lorsque je travaillais pour le magazine *TV Guide*, dans les années 1990, nos ventes étaient à l'époque supérieures à celles des autres magazines américains. Mais la diffusion avait déjà commencé à s'éroder petit à petit. C'était le début d'un cercle vicieux à l'issue funeste : l'abandon. Le nombre d'exemplaires vendus par semaine était tombé de 17 à 15 millions, pour finir à 13 millions au moment où j'étais en poste (ce que tout le monde imputait à mes choix critiquables, bien entendu). Mais, en réalité, *TV Guide* n'arrivait plus à suivre le rythme de création des chaînes, de plus en plus nombreuses : des dizaines, puis des centaines de chaînes dont les programmes ne tenaient pas dans le petit format du magazine. Plus d'une fois, l'équipe de rédaction a tenté d'adapter la maquette ou d'agrandir le format du magazine. On a créé des grilles claires et en couleurs mais nos plus fidèles lecteurs ne s'y faisaient pas et préféraient leurs bonnes vieilles listes. Et il y avait un autre problème : l'âge moyen de nos lecteurs était assez élevé et ne cessait d'augmenter. Le taux de réponses à une enquête que nous avions lancée auprès des abonnés s'était révélé moins bon que d'habitude. Quand nous avons cherché à savoir pourquoi, la réponse est tombée, comme un couperet : une partie des gens auxquels s'adressait notre enquête étaient morts.

Pendant ce temps-là, la concurrence s'en était donné à cœur joie. On pouvait désormais afficher les programmes directement sur sa télévision et utiliser des logiciels pour consulter les programmes depuis son ordinateur. *TV Guide* a été obligé de suivre le mouvement. Les journaux fournissaient eux aussi les programmes de télévision gratuitement et les clients se sont ainsi habitués à la gratuité. Nous avons cherché à nouer des accords avec certains titres de la presse en vue de diffuser le contenu de *TV Guide* – rétrospectivement, si l'on avait agi à la manière de Google, cela aurait pu s'avérer une bonne façon de diffuser notre marque – mais *TV Guide* craignait que de tels accords ne cannibalisent le produit. Il faut toujours se méfier des stratégies fondées sur la protection, elles ne font qu'aiguiser l'appétit des cannibales.

Une dizaine d'années plus tard, en 2005, bien après mon départ, *TV Guide* a adopté un nouveau format, plus grand, et changé sa maquette pour adopter de grandes grilles tout en couleur. Le magazine a également mis fin à la quasi-totalité de ses 140 éditions régionales. Il a augmenté son prix. La diffusion garantie aux annonceurs est ainsi passée à 3,5 millions d'exemplaires, chiffre qui n'avait plus rien à voir avec les 17 millions d'exemplaires des années fastes. Quelque temps après, j'ai déjeuné avec mon ancien patron de chez *TV Guide*, qui avait elle aussi quitté le journal. Je lui ai fait remarquer que *TV Guide* avait enfin accompli ce qu'il aurait dû faire dix ans plus tôt : proposer un bon produit, réduire les coûts, et être réaliste vis-à-vis de sa diffusion réelle. « Pourquoi ne l'avons-nous pas fait ? » lui ai-je demandé. Elle m'a répondu du tac au tac : « Tu sais bien pourquoi : parce qu'on ne voulait pas tuer la poule aux œufs d'or. »

Le changement, les décisions radicales et l'innovation sont des nécessités stratégiques. Or, des entreprises faisant de confortables profits peuvent rester aveugles et sourdes à ces nécessités. Croyez-en l'expérience de *TV Guide* : méfiez-vous de la politique de l'autruche.

Dans de nombreux secteurs, les entreprises ne parviennent pas à donner suffisamment d'importance à des dangers qu'elles connaissent mais refusent de voir. L'industrie du disque est le plus bel exemple des morts-vivants de l'ère numérique. Les industriels américains de l'automobile sont arrivés bien trop tard sur le marché des petites voitures et n'ont pas anticipé les recherches dans l'automobile électrique. Des géants de la distribution ont bien ouvert des sites de e-commerce sur Internet, mais les ont laissés mourir : ils n'ont pas réalisé qu'une telle initiative leur aurait permis de reconstruire leurs relations client sur de nouvelles bases, comme l'a fait Amazon. Les opérateurs de télécom ont été obnubilés par l'arrivée des réseaux ouverts qui induisaient des réductions de chiffre d'affaires – et ils n'ont pas compris que ces réseaux utilisaient leurs infrastructures. Les agences de publicité ont cherché à anticiper la révolution dans leur secteur en se concentrant sur la publicité ciblée alors que, dans le même temps, des opportunités étaient créées sur Internet. Les grands patrons des médias ont cru qu'ils pourraient éviter le changement. Ils ont même pensé qu'ils ne seraient pas touchés par la crise parce qu'ils étaient les soi-disant détenteurs du saint Graal : le Journalisme avec un grand J. Mais la douche froide est arrivée quand Knight Ridder a été racheté par le réseau McClatchy, qui pourtant perdait de l'argent comme toutes les entreprises de ce secteur[1]. Aujourd'hui, les grands groupes de presse cherchent désespérément à s'adapter aux nouvelles réalités, mais il est sans doute trop tard – exactement comme ce fut le cas pour *TV Guide*. Ils ont tous perdu

---

1. Fondé au début du XXe siècle, Knight Ridder était le deuxième groupe de presse américain. En 2006, il a été racheté par McClatchy, un groupe bien moins important que lui au moment de la transaction, pour 4 milliards de dollars.

les clients de la jeune génération. En cherchant à préserver leurs rentes de situation, ils ont sacrifié leur avenir. Regarder dans un rétroviseur n'est pas une stratégie visionnaire.

Encouragez, développez et protégez l'innovation

Google permet aux employés de ses équipes techniques de disposer librement de 20 % de leur temps de travail pour se consacrer à leurs projets personnels, creuser leurs propres idées ou proposer de nouveaux produits. Dans une interview donnée à Fast Company Magazine, Marissa Mayer, vice-présidente des produits de recherche de Google, a décrit cette pratique comme « le droit de donner vie aux rêves ». Dans un article de la *Harvard Business Review*, Bala Iyer et Thomas H. Davenport citaient le blog personnel d'un employé de Google : « Il ne s'agit pas de faire quelque chose sur son temps libre, mais d'affecter du temps à des projets. En clair, je n'ai pas encore de projet à affecter à ce temps libre et il faut donc que j'en trouve un. Si je ne trouve pas de projet, je suis certain que cela me sera reproché lors de ma prochaine évaluation personnelle. » Google *exige*[1] des employés qu'ils innovent, cela fait partie de leur travail. C'est un des critères d'évaluation des collaborateurs et un des moteurs de la croissance de l'entreprise. En 2006, Marissa Mayer a eu l'occasion de rappeler que la moitié des produits et des services

---

1. Souligné dans le texte.

lancés par Google au deuxième semestre 2005 avaient été développés sur les 20 % de temps libre des employés.

Cela ne veut pas dire pour autant que cette règle des 20 % représente la panacée. Même Google ne propose pas ce principe à tous ses employés (d'ailleurs, pour Bala Iyer et Thomas H. Davenport, il s'agit même d'une erreur stratégique). Il est facile de comprendre que cette pratique n'est pas toujours facile à gérer. Si vous êtes surchargé de travail, vous pouvez craindre que la mise en place d'une telle mesure vous enfonce encore davantage la tête sous l'eau. Vos employés ne sont peut-être pas tous nés pour inventer – contrairement à Google, toutes les entreprises ne sont pas truffées de docteurs ès sciences.

Mais n'importe qui, dans n'importe quelle entreprise, peut avoir une idée géniale. Comment faire pour le repérer ? Comment vos employés peuvent-ils présenter de nouveaux produits, de nouvelles méthodes ou de nouveaux services – abstraction faite de la boîte à idées, qui n'est rien qu'une voie de garage ? Y a-t-il dans votre entreprise des incitations à l'innovation ? Qui est susceptible de s'y opposer ? Dans votre entreprise, existe-t-il une réelle culture d'innovation ou bien s'agit-il seulement de jolies phrases réservées aux réunions annuelles ?

Vous devez inciter vos employés à proposer de nouvelles idées – y compris si ces idées cannibalisent, détruisent ou remettent à plat votre modèle économique. Il vaut mieux se cannibaliser ou se remettre en cause soi-même qu'y être forcé par la pression de la concurrence. Suivez l'exemple de Dell, de Starbucks Café ou de Salesforces.com : ils mettent des plates-formes à disposition de leurs employés pour qu'ils partagent leurs idées. Vous pouvez aussi vous inspirer de Best Buy, qui a construit BlueShirtNation, une communauté électronique donnant à ses employés les moyens de travailler en commun sur certains problèmes. Ou bien faire comme Google, qui donne à ses employés l'accès à un blog pour y exposer leurs idées. Dans une interview à *Fast Company Magazine*, Marissa Mayer présente ce blog comme « un bulletin de vote électronique grâce auquel vous pouvez dire si, oui ou non, vous trouvez qu'une idée est bonne. Ces avis font ensuite émerger des idées nouvelles ». À cette vision de l'innovation s'ajoutent les principes d'ouverture et de transparence. On aboutit ainsi à la construction d'espaces d'échanges au sein desquels les employés sont en mesure de partager des idées et de construire des projets en commun. A.G. Lafley, le P-DG de Procter & Gamble, a indiqué dans une interview à *Strategy + Business Magazine* que « tout le secret est de permettre la pratique de l'innovation *ouverte* » (il a souligné ce terme) avec « un vaste réseau d'interactions sociales ». Il ajoute : « Une idée nouvelle peut germer dans un seul cerveau, mais seul un effort collectif permet de donner naissance à un prototype et au lancement d'un nouveau produit. »

En matière de propriété des idées, plusieurs approches sont possibles. A.G. Lafley met en avant l'effort collectif. Marissa Mayer a eu l'occasion d'indiquer que « la culture de l'ouverture totale » promue par Google empêche les prés carrés et « met les idées au service des moyens, non les moyens au service des idées ». Pour Nike, il faut s'approprier et protéger les idées. En 2008, j'ai participé à un *brainstorming* chez Nike. L'objectif était de développer les outils communautaires de telle sorte que les employés puissent travailler à des projets communs. Nous avons auditionné quatre employés qui, en fait, le faisaient déjà par eux-mêmes. L'un d'eux, D'Wayne Edwards, un designer de chaussures, avait créé un concours ouvert aux designers juniors. Il faisait preuve d'ambition et menait beaucoup de projets en parallèle. Il aurait souhaité que l'entreprise gère les projets comme il le faisait lui-même. La création de chaussures de sport, il en avait rêvé toute sa vie. Il avait réussi à entrer chez Nike avec l'aide et les conseils de ses mentors. Son rêve étant devenu réalité, il voulait se rendre utile à l'entreprise. Il pensait également que Nike avait une dette envers les jeunes urbains qui avaient fait le succès de l'entreprise. Et, enfin, il pensait que le concours qu'il avait monté servirait à l'entreprise de détecteur de nouveaux talents à même de proposer des idées neuves. D'Wayne Edwards a ajouté que le vainqueur de son concours avait fait preuve d'un talent et d'une inventivité tels qu'ils lui permettaient d'être embauché chez Nike sur-le-champ, malgré son jeune âge.

Le groupe de travail a débattu de cette approche dans le but de diffuser l'esprit d'innovation et l'enthousiasme de D'Wayne Edwards – ou, tout du moins, de ne pas les laisser s'éteindre. Nous avons également entendu ses appréhensions : comme D'Wayne Edwards ne voulait pas que son projet soit contrecarré, il n'a demandé l'aval de personne pour le lancer. D'après les employés, chez Nike, il existe une règle non écrite : il vaut mieux demander pardon que de demander la permission. *Just do it*, c'est bien connu. Mais D'Wayne Edwards souhaitait également que ce projet reste le sien : il ne voulait pas que quelqu'un le récupère, s'en attribue l'idée ou le fasse échouer. Il a mis en avant la marque Nike pour attirer de jeunes designers et les motiver. Nike lui a servi de plate-forme. Comme il a utilisé la marque Nike, il a dû obtenir l'aval du service juridique, et il a fait appel à un juriste qu'il connaissait bien et qui était prêt à l'aider. Il a pris tout le monde à revers – ce qui est la définition même de l'innovation. Et voilà donc Nike en train d'organiser une réunion entre collaborateurs et consultants pour généraliser le mouvement.

Les organisations bureaucratiques, les équipes projets, les structures hiérarchiques et les processus gravés dans le marbre ne favorisent pas l'innovation. Au contraire, ils tuent l'innovation dans l'œuf. En 1984, lorsque j'ai proposé au groupe Time Inc. le projet du magazine *Entertainment Weekly*, je me suis fait envoyer sur les roses : le patron de l'équipe de rédaction ne croyait pas qu'il y eût un marché pour les gens intéressés par le cinéma, la télévision, la littérature, la musique et la vidéo. Il m'a même affirmé que les gens qui regardent la télévision ne lisent pas de livres. Six ans plus tard, on a exhumé mon idée du placard où elle avait été reléguée. J'ai proposé des quantités de prototypes, on a testé l'idée en long et en large et fait tout un tas de business plans. Puis une équipe projet a été constituée dont l'objectif avoué était d'essayer de tuer cette idée. Elle avait pour but soit de mener le projet à bien, soit de faire oublier une erreur de jugement du président... Question de point de vue. Ce magazine est finalement sorti. L'investissement total fut de 200 millions de dollars – toutes ces dépenses n'étaient pas de ma faute. *Entertainment Weekly* a été franchisé et a rapporté plusieurs centaines de millions de dollars par an. Une innovation avait finalement été possible, malgré toutes les lourdeurs hiérarchiques.

En 2008, au Forum économique mondial de Davos, j'ai assisté à un séminaire sur l'innovation. L'ambiance y était très formelle. Tous les participants se trouvaient assis en cercle (ce qui faisait tourner l'animateur en bourrique). On nous a demandé de nommer notre technologie préférée et de l'écrire sur une feuille de papier. Puis on nous a priés de comparer notre feuille avec celle de notre voisin. Tout cela aboutissait à des assemblages sans queue ni tête et ne faisait émerger que des inventions à la petite semaine. Heureusement, un scientifique a mis fin à ce petit manège. Il a affirmé que ce n'était pas ainsi que se créait l'innovation. Les chercheurs partent d'un problème puis tentent de trouver une solution. Je montrerai dans le chapitre « Google Énergie » consacré à la fondation Google.org que les fondateurs de Google adoptent précisément cette approche de l'innovation : commencer par identifier le problème avant de chercher une solution. Et se méfier des idées trop sympas.

Naturellement, les innovations et les bonnes idées ne naissent pas uniquement à l'intérieur de l'entreprise. Selon Michael Dell, les bonnes idées ne sont pas l'apanage d'un cercle restreint de collaborateurs. Marissa Mayer disait aux étudiants de Stanford que « les idées viennent de partout ». Elle ajoutait même que, lorsque Google s'est intéressée aux services cartographiques, elle a mis la main sur des ingénieurs situés en Australie, qui étaient « excellents dans les interfaces cartographiques ». Et elle les a embauchés. En suivant ce principe, Google a acheté d'autres idées, ce qui lui a permis de lancer un service de blog ou des fils d'information. Google Docs et certains composants de l'offre publicitaire ont été élaborés de la même manière. Interviewé par Peter Day pour l'émission « In Business » de la BBC, Don Tapscott, l'auteur de *Wikinomics*[1], a indiqué qu'aujourd'hui, Procter & Gamble ne s'appuie plus seulement sur des idées développées en interne, mais également sur des solutions « heureusement trouvées ailleurs ».

Peter Day a fait un reportage sur la plate-forme InnoCentive où des centaines d'entreprises proposent à des inventeurs indépendants, des scientifiques ou des bricoleurs de génie de résoudre des problèmes contre rémunération. InnoCentive les appelle des *trouveurs*. Les problèmes proposés vont des plus ardus (une entreprise propose ainsi un million de dollars pour trouver

---

1. Don Tapscott, *Wikinomics : Wikipédia, Linux, YouTube... Comment l'intelligence collaborative bouleverse l'économie*, Pearson Éducation, coll. Économie, Paris, 2007, pour l'édition française.

« un biomarqueur pour mesurer l'évolution de la sclérose latérale amyotrophique[1] ») aux plus techniques (« conversion quasi complète des composants du phénol en produits non volatils ou non miscibles dans des solutions aqueuses ») en passant par les plus surprenants (une grande entreprise recherche « une solution technologique permettant de rendre du fromage panifiable » pour des produits à emporter. Une autre offre 5 000 dollars à qui saura proposer « des approches innovantes permettant de laver un bébé en douceur et avec efficacité ». Et la fondation Rockefeller offre 20 000 dollars à qui concevra des routeurs Internet fonctionnant à l'énergie solaire).

Peu importe d'où viennent les innovations, c'est avant tout une question de personnes et de talents… et de moyens de les détecter. Rishad Tobaccowala, un publicitaire dont je vous parlerai dans le chapitre consacré à la publicité, affirme que tout le génie de la règle des 20 % de temps libre accordés aux employés de Google tient dans le fait que si vous laissez les gens poursuivre leurs passions, ils pourraient tout aussi bien travailler gratuitement. Il ajoute que « Google sait détecter les talents et leur donner ce qu'ils attendent : ils veulent travailler pour le leader. Ils veulent en tirer de la fierté, ils veulent pouvoir vivre leurs rêves. Ils veulent pouvoir gagner de l'argent. Et surtout, ils veulent accroître leur valeur sur le marché du travail – Google m'a aidé à construire une marque : moi ». Marissa

---

1. Dite aussi maladie de Charcot. Stephen Hawking est un des malades les plus célèbres affectés par cette maladie.

Mayer a pu dire que le fait de ne travailler qu'avec des gens intelligents fait progresser tout le monde dans l'entreprise – et, par ailleurs, il est plus facile de diriger ces personnes.

La leçon de Google est claire : l'innovation doit être le cœur de votre activité.

Surtout faites simple[1] !

Maintenant que vous avez trouvé votre vrai métier, que vous avez déterminé votre stratégie, que vous savez comment la mettre en œuvre en tenant compte des nouvelles organisations et réalités de l'ère de Google, maintenant que vous avez repensé vos relations avec le monde qui vous entoure, que vous avez placé l'éthique de ce monde nouveau au centre de votre culture d'entreprise, maintenant que vous avez fait de l'innovation le cœur névralgique de cette culture, il vous reste à apprendre de Google quelque chose de plus important encore : faire simple.

Dans *Google Story*[2], David A. Vise et Mark Malseed racontent comment Google a testé auprès des utilisateurs l'une des premières versions de sa page d'accueil, bien connue pour être spartiate et inutile :

---

1. Je reprends la devise d'A. Escoffier, premier cuisinier du Ritz et inventeur de nombreuses recettes, dont la crêpe Suzette et la pêche Melba.
2. David A. Vise et Mark Malseed, *Google Story. Enquête sur l'entreprise qui est en train de changer le monde*, Dunod, Paris, 2006, pour l'édition française.

On a demandé aux testeurs d'utiliser Google pour répondre à une question triviale : quel pays a gagné le plus de médailles d'or aux Jeux olympiques de 1994 ? Les testeurs se sont connectés sur www.google.com, ont regardé la page d'accueil s'afficher à l'écran, puis ont attendu. 15 secondes se sont écoulées... puis 20... puis 25. Marissa Mayer se demandait ce qui se passait mais ne voulait pas intervenir. Elle a fini par leur demander : « Mais qu'est-ce que vous attendez ? » Ils ont répondu : « Que la page finisse de s'afficher. » Et Marissa Mayer se rappelle que ça a continué toute la journée : « Le Web était tellement encombré de trucs énervants qui bougent, brillent et clignotent dans tous les sens que les gens attendaient qu'ils s'affichent. »

Marissa Mayer et son équipe ont alors modifié la page d'accueil, en faisant ressortir les mentions légales en bas de la page. Ainsi, les gens savaient que le site était bien chargé et qu'ils pouvaient commencer leurs recherches.

J'ai moi aussi tiré cette leçon en discutant du titre de ce livre avec mon éditeur. Le titre original était *WWGD ? (What Would Google Do ?)*. C'était un jeu de mots inspiré de certains autocollants qui proclament WWJD ? (What Would Jesus Do ?), et je savais que ça ne marcherait qu'aux États-Unis. Mais cela comparait Google à Dieu en personne. Ce titre prenait deux lignes et mon éditeur le trouvait trop long. Il voulait le simplifier. J'ai commencé à protester parce que je tenais à ce jeu de mots. Au grand dam de mon éditeur, j'en ai parlé sur mon blog – c'était devenu un réflexe chez moi. Ma note a généré quelques dizaines de commentaires, la plupart estimant que j'avais tort. Au bout d'un certain temps, un commentaire signé Ellen m'a donné un conseil : « À mon sens, cela ne sera pas évident pour tout le monde. Vous devriez choisir *What Would Google Do ?*, puisque c'est le sujet de votre livre. » Elle avait raison. Nous avons donc choisi *What Would Google Do ?* C'était plus clair. Autant suivre mes propres règles. J'ai donc simplifié le titre de mon livre.

Google est un des outils les plus puissants du monde. Mais c'est aussi le plus simple de tous. Pour vous en convaincre, comparez Google à une télécommande, un radio-réveil, une déclaration de revenus, une police d'assurance, n'importe quel document juridique, presque tous les sites de commerce électronique, la barre d'outils de Word, les organigrammes de la plupart des entreprises, et les cinq dernières notes de service que vous avez écrites. Google reste simple.

Par le biais de son site, Google fait partager à tous les internautes son goût pour la simplicité. Sur un blog interne, l'équipe expérience utilisateur de Google affirme qu'elle « cherche à concevoir des services pratiques, rapides, simples, attirants, innovants, universels, profitables, beaux, personnalisables et qui inspirent la confiance. Tenir la balance égale entre ces dix principes est un défi permanent. Seul est digne de l'esprit Google un service qui y parvient – il donnera satisfaction à nos clients partout dans le monde ». Voici la clé de voûte de leur approche : « La puissance est dans la simplicité… Avant de proposer une fonction secondaire, les équipes de Google s'y reprennent à deux fois si ce choix doit remettre en cause la simplicité. » On pourrait aussi bien citer le deuxième des dix principes de la philosophie Google : « Mieux vaut faire une seule chose et la faire bien. »

La simplicité met la puissance au service de chacun. Google n'a pas de mode d'emploi et je peux aller où je veux sur son site, sans suivre de chemin de navigation. Lorsque je fais une faute d'orthographe sur Google, je ne passe pas pour un idiot (Google me conseille simplement : « essayez avec cette orthographe :… »). Google ne me fait pas perdre mon temps en essayant de deviner ce dont j'ai besoin. Il affiche une boîte vide et met tout le Web sous mon clavier.

La conception n'est pas seulement une question d'esthétique, c'est avant tout une éthique. C'est ce qui vous permet d'interagir avec vos clients. Elle ne se limite pas aux magazines, aux voitures et aux vêtements. Elle s'applique également aux entreprises, aux services, aux réglementations. Plus claire et plus simple est la conception, et mieux c'est. Être simple, c'est être direct. Être direct, c'est être honnête. Être honnête, c'est être humain. Être humain, c'est se joindre à une conversation. Se joindre à une conversation, c'est collaborer. Collaborer, c'est prendre le pouvoir. Et la boucle est bouclée : nous en revenons à la première loi de Jarvis : donnez le pouvoir aux clients et ils le prendront. Ne leur donnez pas et vous les perdrez. C'est pourtant simple.

Restez dans l'ombre

Voici une nouvelle loi, empruntée, une fois encore, à un leader.

La modestie de Craig Newmark, le fondateur de Craigslist, est légendaire. Il assume parfaitement son côté professeur Nimbus, il se moque de ce qu'il a sur le dos (la seule fois où je l'ai vu avec une cravate, il m'a confié l'avoir mise pour effrayer les gens), il s'exprime sur un ton toujours égal, il sait manier l'humour et l'ironie. Bref, à première vue, il cache bien son jeu.

Presque tout, sur le site Web de Craig Newmark, est gratuit. Les spécialistes de la finance y perdent leur latin. Les seules annonces payantes sont les annonces d'emploi et les annonces immobilières dans certaines villes. Plusieurs études ont montré qu'il avait littéralement tué le marché des annonces classées, celles qui faisaient les choux gras de la presse papier. Mais, comme je l'ai dit dans un chapitre précédent, Craig Newmark n'y est pour rien – c'est Internet qui a rendu son succès possible. Craigslist ne publie aucune donnée financière mais, d'après certaines estimations, le site génère un chiffre d'affaires de 100 millions de dollars par an, alors qu'il emploie seulement 25 personnes. L'argent n'est pas la motivation de Craig Newmark ni de Jim Buckmaster, le président de la société. Craig Newmark pourrait tirer de son service beaucoup plus de revenus qu'il ne le fait. Il pourrait vendre sa société une fortune. Mais il ne veut ni l'un ni l'autre. Aussi les financiers ne le comprennent-ils pas. Ils le considèrent comme une espèce d'extraterrestre (à vrai dire, il pourrait ressembler à Alf).

Craig Newmark se définit lui-même comme fondateur et directeur du service client de Craigslist. À chaque fois qu'il le dit, tout le monde éclate de rire. Mais ce n'est pas une blague. Craig Newmark est réellement le directeur du service client de son entreprise. C'est même le cœur du service de Craigslist : quand il y a trop de spammeurs dans la communauté, le service perd de sa valeur et les clients se plaignent. Alors Craig Newmark est en permanence à l'écoute de ses clients et il règle les problèmes qui se présentent. Il est le chien de garde de son site.

Craig Newmark est venu faire une conférence devant mes élèves de l'école de journalisme de la ville de New York. Il a présenté un certain nombre de ses projets caritatifs – dont les investissements qu'il réalise en faveur du développement du journalisme de qualité. Un des élèves lui a demandé pourquoi il ne vendait pas Craigslist (qui vaut certainement quelques milliards) pour s'investir entièrement dans ses projets caritatifs. Craig Newmark lui a répondu qu'il pensait être plus utile à ses clients en les aidant à faire des économies et en diffusant leurs annonces sur Internet plutôt qu'en passant par des intermédiaires. D'après lui, le succès de Craigslist vient du fait qu'il traite ses clients comme s'ils étaient ses actionnaires. Il ne fait que leur verser un dividende sur Internet.

Craig Newmark applique en grande partie les règles de ce livre. Il a créé une plate-forme et des réseaux qu'il met au service de sa communauté. Il fait confiance à la sagesse populaire. Il a mis en place une organisation élégante. Il a compris que la gratuité est un modèle d'affaires et s'appuie sur l'économie du don. Il a horreur des intermédiaires. En paraphrasant son style légendaire, on peut dire à sa manière : « Restez dans l'ombre. »

Et voilà la loi de Craig Newmark : adoptez la couleur des murs. Craig Newmark a maintes fois rappelé qu'après avoir construit une belle plate-forme et laissé les clients la mettre à profit, la pire des choses serait d'y rester au milieu, comme un chien dans un jeu de quilles. En tant que client, il m'arrive souvent de trouver que les compagnies aériennes, les câblo-opérateurs, les opérateurs de télécom, les compagnies d'assurances, les secrétariats médicaux, les concessionnaires automobiles, les banques, les écoles et les services publics sont autant de chiens dans mon jeu de quilles – et c'est la base même de leur mode de fonctionnement. Ce n'est pas le cas de Craig Newmark.

À ses débuts, Craigslist était une simple liste de diffusion par e-mail. Craig Newmark vous dira qu'il n'avait aucune idée de ce qu'elle deviendrait. Il ne pensait pas avoir un jour la moindre influence sur le marché des annonces classées. Il ne pensait pas que, grâce à son site, les gens entreraient en contact, se dragueraient, trouveraient un restaurant pour un rendez-vous, se marieraient, auraient des enfants, achèteraient des affaires de bébé, loueraient des appartements, achèteraient des voitures. Bref, il ne pensait pas que son site faciliterait la vie de ses clients. Et pourtant, c'est ce qui s'est passé. Il n'avait jamais imaginé qu'après le passage de l'ouragan Katrina à La Nouvelle-Orléans, les personnes évacuées utiliseraient Craigslist pour s'entraider, échanger leurs maisons et se fournir du travail. Si Craig Newmark avait tenté d'anticiper tout cela, il aurait rendu son site si sophistiqué et difficile à utiliser que les victimes de l'ouragan Katrina n'auraient pu faire ce qu'elles ont fait. Et Craigslist n'aurait jamais connu un tel succès.

Au lieu de ça, Craig Newmark a juste créé quelque chose d'utile aux gens, puis il est resté dans l'ombre et les a laissés faire. Il s'est contenté d'écouter ses clients et n'a fait qu'ajouter les fonctions qu'on lui réclamait. Il est toujours resté à l'écoute et a continué à fournir des réponses techniques aux problèmes qui se posaient. Signalons, au passage, que Craigslist, comme Google, est l'un des sites les plus moches qui soient, mais aussi l'un des plus utiles.

Google aussi tente de rester dans l'ombre. Elle a créé une plate-forme au service de ses utilisateurs – grâce à laquelle ils peuvent même faire des affaires – sans jamais anticiper ce que les clients en feraient. Elle ne limite en rien l'utilisation de la plate-forme (enfin, presque en rien) et offre la plupart des services gratuitement. Google s'est rendu compte qu'il n'y a aucun intérêt à poser des limites à ce que peuvent faire les gens, mais qu'au contraire il faut aider les clients à réaliser ce qui leur passe par la tête. C'est là la substantifique moelle de la méthode Google. C'est ce que je vais tenter d'appliquer à toute une série d'entreprises, de secteurs et d'institutions dans la prochaine partie de ce livre. Mais j'ai gardé le meilleur pour la fin de cette partie du livre. S'il n'y avait qu'une seule leçon à retenir de l'expérience de Google ou de Craigslist, ce serait : proposez quelque chose d'utile, aidez les gens à en tirer profit et puis…

Restez dans l'ombre.

Si Google régnait
sur le monde

Paulo Coelho a un jour déclaré : « Les moteurs de recherche finiront par régner sur le monde. » D'accord, mais pas forcément sur le monde entier, pensez-vous sans doute. Google ne va quand même pas aller jusqu'à fournir des services de commodités[1] (excepté le fait qu'elle a déjà commencé à investir dans l'industrie de l'énergie), ni oser se lancer dans les télécom (bien qu'elle n'en soit pas très loin), proposer des services dans la santé (mais c'est déjà fait), ou même ouvrir un restaurant (la réputation de la cafétéria de Google a fait le tour du monde, et son chef a même publié un livre : *Food 2.0*[2]). Certains observateurs vont même jusqu'à espérer que Google rachète un journal – le *New York Times* est le plus souvent évoqué – ou investisse dans le divertissement, voire dans Microsoft. Mais il n'en est rien :

---

1. Tous les services qui sont devenus « invisibles » et à faible valeur ajoutée : électricité, téléphone, gaz, etc.

2. Charlie Ayers, Karen Alexander et Carolyn Humphries, *Food 2.0 – Secrets from the Chief who Fed Google*, Dorling Kindersley, 2008.

Google reste fidèle à soi-même. Son ambition n'est pas de dominer le monde, mais de l'organiser.

Maintenant que nous avons disséqué les raisons du succès de Google, que nous avons pu comprendre sa méthode et en tirer des leçons, nous allons tenter d'appliquer celles-ci à un certain nombre d'entreprises et de secteurs d'activités. Je ne prétends pas donner des solutions en quelques pages. Je ne prétends pas non plus avoir tiré au clair tous les secrets de Google. Le monde n'est pas si simple…

Mon objectif est de vous faire changer de point de vue pour que vous puissiez toucher du doigt le cœur de la logique qui a cours à l'ère de Google. Cela vous permettra de remettre en question les fondements mêmes de vos analyses, de saisir de nouvelles opportunités, de tout repenser, de remettre les compteurs à zéro et de repartir sur une page blanche. C'est l'exemple que Google nous propose de suivre. Aussi ne faut-il pas prendre les quelques exemples qui suivent au pied de la lettre, mais les voir comme une source d'inspiration, une sorte de gymnastique intellectuelle destinée à mieux comprendre comment réussir dans le monde nouveau et mouvant qui s'impose à nous. Même si vous ne travaillez pas dans la publicité, vous trouverez sans doute dans le chapitre consacré à la publicité des idées susceptibles de servir votre propre activité. Afin de montrer que la méthode de Google peut s'appliquer dans de nombreuses situations, je présente des exemples choisis parmi des activités très variées. Toutes les règles ne conviendront pas forcément à votre situation particulière, mais penser autrement et voir les choses d'un œil nouveau me semble aujourd'hui être une obligation pour tous.

Pour Rishad Tobaccowala[1], qui a toujours été un visionnaire, « Google a changé en profondeur le mode de pensée d'un grand nombre de gens, toutes générations confondues ». Il prédit que « cela fera les choux gras des psychologues qui vont passer des heures à faire comprendre à leurs patients comment rester soi-même à l'ère numérique. On comprend aussi pourquoi il y a autant de clubs de relaxation ». C'est sans doute pour cette raison que Google s'est équipée de pods où ses employés peuvent se couper du monde et de sièges de relaxation où ils peuvent passer quelque temps à regarder un aquarium. Après tout, changer le monde est une activité stressante. Mais, avant de frapper à la porte d'un hôpital psychiatrique, gardez en mémoire la morale qu'il faut tirer de l'aventure de Google : si Google l'a fait, alors vous aussi vous pouvez le faire. En s'appuyant sur une logique qui lui est propre, Google repère les problèmes qui se présentent, y apporte une solution, et en profite pour ouvrir de nouvelles opportunités. Pour vous, tout tient donc dans la nécessité de renouveler votre vision du monde.

Dans cette deuxième partie, nous allons appuyer nos exemples sur des activités existantes. Il y a donc deux manières d'aborder les problèmes : soit on essaie d'adapter l'existant, soit on repart de zéro. Selon les

---

1. Rishad Tobaccowala est le directeur de l'innovation du groupe Publicis.

cas, j'adopterai l'un ou l'autre de ces points de vue, voire parfois même les deux. Mais, quoi qu'il en soit, il vous appartient de faire table rase de vos anciens repères, avant que quelque gamin dans un garage – ou dans une piaule d'étudiant à Stanford ou à Harvard – ne se mette à phosphorer sur le sujet et ne vous dame le pion. Il est temps pour vous de penser comme Google, de réussir comme Google – et d'y réussir avant Google.

L'INDUSTRIE DES MÉDIAS

The Google Times : les journaux sans papier
Googlewood : ouvert au divertissement
GoogleCollins : tuer le livre pour mieux le sauver

The Google Times : les journaux sans papier

Au cours de ce qui allait s'avérer une semaine mouvementée à Londres, Edward Roussel, le directeur de la rédaction des activités électroniques du Telegraph Media Group[1], m'a avoué entre la poire et le fromage qu'il s'était un jour demandé ce que pourrait bien faire Google à sa place. Sa réponse révélait une vision très étonnante du monde de la presse : et si la presse faisait faire son travail par Google ? Edward Roussel appuyait son raisonnement sur le fait que Google représentait déjà leur plus grosse source de trafic sur Internet. Il n'imaginait pas qu'un journal puisse créer une technologie meilleure ou embaucher de meilleurs techniciens que ceux de Google. Google

---

1. Éditeur du *Daily Telegraph*.

s'est imposée comme le leader incontesté de la publicité. En conséquence, il n'est pas infondé pour un journal de confier à Google sa diffusion, sa technologie et une grande partie de la commercialisation de sa publicité. Cela reviendrait à faire de Google une plate-forme et le journal serait libre de se concentrer sur son cœur de métier – le journalisme.

Edward Roussel ne faisait qu'appliquer une règle-clé de ce livre : *À vous de choisir votre business*. Dès le lendemain, j'ai proposé au *Guardian*, concurrent direct du *Daily Telegraph* et pour qui j'animais un séminaire sur l'avenir du journalisme, de relever le même défi. Le *Guardian* m'avait demandé d'exposer les dix questions auxquelles la presse se devait de répondre aujourd'hui. Première question : qui sommes-nous ? Les journaux ne peuvent plus se concevoir comme des fabricants ou des distributeurs ; il convient donc de rechercher la nature de leur activité. L'information est-elle leur cœur de métier ? Cela apparaît comme une évidence, mais l'information peut rapidement et facilement devenir une « commodité », ce qui en fait un choix risqué. Le métier d'un journal est-il d'organiser des communautés, à l'instar de Facebook ? Pas vraiment, car peu de journaux donnent à leur communauté les moyens de s'organiser. Les journaux travaillent-ils dans l'industrie de la connaissance client, comme Google ou Amazon ? Pas encore, du moins pas tant qu'ils ne seront pas capables de bien connaître leurs clients. En conclusion, j'ai conseillé à la presse de se muer rapidement en plate-forme pour servir la création de réseaux de diffusion d'information plus larges – mais elle n'est pas encore prête pour ça.

La veille de mon intervention, le *Guardian* avait prié Arianna Huffington, la fondatrice du Huffington Post[1], de faire une intervention. Elle en a profité pour annoncer qu'elle allait lancer des éditions locales, en commençant par Chicago. Elle y avait embauché un rédacteur en chef pour développer le site avec l'aide des meilleurs blogueurs de la ville. Le *Chicago Tribune* était l'une des cibles de ce nouveau site et l'un des journalistes de ce quotidien – qui devait maintenant affronter le Huffington Post – m'a demandé comment il pourrait bien riposter. Ma réponse a été claire. Selon les méthodes de l'ancienne économie, il aurait fallu considérer le Huffington Post comme un concurrent. Mais, à présent, il s'agissait de chercher des pistes de collaboration avec lui. Par exemple, le *Chicago Tribune* pouvait lui proposer de vendre de la publicité pour son compte, ou bien citer les textes de ses blogueurs, tout en laissant au Huffington Post le soin de les recruter et de gérer ses contrats – et ses liens. Le *Chicago Tribune* avait aussi la possibilité de lancer un service de blogs vers lequel les auteurs du Huffington Post pourraient créer des liens ou qu'ils pourraient citer. Il était également envisageable de proposer au Huffington Post de reprendre certains articles du *Chicago Tribune*, ce qui développerait l'audience du site Web. En conclusion, je lui ai

---

1. Le Huffington Post est un site d'actualité de tendance conservatrice, édité à New York.

affirmé que le *Chicago Tribune* avait perdu sa rente de situation. Il s'agissait maintenant de rejoindre un réseau et de concourir à son développement.

La presse n'élabore pas encore de telles stratégies. Cette même semaine, alors que j'étais toujours à Londres, je me suis retrouvé entraîné dans une polémique entre quelques blogueurs et l'Associated Press. Les avocats de l'Associated Press avaient fait parvenir des courriers recommandés à un site Web, exigeant que celui-ci supprime des extraits d'articles dont certains ne comportaient pas plus de 33 mots. L'Associated Press accusait les blogueurs de plagiat. Les blogueurs, quant à eux, arguaient du fait qu'ils faisaient une faveur à l'Associated Press en citant ses informations et en créant des liens vers son site.

Lors de conflit d'intérêts, les blogueurs ont ressorti la bonne vieille querelle des anciens et des modernes et, dans notre cas, l'opposition entre l'ancienne économie de l'information et la nouvelle économie des liens. L'Associated Press, tout comme les journaux, ses clients, pensait que sa valeur et son attractivité résidaient dans ses contenus. Mais sur Internet, des contenus sans liens n'ont aucune chance de survie. Ainsi, dans cet échange, il fallait chercher la valeur non pas dans les contenus soi-disant dérobés à l'AP, mais dans les liens créés par les blogueurs vers le site de l'Associated Press. L'économie de l'information crée de la valeur en contrôlant la diffusion de contenus. Dans l'économie de l'Internet, au contraire, il est inutile de fonder la création de valeur sur la redistribution de contenus : en effet, on peut toujours accéder à la source primaire d'information en quelques clics.

Pour réussir à l'ère de l'Internet et de la valeur fondée sur les liens, il faut remplir cinq exigences. Tout d'abord, produire des contenus à forte valeur ajoutée. Personne ne fera de liens vers des informations bateau et vous ne pourrez pas bénéficier de l'effet Google. Ensuite, il faut que vos informations soient faciles d'accès pour permettre à Google de les référencer et à d'autres sites de vous trouver (*si on ne peut pas vous chercher, on ne vous trouvera pas*). Troisièmement, c'est à vous d'exploiter vos liens et votre audience, en général grâce à la publicité. Quatrièmement, faites en sorte de tirer profit des liens pour développer votre efficacité (*concentrez-vous sur ce que vous faites le mieux et faites des liens vers le reste*). Enfin, dénichez les opportunités pour générer de la valeur par le biais de votre réseau de liens : mise en avant des meilleurs contenus, développement d'une infrastructure technique grâce à laquelle trouver les liens les plus pertinents, ou création d'un système publicitaire permettant aux auteurs de monétiser leurs liens et leur trafic. C'est en exploitant cette révolution technologique – c'est-à-dire en comprenant les profonds changements qui ont lieu et en y repérant des opportunités – que vous pourrez entrer dans la *pensée Google*.

Pour les entreprises de presse, se mettre à l'Internet ne se limite pas à bourrer de contenus un beau site Web. Il s'agit pour elles de faire leur révolution copernicienne – remettre à plat la stratégie, l'organisation, les relations clients, les équations de revenus – et de le faire vite. Jeffrey Cole, un chercheur de l'université de Californie du Sud qui travaille dans le département des futurs numériques de l'Annenberg School[1], a réalisé en 2007 une étude montrant que les 12-25 ans « ne liront jamais un journal ». *Jamais*. Dans *The Vanishing Newspaper*[2], Philipp Meyer, professeur de journalisme à l'université du Missouri, affirme que si la tendance actuelle se confirme, le dernier journal américain cessera de paraître en 2040. Et ce mouvement n'a fait qu'empirer depuis. Ce ne sont pas des lubies de chercheurs : cette tendance se vérifie au quotidien.

L'impact de Google sur l'industrie des médias est plus profond et plus immédiat que sur d'autres secteurs – mais leur tour viendra. Aussi, en vue d'appliquer la méthode Google aux médias, je vais commencer ce chapitre, contrairement aux autres, en expliquant clairement la façon dont les journaux peuvent appliquer les lois de Google.

Les atomes sont des freins. Il fut un temps où les journaux affirmaient que leur avantage compétitif résidait dans la propriété de leur outil de production et le contrôle de leur diffusion. C'était vrai du temps de l'ancienne économie, fondée sur la rareté des contenus. Aujourd'hui, les infrastructures d'impression sont un

---

1. École de communication et de journalisme de l'université de Californie du Sud.
2. Philipp Mayer, *The Vanishing Newspaper : Saving Journalism in the Information Age*, University of Missouri Press, 2004.

énorme boulet à traîner. C'est pourquoi je ne peux que conseiller à la presse de se préparer à abandonner le papier, car l'échéance est proche.

Vous me prendrez sans doute pour un fou. Vous me rétorquerez que les mass média ont encore de la valeur. Les profits de la presse en ligne sont encore loin de ceux de la presse écrite. Mais du fait de la désaffection du public pour la presse, les revenus de la presse papier ont déjà commencé à s'éroder. En matière de publicité, les dollars de la presse sont peu à peu remplacés par les centimes de l'Internet. On a encore besoin de la presse papier, mais elle a perdu ses monopoles locaux et laisse ses plus belles heures derrière elle. Pour affronter le passage du papier à l'Internet et des marchés de masses aux marchés de niches, la presse doit s'appuyer sur sa rente de situation pour faire la promotion du monde à venir. Tout d'abord, c'est à elle de décider ce que sera l'avenir. Elle doit préparer et construire ses produits numériques – c'est-à-dire conserver ses meilleurs éléments, se restructurer et réduire ses coûts – pour ensuite arrêter le papier. Ensuite, la presse doit mettre en avant ses nouveaux produits, quitte à se cannibaliser elle-même. Pour y parvenir, elle ne peut pas se contenter d'être suiveuse. Elle doit éduquer ses clients et ses annonceurs en leur montrant les voies d'avenir. Si la presse n'anticipe pas le futur, ses clients et ses annonceurs découvriront tout seuls comment vivre sans elle.

En abandonnant le papier, la presse pourra se vanter d'agir pour l'environnement (un site écologiste a calculé qu'en 2001, les journaux ont utilisé l'équivalent de 453 millions d'arbres). Les journaux sales du passé pourront se targuer d'être les héros futurs de l'environnement.

En 2005, le *Guardian* a adopté un format plus petit et la modernisation de son imprimerie lui a coûté 150 millions de dollars. À cette occasion, j'avais été convié à animer une session de réflexion avec l'équipe dirigeante pour réfléchir à l'étape suivante – l'ère numérique. Alan Rusbridger, le rédacteur en chef, m'a ôté les mots de la bouche en avouant que c'était certainement la dernière fois que le *Guardian* achetait des rotatives d'imprimerie. Aucun patron de presse américain n'aurait jamais osé faire un tel aveu, sauf peut-être sur son lit de mort. Alan Rusbridger, lui, considérait qu'il devait conduire le *Guardian* à faire le grand saut dans l'ère numérique. À ses yeux, sa mission n'était pas de chercher à protéger son bon vieux journal papier, mais au contraire d'ancrer les valeurs du journal dans le nouveau monde aussi vite, aussi sereinement, et aussi intelligemment que possible.

La presse papier ne disparaîtra pas complètement. Mais si les journaux n'anticipent pas un minimum cette éventualité – pour ne pas dire cette fatalité – ils ne protégeront rien d'autre que leurs rotatives. Une fois encore, les stratégies de protection n'ont aucun avenir.

Pensez distribué. Les groupes de presse ne peuvent plus se permettre de croire que les gens continueront encore longtemps à attendre qu'ils daignent distiller des informations. Aujourd'hui, les gens se débrouillent tout seuls sur les autoroutes de l'information. Les sources d'information ne manquent pas : blogs des amis, agrégateurs d'informations comme Google-News ou Daylife, sites collaboratifs comme Digg, fils d'informations sur Facebook ou sur Twitter, logiciels sur téléphones mobiles, etc. Comme un étudiant de l'université de New York l'a indiqué au *New York Times*, « si une information est réellement importante, elle finira toujours par arriver jusqu'à moi ». Il est grand temps que les groupes de médias arrêtent de se prendre pour le centre du monde et commencent enfin à penser leur activité en termes de service. Ils pourraient ainsi diffuser leurs contenus sur tout type de plate-forme ou passer des accords de distribution avec des réseaux de sites pour être présents là où sont les gens. Ce n'est rien d'autre que du portage à domicile, l'Internet remplaçant les livreurs de journaux.

Devenez une plate-forme, entrez dans un réseau. Aujourd'hui, on ne peut plus tout faire soi-même. Entrer dans un réseau permet d'obtenir de l'aide à bon compte. La presse peut s'appuyer sur ses lecteurs pour connaître le fin mot de certains événements d'actualité, ou, pourquoi pas, leur confier des piges. Il est certain qu'elle a intérêt à mettre ses lecteurs à contribution pour corriger les coquilles, voire pour vérifier certaines informations (ce qui est une façon d'appliquer la règle *plantez-vous en beauté*).

Les journaux peuvent demander à leurs lecteurs de mettre en forme et de commenter des informations brutes – des communiqués de presse à analyser, des vidéos à monter, des sujets à suivre – qu'ils leur fourniraient. Le *New York Times* et NPR[1] ont lancé des produits que les internautes ont le loisir de redistribuer grâce à des mashups et des API (*Application Programming Interface*). La presse peut également mettre à disposition de ses lecteurs des outils permettant le partage d'informations – des plates-formes de blogging, par exemple – et tenter de faire émerger des contenus communautaires. Les journaux doivent former leurs collaborateurs et les inciter à éduquer les lecteurs : accès aux informations ouvertes, manière d'éviter les procès en diffamation ou bien techniques de prise de vues en vidéo (Travel Channel et quelques télévisions locales ont déjà commencé à le faire). Les journaux peuvent mettre en avant les sites de leurs lecteurs s'ils les trouvent de bonne qualité. Puis, tout comme le fait Glam, proposer à ces sites de qualité de partager certains revenus publicitaires. En retour, la presse va bénéficier à peu de frais d'informations fiables auxquelles elle n'aurait pu accéder autrement. Et surtout, elle initiera un mouvement qui pourra faire boule de neige.

Évidemment, ces réflexions sont un peu théoriques, c'est une sorte de Graal – pas encore découvert – pour la presse. L'idée sous-jacente est de construire des réseaux collaboratifs très denses d'informations locales : des armées de blogueurs qui rassemblent et partagent des informations et des images de la vie locale, que ce soit la kermesse de l'école ou les bro-

---

1. National Public Radio, accessible sur http ://www.npr.org/

cantes de quartier. Il y a déjà eu un grand nombre d'essais dans ce domaine. Tous ont été voués à l'échec. J'avais lancé un tel projet et j'ai échoué moi aussi. Mais j'ai pu en tirer quelques enseignements : je pensais que les gens viendraient sur mon site pour y publier leurs contenus, alors qu'ils souhaitent en fait publier leurs contenus sur leur propre site. J'ai aussi appris que les blogueurs désirent que leur site leur rapporte un revenu.

En 2004, j'ai organisé une réunion pour convaincre les gens de bloguer sur le NJ.com[1]. Debra Galant, une journaliste, a trouvé que c'était une excellente idée, mais ne souhaitait pas le faire pour mon journal. Elle a alors lancé Baristanet.com, son propre blog dédié aux informations locales de la ville de Montclair[2]. Aujourd'hui, ce site rassemble 10 000 lecteurs par jour et travaille avec 100 annonceurs. Peu de temps après, plutôt que de lutter contre Baristanet.com, le *Star Ledger* a cherché avec lui des pistes de collaboration. Ainsi a pu être créé un guide sur la ville de Montclair, publié en 2008. Pour y parvenir, le blog et le journal ont mis des informations en commun et partagé les revenus publicitaires. Et ce n'est qu'un début. Je souhaite qu'on puisse reproduire ce principe dans des centaines d'autres villes et qu'on couvre des milliers de sujets.

---

1. Site Web du *Star Ledger*, un journal local de l'État du New Jersey, qui est frontalier de la ville de New York.
2. Ville du New Jersey, dans la grande banlieue de New York.

Collaborez. En clair, faites de la co-création. Cela implique de perdre la main sur certains contenus, pour permettre à des collaborateurs de les retravailler, les retraiter et les redistribuer. Cette pratique apportera à un journal de nouveaux contenus et fera parler de lui. Grâce au réseau de liens qui sera tissé, le journal augmentera le nombre de ses lecteurs, les fidélisera, et accroîtra son effet Google.

En 2007, Brian Lehrer, un journaliste de la radio WNYC[1], a voulu tester sa capacité à mobiliser ses auditeurs et leur a proposé un projet de journalisme collaboratif. Il a demandé à ses auditeurs d'aller relever les prix du lait, de la salade et de la bière dans les magasins de leur quartier. Des centaines d'auditeurs ont répondu et la station a pu collecter davantage d'informations que ne l'aurait fait la meilleure enquête de terrain. La radio a intégré toutes ces informations à Google Maps et les auditeurs ont pu savoir dans quels quartiers ils se faisaient arnaquer. Cela a permis, par exemple, de mettre en lumière le fait que, dans certains quartiers, le prix du lait dépassait la limite légale.

Avec Backstage, son centre de tests ouvert au public, la BBC donne elle aussi à ses auditeurs l'accès à de nombreuses ressources que chacun peut reprendre pour concevoir son propre service d'information. Ainsi ont vu le jour de nombreux services :

---

1. WNYC est l'antenne new-yorkaise de National Public Radio, un réseau de radios national des États-Unis.

un service qui croise les informations de la BBC et les contenus présents sur YouTube et sur Flickr, un autre qui indique quelles informations de la BBC sont les plus reprises sur le Web, ou encore un autre qui reporte l'information trafic de la BBC sur Google Maps. En partageant son contenu, la BBC – tout comme Facebook – a attiré de nombreux développeurs qui ont créé un grand nombre d'applications. Cela lui a permis d'innover rapidement et à bon compte (un exploit pour une aussi grosse structure), tout en développant son capital sympathie parmi ses auditeurs. *Bienvenue dans l'économie gratuite de l'Open Source.*

Mettez-vous à l'écoute. Google et About.com analysent les requêtes de leur moteur de recherche pour connaître les attentes des clients. La presse devrait suivre cet exemple et proposer à ses lecteurs un outil leur permettant d'exprimer leurs attentes en matière d'information. Il serait ainsi possible d'orienter le travail des journalistes. *Business Week* le fait déjà. Digg.com a demandé à ses lecteurs quelles questions, à leur avis, il devait poser aux candidats à l'élection présidentielle américaine pendant les conventions des partis politiques en 2008. En 2007, j'ai animé un séminaire de créativité pour Burda, un groupe de médias allemand. L'un des participants a posé une question si évidente que je m'en suis voulu de ne pas l'avoir posée moi-même : « Pourquoi ce ne sont pas les lecteurs qui font les sommaires des magazines ? » Il avait raison : les lecteurs savent ce qu'ils veulent lire. Les journalistes ont besoin d'un outil grâce auquel regrouper ce genre d'information, comme

MyStarbuckIdea le fait déjà pour les clients de Starbucks. Ainsi s'inverserait la relation entre journalistes et lecteurs. Aujourd'hui, les clients ont le pouvoir. Si les journalistes ne le supportent pas, c'est qu'ils ne leur font pas confiance. Souvenez-vous : *vox populi, vox dei*. N'oubliez pas non plus le corollaire de Weinberger : *la confiance est inversement proportionnelle au contrôle*.

L'Internet a horreur de l'inefficacité. Les journaux sont des entreprises inefficaces – parce que du temps de leur splendeur ils pouvaient se le permettre. Lorsque Rupert Murdoch a racheté le *Wall Street Journal*, il s'est plaint du fait que chaque article était relu par 8,25 chefs de rubrique. Au *New York Times*, il y a un chef de rubrique pour trois journalistes. Quand Sam Zell a pris le contrôle de la Tribune Company, il a chargé des experts en productivité de mesurer combien de centimètres d'article écrivait chaque journaliste. Aussi ridicule que cette indication puisse paraître, elle a mis en lumière les changements qui restaient à faire. Et ces changements sont en train d'arriver. D'après le blog Papercuts, les journaux ont licencié 12 299 journalistes durant les dix premiers mois de 2008. Une fois que les journaux ont décidé d'une stratégie, il leur faut mettre leurs troupes en ordre de bataille. Un journal local doit se concentrer sur les informations locales.

Les marchés de masses sont morts, vive les masses de niches. La presse ne peut plus se permettre de se restreindre au journal. C'est un produit trop généraliste. Il faut se lancer dans des services plus ciblés, destinés à des communautés locales : des sites et des journaux portant sur des sujets très pointus, un talk-show local sur le sport, un magazine local sur le golf, une météo locale sur téléphone mobile, une bourse locale pour l'emploi, des guides locaux pour les parents. Ces produits appartiennent à tout un chacun et peuvent être gérés par d'autres. Un journal local peut se contenter d'en assurer la diffusion et la vente. Plus on s'adressera à de nombreuses communautés et mieux ce sera. *Les petits sont les nouveaux gros.*

Une organisation élégante. Un journal se doit d'apporter à sa communauté ce que Mark Zuckerberg a apporté à la sienne grâce à Facebook. Dans le fond, c'est ce que les journaux ont toujours fait. Ils organisent l'information de la communauté pour que cette communauté puisse mieux s'organiser elle-même. Pour ce faire, aujourd'hui, le nombre d'outils s'est multiplié. La presse a la possibilité de créer des plates-formes dédiées à des associations, des quartiers, des communautés d'intérêt ou des écoles. Les gens y partageront des informations et la rédaction d'un journal sera libre d'y puiser certaines. Une fois la plate-forme créée, il ne faudra pas oublier le conseil de Craig Newmark : *restez dans l'ombre.*

Méfiez-vous de la politique de l'autruche. Les journaux se sont trop longtemps reposés sur leurs rentes de situation. Ils se sont répété que ce qui arrivait n'était qu'un mauvais moment à passer. Mais la situation a perduré. Les journaux vont mourir. Cependant, la demande d'information, elle, ne va pas cesser ; au contraire, elle augmente chaque jour davantage. De nouveaux services et de nouveaux concurrents vont émerger et ils trouveront suffisamment d'audience et de moyens pour réussir – pour autant qu'ils ne soient pas plombés par le poids du papier. Forts de leur culture, les journaux qui réussiront à survivre à cette lame de fond sauront-ils inventer ces nouveaux produits ? J'en parlerai plus en détail lors d'un prochain chapitre, mais Jim Louderback, le patron de Revision3, une chaîne de télévision sur Internet, donne aux entreprises de l'ancienne économie un conseil très avisé : « Regardez comment Steve Jobs a sorti le Mac. Il a réuni un petit groupe de travail, l'a fait travailler au calme quelque part dans l'entreprise. Cette équipe a construit un ordinateur complètement différent des autres. Vous aussi, installez un petit groupe de travail quelque part au calme et demandez-leur d'inventer quelque chose de totalement différent. » Il faut tout repenser, en repartant de zéro. Qu'est-ce qu'un article d'information ? Pourrait-on présenter les informations locales par sujets plutôt que par lieux ? Comment s'y prendre pour rassembler les informations ? Comment les partager ? Comment repenser l'organisation ? *Encouragez, protégez et développez l'innovation.*

À quoi ressemblera un journal qui n'aura plus de support papier ? Ce sera sans doute une sorte de réseau géré par un petit nombre de journalistes et de chefs de rubrique, qui continuera à aller à la pêche aux informations, à les recouper et à en tirer de la valeur. Mais les journaux 2.0 ne pourront pas survivre sans s'appuyer sur des réseaux de blogueurs, des communautés et des citoyens, avec lesquels il faudra compter pour rassembler et diffuser les informations. Un journal ne pourra plus être une entreprise à vendre du papier, mais devra fonctionner en réseau. Il connaîtra ainsi un enracinement plus profond dans les communautés locales et acquerra un poids et une valeur inenvisageables du temps du papier. Mais, pour réussir cette révolution, il faut posséder une vision globale, avancer pas à pas, et voir le monde autrement.

Googlewood : ouvert au divertissement

Les superproductions sont le fondement même de l'industrie du divertissement. Quelques méga-succès financent tout un tas de flops. Ce principe s'est longtemps nourri de la rareté : un certain nombre de salles de cinéma, un certain nombre d'heures de programmes à la télévision regardés par un certain nombre de téléspectateurs, un certain nombre de gondoles chez les disquaires (quand il y avait encore des disques et des magasins pour les vendre). Les industriels ne livraient au grand public qu'un certain nombre de productions. Pour gagner, il suffisait d'attirer le public le plus large possible. Il y aura toujours des méga-succès, tout simplement parce que certaines productions sont intrinsèquement de bons produits (comme les grands films), parce que les gens aiment partager des impressions communes (les reality-shows débiles leur en donnent l'occasion), ou parce qu'un film peut devenir un phénomène incontournable (s'il a obtenu un Oscar, notamment). Hollywood sera toujours Hollywood.

L'économie de l'abondance – les masses de niches et la « longue traîne » – va constituer pour l'industrie du divertissement une révolution comparable à toutes les avancées technologiques qui ont déjà révolutionné ce secteur. Aujourd'hui, on peut voir tout ce que l'on veut. Plus important, on peut produire tout ce que l'on veut. Les méga-succès vont voir leur nombre décroître parce qu'ils sont mis à mal par de nombreuses productions concurrentes. Mais cette réalité va également ouvrir la voie à de nouvelles productions qui pourront s'adapter aux goûts nouveaux des spectateurs. Voilà la nouvelle abondance.

Le succès de Hollywood s'est construit sur un système de contrôle. Pour réussir, il fallait se frayer un chemin dans le dédale des agents, des directeurs de production et des distributeurs qui contrôlaient l'argent et l'accès aux spectateurs. L'Internet fait voler ce système en éclats. Avant le Web, certains indépendants avait déjà réussi à percer, mais l'Internet va accélérer le mouvement.

Faisons un flash-back en 1986, quand Howard Stern en était à ses débuts. Non seulement il s'est autoproclamé roi des médias, mais, j'ose l'affirmer, il a inventé l'effet Google avant Google. À cette époque, les radios étaient relayées par des réseaux de stations locales. Lui, au contraire, a créé un consortium de radios qui l'ont rendu célèbre (et détesté) à travers tous les États-Unis. Il ne s'est pas appuyé sur des réseaux existants, il en a construit un de toutes pièces. Puis il s'est servi des radios comme d'un tremplin pour lancer ses émissions de télévision. Ses émissions de radio lui ont fourni de la matière pour écrire un livre qu'il a ensuite porté à l'écran. Plus tard, il a pu diffuser ses émissions sur les radios par satellite et a connu un succès considérable sur Internet.

C'est la relation entre Howard Stern et son audience qui met cet homme dans une classe à part. Il a créé un produit collaboratif – pas seulement parce qu'il faisait passer les auditeurs à l'antenne par téléphone, mais parce que les auditeurs préparaient des sketches spécialement pour l'émission : des canulars, des parodies de chansons, des faux radio-crochets. Tous ces auditeurs lui offraient leur créativité et leur fidélité. En retour, Howard Stern leur donnait du temps d'antenne et les mettait en vedette. Il avait inventé un échange non commercial gagnant-gagnant.

Howard Stern a décidé il y a longtemps de ne pas faire de merchandising. Il refuse de monétiser son audience. Il sait que ses fans sont sa vraie valeur. Quand il a résolu d'abandonner la radio hertzienne – parce que la Federal Communications Commission[1] lui cherchait des poux dans la tête – et de basculer vers la diffusion par satellite sur Sirius[2], il savait qu'il courait un risque important. En dépit d'une subvention dont la rumeur dit qu'elle a atteint 500 millions de dollars, il n'avait pas la certitude que ses fans passeraient eux aussi à la radio par satellite. Mais ils l'ont fait. Puis, sur Sirius, Howard Stern a donné le pouvoir à ses fans. Lorsque

---

1. La FCC est l'organe fédéral qui, aux États-Unis, est en charge de la régulation des télécommunication. Son champ de compétences comprend la radiodiffusion.

2. Sirius est l'un des satellites de radiodiffusion émettant aux États-Unis. Howard Stern y dispose de deux canaux diffusant 24 h/24.

ces derniers lui ont demandé de changer sa grille de programmes, il l'a fait.

Si j'ai utilisé l'exemple de Howard Stern dans le chapitre consacré à la nouvelle éthique, c'est parce qu'il prouve que l'on n'a nul besoin d'être Google – ni d'être sur Internet, ni d'utiliser des débauches de technologies, ni même d'imiter Google – pour mettre en pratique ces nouvelles lois. Howard Stern a réduit en miettes le système de contrôle jalousement gardé par l'industrie du divertissement. Il a mis à profit une relation directe avec ses auditeurs pour construire un empire. Tout est une question de relations. L'Internet ne fait que simplifier le changement et faciliter l'émergence de nouveaux acteurs. N'importe quel individu de bonne volonté peut aujourd'hui aspirer à être le roi de n'importe quel média. Évidemment, tout le monde n'aura pas le succès de Howard Stern, de Jon Stewart ou de Steven Spielberg. Mais peu importe, car dans la nouvelle économie des médias, les méga-succès ne sont plus nécessaires : *les petits sont les nouveaux gros.*

Revenons en 2005. Cette année-là, Kevin Rose, animateur d'une émission informatique, a quitté TechTV qui venait de fusionner avec G4, une chaîne thématique consacrée aux jeux vidéo. Au lieu de se mettre en quête d'une autre émission sur une autre chaîne, Kevin Rose a créé son propre réseau, tout simplement parce qu'il en avait la possibilité. Il a commencé par créer Digg, un service de partage d'informations sur lequel les utilisateurs peuvent proposer des informations d'actualité et voter pour celles qui ont leur préférence. Les informations obtenant le plus grand nombre de votes s'affichent sur la page d'accueil du site. Ce service attire plus de 25 millions d'utilisateurs par mois. Il est révolutionnaire car il met aux mains des lecteurs le pouvoir de désigner eux-mêmes les informations importantes. Les lecteurs ont toujours eu une opinion sur les informations. Kevin Rose s'en est aperçu et n'a fait que leur donner un moyen d'expression.

Puis Kevin Rose a créé une WebTV, Revision3, dont la première émission s'appelait « Diggnation ». Dans cette émission, qu'il co-animait avec Alex Albrecht (avec qui il co-animait déjà des émissions sur TechTV), les deux animateurs dégustaient une bière différente chaque semaine, affalés sur un vieux canapé. Ils en profitaient pour commenter les informations les plus populaires sur Digg.com. L'émission durait plus de trente minutes, sans le moindre montage. Si l'un d'entre eux devait se rendre là où on va habituellement après avoir bu de la bière, ils laissaient tourner les magnétos. Alex se levait tout simplement pour aller aux toilettes. On ne pouvait pas imaginer une émission plus détendue et anticonformiste. Mais c'était cela qui lui donnait sa crédibilité. Mon fils Jake en est fan – d'ailleurs, c'est lui qui me l'a fait découvrir. Par la suite, j'ai tenté de leur renvoyer l'ascenseur en partageant avec eux des podcasts de la BBC et de NPR. Mais en les regardant, et malgré leur professionnalisme, j'ai trouvé qu'ils n'avaient pas la crédibilité de Digg et qu'ils étaient trop sophistiqués.

L'audience de « Diggnation » est de 250 000 personnes par semaine (à titre de comparaison, une émission d'actualité la nuit sur une chaîne câblée se contente de 150 000 téléspectateurs). Bien que diffusée uniquement sur Internet, cette émission est loin d'être confidentielle. Mais, comparée à une émission traditionnelle, elle ne coûte rien ni à produire ni à diffuser. En dehors des fictions, le coût de production des émissions de télévision traditionnelles – les émissions d'actualité ou les émissions non scénarisées – est d'environ 300 000 dollars de l'heure. Sur Revision3, il est de dix fois moins. Et l'on pourrait encore réduire les coûts. En 2007, à Londres, j'ai eu l'occasion de rendre visite à « 18 Doughty Street »[1], une émission politique du parti conservateur qui diffuse cinq heures par nuit sur Internet depuis le salon d'une maison d'habitation équipé comme tout studio de télévision : des canapés, sept caméras, un studio de production et des plantes vertes. Quand j'ai demandé à Ian Dale, le fondateur de cette émission, de calculer son coût horaire, il en est arrivé à 140 dollars de l'heure. Naturellement, la comparaison est biaisée. Contrairement aux chaînes traditionnelles, il n'a ni journalistes, ni bureaux, ni personnel technique, ni maquilleuses, ni coiffeuses, ni cadreur, ni ingénieurs du son, ni de buffet de rafraîchissements. Mais les chaînes ont-elles encore besoin de toute cette logistique ? Toujours en 2007, j'ai enregistré une critique pour CBS Evening News (elle n'a jamais été diffusée, sans doute à cause de ce que je disais du départ de Dan Rather). Pendant l'enregistrement, j'ai pu compter 12 personnes. Sans mentionner les producteurs, les techniciens et tous ceux que je n'ai pas vus. Le soir à la maison, avec mon Mac, j'ai enregistré cette même critique. Combien ça m'a coûté ? Rien.

---

1. Cette émission a cessé toute activité en novembre 2007.

Et tout cela n'est rien comparé au cinéma. Il n'y a pas très longtemps, je suis allé dans un studio de Manhattan assister à un tournage. Je couvre cette industrie depuis des années, mais à chaque fois je suis ébahi par le coût de production d'un film et tout le fourbi dont on s'encombre. Dans un des camions, j'ai trouvé une caisse qui ne contenait que des morceaux de bois recouverts du logo de la Paramount. Bien entendu, les studios ont besoin de beaucoup de matériel pour réaliser des films qui doivent être parfaits pour le grand écran. Mais ont-ils réellement besoin d'une telle débauche de moyens ? « Diggnation » n'a qu'une seule caméra braquée sur un canapé. Le résultat n'en est pas moins distrayant.

Si l'on considère la publication sur le Web, le delta – c'est-à-dire la différence – de coût avec la presse est énorme. C'est ce qui explique l'explosion du nombre de sites et de blogs en tous genres créés par des nouveaux entrants. Entre le cinéma et la vidéo, ce delta est encore plus important. Il y aura, je crois, de nombreuses opportunités et c'est ce qui expliquera les futurs investissements massifs dans la vidéo sur Internet. On a lancé Revision3 avec une poignée de dollars, mais, grâce à elle, 9 millions de dollars ont pu être levés pour produire d'autres émissions, construire un studio et recruter un P-DG. Le nouveau P-DG, Jim Louderback, m'a avoué que les coûts demeuraient très bas aujourd'hui encore. Pour lui, « l'Internet s'appuie sur des modèles d'affaires diablement efficaces et fait voler en éclats les barrières à l'entrée et les coûts de diffusion ».

Revision3 a fait de grosses économies sur son équipement. Jim Louderback les attribue à la loi de Moore. Gordon Moore est l'un des fondateurs d'Intel. Il a affirmé en 1965 que le nombre de transistors d'un microprocesseur, et donc sa puissance, doublerait tous les deux ans (cette loi constitue l'une des origines de Google et de l'Internet. Elle est aussi à la base de toutes les lois de cet ouvrage). C'est ce qui explique que le prix des caméras numériques ait chuté en quelques années. Revision3 s'est offert des caméras haut de gamme à 8 500 dollars l'unité mais certains journaux, voire même certaines chaînes de télévision, possèdent des caméras haute définition à 1 000 dollars seulement. Revision3 n'utilise pas un bon vieux téléprompteur (ni une coûteuse équipe pour saisir les textes à la volée) mais un écran LCD bas de gamme et un miroir. Elle n'est pas équipée de matériels de production numérique aux prix exorbitants, elle assure la production de ses émissions avec des Mac. D'après Jim Louderback, les seuls matériels qui ne profitent pas de la loi de Moore, ce sont les piétements des caméras : Revision3 utilise un modèle artisanal fabriqué en Italie, qui permet tout type de mouvement pendant le tournage. Ces piétements ne comportent pas la moindre électronique mais utilisent des roulements à bille de précision. Encore ces satanés atomes !

Les coûts de personnels sont peu importants, eux aussi. Plutôt que d'embaucher des animateurs bien propres sur eux pour lire des textes sur un prompteur, Revision3 fait venir dans ses studios des invités possédant des connaissances pointues, passionnés par leur sujet, et à même d'attirer l'attention de la communauté.

Le coût de distribution des contenus est marginal car Revision3 a beaucoup de partenaires, au premier rang desquels YouTube (un service de Google), ce qui facilite la diffusion des émissions. Le marketing ? Revision3 peut s'en passer, car la chaîne est suivie par une audience très fidèle. Lors d'un passage de « Diggnation » à New York, j'ai eu l'occasion de m'en rendre compte. 2 000 personnes étaient venues assister à l'émission (j'étais certainement le plus vieux de tous, pour le plus grand plaisir de mon fils, qui se tenait à côté de la seule personne aux cheveux blancs dans toute l'assistance – exactement comme si vous emmeniez votre mère à un concert des Rolling Stones). La seule promotion que mène Revision3 consiste à mettre des extraits de ses émissions sur YouTube, de telle manière que ses fans puissent les faire circuler – un exemple de plus qui prouve qu'un produit peut assurer votre publicité et que vos clients sont une excellente agence de publicité.

Qu'en est-il du chiffre d'affaires ? Jim Louderback indique qu'à la mi-2008, une émission de la durée de « Diggnation »[1] avait trois sponsors. Pour chaque émission, Revision3 facture 80 à 100 dollars pour 1 000 diffusions (cette métrique est courante en matière de publicité sur Internet). En comparaison, les bannières publicitaires sur les sites Web se vendent quelques dollars, voire quelques cents pour 1 000 visites[2]. C'est grâce

---

1. L'émission dure environ 45 minutes.
2. Ici l'auteur est imprécis : s'agissant de « Diggnation », il parle de « *viewers* » mais il ne précise pas si sur le Web il veut parler de visites ou de visiteurs, voire de visiteurs uniques.

à sa capacité de mise en relation que « Diggnation » peut se permettre des tarifs publicitaires aussi élevés. Ce sont les invités qui délivrent les messages publicitaires[1], et les spectateurs les retiennent mieux. Jim Louderback ajoute que 100 % des auditeurs peuvent citer le nom d'au moins un sponsor de l'émission et que 93 % peuvent en citer deux. Les chaînes de télévision traditionnelles ne communiquent pas sur ces données car la publicité est souvent ignorée ou zappée. Faites le calcul : avec 250 000 spectateurs par semaine, cette émission peut rapporter environ 4 millions de dollars par an. Pas mal pour deux gugusses assis sur un canapé.

Revision3 a élargi son registre et diffuse maintenant des émissions portant sur de nombreux sujets, y compris la magie et les bandes dessinées. Jim Louderback ne va pas dénicher ses animateurs dans le monde de la télévision, mais propose à ses spectateurs de lui faire parvenir directement leurs propres pilotes. L'Internet est un grand réservoir de talents, pour peu qu'on sache se mettre à son écoute. Il faut savoir trouver la perle rare, mais c'est moins difficile à faire que par le passé.

Jim Louderback précise que « la clé du succès est de prendre conscience qu'Internet est un média à part entière. Tout y est totalement différent. Souvenez-vous comment Ted Turner a créé CNN. Il n'a pas simple-

---

[1]. Sur « Diggnation », les messages publicitaires sont présentés directement par les animateurs et les invités, un peu comme on le faisait en radio (qu'on se souvienne de Francis Blanche lisant les publicités pour les vins du Rocher).

ment imaginé de créer une chaîne de télévision de plus. Il a imaginé un média entièrement neuf ». Et c'est précisément ce qu'a fait Kevin Rose. Ses émissions sont des communautés. Il est le nouveau Ted Turner, le nouveau Rupert Murdock, le William Randolph Hearst des temps modernes – ou, du moins, le nouveau Oprah Winfrey[1]. Kevin Rose est le nouveau magnat des temps modernes, parce qu'il voit les choses autrement.

Cette nouvelle relation que nous entretenons avec – pour reprendre l'expression du professeur Jay Rosen, qui enseigne le journalisme à l'université de New York – « les gens que nous avions l'habitude d'appeler l'audience » est désormais collaborative. Par là, je ne veux pas dire qu'on pourra décider de la fin des films. Ce n'est pas ce que je demande. C'est aux auteurs d'écrire la fin des films. Il n'en reste pas moins que le divertissement devient collaboratif. Quand « LonelyGirl15 » – une série réalisée par une charmante ado de 15 ans qui raconte sa vie quotidienne dans sa chambre, devant sa Webcam – a commencé à avoir du succès sur YouTube, le plus intéressant n'était pas les vidéos en elles-mêmes, mais la manière dont les autres membres de YouTube les ont utilisées. Ils ont posté des commentaires sur les vidéos de cette jeune fille et lui ont posé des questions. L'influence s'en est sentie d'une vidéo à l'autre. Par la suite, on s'est aperçu que « LonelyGirl15 » n'était pas une chronique réelle mais une fiction. À partir de ce moment-là, les commentaires des membres de YouTube sont devenus

---

1. Productrice et animatrice de télévision dont l'émission phare est « The Oprah Winfrey Show ».

captivants. Le phénomène s'avérait être une création collaborative, composée non seulement de la série originale, mais également de toutes les autres créations qui en avaient découlé. C'était une création interactive. Le même phénomène se produit parfois sur les forums de certaines séries télévisées : les producteurs s'inspirent des avis des téléspectateurs. Ces producteurs ont intégré le fait que l'audience s'approprie une série au moins autant que ses créateurs.

Le monde du divertissement est aujourd'hui mûr pour sortir de ses vieux carcans. Les séries n'ont plus besoin de durer 22 minutes (plus huit minutes de publicité). On peut donner des suites aux films. Les émissions sont collaboratives, les talents peuvent émerger de partout. L'audience est un distributeur en soi. On peut regarder sa série préférée n'importe où.

Les professionnels de Hollywood – en particulier les producteurs de télévision – ne sont pas restés sourds à tous ces changements. Ils ont su tirer les leçons de l'échec de l'industrie musicale qui a implosé parce qu'elle avait cherché à garder le contrôle à tout prix, dans un monde devenu incontrôlable. La télévision, elle, réussira à survivre tout simplement parce qu'elle s'est remise en question elle-même. Lorsque ABC s'est mise à diffuser ses émissions sur Internet et à les vendre sur iTunes, la chaîne était désireuse d'inciter ses diffuseurs locaux à réfléchir sur leur avenir. NBC et Fox se sont associés pour créer Hulu, un site Web de vidéo à la demande particulièrement bien fait. La BBC propose un service équivalent avec iPlayer, qui est devenu très populaire. Tout comme Google, ces chaînes ont appris à penser distribué.

Quel est l'avenir de Hollywood à l'ère de Google ? À première vue, les choses ne vont pas beaucoup changer. Le monde va continuer à rêver de méga-succès et à réclamer les stars qui les feront. Le star-système va rester au sommet, indélogeable, car tout le monde ne peut pas occuper le devant de la scène en même temps. Mais, en dessous, les choses vont bouger. On va voir émerger toute une ribambelle de stars d'un jour car, pour paraphraser Andy Warhol, tout le monde peut être célèbre en 15 clics, 15 liens, 15 tweets ou 15 vidéos sur YouTube. Comme le talent ou l'audience, la célébrité ne constitue plus un bien rare.

Il va falloir gérer cette nouvelle abondance pour créer de nombreuses opportunités. Les guides vont devenir plus nécessaires que jamais. Malheureusement, les magazines de télévision ont adopté la politique de l'autruche. Les critiques conventionnels n'ont pas d'avenir. En revanche, un système nous permettant de trouver en commun les meilleurs programmes serait un bon service. Si je devais créer *Entertainment Weekly*[1] aujourd'hui, c'est ce que je chercherais à faire : un moyen de trouver des programmes que j'apprécie, une sorte de Google collaboratif du goût.

Le divertissement sera de plus une plus une expérience sociale. Bien que je souhaite que les auteurs continuent à peaufiner de beaux scénarios, cela ne signifie pas pour

---

1. *Entertainment Weekly* est un magazine culturel du groupe Time Warner.

autant qu'il faille interdire aux gens de jouer avec les films et les séries pour en faire leur propre version. Dans l'ancienne économie, cela s'appelait le plagiat et c'était une violation des droits d'auteur. Dans la nouvelle économie, fondée sur l'ouverture et la distribution, tout consiste à savoir comment se joindre à la conversation. Sur Comedy Central, Stephen Colbert – s'inspirant de Howard Stern – a proposé à ses auditeurs un concours de remake portant sur les vidéos où on le voyait en compagnie de John McCain. Cela a donné lieu au pire comme au meilleur. Mais surtout, cette information s'est propagée comme une traînée de poudre. Les participants se sont mis à publier des vidéos sur YouTube, sur MySpace et sur les blogs. La nouvelle économie s'appuie sur le don mais également sur l'ego : chacun de ces réalisateurs amateurs avait enfin l'occasion d'attirer sur lui l'attention de Stephen Colbert et de sa communauté. Là encore, le contenu a servi de publicité, les spectateurs ont été les créateurs et les distributeurs, et enfin Stephen Colbert a catalysé le phénomène. Cet exemple illustre ce que le divertissement est en train de devenir : une étincelle qui inspire la créativité, qui non seulement attire une audience mais permet aussi la création d'une communauté. Hollywood n'est plus qu'une simple colline en Californie : il s'étend maintenant dans le monde entier.

GoogleCollins : tuer le livre pour mieux le sauver

Je dois l'admettre, je suis un hypocrite. Si j'avais appliqué à ma propre personne les règles que j'édicte, vous n'auriez jamais lu ce livre. Du moins pas sous cette forme. Vous l'auriez lu gratuitement, sur le Web, et vous seriez tombé dessus en cliquant sur un lien ou grâce à un moteur de recherche. Vous auriez pu corriger mes coquilles et j'aurais pu mettre mon texte à jour avec les dernières informations disponibles sur Google. On aurait pu discuter des positions que je défends. Ce livre aurait été encore plus collaboratif qu'il ne l'est déjà grâce à mon blog. Il aurait été possible de créer un groupe sur Facebook et vous auriez eu la liberté d'enrichir cet ouvrage de vos propres expériences. Mon éditeur n'aurait pas eu à me verser d'avances : j'aurais tiré mes revenus des conférences et du conseil que j'aurais donnés.

Mais il faut bien vivre et les avances de mon éditeur me l'ont permis. C'est pour cette raison que vous avez ce livre entre les mains.

J'ai déjà mis en application presque toutes les règles que j'ai décrites dans la première partie de cet ouvrage. Je les ai suivies non dans ce livre mais sur mon blog, où toutes mes notes sont ouvertes aux moteurs de recherche, où l'on peut faire des commentaires et échanger des idées, et où je tiens compte des corrections apportées par les lecteurs – et j'espère que le dialogue s'y engagera à propos de ce livre. Je pense que les deux formes de publications vont finir par cohabiter, c'est d'ailleurs le sujet de ce paragraphe. D'ici là, je ne suis certes pas fou et je ne fais pas l'impasse sur les sommes rondelettes que me verse mon éditeur, HarperCollins, ni sur les nombreux services qu'il met à ma disposition, parmi lesquels l'édition, le maquettage, la publicité, la commercialisation, les relations avec les libraires, un bureau et une assistance en ligne. L'édition est encore un secteur vivant parce qu'il permet de gagner sa vie. Pour combien de temps encore ? Faut-il que cette situation perdure ?

J'ai suggéré aux journaux d'arrêter de vendre du papier. J'ai également une proposition à faire aux éditeurs : il faut tuer le livre, pour mieux le sauver. Mais le problème, c'est que nous entretenons tous une relation affective avec les livres. Parce qu'on les considère comme la forme la plus aboutie de diffusion du savoir, les livres ont une place particulière dans le Panthéon de la culture. Le culte qu'on leur voue les rend sacro-saints et intouchables. Les livres, c'est comme l'élégance : ils donnent une impression de raffinement même s'ils n'en ont pas. Naturellement, il y a aussi de mauvais livres et des romans de gare. En matière de livres, le pire et le meilleur se côtoient. La télévision est vue comme une forme dévoyée de culture au point qu'on peut y accepter la censure, alors que ce serait impensable pour un livre. Les livres sont sacrés.

Pour réinventer le livre, il va nous falloir brûler notre idole. Les livres sont loin d'être parfaits. Ce sont des machines à arrêter le temps : on ne peut pas les mettre à jour ou les modifier, sauf à faire une nouvelle édition. Ils n'ont pas de moteur de recherche. Ils établissent une relation à sens unique : les auteurs améliorent les connaissances des lecteurs, certes, mais une fois les livres écrits les auteurs n'apprennent rien des lecteurs. Contrairement à l'Internet, les livres ne permettent pas de faire des liens, d'engager le débat ou de partager des informations. Dans *Everything's Miscellanous*, David Weinberger nous fait remarquer qu'une fois la connaissance enfermée dans un livre, elle prend la poussière sur une étagère. Et il n'y a pas 36 façons d'y accéder. L'Internet démultiplie les voies d'accès à la connaissance : c'est un signe supplémentaire du crépuscule qui s'annonce pour le temps des livres. Les livres prennent de la place et ils tuent les arbres. Ils s'appuient sur l'économie des méga-succès : en clair, les élus sont rares, au milieu d'un océan de prétendants. Enfin, ils sont soumis à la dictature du goût et des caprices de quelques cerbères gardant jalousement les portes des maisons d'édition.

Je pense que tout le monde s'accorde sur le fait qu'on ne lit pas assez. Don Poynter a rassemblé sur BookStatistics.com un grand nombre des statistiques portant sur l'industrie du livre et les habitudes de lecture. D'après ce site, 80 % des foyers américains n'achètent pas un seul livre par an, 70 % de la population adulte des USA n'a pas mis les pieds dans une librairie au cours des cinq dernières années, 58 % de la population adulte des USA n'a pas lu le moindre ouvrage après avoir quitté le lycée (cette donnée contredit une statistique établie en 2004 par la National Endowment for the Arts[1], qui indique que

---

1. Le NEA est une agence fédérale indépendante en charge de la promotion de la culture aux États-Unis. Le gouvernement fédéral des USA n'ayant pas de ministère de la Culture, c'est cette agence qui en tient lieu.

56,5 % de la population adulte des USA déclarent – vous avez bien lu : *déclarent* – lire au moins un livre par an). Les livres finissent au pilon ou à la poubelle, souvent par manque de place pour les conserver. 40 % des livres imprimés ne sont jamais vendus. Les livres sont des cimetières de mots.

Quand ils deviennent électroniques, les livres offrent de nombreux avantages. Ils peuvent être multimédia, intégrer des animations, des sons et de l'interactivité. Ils possèdent un moteur de recherche, des liens, et peuvent être mis à jour. Leur durée de vie est infinie. Ils rencontrent partout de nouveaux publics. Ben Vershbow, de l'Institute for the Future of the Books, a écrit dans le *Library Journal* que dans un écosystème numérique « certaines parties de certains livres pourront comprendre des liens vers des parties d'autres livres. Les livres seront construits par assemblage de différentes parties stockées dans des bases de données et des serveurs ». Dans le *New York Times Magazine*, Kevin Kelly a pu écrire que « dans le nouveau monde des livres le moindre octet pourra entrer en connexion avec tous les autres, chaque page permettra de lire toutes les autres pages ». Lorsqu'une idée passe par l'esprit de plusieurs personnes, elle peut donc prendre forme et vivre sa propre vie hors de la page d'où elle a émergé. En 2006, juste avant un salon du livre, le romancier John Updike[1] a jugé que la vision de Kevin Kelly faite

---

1. John Updike, américain, décédé en janvier 2009, est l'auteur de très nombreux romans. Il a reçu le prix Pulitzer par deux fois au cours de sa carrière.

« de liens, de connexions et de partage » était marxiste et que c'était « un scénario catastrophe ».

Toutes ces visions angéliques du monde merveilleux de l'édition électronique (dont la mienne) négligent un petit détail : l'argent. Pourquoi continuerait-on à payer des auteurs qui se creusent la cervelle à inventer des histoires et à écrire des livres quand on trouve la même chose gratuitement sur Internet ? L'Internet cesse d'être cool.

J'étais en train d'écrire ce livre quand Robert Miller, qui travaillait chez Hyperion, une maison d'édition du groupe Disney, a été embauché par HarperCollins – la maison d'édition de mon ouvrage. Sa mission était de moderniser l'organisation de la branche édition en s'attaquant à deux serpents de mer : les avances aux auteurs et les invendus. Il m'a expliqué que la difficulté résidait entre ces deux points noirs. Tout en haut de l'échelle, les best-sellers à gros tirage rapportent de l'argent. Tout en bas, il est aujourd'hui possible de créer un grand nombre de livres à petit tirage et de s'adresser à toute une ribambelle de niches de clients (aux USA, l'édition généraliste est contrôlée par six conglomérats, mais d'après *Publishers Weekly*, le nombre total de maisons d'édition y est passé de 357 en 1947 à 85 000 en 2004 – ce qui fait un paquet de niches). Entre ces deux activités, cependant, le montant des avances versées aux auteurs (comme moi) est de plus en plus élevé, ce qui a accru les risques et les pertes.

Ce problème a partie liée avec le système des best-sellers. Les maisons d'édition inondent le marché de nouveautés en espérant qu'un titre devienne un best-seller, mais personne ne peut prédire lesquels le deviendront. Robert Miller précise que bien que les maisons d'édition soient désormais organisées en conglomérats, la concurrence entre elles ne s'est pas atténuée. La seule chose qu'elles en aient retiré, c'est de se battre entre elles pour proposer les meilleurs livres dans leur catalogue. Et cela fait gonfler les prix. C'est en 1952 que les maisons d'édition ont mis le doigt dans l'engrenage. Au lieu de faire le tour des maisons d'édition pour vendre un livre, ce qui était la pratique habituelle dans le métier, Scott Meredith, agent littéraire, s'est mis à vendre les livres aux enchères. Robert Miller m'a assuré qu'une maison d'édition pouvait s'estimer heureuse d'avoir 20 % de ses livres bénéficiaires. Imaginez une seconde ce qui se passerait si, dans un autre secteur, 80 % des produits étaient déficitaires. Ce serait la folie.

Voici la solution proposée par Robert Miller : réduire le montant des avances – et les plafonner à 100 000 dollars environ – et en contrepartie, proposer de partager le chiffre d'affaires à 50-50 entre les auteurs et la maison d'édition (à titre de comparaison, pour ce livre, l'éditeur me reverse entre 10 et 15 % du chiffre d'affaires sur la version reliée et 7,5 % sur les éditions de poche. Pour les traductions, nous partageons les commissions). Ce que Robert Miller cherche à mettre en avant, c'est l'idée de partage des risques et des bénéfices entre l'auteur et son éditeur.

Reste à régler le problème des invendus. La plaie de l'édition, c'est le transport. Les libraires retournent les livres invendus aux éditeurs. Cela représente une charge supplémentaire pour les éditeurs qui dépensent déjà des fortunes pour l'impression, les expéditions, le stockage et le pilonnage des invendus. Les livres sont un matériau hautement périssable. Robert Miller veut aussi impliquer les libraires en leur proposant des marges plus importantes, à condition qu'ils assurent eux-mêmes la gestion de leur stock, sans retourner les invendus. Le partage des risques entre auteurs et éditeurs pourrait entraîner une baisse des commandes de la part des libraires, et par conséquent l'incapacité de l'offre à suivre la demande. Cependant, pour Robert Miller, cela ne constitue pas réellement un problème dans la mesure où les éditeurs savent aujourd'hui faire des réimpressions très rapidement.

Le but de Robert Miller est d'améliorer la rentabilité de l'édition. Aussi longtemps que le système perdurera, ça ira très bien. Mais Robert Miller lui-même reconnaît qu'il faudrait essayer d'autres modèles économiques. On pourrait peut-être vendre les livres chapitre par chapitre, comme au bon vieux temps des romans-feuilletons, et imaginer un système de souscription : il suffirait d'acheter tant de chapitres pour avoir le livre entier (si vous trouvez le livre mauvais, n'achetez pas les chapitres suivants. D'après BookPublishing.com, pour 57 % des nouveautés, les lecteurs s'arrêtent avant la fin). Pour l'achat d'un livre papier, il serait possible d'offrir une version audio ou une version électronique que les gens pourraient lire grâce à un lecteur spécifique, comme le Kindle d'Amazon. Certains observateurs nourrissent les plus grands espoirs quant à l'impression à la demande grâce à laquelle un magasin serait en mesure de vendre les livres très rapidement et de tailler des croupières à Amazon qui livre souvent en retard. Mais l'impression à la demande est encore très coûteuse et ne permet pas de produire autre chose que des livres de poche. Ceci dit, les clients continuent à acheter dans les librairies et acceptent de payer plus cher parce que l'achat est immédiat et qu'il n'y a pas de délais de livraison. Les maisons d'édition pourraient peut-être proposer un système de précommandes offrant des livres à prix réduit aux clients disposés à accepter un délai d'une semaine ou deux. Cela donnerait aux éditeurs les moyens de mieux gérer les quantités à imprimer[1]. On pourrait proposer des prix réduits aux clients acceptant d'acheter les livres au format PDF, et éliminer par là les coûts de fabrication. Il serait sans doute imaginable de proposer aux clients des abonnements à un auteur ou à une collection. Les auteurs pourraient même informer leurs lecteurs qu'un certain nombre de précommandes serait requis pour qu'ils se mettent à écrire un livre.

Alors qu'il effectuait une mission pour sauver l'industrie du livre, Peter Osnos, un autre visionnaire de l'édition, a créé le projet Caravan pour que les maisons d'édition puissent vendre des livres sous n'importe quelle forme : livres traditionnels, impression à la demande, fichiers électroniques, par chapitres ou par livres entiers, et même fichiers audio. Dans une lettre ouverte à la Century Foundation, il a affirmé :

---

1. Un tel système n'est pas envisageable en France, du moins pour le moment, car les prix des livres sont encadrés par la loi Lang, qui impose que les livres soient vendus à prix unique.

« Quand un client achète un livre, le vendeur devrait toujours lui demander sous quelle forme il le désire. » Peter Osnos m'a déclaré que les deux problèmes fondamentaux de l'édition étaient la disponibilité des produits et la gestion des catalogues. À son avis, s'il pouvait vendre 20 % de ses produits à la demande ou sous forme électronique, les économies d'impression engendrées lui permettraient de financer les dépenses de marketing nécessaires pour rendre le modèle rentable. Il m'a lu un extrait d'un article paru dans le *New York Times* le jour où Google a sorti son propre navigateur Web, Chrome. L'article soulignait que Google était dans l'obligation de maîtriser son propre destin. Peter Osnos a ajouté que les éditeurs devaient suivre l'exemple de Google : contrôler leur propre destin.

Rick Smolan – surtout connu comme producteur d'*America 2417*, un livre qui a mis à contribution 1 000 photo-reporters célèbres pour faire la chronique d'une semaine de vie aux USA – a utilisé le sponsoring pour financer ce beau livre, composé de photos coûteuses. Pourquoi ? Rick Smolan a pu s'en expliquer : « Notre premier livre, *A Day in the Life of Australia*, avait été refusé par tous les éditeurs. Nous avons alors levé des fonds pour publier le livre par nous-mêmes – il s'est vendu à 200 000 exemplaires, devenant le livre le plus vendu en Australie, sur un marché où 10 000 exemplaires suffisent à faire un best-seller. » Plus récemment, Rick Smolan a produit *America at Home* et son équivalent au Royaume-Uni. Chacun de ces ouvrages a été financé par un sponsor qui s'est en quelque sorte imposé de lui-même : Ikea, qui a gardé une grande discrétion lors de cette opération (Rick

Smolan en a profité pour proposer une autre innovation : moyennant finance, pour chacun de ces livres, les clients pouvaient faire reproduire leur propre maison en couverture).

Pourquoi ne pas mettre de la publicité dans les livres, tout comme on le fait déjà à la télévision, dans les journaux, les magazines, à la radio ou sur les sites Web ? De la publicité dans les livres s'avérerait certainement moins gênante que les coupures à la télévision ou les bannières clignotantes sur les sites Web. En quoi mettre de la publicité dans ce livre serait-il un problème alors qu'on en mettra sur la même page qu'un de mes articles dans *Business Week* ? J'aimerais que l'on m'explique. Si j'avais trouvé un ou deux sponsors pour ce livre, en quoi cela aurait-il modifié votre jugement sur mon travail ? Si Dell m'avait acheté une publicité – parce que, après tout, je tiens désormais des propos agréables à leur sujet – vous seriez-vous demandé s'ils m'avaient soudoyé ? Je crains que oui. Et pourquoi pas une publicité pour Google ? Cela n'aurait pas pu marcher, pour des raisons évidentes. Une publicité pour Yahoo ? Ah, ah ! Qui pourrait bien vouloir s'adresser à vous et partager les idées de ce livre tout en s'associant à son financement ? Auriez-vous eu une opinion différente à propos de ce livre si un sponsor avait permis d'en faire baisser le prix ? Du point de vue de l'éditeur, la présence d'un sponsor aurait diminué le risque financier et augmenté les profits. De mon point de vue, elle aurait pu faire baisser le prix et donc accroître les volumes de vente. Mes idées auraient connu une diffusion plus vaste. (Je vous incite à venir sur mon blog pour débattre de la présence de publicité dans les livres. Peut-être pourrons-nous mettre quelques pages de publicité aux enchères sur eBay.)

Tous ces modèles font encore l'impasse sur le plus grand défi de l'Internet : la gratuité. Vous pensez sans doute que la gratuité va tuer l'édition comme elle est en passe de tuer la musique. Ce n'est sans doute pas le cas. Voire la gratuité pourrait bien sauver l'édition.

Parmi les auteurs que je connais, le plus grand fan de Google se trouve également être l'un des plus grands auteurs vivants, Paulo Coelho. Les ventes de ses différents livres ont atteint le chiffre record de 100 millions d'exemplaires, sans compter environ 20 millions d'exemplaires imprimés sans son autorisation dans des pays qui n'ont rien à faire des droits d'auteur. Et pourtant, Paulo Coelho ne s'oppose pas à la diffusion de ses livres gratuitement sur Internet.

Paulo Coelho a pris conscience en Russie de la valeur de la gratuité. Une traduction pirate a circulé en ligne. Ses ventes dans ce pays sont alors passées de 3 000 à 100 000, puis ont finalement atteint un million d'exemplaires en moins de trois ans. « Je pense que c'est dû aux éditions pirates, m'a-t-il avoué lors d'un entretien dans son appartement parisien. Le phénomène s'est reproduit avec l'anglais, le norvégien, le japonais et le serbe. Aujourd'hui, les ventes s'envolent dès la sortie du livre. Cela confirme mon intuition de départ. » D'après lui, c'est le piratage qui lui a permis de devenir l'auteur vivant le plus traduit.

Les versions pirates de ses livres sont si connues que Paulo Coelho a même commencé à les rendre accessibles depuis son site Web. Après s'en être vanté à la DLD Conférence organisée par Burda à Munich en 2008 – où j'ai pu le rencontrer –, il a reçu un coup de téléphone de Jane Friedman qui dirigeait à ce moment-là HarperCollins, sa maison d'édition (et dont une filiale édite ce livre[1]). « J'étais mort de peur à l'idée de devoir lui parler parce que je savais parfaitement à quoi m'attendre : un déluge de reproches. Elle m'a dit : "Vous me posez un problème." » Jane Friedman a même pris Paulo Coelho la main dans le sac : une soi-disant version pirate de l'un de ses livres, disponible sur son site, comportait encore des notes et des corrections de la main même de Paulo Coelho. Jane Friedman a dit à l'auteur : « Allez, Paulo, arrête de me faire chier. » Il a alors reconnu les faits, la queue entre les jambes. Mais ils sont aussi tombés tous les deux d'accord pour dire qu'ils étaient allés trop loin et qu'ils ne pouvaient pas se permettre de perdre la face en retirant cette édition de la circulation : elle était déjà trop connue. Ils ont donc coupé la poire en deux. Chaque mois, on peut lire gratuitement et en intégralité un des livres de Paulo Coelho sur son site Web grâce à un logiciel spécial qui interdit de copier le texte du livre. C'est un bon début.

Au moment de mettre ce livre sous presse, Harper-Collins et moi avons envisagé de nombreuses pistes pour lui donner une vie numérique. Nous avons pensé

---

[1]. Pour la version américaine uniquement.

à reprendre le logiciel utilisé par Paulo Coelho pour mettre en ligne le texte intégral quelques semaines avant la sortie du livre papier. Nous avons aussi imaginé publier de bonnes feuilles sous forme de feuilleton ou encore proposer des versions PowerPoint ou vidéo gratuites. Tout cela est évoqué en détail sur mon blog.

Paulo Coelho pense que le Web lui a apporté davantage que la vente de livres. Il apprécie le fait de pouvoir écrire sur son blog en usant d'un ton différent de celui de ses livres. « Je pense que vous n'écrivez pas sur votre blog comme dans le *Guardian*, m'a-t-il dit lors d'une interview qu'il m'avait accordée pour un article à paraître dans ce journal. Nous devons nous adapter à la situation. C'est très divertissant. » Quand je l'ai rencontré pour la première fois, il m'a affirmé que son blog n'avait pas d'influence sur ses livres. Mais six mois plus tard, lors de la présentation de son dernier roman, *La Solitude du vainqueur*[1], il a avoué avoir compris en partie grâce à ses lecteurs l'attraction qu'une marque est susceptible d'exercer sur le client.

Paulo Coelho est sur Twitter. Il utilise un micro-caméscope Flip Video pour interroger ses lecteurs sur Seesmic.com, une plate-forme de vidéo-conversation. Pour célébrer ses 100 millions d'exemplaires vendus, Paula Braccaonot, son assistante, a suggéré à l'auteur de demander à ses fans de se faire photographier en train de lire ses livres. Des centaines de fans ont répondu à l'appel en postant des photos sur Flickr. Une

---

1. Flammarion, Paris, 2009, pour l'édition française.

exposition virtuelle a ensuite vu le jour pendant la Foire internationale du livre de Francfort. Paulo Coelho invite également ses lecteurs à ses soirées. La première fois, il a lancé l'invitation sur son blog : les premiers à répondre seraient conviés à une soirée qu'il donnerait dans une petite ville d'Espagne. Des réponses lui sont parvenues du monde entier. Paulo Coelho craignait d'avoir à prendre en charge les billets d'avion de ses lecteurs ; mais non, les lecteurs ont payé leur billet d'avion et sont venus d'aussi loin que le Japon. Une autre fois, Paulo Coelho a diffusé la soirée en vidéo sur le Web et 10 000 personnes ont suivi l'événement.

Paulo Coelho a demandé à ses lecteurs d'écrire un scénario s'inspirant d'un de ses livres, *La Sorcière de Portobello*[1]. Puis il a proposé « La sorcière expérimentale », un concours dans lequel ses lecteurs avaient la possibilité de proposer un petit film sur chaque personnage du livre. Il avait promis que si cela permettait de disposer de suffisamment de matière, il demanderait à un réalisateur d'en faire un film. Il a également trouvé des sponsors pour financer le projet – Hewlett-Packard et MySpace ont accepté. Au fur et à mesure qu'il les recevait, il me transmettait les réponses au concours. Les lecteurs se donnaient beaucoup de mal et certains films témoignaient d'un réel talent.

Une tendance générale se dégage de tous ces exemples – la collecte en commun d'informations, les remix de la BBC, les parodies de chansons des audi-

---

1. Flammarion, Paris, 2009, pour l'édition française.

teurs de Howard Stern, les vidéos de « LonelyGirl15 », et les films open-source de Paulo Coelho. Dans tous les cas, la création elle-même est communautaire. Pas étonnant quand on sait que d'après une enquête de BookPublishing.com 81 % des Américains pensent avoir un roman chevillé au corps. Aucun d'entre eux ne deviendra Paulo Coelho et son œuvre restera unique. Mais la créativité fait naître la créativité et l'Internet nous donne les moyens d'en faire un mouvement communautaire. La morale à tirer de l'histoire de Paulo Coelho n'est pas différente de celle de beaucoup d'autres histoires : c'est avant tout une affaire de relations. Qu'est-ce que l'Internet lui apporte ? « Beaucoup de plaisir », m'a-t-il confié. Et il a ajouté : « Parce qu'on est seul quand on écrit. » Mais ce n'est plus le cas aujourd'hui. Sur Internet, Paulo Coelho a pour but d'entrer en relation avec le plus grand nombre de lecteurs possible et d'augmenter les ventes de ses livres. Il croit encore au papier. Il a sorti un livre en 3D – un épais volume consacré à son autobiographie – au sujet duquel il parle de perfection formelle.

Les maisons d'édition voient en Google un ennemi mortel parce que Google scanne les livres et ouvre leur contenu à la recherche textuelle (mais on ne peut en lire aucun en intégralité sur Google.com). Mais les éditeurs devraient au contraire se précipiter corps et âme vers Google et Internet, car avec les moteurs de recherche et les liens, de plus en plus de lecteurs en viennent à découvrir des auteurs et leurs œuvres, à entrer en contact et, au passage, à acheter des livres. Les auteurs, quant à eux, sont en position de toucher tous les clients potentiels qui ne mettent jamais les pieds dans une librairie. Pour les livres, enfin, Internet constitue un relais de diffusion unique qui a de plus l'avantage d'allonger leur durée de vie. L'Internet met l'industrie de l'édition face à de nombreux défis auxquels je ne saurais apporter de réponse. Mais une chose est certaine : il va falloir repenser le concept même de livre. L'Internet ne détruira pas l'édition. L'Internet améliorera les livres. Il suffit de garder en tête le conseil que Paulo Coelho donne aux auteurs et aux éditeurs : « N'ayez pas peur. »

Au moment où je bouclais mon manuscrit, Google a annoncé qu'elle allait proposer aux auteurs et éditeurs un service mettant à la disposition des lecteurs les livres épuisés. Les auteurs et les éditeurs pourront facturer à leurs clients l'accès au texte intégral d'un livre (Google gardant 37 % de commission). Il est probable que Google insère de la publicité dans ce service et en partage les revenus avec les auteurs et les éditeurs. Sur un blog du *Wall Street Journal*, Sergey Brin a précisé que ce modèle de distribution pourrait tout à fait être étendu à la vente de vidéo, de musique ou de tout autre média.

Google a fait cette offre à la suite d'un certain nombre de procès que lui ont intentés des maisons d'édition et des auteurs depuis qu'elle s'est mise à scanner des livres – environ 7 millions à ce jour – pour les inclure dans son moteur de recherche. Mais ce service va au-delà d'une simple concession pour calmer les éditeurs. D'un coup de baguette magique, Google a modifié le cycle de vie et l'écosystème du livre. Elle a proposé une réponse potentielle à certains des besoins les plus criants de l'ère numérique. Dorénavant, pour les textes, il y aura une vie après les livres. On pourra les trouver grâce aux moteurs de recherche. Ils pourront toucher de nouveaux publics en s'affranchissant du temps et de l'espace. Ils rapporteront plus d'argent. Google n'est pas l'ennemi des livres. Google est en train de devenir leur plate-forme pour l'avenir.

LA PUBLICITÉ

Et maintenant, une page de publicité

Et maintenant, une page de publicité

Un peu plus haut dans cet ouvrage, j'ai suggéré aux marketeurs d'arrêter la publicité au profit de l'amélioration des produits et des relations. Les clients le valent bien. Les entreprises du secteur des médias, qui, elles, ne vivent que par la publicité, doivent au contraire prier pour que cela n'arrive jamais.

Les souhaits des médias seront exaucés. La publicité et les agences de publicité vont perdurer parce que les entreprises ne parviendront pas à créer des produits parfaits et suffisamment appréciés des clients pour que ceux-ci en fassent la promotion autour d'eux. Les marketeurs chercheront toujours à lancer de nouveaux produits et à construire des marques premium, sempiternel miroir aux alouettes de la consommation.

D'une certaine manière, Google a transformé la publicité plus que tous les autres secteurs que j'évoque dans ce livre. Google est un acteur du secteur de la publicité. Elle a révolutionné l'économie de la publicité parce qu'elle facture la publicité aux donneurs d'ordres en se fondant non plus sur l'espace, le temps ou l'attention, mais sur la performance. Elle a inventé de nouveaux outils de ciblage des publicités et développé leur efficacité. Elle a démultiplié les supports et permis à des millions de pages Web d'afficher des publicités, mettant fin à la rareté des supports dans les médias. Le nombre d'annonceurs a explosé. Google ne domine pas seulement le marché de la publicité dans les moteurs de recherche, mais également le marché des bannières publicitaires dans les sites Web. Elle a aussi commencé à commercialiser des publicités dans la presse et les médias audiovisuels.

Malgré tout, en dépit de la révolution que Google a opérée dans le secteur, les agences de publicité n'ont pas beaucoup changé. En effet, ces dernières contrôlent encore les flux monétaires et personne n'ose s'attaquer au nerf de la guerre. Mais les agences ne resteront pas éternellement insensibles au phénomène Google.

Dans le cadre d'une réflexion autour de l'agence de publicité du futur, Rishad Tobaccowala, le directeur de l'innovation du Groupe Publicis Media, a lancé Denuo, un think-tank interne à l'entreprise. Interrogé sur ce qu'il faut retenir du phénomène Google, il tire cinq leçons :

1 – Mettre en avant les talents. « Google donne l'impression d'avoir été créée hier, alors que l'entreprise

a plus de dix ans, dit-il. AOL fait figure de vieille dame. » Alors que les agences de publicité devraient être perçues comme jeunes et pimpantes, Rishad Tobaccowala remarque qu'elles se comportent en vieilles dames et demeurent assises sur leurs rentes de situation. Au contraire, Google n'est pas un empire de baronnies mais une entreprise qui met en avant les talents.

2 – La nouveauté. Rishad Tobaccowala note que « dans une activité de service, par un phénomène de mimétisme, on finit par ressembler à ses clients. Si l'on veut changer en profondeur, il faut changer de clients ». Google y est parvenue en créant une place de marché au service non des éléphants de la profession, mais d'une ribambelle de nouveaux entrants, à savoir « des gens qui ne s'imaginaient pas faire un jour de la publicité et qui ne travaillaient pas avec des agences ». N'ayant aucune pratique dans le secteur, ces personnes ont utilisé les règles édictées par Google.

3 – Les données. Les annonceurs aiment les données au moins autant que Google. Ils restent persuadés qu'elles leur fournissent des indications sur la nature des dépenses à engager et leurs retours sur investissements. Pendant des lustres, les annonceurs se sont contentés de données plus que douteuses fournies par les magazines (qui présument que chaque exemplaire passe par les mains de plusieurs lecteurs) et les médias audiovisuels (et je suis certain qu'ils n'accordent que peu de crédit aux résultats d'audimat). En comparaison, les données collectées sur Internet sont d'une précision diabolique, jamais

égalée par aucun autre média. Les annonceurs sont ainsi capables d'acquérir une connaissance très fine de leurs clients, sans commune mesure avec ce qu'apporte la publicité traditionnelle.

4 – Gagner de l'argent par des voies dérivées. « Google et Apple gagnent de l'argent en donnant gratuitement accès à des pans entiers de leurs activités, et en se rémunérant ailleurs. » Les entreprises ont trop souvent tendance à vouloir monétiser, protéger ou capturer la moindre parcelle de valeur qu'elles mettent à disposition de leurs clients, alors que la vraie valeur est susceptible de provenir d'une voie dérivée.

5 – Citons la règle numéro 1 de la philosophie de Google : « Concentrez-vous sur le client et le reste suivra [1]. » Lors d'une interview donnée à « The Media Report » sur ABC Radio, Peter Biggs, un publicitaire australien, a résumé la situation actuelle dans le secteur en déclarant : « C'est un marché tiré par les consommateurs mais ils ne sont pas notre auditoire prioritaire. Notre audience prioritaire, ce sont nos clients et leurs marques. » Rishad Tobaccowala dit exactement l'inverse : « Nous ne devrions pas nous focaliser sur nos clients mais sur les personnes à qui nos clients veulent s'adresser, vendre et parler. Nous devrions nous faire les avocats de tous ces gens. C'est là que nous avons loupé le coche. »

---

1. Cette phrase est une adaptation de la devise de Ron Crock, le légendaire patron de McDonald's : « Prenez soin du client et le business prendra soin de lui-même tout seul. »

Je me demande si choisir de se focaliser sur les consommateurs et non plus sur les clients changerait quoi que ce soit au fonctionnement des agences de publicité telles que nous les connaissons. Dans toutes les entreprises, pour tous les employés les clients devraient être au centre des préoccupations de chacun. Cette proposition est devenue un lieu commun de la vie des affaires. Mais aujourd'hui, elle constitue plus que jamais un impératif. Si les entreprises ne l'appliquent avec sincérité, elles se verront remises en cause par leurs clients. Aujourd'hui, il n'est plus imaginable d'externaliser à des prestataires l'intérêt qu'on porte aux clients.

Les agences feront de la résistance au changement tant que les fondamentaux économiques du secteur n'auront pas été chamboulés. Les agences prélèvent des commissions sur les achats d'espaces effectués par leurs clients. C'est pourquoi elles conseillent à leurs clients d'acheter toujours plus d'espaces, au lieu de se tourner vers des supports capables d'améliorer les relations entre les marques et leurs cibles. Il est probable que les annonceurs évolueront les premiers. De même que j'ai conseillé à la presse d'imaginer des journaux sans papier et aux maisons d'édition de penser au-delà des livres, je conseille aux annonceurs de tester un scénario consistant à virer leur agence, annuler leur budget, arrêter la publicité et tout repenser à partir de zéro. Quelle serait alors votre relation avec vos clients ? À quoi consacrer vos budgets ? Sur quel support vous faudra-t-il vous concentrer et pourquoi ?

Le plus naturel serait de commencer par investir dans vos produits ou vos services. Rishad Tobaccowala affirme que même le plus gros budget publicitaire ne pourrait jamais voler au secours d'un mauvais produit. Il a un jour conseillé à l'un de ses clients : « Arrêtez de tergiverser sur la stratégie à adopter sur Facebook. Commencez par proposer un excellent produit. Puis assurez-vous d'avoir un excellent service client. Voilà, dit-on, les deux règles fondamentales de la publicité. Inutile d'investir ailleurs si ces deux fondamentaux ne sont pas remplis. »

Vient alors le moment d'inverser les relations avec vos clients. Tout d'abord, votre service client devra être irréprochable. Gardez en tête que votre pire client est votre meilleur ami. Ensuite, investissez dans des outils de réseaux sociaux grâce auxquels vos clients pourront vous dire quoi faire. Laissez-leur autant de pouvoir que possible (je reviendrai sur ce point dans le chapitre consacré à l'industrie). Votre objectif est de parvenir à proposer un produit que vos clients adoreront. Toutes les entreprises affirment que leurs clients adorent leur marque. Mais il faut aller plus loin, et faire en sorte que vos clients raffolent tant de vos produits qu'ils en répandent le bruit partout autour d'eux – exactement comme les clients d'Apple le font déjà. Enfin, laissez le contrôle de votre marque à vos clients – et reconnaissez qu'il en a toujours été ainsi. N'imposez pas les valeurs de votre marque à vos clients. Demandez-leur plutôt ce que votre marque leur inspire.

Tous vos produits sont excellents ; votre service client est au beau fixe – ne visez pas moins haut. C'est la preuve que vous investissez dans la qualité et les relations clients et non plus dans la publicité. Vous avez donné à vos clients le contrôle de vos produits et de votre marque. Vous avez enfin trouvé votre voie. Si vous n'avez pas encore été viré et si vous avez pu convaincre vos cadres, votre conseil d'administration, les analystes financiers, les journalistes et les banquiers que vous n'étiez pas tombé sur la tête, c'est sans doute que vous avez réussi.

Faut-il encore investir dans la publicité ? Est-ce toujours nécessaire ? S'agit-il de surprendre et d'irriter les quidams ? Certainement pas. De convaincre vos clients qu'un mauvais produit est soudainement devenu bon ? Non plus. De dépenser des fortunes dans les médias pour prendre un peu d'avance sur vos concurrents ? Encore moins. De fourguer vos stocks *via* le téléachat ? Par pitié, ne faites pas cela. Au contraire, demandez-vous si vous vous servez de la publicité pour fournir aux consommateurs une information qu'ils n'ont pas encore, par exemple l'amélioration d'un de vos produits ou une promotion. Dans ce cas, d'accord, vous pouvez faire de la publicité. Rishad Tobaccowala définit la publicité en reprenant le titre d'un ouvrage de George J. Stigler (professeur d'économie à l'université de Chicago et prix Nobel d'économie en 1961) : la publicité, c'est « l'économie de l'information ». La publicité doit être suffisamment informative pour que les clients économisent des efforts, du temps et de l'argent à chercher un produit. C'est précisément ce que l'Internet facilite grandement. Le but des consommateurs est de réduire leur coût de transaction – c'est-à-dire l'effort à fournir pour trouver le bon produit au bon prix – et pour ce faire, l'Internet lui-même ne peut-il pas remplacer la publicité ? C'est très souvent le cas.

Dans une thèse soutenue brillamment en 2007, Daniel A. Epstein a comparé les prix des voitures vendues *via* le petites annonce publiées dans des journaux haut de gamme et le prix des mêmes modèles dans les annonces publiées gratuitement sur Craigslist. Il a émis l'hypothèse que les prix figurant dans les petites annonces seraient moins élevés afin que les vendeurs puissent vendre plus rapidement leur voiture et donc ne pas avoir à publier la même annonce plusieurs fois. Les recherches qu'il a menées ont prouvé qu'il se trompait. Les prix des voitures proposées dans les petites annonces étaient supérieurs à la cote du Kelly Blue Book[1] de 0,423 % alors que sur Craigslist les prix dépassaient la cote de 0,042 % seulement. On pourrait se dire que cette différence de prix justifie d'utiliser des petites annonces. En ce qui me concerne, je pense que cette différence est due à l'immaturité d'un marché qui ne fait qu'émerger. Les gens qui utilisent les petites annonces jouent la prudence et savent pouvoir demander un peu plus que la cote, alors que les vendeurs qui publient leur annonce sur Craigslist ne sont pas si doués et ignorent qu'ils auraient pu vendre plus cher. De plus, comme Google

---

1. L'équivalent américain de l'Argus de l'automobile : une cote de référence pour les voitures d'occasion.

et Craigslist ont habitué les clients à l'ouverture et à la transparence, la concurrence est plus rude sur Internet et les prix ont tendance à être moins élevés que dans les médias traditionnels. Il est probable que l'hypothèse de Daniel A. Epstein se vérifie un jour : il ne sera plus possible d'utiliser les petites annonces payantes des journaux papier tout en conservant des prix compétitifs.

Naturellement, même sur Internet, il ne vous sera jamais possible de toucher tout le monde. Il y aura toujours quelques personnes qui n'auront pas le réflexe de chercher vos produits. Pour reprendre un argument classique de la publicité, ces personnes n'auront peut-être jamais conscience de faire face à des problèmes dont vous avez déjà fourni la solution. En 1919, pour lancer le déodorant Odo-Ro-No, l'agence de publicité avait imaginé le concept d'odeur corporelle et communiquait sur les effets néfastes potentiels. Pour le journal *Printer Ink*, « la publicité permet de mettre en lumière des frustrations pour lesquelles des solutions inadaptées n'offrent pas de réponses satisfaisantes ». Que cela nous plaise ou non, il y aura toujours une place pour la publicité en ce bas monde.

Pour autant, le marketing de masse ne va pas faire long feu. Bientôt, il cessera d'être le moyen le plus efficace de diffuser largement un message. Les solutions concurrentes capables de cibler les consommateurs – en jouant sur la pertinence et non pas sur les contenus ou les socio-types – vont gagner en efficacité et atteindre des niveaux de coûts abordables. Quel acteur est en possession du meilleur outil d'analyse de pertinence ? Certainement pas la télévision (dont on peut ignorer la publicité), ni la presse généraliste qui, par-dessus le marché, est récessive. Ce ne sont pas non plus les panneaux d'affichage ni les bannières publicitaires sur le Web. Le meilleur acteur dans le domaine de la pertinence, c'est Google.

On peut continuer à faire de la publicité pour redorer le blason d'une marque ou la rendre sympathique et attractive à l'aide de publicités bien conçues. La question de savoir si la publicité institutionnelle est efficace sur Internet n'a pas encore été tranchée. Les publicitaires affirment que les marques n'ont pas trop tendance à se dévaloriser sur Internet. Ils posent que l'Internet est un média interactif où les clics règnent en maîtres et que les bannières, auxquelles les gens ne prêtent pas attention, ne peuvent pas transmettre d'image de marque. Les gens des médias tentent, au contraire, de convaincre les agences que la publicité institutionnelle fonctionne en ligne – ceci parce qu'ils facturent plus cher les publicités institutionnelles et qu'ils ne veulent pas être rémunérés uniquement d'après les clics. Ces deux types d'acteurs ne s'attaquent pas au problème réel. Comme le souligne le *Manifeste des évidences*, ce sont les êtres humains qui font l'Internet, qui s'en servent pour dialoguer d'égal à égal et pour échanger. Alors, nécessairement, la communication institutionnelle, la publicité et les slogans en tous genres y sonnent creux. Avec ses publicités simples, informatives et bien ciblées, Google est plus crédible.

Ce qu'il restera de marketing devra évoluer. Les agences de publicité commencent d'ailleurs à utiliser de nouveaux concepts – tout est dans les relations, pas dans les messages, ai-je parfois eu l'occasion de les entendre dire. Dans *Gonzo Marketing*[1], le livre qu'il a publié en 2001, Christopher Locke – qui est l'un des coauteurs du *Manifeste des évidences* – affirmait que « le marketing doit arrêter de sous-entendre *c'est votre argent qui nous intéresse* et proposer une nouvelle relation aux clients : *partageons nos intérêts communs*. Pour les entreprises, une des seules manières d'atteindre ce but – peut-être même la seule qui soit viable aujourd'hui – est d'utiliser la communication de marque pour faire passer ce message ». Il recommande aux entreprises de faire de la publicité sur des blogs en rapport avec leur activité. Il ne s'agit pas pour elles d'inonder les blogs avec des bannières, mais de sponsoriser discrètement des contenus comme elles le feraient au Téléthon, et d'indiquer, par leur support même, qu'elles partagent les préoccupations des lecteurs du blog. Faut-il voir cela comme une cooptation des blogueurs ? Pas nécessairement, si la frontière est franche entre les contenus du blog et les publicités. Christopher Locke conseille également aux entreprises de laisser leurs employés tenir des blogs et établir des relations directes, utiles et humaines avec les clients. Robert Scoble, qui dirige aujourd'hui FastCompany.TV, a suivi les conseils de Christopher Locke lorsqu'il a commencé à tenir un blog alors qu'il tra-

---

1. Christopher Locke, *Gonzo Marketing : Winning through Worst Practices*, Basic Books, 2001.

vaillait encore chez Microsoft. Il s'exprimait sur un ton très personnel, sans jamais utiliser le charabia institutionnel. Seul contre tous, sur Internet, il réussissait à contourner la réputation exécrable de son entreprise. Votre publicité, c'est vos produits et vos clients. Vos employés aussi.

Faire de la publicité dans *Vogue* ou pendant le SuperBowl n'est plus la meilleure façon de vanter les mérites d'une marque. Aujourd'hui, il est préférable d'avoir de son côté Sally la blogueuse ou l'ami Joe sur Facebook. Le médium est le message et le client est le médium. À l'époque d'Internet, Sally remplace *Vogue*.

Identifiez clairement les différents métiers d'une agence de publicité – l'achat d'espace, les études de marché, l'analyse de tendance et enfin la créativité. Que se passe-t-il dans chacun de ces métiers ?

D'après la théorie de Christopher Locke, l'achat d'espace devient de nos jours prépondérant sur les messages à faire passer. Comme vos clients sont vos publicités, parler de médias ne signifie plus parler de contenus, mais de personnes. Les réseaux de personnes vont devenir les forces vives de la publicité. Des groupes de médias comme Forbes ou Reuters ont déjà créé, pour leurs clients, des réseaux de publicité sur les blogs. Un groupe de fans qui discutent de vos produits sur Facebook vaut mille publicités.

Chaque entreprise doit se charger elle-même de ses propres études de marché et analyses de tendance. Elle doit connaître dans les moindres détails ses clients, leurs comportements d'achat et leurs habitudes d'usages. Il faut que cette masse de connaissances aille au-delà de simples données brutes agrégées par des statistiques, des observations comportementales, des résultats d'enquêtes ou des analyses de focus groups portant sur des clients choisis au hasard. Les clients ne sont pas des tableaux de chiffres, ce sont des êtres humains. Pour les comprendre, vous devez entrer en relation avec eux. Posez-leur des questions, mettez-vous à leur écoute. N'oubliez pas que les échanges se nourrissent de dons et que vos clients seront généreux si vous savez nourrir leur générosité.

La créativité ? Les messages ? Plus vous donnerez le contrôle à vos clients, mieux ce sera. Apple est connu pour produire des publicités aussi sophistiquées que sympathiques. Mais en 2004, un professeur du nom de George Master a créé sur son temps libre une publicité qui est restée dans les annales et vantait les mérites de l'iPod Mini en utilisant des cœurs psychédéliques. D'une certaine manière, cette publicité a eu un impact plus fort que celui des annonces professionnelles car elle était mue par la passion.

Que va-t-il advenir de la publicité ? Pour la première fois de l'histoire, le marché de la publicité va régresser. Par le passé, dès qu'un nouveau média apparaissait, les investissements publicitaires quittaient les anciens supports pour venir sur les nouveaux – de la presse à la télévision puis de la télévision à l'Internet. Mais d'après Bob Garfield, codirecteur du programme radiophonique « On the Media » et critique publicitaire pour le journal *Advertising Age*, l'ancien média n'était jamais totalement abandonné. Bob Garfield a constaté qu'alors que les anciens supports tombaient en désuétude, les nouveaux n'étaient pas encore prêts à accueillir les gros annonceurs. Inversement, les gros annonceurs n'étaient pas non plus prêts pour les nouveaux supports. Certains budgets finissaient toujours par disparaître lors de cette transition. C'est ce que Bob Garfield appelle le « scénario du chaos ».

De plus, comme les relations remplaceront la publicité, les dépenses publicitaires diminueront. Les nouveaux médias sur Internet créeront une situation d'abondance jamais expérimentée auparavant, ce qui entraînera les prix à la baisse, l'offre augmentant et la demande diminuant. Google et son système d'annonces amélioreront le ciblage des publicités. Celles-ci verront leur efficacité renforcée et leur coût réduit. L'ouverture du marché à laquelle Google donne lieu grâce au principe de vente aux enchères réduira également les coûts. Les économies qui en résulteront ne seront pas réinvesties dans le marketing, mais devront être affectées à la réduction des coûts. En effet, l'Internet est pour les clients un outil d'une puissance diabolique, qui simplifie les comparaisons et renforce l'attrait pour les prix les plus bas. Il faudra consacrer certaines parties de ces économies d'une part à l'amélioration des produits, puisque dorénavant ils joueront le rôle de la publicité, et d'autre part à l'amélioration des relations avec les clients, qui sont les nouvelles agences de publicité.

Les agences de publicité ne pourront se mettre en travers de la relation que nouent les entreprises et leurs clients. Elles auront certes à fournir de l'aide pour la résolution de certains problèmes – apprendre aux entreprises à construire des réseaux avec leurs clients, les accompagner pour les lancements de produits – mais quand une mission de conseil est terminée, les bons consultants savent disparaître.

Rishad Tobaccowala a émis l'idée que les agences se transforment d'elles-mêmes en réseaux. Il a cité un essai fameux du professeur de l'université de Chicago Ronald Coase, daté de 1937, *La Nature de la firme*[1] – qui est également cité par *Wikinomics* et, selon toute vraisemblance, par environ la moitié des livres consacrés à la gestion d'entreprise publiés par la suite. Ronald Coase a proposé l'hypothèse suivante : les entreprises se créent et se développent lorsque les tensions internes sont moins importantes que les tensions externes, c'est-à-dire lorsqu'il est plus facile et moins cher de travailler en interne plutôt qu'en externe. Or, Rishad Tobbacowala remarque que, « dans un monde en réseau, il nous est plus facile de travailler avec des gens à l'extérieur de l'entreprise qu'avec des gens en interne ». Il ajoute que « Google, malgré toute sa splendeur, reste une entreprise attachée aux partenariats ». Pour lui, les agences et les autres entreprises ressembleront de plus en plus à des studios de cinéma, pour lesquels 80 % de ce qui fait un film provient de prestataires externes. Google fournit même les outils qui permettent de telles formes de colla-

---

1. Cet essai a été publié dans un recueil de textes de Ronald Coase compilés par Boualem Aliouat, *L'Entreprise, le Marché et le Droit*, Éditions d'Organisation, Paris, 2005.

boration. C'est pourquoi Google ne change pas seulement la nature de la publicité : elle change l'essence même de l'entreprise. Le réseau est en train de devenir plus efficace que l'entreprise.

Google est un ouragan qui va tout emporter sur son passage. Les médias constituent le secteur le plus proche de ses activités et c'est pourquoi l'impact qu'a Google sur eux est profond et irréversible – et cela ne fait que commencer. La publicité sera la prochaine victime de Google. Et, là encore, la publicité et Google sont très proches l'une de l'autre – elles sont dans le même secteur. Aujourd'hui, on ne fait qu'entrevoir ce que sera l'avenir. Les agences de publicité vont disparaître. Mais elles n'ont encore rien vu venir. Les industries que nous allons étudier maintenant se croient bien protégées. L'ouragan Google ne va pas tarder à les atteindre.

LA DISTRIBUTION

*Google Cafétéria :
un commerce fondé sur l'ouverture
Google Shopping :
une entreprise fondée sur les gens*

Google Cafétéria : un commerce fondé sur l'ouverture

À quoi ressemblerait un restaurant appliquant la méthode Google – si l'on fait abstraction de la décoration clinquante, des tubes néon sur la devanture, des poufs en guise de sièges et des bouquets de fleurs sur les tables ?

Imaginons un restaurant qui se développerait en pratiquant l'ouverture et l'analyse de données pour gérer ses activités. Le menu pourrait indiquer précisément combien de gens ont commandé quel plat. Cette mesure aurait-elle une influence sur les choix de chaque client ? Nous pourrions ainsi connaître les vraies spécialités du restaurant (les gens doivent venir ici pour leur petit salé aux lentilles) et peut-être même faire des découvertes (les 400 personnes qui ont pris la pizza hawaïenne le mois dernier ne se sont pas toutes trompées).

Si les restaurateurs essayaient tous de travailler dans l'esprit Google, ils feraient en sorte de collecter beaucoup d'informations. Ils pourraient systématiquement faire des sondages après l'addition. Évidemment, cela peut leur sembler risqué – que va-t-il se passer si les gens n'ont pas aimé les calamars ? – mais ils n'ont pas grand-chose à y perdre. Si les calamars sont mauvais, il suffira de les retirer de la carte et de les remplacer par autre chose. Tout le monde sera gagnant. Le restaurateur impressionnera également ses clients par sa capacité d'écoute. Et c'est bien plus efficace que de passer de table en table pour demander si tout va bien (quand je suis en plein dîner, je trouve malpoli et déplacé de me plaindre ; de même que je ne trie pas dans mon assiette quand je mange la blanquette de ma grand-mère). Il serait plus simple de poser la question et de permettre à chaque client d'y répondre simplement. Le pire avis sur le dîner sera alors la meilleure information possible.

Plus vous collectez d'informations différentes, meilleurs seront les conseils que vous pourrez donner. Les gens qui aiment ceci aiment également cela. Les plats préférés de vos clients sportifs plairont peut-être à ceux qui veulent manger sainement. Les clients qui achètent des vins de prix ont certainement bon goût.

Si vous connaissez les goûts de votre clientèle en matière de vins, pourquoi ne pas lui demander de vous servir de sommelier ? Proposez à vos clients de décrire et de noter chaque bouteille qu'ils commandent. Puis affichez les résultats dans votre carte des vins. Si tous les restaurants publient les avis de leurs clients sur leurs vins, ils pourraient créer un indicateur intéressant des goûts de la clientèle. Et, toujours dans un esprit d'ouverture, il serait possible d'agréger les informations collectées par plusieurs restaurants et de les présenter sur un site Web. Les clients auraient alors la possibilité de mieux choisir leurs vins ou de mieux associer vins et mets, pour les plats épicés par exemple. En prenant votre courage à deux mains, vous pourrez aussi indiquer que ceux qui ont apprécié tel restaurant ont également apprécié tel autre. Évidemment, cela revient à envoyer certains de vos clients chez vos confrères – c'est-à-dire à faire un lien vers vos confrères – mais, si vous faites cela dans un esprit d'ouverture, vos confrères vous enverront leurs clients en retour. Personne ne dîne dans le même restaurant tous les soirs (même s'il m'est parfois arrivé de manger trop souvent chez McDonald). Même les restaurants peuvent imaginer faire partie d'un réseau de liens, dans une économie d'informations partagées.

Faire partie d'un réseau pousse à la spécialisation. Dans un monde de liens, on ne peut pas plaire à tout le monde. Chacun veut être reconnu pour ce qu'il fait le mieux. Ainsi le chef Gordon Ramsey[1] raccourcit géné-

---

1. Gordon Ramsey est un cuisinier britannique qui anime plusieurs émissions culinaires dont « Hell's Kitchen » sur la chaîne Fox News. Avec ses divers restaurants, il totalise 16 étoiles au Guide Michelin.

ralement la carte des restaurants dont il s'occupe dans son émission « Kitchen Nightmares ». Ces établissements peuvent ainsi se recentrer sur ce qu'ils savent faire. Votre carte doit s'adresser à la niche des clients qui apprécient ce que vous faites le mieux.

Et maintenant, comme dirait Emeril Lagasse[1], ouvrons la boîte de Pandore : rendez les restaurants Open Source. Publiez vos recettes sur Internet et proposez au public de les commenter ou même de les modifier grâce à un wiki. Les internautes proposeront peut-être d'ajouter du sel. Ils se demanderont sans doute comment refaire ces recettes à la maison. Ils feront leurs propres essais et publieront leurs résultats. Alors que le Web n'en était qu'à ses débuts, j'ai travaillé au lancement d'Epicurious.com, le site des magazines *Gourmet* et *Bon Appétit*. J'étais étonné de voir les gens échanger leur culture culinaire – c'est ça l'économie de la gratuité – ainsi que des tours de main pour réussir les recettes données dans les magazines. Cela donnait lieu à beaucoup de commentaires. Par exemple, quelqu'un a proposé d'adapter une recette de gâteau au chocolat mexicain du magazine *Gourmet* en remplaçant l'eau par du café. À la suite d'essais plus ou moins fructueux utilisant beaucoup d'autres ingrédients, de nombreux commentaires ont été mis en ligne. Avec toutes ces variations, la recette n'était plus la même : elle était meilleure ou pire, mais là n'est pas la question. Je ne suis pas en train de transformer des

---

1. Emeril Lagasse est un cuisinier américain qui dirige une chaîne de restaurants à son nom.

recettes ou des menus en référendums populaires. Qu'on pense à ce qui se passait avant Google, lorsque de nombreux cuisiniers s'attribuaient les recettes des autres. C'est le cuisinier, et personne d'autre, qui sera cloué au pilori si la recette est mauvaise. Dans ce cas précis, la première loi de Jarvis ne s'applique pas. Mais pourquoi ne pas profiter de l'intelligence collective d'une salle de restaurant ? Un bon restaurant a des clients qui connaissent et apprécient les bonnes choses. Il doit tenir compte de leurs goûts et de leur savoir, tout comme le fait Google.

Les gens veulent créer, modifier et partager en vue d'ajouter leur petite touche personnelle et de se bâtir une réputation. Un restaurant pourrait très bien devenir leur plate-forme. Pourquoi ne pas organiser des concours de pâtisserie ? Comparez le gâteau du chef avec celui de Jane – le gagnant sera mis sur le prochain menu. Les clients pourraient aussi indiquer au chef ce qu'ils aimeraient voir au menu : « J'ai mangé une excellente tarte dans tel restaurant de telle ville et j'aimerais la retrouver dans votre salle de restaurant. » Un cuisinier à qui un de ses confrères demande sa recette doit voir cette démarche comme un compliment.

Un client satisfait est la meilleure des publicités. Cette règle s'applique aux restaurants encore plus qu'aux autres activités. Des restaurants locaux – et même des chaînes de restauration qui ont une bonne réputation – peuvent dialoguer et échanger avec leurs clients sur Internet. Pas pour les inonder de publicité, bien entendu, mais pour se mettre à l'écoute et faire en sorte que leurs envies deviennent réalité. Les gastronomes sont déjà très nombreux à dialoguer sur Internet. TheFoodBlogBlog recense déjà 2 000 blogs, et ce n'est qu'un début. En Grande-Bretagne, il existe déjà une association des blogs de cuisine. Chowhound.com couvre une grande partie des États-Unis. Dans la section consacrée aux bonnes adresses, les gens demandent où l'on peut manger tel ou tel plat, exotique en particulier (des tortillas mexicaines, des biriyani indiens, des nouilles coréennes...). Si vous considérez que la gastronomie permet de cristalliser une communauté – et c'est le cas – alors vous saurez penser à la manière de Mark Zuckerberg, le créateur de Facebook. Si plusieurs clients désirent organiser des dîners, peut-être pourrez-vous mettre un forum à leur disposition et leur faciliter la tâche. Votre restaurant deviendra alors le lieu de rendez-vous surprises organisés sur Craigslist : on dînera, on boira, on sera chanceux et on se mariera.

Une communauté qui tient des discussions à propos de votre restaurant vous facilitera la tâche dans vos actions commerciales. Un restaurant dont les gens parlent sur Internet sera mieux placé dans les résultats de recherches. Un restaurant qui joue la carte de la transparence en donnant beaucoup d'informations sur Internet – des recettes, des avis sur les vins, des données de consommation – verra son classement s'améliorer dans les résultats de recherches sur Google, surtout maintenant que Google s'intéresse à la géolocalisation des informations (indiquez votre adresse à Google et la prochaine fois que vous ferez une recherche sur le mot « pizza », il vous proposera des restaurants proches de chez vous). Si quelqu'un cherche où manger le meilleur soufflé au fromage de la région, le nom du restaurant proposant ce plat et dont les clients parlent arrivera dans les résultats de recherches au même niveau que les recettes de soufflé au fromage.

Un restaurant appliqué à suivre la méthode Google ne va pas se transformer en restaurator, ou une sorte de cyber-café proposant des menus algorithmiques. Ce n'est pas ça, la méthode Google. En revanche, ces outils permettent à toute entreprise de construire une nouvelle relation avec ses clients. Tous les clients ne recherchent pas une relation personnalisée, la plupart d'entre eux ne feront que s'asseoir, consommer et s'en aller. Si l'on applique la règle des 1 % de Wikipedia, très peu de clients s'impliqueront et chercheront à contribuer à l'amélioration de votre restaurant.

De nos jours, certains restaurants commencent même à s'appuyer entièrement sur leurs clients. Le site SpringWise, consacré aux analyses de tendances, a écrit un article sur un nouveau restaurateur à Amsterdam. Ce dernier a demandé aux membres du site Instructables[1] de l'aider à prendre toutes les décisions pour ouvrir son nouveau restaurant (qui s'appelle d'ailleurs *Instructables*) : les chaises, les verres, la déco et le menu. Le *Washington Post* indique qu'un nouveau restaurant du nom de *Elements*

---

1. http://www.instructables.com.

se targue d'être, selon ses propriétaires, le premier « client-restaurant » des États-Unis. Ce restaurant a prié ses clients de participer à la création du concept, à la décoration et au logo. Les clients percevront 10 % des bénéfices de l'établissement, en fonction de leur niveau d'implication. Moi qui suis grand amateur de *steamed burritos*[1] et de burgers à point, je suis très intéressé par le concept de *Elements* : un restaurant *raw food*[2] végétarien éco-responsable (lors des discussions ayant abouti à ce concept, les clients avaient proposé que le restaurant soit également cachère et sans gluten et qu'il propose à toute heure des petits déjeuners comportant des salades et des smoothies aux légumes). Le propriétaire a précisé au *Washington Post* qu'il était en train de « créer des falafels *raw food* ». Je vais devoir trouver un autre « client-restaurant ».

Jusqu'à maintenant, j'ai proposé aux restaurateurs d'utiliser Internet pour s'adresser à leurs clients. Mais, pour rester dans l'esprit Google, les restaurateurs ont également la possibilité de mettre l'Internet à profit et de devenir des stars du petit écran. Les chefs peuvent profiter du succès actuel des émissions de cuisine pour quitter leurs fourneaux et se mettre sous les feux de la rampe. Tout est possible dans un restaurant : des aventures amusantes ou dramatiques, des histoires en tout genre qu'il serait

---

1. Il s'agit d'une variété de burritos (plat mexicain) cuits à la vapeur.

2. Un concept de gastronomie qui consiste à tout manger cru.

intéressant de partager. Si j'étais cuisinier, j'ouvrirais un blog pour parler de mon restaurant, de mes goûts, de mes voyages, de mes inspirations du moment et des tendances que je vois se dessiner, tout en gardant un ton franc et honnête. C'est en appliquant cette formule que Howard Stern s'est rendu célèbre à la radio et que le chef Gordon Ramsey a connu le succès à la télévision. Les restaurateurs locaux peuvent eux aussi connaître la célébrité en suivant cette méthode. Je ferais des cours de cuisine en vidéo – n'oubliez pas que les échanges fonctionnent dans les deux sens. J'ouvrirais un club de cuisine avec mes meilleurs clients – qui sont mes partenaires – et les laisserais discuter, voire décider de mes menus et de mes recettes. J'irais même jusqu'à leur laisser mon tablier pour un soir, jouant le rôle de Gordon Ramsey dans mon propre restaurant, transformé alors en terrain d'expérimentation grandeur nature. Les restaurants ne sont pas uniquement des magasins qui vendent des plats cuisinés. Ce sont des plates-formes à travers lesquelles on peut prendre du plaisir, refaire le monde et partager autour de goûts communs. C'est plus que suffisant pour faire naître une communauté et lui permettre de prospérer.

Google Shopping : une entreprise fondée sur les gens

Allons rendre visite à un magasin qui a appris et mis en application la plus grande partie de la méthode Google. Gary Vaynerchuk, un caviste de Springfield dans le New Jersey, a commencé ses activités sur Internet en 2006, avec un blog vidéo quotidien. Posez ce livre une minute – juste une minute –, connectez-vous sur WineLibrary.tv et regardez une de ses émissions. Vous allez être surpris par sa personnalité enthousiaste et expansive. Gary Vaynerchuk ne correspond pas du tout à l'image qu'on pourrait se faire d'un œnologue. À première vue, il a tout l'air d'un palefrenier ou d'un fan de football (son équipe favorite est les New York Jets). C'est un type ordinaire, un monsieur Tout-le-monde, et c'est ce qui fait sa force. Il démocratise le vin.

Avant de démarrer son vidéo-blog, Gary Vaynerchuk tenait déjà un commerce avec ses parents (des immigrés russes). Ensemble, ils ont repris un magasin et l'ont organisé en deux espaces : une librairie et une cave. Le chiffre d'affaires a augmenté, passant de 4 à plus de 60 millions de dollars par an. En 2006, le *Wall Street Journal* a consacré un portrait à Gary Vaynerchuk. Je me fournissais déjà chez lui depuis quelques années mais nos premiers contacts se sont établis sur Internet.

Avec son vidéo-blog, il est devenu une star. Son émission est suivie par 80 000 personnes par jour, qui regardent pendant une vingtaine de minutes un brave type brailler et cracher dans un seau. Son enthousiasme est communicatif et ses fans ont passé le mot autour d'eux. Un jour, au beau milieu de l'une de ses émissions, il a annoncé être en train d'organiser une soirée pour sa communauté en ligne, dans son magasin. Pas moins de 300 *Vayniacs* (comme il appelle ses spectateurs) se sont rendus à cette soirée. Certains avaient même fait le déplacement depuis la Californie ou la Floride.

Grâce à son blog vidéo, Gary Vaynerchuk a pu passer sur les grandes chaînes nationales de télévision. On a pu le voir dans « Late Night with Conan O'Brien[1] », et dans « Mad Money » sur CNBC, où il a été accueilli par un Jim Cramer au moins aussi enthousiaste que lui. Il a ainsi eu l'opportunité de signer des contrats pour quelques émissions. Il a donc utilisé Twitter pour organiser une soirée en un temps record à Austin. Accompagné de son agent, il a fait une intervention au cours de cette conférence. Puis il a publié un livre : *101 Wines Garanteed to Inspire, Delight and Bright Thunder to Your World*[2]. Sa communauté s'est jetée sur le livre, qui a atteint le jour même de sa sortie la 36e place des meilleures ventes sur Amazon. Gary Vaynerchuk a lancé un projet pour créer une cuvée collaborative – le Vayniac Cabernet 2007 – en se fiant aux idées des membres de sa communauté. Certains d'entre eux l'ont même aidé à vendanger les raisins (j'en ai commandé quelques bouteilles, qui me seront livrées après la sortie de ce livre. Je vous dirai ce que j'en pense sur mon blog). Gary Vaynerchuk a très vite compris qu'il devait proposer une plate-forme (il l'appelle le terrain de base-ball) à ses clients pour qu'ils puissent s'exprimer en parallèle.

---

1. Émission diffusée sur NBC.
2. Publié en 2008 par Rodale Press.

Gary Vaynerchuk m'a confié qu'il n'était pas devenu une star de l'Internet uniquement pour vendre du vin. Il voulait créer quelque chose de plus important. À ses yeux, une telle démarche lui permettait de construire « la marque Gary Vaynerchuk ». Il a donc choisi de diffuser ses émissions quotidiennement : « Les contenus sont indexés tous les jours. » Tout le monde a besoin de la *cuvée Google*. Plus Gary Vaynerchuk mettra de contenu en ligne, plus il aura de chances d'être trouvé sur Google. Il est sa propre publicité. Traditionnellement, le plus important dans le commerce était l'emplacement, encore l'emplacement, et toujours l'emplacement. Aujourd'hui, il faut utiliser les liens, Google et son effet magique. Je suis allé sur Google lancer une recherche sur le vin : le site de Gary Vaynerchuk apparaît dans la première page des résultats de recherches, juste après le site d'un autre caviste, Wine.com[1], qui a dépensé des millions de dollars pour construire sa marque et son positionnement sur Internet. En cherchant sur « vin TV », le site de Gary Vaynerchuk sort premier sur la page des résultats de recherches, avant les autres sites de gastronomie. Étant donné l'importance du secteur, cela peut sembler étonnant. Gary Vaynerchuk a réussi à asseoir sa présence en ligne sans dépenser un seul dollar en marketing (bien que ce soit le seul blog vidéo qui fasse de la publicité le long des routes dans le New Jersey), et cela grâce à son enthousiasme, sa personnalité et les relations qu'il a pu tisser sur la grande Toile de connexion qu'est le Web.

---

1. Pour obtenir ce résultat, il faut faire une recherche sur le mot *wine* sur le site américain de Google.

Gary Vaynerchuk souhaite faire partager sa passion : « Je veux que les gens changent de point de vue sur le vin et je veux changer la façon de faire des affaires », m'a-t-il avoué un jour. Alors qu'il était interviewé par Jim Cramer dans l'émission « Mad Money », Gary Vaynerchuk a raillé les géants des boissons alcoolisées qui ne s'encombrent d'aucun marketing social. Tout ce qu'ils savent faire, c'est copier Coca-Cola et son marketing monolithique. Ils n'ont pas réussi à créer un marketing viral comme a su le faire RedBull, qui s'est développé en faisant de ses clients sa meilleure publicité. Le message de Gary Vaynerchuk est clair : « Le *social business* est l'avenir du monde des affaires. »

J'ai dit à Gary Vaynerchuk qu'il lui restait encore quelques améliorations à apporter pour que son commerce soit réellement dans l'esprit Google. Au moment d'acheter un vin, j'aimerais connaître l'avis des autres membres de la communauté. Le vin, comme le dit Gary Vaynerchuk, c'est une affaire de nouveauté. Lors de ma dernière visite sur son site, je m'intéressais à un Gavi di Gavi, mais je ne me rappelais plus ce que Gary en avait dit au cours d'une de ses émissions. J'ai alors demandé conseil à un vendeur qui m'a affirmé que c'était un vin sec et fruité. Cela m'a éclairé, mais je ne connaissais pas ce gars, encore moins ses goûts. J'aurais préféré pouvoir taper un numéro de référence sur mon iPhone et retrouver la revue de Gary Vaynerchuk au sujet de ce vin. Si j'avais eu la possibilité d'accéder aux avis des membres de la communauté dont j'apprécie les jugements, si j'avais pu voir ce qu'ils disaient de ce vin en particulier, j'aurais été davantage en mesure de décider si cela valait le coup de dépenser 18 dollars. Si je ne trouve pas les vins recommandés par Gary Vaynerchuk chez un autre caviste, je préfère acheter directement sur son site, par correspondance. Ses clients sont ses vendeurs. Ce sont les connaissances des clients qui font la valeur d'un magasin. Or, cet actif est trop souvent laissé dans l'ombre. Il faut trouver une manière de capturer, partager et exploiter cette valeur.

Une fois rentré chez moi, j'aimerais être en possession d'une fiche de cave me permettant de choisir au mieux mes vins pour mes dîners entre amis. Je pourrais alors partager ces informations avec eux. Gary Vaynerchuk a acheté un site communautaire sur le vin (Corkd.com) : j'aimerais y trouver la liste des vins que j'ai achetés pour pouvoir échanger des avis et des notes avec les autres membres de la communauté. Gary Vaynerchuk m'a répondu que lorsqu'il avait commencé à fournir des fiches de cave, ses clients avaient cru qu'il leur fallait les collectionner pour obtenir des réductions. Ils n'imaginaient pas du tout que cela servirait à construire une communauté. À l'époque, cela n'a pas fonctionné. Mais il est possible que le système fonctionne aujourd'hui. Sur Internet, j'ai appris que certaines idées ne fonctionnent pas pour la simple raison qu'elles arrivent trop tôt.

J'adorerais l'idée que les clients puissent dire à Gary Vaynerchuk ce qu'il doit acheter. Tout comme le cuisinier dans son restaurant, il est encore le patron de sa cave. Mais je serais curieux de savoir ce qui se passerait s'il posait cette question à ses clients. Ces derniers lui diraient-ils « y en a marre du Syrah » ou bien « le merlot est mieux que le pinot » ? Peut-être qu'ils lui demanderaient de mettre la main sur un vin en particulier : un bon vin autrichien moelleux à moins de 20 dollars, par exemple. Gary Vaynerchuk pourrait alors lancer un sondage : il verrait si nous serions assez nombreux pour dire vouloir acheter ce vin et que les efforts engagés dans une telle recherche soient récompensés. Il pourrait faire ses approvisionnements en mode collaboratif.

Tout ce que Gary Vaynerchuk fait – ou tout ce qu'un restaurant pourrait faire – peut être appliqué dans n'importe quel autre commerce. Pourquoi un magasin ne me ferait-il pas connaître ses chiffres de ventes pour m'aider dans mes achats ? Pourquoi ne fournirais-je pas mes propres données de consommation à un commerçant de telle manière qu'il puisse mieux me conseiller ? Pourquoi ne pas agréger et partager les avis des consommateurs pour que je puisse faire mes achats en toute tranquillité ? Pourquoi les commerces locaux ne suivent-ils pas l'exemple d'Amazon ? Dans son livre *The Numerati*[1], Stephen Baker indique que les commerçants ont à peine commencé à imaginer comment tirer parti des données clients – faire en sorte que les Caddies affichent des recommandations d'achat personnalisées, par exemple.

---

1. Paru en 2008 chez Houghton Mifflin Harcourt.

Il arrive parfois que mon épouse ou moi-même demandions, en vain, à notre supermarché habituel de s'approvisionner en tel ou tel produit. Les supermarchés devraient proposer des forums sur lesquels les clients dialogueraient avec les chefs de rayons. Ces derniers pourraient alors passer des commandes lorsque les demandes seraient suffisantes. Je sais bien que cette démarche nouvelle fait abstraction d'une pratique vitale de la distribution : les marques payent pour être référencées et présentes dans les rayons. Mais j'ai la conviction qu'un magasin qui me vend ce que je veux acheter s'en sortira mieux qu'un magasin payé par quelqu'un d'autre pour me vendre ses produits.

Aucun magasin traditionnel ne peut rivaliser avec un site de e-commerce qui n'a pas à gérer de stock et peut travailler en juste-à-temps. Je me demande en quoi cela va transformer les commerces de proximité. Peut-être vont-ils devenir des show-rooms gérés par les marques. Plutôt que de vendre directement les produits, ils seraient des endroits pratiques pour passer des commandes et seraient rémunérés à la commission. Dans le chapitre consacré aux médias, j'ai évoqué l'édition de livres à la demande. Dans le chapitre consacré à l'automobile, je m'interroge sur la vente à l'ère post-Google. Si j'étais commerçant – dans un supermarché, une franchise ou un commerce de proximité –, je me débrouillerais pour trouver des produits très précis et bien adaptés à mes clients, comme eBay et Etsy.com le font pour les leurs. Un magasin, tout comme un journal, se doit sans doute d'abandonner un positionnement généraliste pour proposer des produits réellement adaptés à ses clients.

Un magasin, comme un restaurant, est susceptible de se transformer en une communauté centrée autour d'un intérêt particulier. Regardez comment les informations partagées grâce aux hit-parades des ventes sur Amazon ou Netflix se changent en recommandations personnalisées et en avis d'acheteurs. Imaginez maintenant qu'un dialogue se noue directement entre ces clients. Que se passerait-il si les clients de Gary Vaynerchuk se mettaient à dialoguer les uns avec les autres ? À partager leurs avis, leurs interrogations, et à trouver des solutions en commun ? Naturellement, ce genre de scénario n'est pas possible dans tous les domaines, mais il est envisageable pour beaucoup de magasins.

Les membres des communautés (c'est-à-dire les clients) peuvent devenir des vendeurs. Les programmes d'affiliation d'Amazon ou de BarnesAndNoble.com permettent aux blogueurs de mettre en commun leurs conseils d'achats. Si les clients achètent, les blogueurs sont commissionnés. Zappos, un magasin de chaussures en ligne, propose un widget donnant des conseils automatisés. La communauté de Gary Vaynerchuk devrait créer un widget pour vendre ses vins préférés. Au bout d'un moment, cela finirait certes par être énervant. Je ne veux pas que mes communautés se transforment en ventes Tupperware. Le système deviendrait vicieux si les blogueurs ne recommandaient tel ou tel produit que pour le vendre. Mais leur réputation est un grand enjeu pour les blogueurs. Si un blogueur me recommande un vin que je n'aime pas, je ne lui ferai plus confiance. Mais s'il me permet de découvrir un vin nouveau que j'apprécie, il accroîtra sa réputation et celle du magasin qu'il m'a conseillé.

Depuis que je suis sur Internet, je vais moins souvent dans les magasins traditionnels. Je ne me rappelle plus quand j'ai mis les pieds dans un supermarché pour la dernière fois. Autrefois, je prenais du plaisir à me balader dans les galeries marchandes, mais aujourd'hui, cela m'ennuie. Je suis effrayé par la taille des Caddies chez Wal-Mart. J'apprécie encore d'aller dans les AppleStore, mais c'est surtout à cause du wifi gratuit et parce que parfois je peux demander conseil à un membre de la communauté Mac qui traîne dans le magasin. Aujourd'hui, les magasins sont hors jeu. Ils vendent les mêmes produits que les sites de e-commerce mais n'ont pas de gammes aussi étendues. Leurs stocks sont moins importants et souvent en rupture. Leurs prix sont plus élevés que ceux des magasins en ligne. Les vendeurs ne savent pas me renseigner aussi bien que Google ou les communautés d'acheteurs. Et, par-dessus le marché, il faut du temps pour aller dans les magasins ; je dois prendre ma voiture et consommer de l'essence.

Le salut des magasins est dans leurs clients. Plutôt que de traiter l'Internet en concurrent, tous les commerçants devraient suivre l'exemple de Gary Vaynerchuk et le mettre à profit pour créer une plateforme. Donnez à vos clients le moyen de vous faire sortir du lot. Pourquoi faudrait-il que j'aille dans votre magasin plutôt que sur Internet pour acheter exactement le même produit ? Le prix n'est plus un argument : pour trouver le meilleur prix, j'utilise Google, je ne fais pas le tour des magasins en voiture. Offrir un bon service client est une obligation pour un magasin, pas un argument. Pour trouver la bonne information, je préfère me fier à la communauté des clients. Comment pouvez-vous entrer en connexion avec cette communauté ? Comment – pour reprendre le principe de Mark Zuckerberg – pouvez-vous l'aider à s'organiser ? Comment – pour reprendre l'image de Gary Vaynerchuk – pouvez-vous lui donner un terrain de jeu ? Il est temps de mettre votre commerce sens dessus dessous, de le réorganiser autour de vos clients et non pas de vos produits. Vos clients sont votre marque. Votre entreprise est celle qui la gère.

ÉNERGIE ET TÉLÉCOM

Google Énergie : ce que ferait Google
Google Telecom : ce que Google devrait faire

Google Énergie : ce que ferait Google

Voici l'exemple d'un secteur qui se verra réellement remis en question par Google. À travers Google.org, la fondation humanitaire de Google – à laquelle Google reverse 1 % de ses fonds propres et de ses bénéfices – a été lancée une réflexion visant à remettre à plat l'industrie de l'énergie ainsi que l'économie de ce secteur. Cette fondation finance des entreprises et des projets de recherche dont l'objectif est de produire de l'énergie à un coût inférieur à celui de l'équivalent charbon. Ces amoureux de technologie appellent ce programme RE<C (Énergie Renouvelable moins chère que le Charbon).

Contrairement aux autres projets de Google.org – consacrés à la détection des alertes de santé publique, à l'amélioration des services publics et au développement de l'entrepreneuriat dans les pays en développement – RE<C n'est pas tout à fait un programme altruiste. C'est un exercice de charité bien ordonnée. En effet, avec ses salles de serveurs géantes, Google est une très grosse consommatrice d'électricité. L'impact est loin d'être nul sur le secteur de l'énergie et sur l'environnement. Google ne peut pas encore faire totalement abstraction du monde réel. Si elle peut contribuer à la création d'une électricité plus propre et moins chère en chaque endroit où elle opère, cela ne pourra qu'améliorer son compte de résultat (dans le bilan de Google, les dépenses d'électricité sont presque aussi importantes que les investissements consentis en ordinateurs et serveurs). Cette démarche sera aussi le moyen de faire taire ceux qui accusent Google d'être l'un des plus gros pollueurs de la planète. Google espère que les recherches dans l'énergie lui fourniront la capacité de déployer ses serveurs sur toute la planète et d'être ainsi encore plus facile d'accès (Google a même breveté le principe de salles de serveurs localisées sur des plates-formes en haute mer, alimentées en énergie par les vagues et climatisées par l'eau de mer). Et l'entreprise entend bien tirer les bénéfices de son engagement au profit de l'environnement. Même si Larry Page reconnaît que « notre objectif premier n'est pas de sauver le monde », ce pourrait être un effet secondaire intéressant.

En 2008, lors du Forum économique mondial de Davos, j'ai assisté à une conférence au cours de laquelle les fondateurs de Google ont exposé leur vision concernant le secteur de l'énergie. J'ai pu extrapoler ce qui en résulterait si on l'appliquait à d'autres secteurs économiques, et même aux services publics (je reviendrai sur ce point plus loin dans ce livre). J'ai pu ainsi avoir un aperçu de la vision du monde portée par les ingénieurs. Juste avant cette conférence organisée par Google.org, j'avais assisté à une autre, celle de Bono et de l'ex-vice-président Al Gore. Ils avaient détaillé leurs combats. Pour Bono, il s'agissait de la lutte contre l'extrême pauvreté, de l'abandon de certaines dettes, et du combat contre certaines maladies. Al Gore, quant à lui, affirmait s'engager pour la planète. Devant tout un parterre de puissants, ces deux intervenants ont souligné le fait que leurs combats étaient complémentaires – ils se sont accordés pour dire qu'on ne pouvait résoudre l'un sans résoudre l'autre. Mais, en réalité, chacun d'eux cherchait à attirer sur lui l'attention des gouvernements et des dirigeants assistant à la conférence. L'intervention d'Al Gore était passionnée, voire emportée, notamment lorsqu'il a insisté sur ce point : pour s'attaquer au réchauffement de la planète, il faut généraliser la taxation sur les émissions de carbone, les réglementations, les interdictions, et consentir davantage de sacrifices. Il a présenté son programme environnemental aujourd'hui connu de tous et l'a fait avec sa détermination et son aplomb habituels.

Ensuite, je suis religieusement allé écouter l'équipe de Google – composée de Larry Page et de Sergey Brin, les deux fondateurs, et de Larry Brilliant, le directeur général de Google.org. Le contraste était stupéfiant. Pour faire bref, on pourrait dire que, là où Al Gore exigeait des taxes et des réglementations, l'équipe de Google proposait le recours à l'inventivité et à l'investissement. Al Gore et ses amis veulent augmenter le prix du carbone – c'est-à-dire le prix de la pollution – tandis que l'équipe de Google veut abaisser le coût de l'énergie. Cela dit, il faut reconnaître qu'Al Gore propose d'affecter le produit des taxes sur le carbone au développement de technologies alternatives. Mais Google n'a pas besoin de recourir à l'impôt. Si Google était un État, ses 20 milliards de dollars de chiffre d'affaires la placeraient aux environs du 80e rang mondial des pays classés d'après le PIB. Elle peut donc fort bien investir de son propre chef dans la recherche sur les nouvelles formes d'énergie.

Il n'en reste pas moins qu'on voit s'affronter deux visions différentes du monde. Larry Brilliant précise : « Il n'est pas possible de fonder une démarche uniquement sur la préservation de l'environnement car cela ne favorise pas le développement économique. Ce qu'il faut trouver, c'est une nouvelle méthode de production d'électricité – non des techniques de réduction de la consommation. Il faut trouver le moyen de produire plus d'électricité qu'on n'en a jamais rêvé. » C'est-à-dire créer et gérer de l'abondance, et non contrôler la rareté. Quand Al Gore parle de ce que nous devrions éviter de faire, Google parle de ce que nous devrions faire. Voilà la différence entre un cerveau de politicien et un cerveau d'ingénieur. Chez Google, on part du problème et on cherche une solution. Google identifie un besoin, trouve une opportunité, et tente méthodiquement, avec logique et à tout prix, de résoudre ce problème par l'innovation.

D'après Larry Page, il existe aujourd'hui un marché pour la vente d'énergie verte à 10 cents le kilowatt-heure. Certains individus et certaines entreprises sont prêts à payer leur électricité plus cher par engagement ou pour améliorer leur image de marque. Mais le prix de marché réel de l'énergie verte est bien en dessous de ce seuil. Google.org cherche le moyen de produire de l'énergie renouvelable à 3 cents le kilowatt-heure, c'est-à-dire moins cher que l'énergie au charbon. À ses yeux, elle ferait ainsi une bonne affaire. Et on pourrait fermer les centrales électriques au charbon, génératrices de pollution.

Si elle y parvient, cette fondation transformera le modèle d'affaires de Google et de quantités d'autres secteurs économiques, à commencer par l'automobile. Avec une électricité aussi bon marché, Google.org prévoit que les voitures électriques se généraliseront, mettant fin aux problèmes de pollution due aux hydrocarbures. Le poids politique du pétrole serait lui aussi redéfini (mais Google.org remarque qu'il faudrait en profiter pour moderniser le réseau électrique qui, à l'heure actuelle, est totalement dépassé). Google finance également RechargeIT, un programme de recherche en matière de voiture électrique hybride. À titre d'expérimentation, Google est en train d'équiper tout son parc de véhicules avec des Toyota Prius hybrides modifiées. Google affiche sur des pages Web les économies d'énergie réalisées par ses voitures. Sa passion pour les données n'est plus à démontrer. Chacune de ces voitures est rechargée dans des stations à énergie solaire situées sur le campus de Google. L'entreprise a produit 1,6 mégawatt en

2008. Sergey Brin a ajouté : « Ce n'est pas grand-chose, mais c'est génial, et nous pouvons réduire nos coûts. » Google a créé une plate-forme pour les utilisateurs de véhicules électriques, où ils viennent publier des vidéos et se positionner sur des Google Maps. Preuve supplémentaire de l'engouement pour les véhicules électriques. Google croit dur comme fer qu'elle peut participer à la formation du marché du véhicule électrique – après tout, pourquoi pas ? Elle est en train de créer un marché ouvert aux nouvelles technologies et à la publicité.

Durant le Forum de Davos, Sergey Brin a affirmé que Google possédait un avantage sur les compagnies pétrolières existantes parce qu'elle n'avait pas à protéger quelque activité historique d'une possible cannibalisation. On lui a demandé si ses actionnaires voyaient d'un bon œil des investissements aussi saugrenus. Larry Page a répondu que les sommes investies étaient faibles au regard des profits envisageables.

Sergey Brin a précisé que les investissements de la fondation se concentrent sur la recherche dans trois sources d'énergie alternative – le solaire thermique, la géothermie profonde et l'éolien de haute altitude –, sans compter l'énergie photovoltaïque. Il a expliqué que l'énergie éolienne est déjà d'un coût comparable à celui du charbon, mais non permanente et non fiable au niveau du sol. C'est la raison pour laquelle Google.org est en train de tester des cerfs-volants de haute altitude, profitant de vents permanents, et moins chers à produire que des éoliennes. La géothermie profonde en est encore au stade de la recherche fondamentale, mais Google.org y fait des investissements de long terme.

Google a embauché des experts de l'énergie pour son centre de R&D, mais elle ne travaille pas seule dans son coin. À la mi-2008, elle avait également investi 36 millions de dollars dans des projets de recherches sur l'énergie en dehors de l'entreprise. Sans compter 4 millions de dollars consacrés au projet RechargeIT. Google n'est pas la seule entreprise à explorer ce type d'investissement. Au Forum de Davos, John Doerr, l'un des dirigeants de Kleiner Perkins – qui a investi dans Google et siège à son conseil d'administration –, a organisé une soirée pour Bono et Al Gore (qui est consultant à la fois pour Google et pour Kleiner Perkins). Dans un discours, John Doerr a insisté sur l'urgence des besoins et les opportunités d'investissement dans l'énergie. À la fin 2008, sa société avait levé un milliard de dollars consacrés à l'investissement dans les technologies propres.

À quoi ressemblerait une compagnie d'électricité gérée d'après la méthode Google ? Il y a fort à parier qu'elle nous fournirait autant d'électricité que l'on voudrait en consommer, au plus bas prix possible, et qu'elle se débrouillerait pour tirer son épingle du jeu d'une manière ou d'une autre. Google pourrait en profiter pour utiliser le réseau électrique et fournir des accès à Internet par la même occasion. Ce faisant, elle pourrait engranger des revenus publicitaires supplémentaires et en consacrer une partie à la diminution du prix de l'électricité et de l'accès Internet. Google nous informerait sur nos consommations électriques – surtout dans l'optique où de plus en plus d'appareils pourront se connecter à l'Internet. Imaginez un instant que chaque foyer dispose d'une page Web détaillant sa consommation électrique appareil par appareil, comme Google le propose aujourd'hui pour les voitures électriques. Ces informations nous donneraient les moyens de savoir où faire des économies (si tant est que nous en ayons encore besoin) et apporteraient à Google la connaissance de nos habitudes de vie (informations qui, une fois agrégées, serviraient à améliorer les services de Google). Dans *La Terre perd la boule*[1], Thomas Friedman a proposé une vision de l'avenir comparable, dans laquelle des appareils connectés géreraient eux-mêmes leur consommation électrique. Si chacun d'entre nous a un jour la possibilité de produire sa propre énergie électrique solaire, éolienne ou géothermique, je suis persuadé que Google Énergie mettra sur pied une place de marché où nous pourrons revendre nos surplus au réseau ou les céder à des œuvres de bienfaisance. L'électricité ne deviendrait pas seulement un nouveau marché, mais aussi une nouvelle monnaie.

Google Énergie ne verra jamais le jour, et je le regrette. Google a simplement décidé de ne pas se lancer dans ce projet. Mais Google étant Google, il est

---

1. Éditions Saint-Simon, Paris, 2009, pour l'édition française.

certain qu'elle révolutionnera cette industrie d'une manière ou d'une autre.

Google Telecom : ce que Google devrait faire

Si Google gérait les câblo-opérateurs et les opérateurs de télécom, nos vies n'en seraient que meilleures. Nous ne perdrions plus tant de temps à attendre que les techniciens daignent enfin se déplacer chez nous.

Google s'est trouvée à deux doigts de se lancer dans le câble ou dans les télécoms. Elle fournit déjà des accès wifi gratuits à Montain View en Californie, la ville où se situe son siège social. Elle a toujours démenti certaines rumeurs selon lesquelles elle prévoirait de le faire également dans d'autres villes. D'autres bruits ont couru sur le fait que Google travaillerait sur son propre téléphone mobile, mais Google a préféré lancer un logiciel que les constructeurs puissent intégrer dans un terminal de leur choix (c'est T-Mobile qui a été le premier à en proposer un). Pour pousser la Federal Communication Commission sur la voie de l'ouverture, Google s'est portée candidate lors d'un appel d'offre concernant des fréquences sans fil en 2008. Elle a proposé un accord à cette administration. Elle offrait un minimum de 4,6 milliards de dollars à condition que la FCC impose l'ouverture du réseau – c'est-à-dire que tout terminal puisse l'utiliser (y compris ceux utilisant le logiciel de Google) sur toute la gamme de fréquences incluse dans l'appel d'offre, indépendamment de l'opérateur mobile. Google n'a pas remporté cet appel d'offre – durant quelques heures, elle est demeurée avec l'offre la plus élevée et s'est trouvée en position de l'emporter. Elle aurait pu obtenir des fréquences lui permettant de lancer un opérateur de télécommunications.

Au cours d'un forum à Washington, Larry Page s'est montré pensif et rêveur à l'idée que son entreprise aurait pu devenir un opérateur de télécom. Imaginons ce que cela aurait pu donner. Larry Page se grattait le menton et avait les yeux levés au ciel. Il rêvait à un hypothétique avenir, proposant une vision du marché fondée sur l'ouverture et une connexion sans limites. Voilà le vrai rêve : Google accessible en permanence. Google se bat sans cesse pour que l'Internet soit accessible au plus grand nombre et au meilleur prix. Elle mène ce combat dans son propre intérêt. Larry Page a pu dire à Reuters que « si les possibilités de connexions augmentent de 10 % aux États-Unis, Google peut augmenter ses revenus de 10 %. Ce qui n'est pas rien à nos yeux ».

Larry Page s'était rendu à Washington pour défendre auprès du gouvernement le projet des fameuses *zones blanches* entre les canaux de télévision – c'est-à-dire les canaux qui se libéreront quand la télévision passera au numérique – et demander à ce que ces canaux deviennent librement accessibles, comme c'est le cas aujourd'hui pour les fréquences WiFi. Cela rendrait possible la création d'une sorte de super-WiFi qui, d'après ses défenseurs, permettrait de démultiplier la bande passante disponible pour dépasser le seuil du gigabit par seconde. Or, aujourd'hui, on ne va pas au-delà du mégabit par seconde. Avec cette nouveauté, on pourrait regarder et transmettre de la vidéo de n'importe quel endroit. De même, les États-Unis seraient en mesure de rattraper leur retard en matière de très hauts débits. En 2007 en effet, d'après les chiffres de l'OCDE, ils se situaient au 15e rang mondial en termes de pénétration du haut débit. Toujours d'après l'OCDE, la facture payée par les clients américains est deux fois plus élevée que celle payée par les Japonais, pour des débits environ dix fois inférieurs.

Tout le monde n'apprécie pas les positions de Google à propos des *zones blanches*. La National Association of Broadcasters est de ceux-là car ce projet, selon elle, créerait des interférences avec ses propres fréquences. Je pense aussi qu'elle ne souhaite pas voir de nouveaux entrants s'immiscer dans ses petites affaires et venir grappiller encore davantage des audiences récessives. Les câblo-opérateurs non plus ne voient pas le projet de Google d'un bon œil. Leur marge sur l'accès Internet est d'environ 40 % et ils ne souhaitent pas voir Google marcher sur leurs plates-bandes. Les opérateurs de télécom commencent à investir dans le câble et ne sont pas du tout favorables aux propositions de Google. Les opérateurs de réseaux mobiles craignent que leurs clients utilisent partout les réseaux à haut débit pour passer leurs appels téléphoniques, et délaissent de ce fait les réseaux classiques sur lesquels les communications sont facturées à la minute. Grâce aux terminaux Open Source – ceux dont Google a fait la promotion auprès de la FCC et dont elle a permis l'existence avec son système pour téléphones mobiles –, les clients pourraient dire adieu aux engagements contractuels à rallonge et aux forfaits de rupture avant terme.

Le secteur des télécommunications est un champ d'action à la mesure de Google parce que ses modèles d'affaires sont tirés par les innovations technologiques – la botte secrète de Google. Google ne veut pas se lancer dans la gestion de bouts de ficelles et de tuyaux. Mais si le secteur arrivait à se libérer d'un certain nombre de contraintes, Google en profiterait avantageusement. Nous passerions plus de temps sur Internet. Nous pourrions créer plus de contenus et consommer plus en ligne. Google aurait davantage de choses à organiser et à mettre à notre disposition lorsque nous les cherchons. Google pourrait diffuser plus de publicité. Elle ferait plus de profits. Nous ferions plus d'économies. Le combat de Google est une divine conspiration aux yeux de tous ceux qui luttent contre les oligarchies dans les télécommunications.

Qui n'a jamais eu envie d'étriper les techniciens des télécommunications ? D'après l'édition 2007 de l'index de satisfaction des consommateurs américains, publié par l'université du Michigan, les opérateurs de réseaux de câble et de satellites se sont vus crédités du « pire taux de satisfaction client, toutes industries confondues ». L'enquête attribue une partie des problèmes aux monopoles de fait détenus par ces entreprises et au contrôle des prix qu'elles peuvent ainsi exercer : « Comcast est l'une des entreprises les plus mal classées de l'index. Alors que l'indice de satisfaction de ses clients s'est érodé de 7 %, son chiffre d'affaires a crû de 12 %, ses bénéfices ont bondi de 175 % et son cours de Bourse a augmenté de presque 50 %. » Reprenons ces chiffres à tête reposée. En dépit d'une baisse de la satisfaction de ses clients, le chiffre d'affaires, les bénéfices et le cours de Bourse de cette entreprise ont tous connu une amélioration. Aujourd'hui, les choses peuvent fonctionner ainsi, mais il faudra bien un jour que la Bourse apprenne qu'une entreprise ne peut se développer sereinement si ses clients sont insatisfaits.

Bob Garfield, d'*Advertising Age*, s'est énervé contre Comcast qui n'arrivait simplement pas à lui fournir le moindre service à domicile. Bob Garfield – qui m'envie publiquement d'avoir réussi mon coup avec Dell – a lancé une croisade contre Comcast à l'aide d'un article dans *Advertising Age*, d'un podcast et d'un blog intitulé Comcast Must Die (Comcast doit mourir) où il propose aux clients de Comcast de partager leurs différents cauchemars. Sur ce blog, il indique : « Félicitations, vous n'êtes plus juste un client furieux et mal servi parmi d'autres. Je vous propose de rejoindre une foule électronique. Ensemble, au nom de tous les clients, nous pourrons nous rebeller et nous battre contre le pouvoir des oligopoles. Notre puissance est énorme, il nous faudra la mettre à profit intelligemment. » La réponse de Comcast n'a pas tardé : un des directeurs généraux a été affecté à la lecture des blogs et de Twitter pour traiter les réclamations et les problèmes s'y présentant. C'est un bon début, mais ça ne résout pas tout : la seule chose que savent faire les câblo-opérateurs, c'est de nous frustrer. Dans une note sur mon blog, j'ai répondu à Bob Garfield en lui suggérant une approche plus constructive consistant à aider les gens de Comcast à se réinventer eux-mêmes.

À quoi pourrait bien ressembler un opérateur de télécommunications idéal – appelons-le Google Telecom ? D'abord et avant tout, cette entreprise devrait se comporter en plate-forme et avoir pour mission de nous aider à faire ce que nous voulons faire. C'est-à-dire ne pas se contenter de passer des coups de fil et de consommer des contenus en ligne. Il faudrait laisser de côté les tuyaux et aider les clients à créer, partager et faire des affaires. Un tel opérateur se devrait d'être au cœur de nos ambitions électroniques. De même que Google a fait l'acquisition de Blogger pour offrir un service de publication de contenus, ou de YouTube pour permettre la diffusion de vidéos, sa filiale télécom serait la plate-forme technique personnelle de ses clients et offrirait des outils de création de contenus, de produits et même d'entreprises. Si nous, clients, nous réussissons, Google Telecom réussit également.

Même si nous n'avons pas d'ambitions aussi créatives, Google devrait quand même fournir une infinité de services accessibles depuis notre nuage électronique personnel. Google propose déjà un tel service avec Gmail – le meilleur Webmail et anti-spam que je connaisse –, Google Docs – un service en ligne gratuit et collaboratif de traitement de texte et de tableur –, Google Calendar, Google Maps et Google Apps. Si Google était mon opérateur de télécommunications, je m'attendrais à ce qu'elle me propose des outils me permettant de partager des informations avec mes voisins (ce que les journaux locaux devraient faire également). Il faudrait que je puisse rechercher des informations locales dans ma ville et les environs. Google s'est déjà lancée dans des outils locaux, par le biais de Google Maps, de son service d'information et de ses petites annonces. Mais imaginez une minute que Google devienne réellement locale et qu'elle propose des services locaux sur mesure pour chaque quartier, chaque bureau, voire chaque maison et chaque famille.

Google Telecom serait une entreprise ouverte. C'en serait terminé du bon vieux temps où les opérateurs gagnaient de l'argent en se contentant de dire à leurs clients ce qu'ils ne pouvaient pas faire (vous ne pouvez pas dépasser tel plafond de téléchargement, vous ne pouvez pas regarder en vidéo à la demande telle émission que vous avez déjà payée sans payer à nouveau des frais supplémentaires, vous ne pouvez pas connecter plus de tant de téléviseurs sans payer plus cher, vous ne pouvez pas regarder la télévision sans utiliser telle ou telle box, vous ne pouvez pas vous abonner à vos chaînes préférées sans prendre des bouquets hors de prix, vous ne pouvez pas réserver un créneau horaire précis pour le passage du technicien…). Google sait bien que plus nous utiliserons l'Internet, plus nous en tirerons parti et mieux elle se portera.

Google Telecom, s'il existait, pourrait nous proposer des services portables. Exactement comme on peut accéder à Gmail depuis tout terminal, il serait possible de regarder des vidéos à la demande depuis n'importe quelle pièce de la maison et même depuis n'importe quelle chambre d'hôtel – sans avoir besoin de telle ou telle box, de tel ou tel câble ou autre décodeur. Si cela est impossible aujourd'hui, ce n'est pas uniquement la faute des opérateurs, mais cela tient aussi à la notion archaïque de droit d'auteur, conçue pour des technologies aujourd'hui dépassées. Les studios de cinéma et les réseaux de diffusion considèrent que toute diffusion libre contrevient à leurs droits. L'autre obstacle à la portabilité des contenus, c'est le matériel. Les opérateurs de télécom louent des box à leurs clients : ils améliorent par là leur compte de résultat et peuvent contrôler ce que font leurs clients. Les opérateurs ne se sont pas rendu compte à quel point ils se limitent eux-mêmes en suivant ce principe : les box plombent leurs comptes, retardent les évolutions techniques et réduisent les occasions de recourir à leurs services. Google Telecom publierait des standards ouverts pour que les industriels produisant des téléviseurs et des enregistreurs puissent les implémenter directement. Les box ne seraient plus nécessaires, tous les appareils pourraient se connecter au réseau et accéder à Internet directement. Quand Google a proposé Chrome, son navigateur Internet Open Source, elle a suivi ce modèle d'ouverture grâce auquel les possibilités sont démultipliées. En matière d'électronique grand public, tout espoir n'est pas perdu car les câblo-opérateurs et les fabricants de matériel ont depuis longtemps passé des accords assurant certaines formes d'intégration entre les matériels et le réseau.

Google comprendrait très vite que face à l'augmentation des volumes de contenus et d'informations elle aurait à saisir les opportunités plus nombreuses de proposer aux utilisateurs des services de recherche. Google pourrait proposer des guides de programmes pour la télévision, tout comme elle propose aujourd'hui un moteur de recherche d'information sur Internet. Google Telecom deviendrait un opérateur hybride, à mi-chemin entre *TV Guide* et un TiVo[1], avec un moteur de recherche et un réseau social. Ce nouveau service irait chercher ses informations là même où Google les cherche aujourd'hui : auprès de nous, les utilisateurs, de nous le bas peuple. Chacun de nous se transformerait en critique de télévision et nous partagerions nos goûts avec tout le monde, sans être enfermés dans les choix et les programmes imposés par quelques chaînes de télévision. Nous agirions comme des masses de niches et non plus comme de simples masses. Naturellement, Google analyserait toutes ces données et nous les restituerait sous forme de recommandations, comme elle le fait aujourd'hui avec son moteur de recherche. On peut donc imaginer que Google Telecom devienne un grand moteur de recherche personnalisé dédié au divertissement : le Google de la culture. Si personne ne se lance dans cette aventure avant elle, il y a fort à parier que Google le fera un jour.

---

1. Le TiVo est un enregistreur numérique sur disque dur pour la télévision.

Personne n'a encore jamais imaginé que Google puisse posséder un service client. Ses produits fonctionnent, tout simplement. Il est très rare que j'entende quelqu'un se plaindre des services fournis par Google, alors que c'est souvent le cas avec les opérateurs télécom. J'ai parlé de mon livre à Doc Searls, un autre coauteur du *Manifeste des évidences*. Après notre discussion, il a publié sur son blog une note au sujet de son expérience du service client de Google. Il a dû déposer un nom de domaine. Si vous avez déjà eu à le faire, vous savez que ce peut être compliqué et que si vous ne cliquez pas sur les bonnes cases, le service de dépôt de nom vous facture tout un tas de services inutiles (c'est une variante d'une technique de vente éculée : lorsque j'étais étudiant, j'avais un job chez Pondera Steak House et on nous apprenait à mettre la bouteille de sauce sous le nez du client en lui demandant s'il voulait de la sauce comme s'il ne pouvait le refuser). Doc Searls écrivait : « À chaque fois que j'enregistre un nom de domaine, je dois me battre contre un flot d'offres promotionnelles diverses et variées. Personne n'aime aussi peu les espaces vides que les services de dépôt de noms de domaine. » Mais en découvrant que Google proposait l'enregistrement d'un nom de domaine pour dix dollars, il a souscrit au service et en dix minutes, c'était fait. « J'ai utilisé Google pour enregistrer mon nom de domaine car je savais qu'elle ne me prendrait pas pour un gogo... J'ai acheté ce nom de domaine chez Google parce j'entretiens une relation de respect mutuel avec elle. Le genre de relation qui ne demande pas forcément d'implication personnelle mais qui réclame de mettre en avant des valeurs humaines. Spécialement le respect. »

Google Telecom serait très certainement solidaire de ses clients, prête à leur fournir le meilleur service possible. En cas de problème, les clients se serviraient sûrement des outils proposés par Google contre l'entreprise elle-même. Ils auraient la possibilité de pointer sur une Google Map les lieux où le réseau s'avère mauvais. Nous pourrions enregistrer nos conversations avec le service client, les diffuser sur YouTube, et chacun pourrait les retrouver grâce au moteur de recherche de Google. Nous pourrions publier notre bande passante dans un tableau et la partager *via* Google Docs. Google saurait qu'elle ne peut pas affronter ses clients ni même essayer de gagner contre eux. Google est une plate-forme pour observer Google.

Aurions-nous à attendre des journées entières la visite du « gars de chez Google Telecom » ? Certainement pas, car les « câbles » seraient sans fil et tout appareil pourrait s'y connecter grâce aux standards ouverts. Il n'y aurait pas de câble à poser dans les maisons, rien à installer, rien qui puisse tomber en panne. Chacun serait libre d'utiliser autant de bande passante qu'il en a besoin, exactement comme c'est aujourd'hui le cas pour l'eau ou l'électricité. Je rêve d'un opérateur de télécommunication qui applique la première loi de Jarvis. Ne serait-ce pas d'une grande nouveauté : donner le contrôle aux clients ?

Comment Google Telecom générerait-il son chiffre d'affaires ? Élémentaire : par la publicité. Il est probable qu'on ait encore à payer la bande passante et les services. Mais les équipes de Google seront bien assez malignes pour créer de nouveaux produits publicitaires personnalisés et nous faire parvenir des annonces locales ou nationales. Les revenus générés permettraient de subventionner le service pour réduire le coût que nous supportons. Ainsi, nous pourrions utiliser ce service encore davantage. En fait, Google Telecom augmenterait ses revenus en créant un cercle économique vertueux. La bande passante pourrait devenir gratuite, pour autant que ce que nous en faisons crée suffisamment de valeur.

J'émets le souhait que Google revienne sur sa décision et se lance dans les télécom. Mais si tel n'était pas le cas, je ne vois aucune raison s'opposant à ce que ces tortionnaires d'opérateurs mettent en œuvre ce que je viens de proposer. Il n'est pas nécessaire de s'appeler Google pour agir comme Google.

INDUSTRIE

*La Google Mobile :
du culte du secret au partage
Google Cola :
nous sommes plus que des consommateurs*

La Google Mobile : du culte du secret au partage

Au cours d'une réunion avec des constructeurs automobiles, j'ai ouvert la boîte de Pandore : je leur ai proposé d'abandonner le culte du secret pour faire en sorte que leurs processus de conception soient transparents et collaboratifs. Les constructeurs automobiles ne savent pas écouter leurs clients. S'ils l'avaient fait il y a des années, j'aurais été ravi, comme beaucoup d'autres, de leur demander d'installer sur la radio un adaptateur à 39 cents pour pouvoir, enfin, connecter mon iPod. Quand j'essaie d'écouter un podcast dans ma voiture, je dois utiliser l'un ou autre de ces bricolages disponibles sur le marché – des adaptateurs FM, qui ne transmettent rien à plus de trois centimètres, des machins à cassettes (pour peu que vous ayez encore un lecteur de cassettes) qui donnent un son affreux et tombent toujours en panne. Je maudis les constructeurs automobiles et leurs sous-traitants. Je leur ai conseillé de laisser au moins les clients concevoir les autoradios.

Ma demande était un sacrilège, parce que depuis longtemps la conception est un secret bien gardé dans le monde de l'automobile. Les constructeurs automobiles considèrent la conception comme leur chasse gardée : c'est elle qui leur permet de créer l'événement. C'est pourquoi les nouveaux modèles sont maquillés et jalousement gardés secrets. Et cela donne lieu à un jeu de cache-cache avec les photographes de presse, qui essaient de voler quelques clichés des petits secrets des constructeurs. Mais aujourd'hui, mis à part quelques fanatiques d'automobile, tout le monde s'en contrefiche. Dans le temps, on attendait les nouveaux millésimes, mais de nos jours plus personne n'y prête la moindre attention. L'ère de l'automobile triomphante est bel et bien terminée. Les voitures restent les mêmes, année après année. Elles commencent à toutes se ressembler. Elles ne déchaînent plus les passions. Comment un constructeur automobile pourrait-il injecter à nouveau une dose de passion dans ses produits et dans sa marque – comment pourrait-il regagner un peu le cœur des foules ? J'affirme que c'est possible, à condition d'impliquer les clients – en tenant compte de ce qu'attendent les acheteurs de voitures, et en mettant à leur disposition un moyen d'expression.

Sur son blog, l'analyste Jeremiah Owyang a dressé la liste des initiatives des constructeurs automobiles en matière de réseau social. Certains constructeurs laissent les clients publier leurs propres publicités, créer des logos ou coloriser les photos de certaines voitures. Bob Lutz, le vice-président de General Motors, tient un blog. Chrysler a sollicité les idées de ses clients – mais dans un cadre strict, c'est-à-dire interdisant tout commentaire. Chrysler a également soigneusement sélectionné 5 000 conducteurs pour former un conseil consultatif. Les propriétaires de la Mini ont une communauté très active.

Le problème avec toutes ces initiatives, c'est qu'elles ne permettent pas aux clients d'influer sur la conception des produits. Les idées transmises à Chrysler et les points de vue échangés sur le forum de la Mini pourront peut-être orienter une décision, mais la mise en pratique prendra des années. Et personne n'en saura rien. En dépit de tous leurs efforts apparents pour mettre en avant l'interactivité, les constructeurs font tout pour empêcher les clients de se mêler de leurs affaires. Cette interactivité de façade a tout d'un hochet pour bébé : voici un beau joujou, amusez-vous bien et laissez faire les grandes personnes. Mais, de même que les entreprises auraient tout intérêt à abandonner leurs marques au pouvoir des clients, les constructeurs automobiles gagneraient à laisser leurs clients concevoir les nouvelles voitures.

Qu'arriverait-il dans ce cas-là ? Une fois encore, je ne propose pas de transformer la conception en foire d'empoigne. Mais ne pourrait-on envisager la conception comme un dialogue ? Les concepteurs pourraient publier leurs idées sur le Web, les clients faire des suggestions et en discuter. Les concepteurs auraient ainsi la possibilité de retenir les meilleures idées, de les adapter, et de donner du crédit à celles qui le méritent. Je ne pense pas que les clients aient grand-chose à dire sur la conception des pompes d'injection ou des boîtes de vitesses – quoique certains aient sûrement quelques bonnes idées sur le sujet qu'ils seraient très heureux de partager, si on leur en donnait la possibilité. Les clients auraient énormément à dire quant à la conception de l'habitacle, la ligne de la voiture, son équipement de série et les options à proposer. On pourrait même impliquer les clients dans les arbitrages économiques : seraient-ils prêts à économiser sur les vitres électriques au profit d'une meilleure radio ou de la baisse du prix de la voiture ? Grâce à cette collaboration, les clients se verraient impliqués dans le produit. L'exercice en serait d'autant plus excitant. À n'en pas douter, les discussions à propos du produit se répandraient sur le Web comme une traînée de poudre et généreraient des liens dans tous les sens, si bien que le projet profiterait à fond de l'effet Google. La relation entre les clients et la marque changerait de nature ; la marque elle-même subirait sans doute des transformations. Rêvons un peu et imaginons la voiture communautaire collaborative – notre voiture.

Un constructeur automobile pourrait choisir n'importe quelle marque ou modèle existant et travailler avec la communauté déjà cristallisée autour de lui. Il suffit de se rendre sur Facebook : on y trouve de nombreuses communautés automobiles, de toutes sortes et de toutes tailles. Au 500e groupe consacré à BMW, j'ai arrêté de les compter. Parmi d'autres, le groupe « Si la BMW M5 était une femme, je l'épouserais » comptait plus de 800 membres et le groupe « Je hais les conducteurs de BMW, ce sont tous des c... » comptait 510 membres. En réponse, le groupe « Je vous pisse à la raie, je conduis une BMW » comptait 446 membres (conseil d'ami, n'invitez pas des membres des deux derniers groupes à la même soirée). Sur Meetup, au moins six clubs sont dédiés aux conducteurs de BMW. Sans compter le club officiel de BMW qui permet à ses 75 000 membres d'obtenir des remises sur les voitures et des promotions sur les vêtements de chez Brooks Brothers. Là sont rassemblés les meilleurs clients de BMW, ses partenaires. BMW aurait tout intérêt à les associer à la conception de ses nouveaux modèles, à leur permettre de s'entraider (ce qui se fait déjà en partie sur les forums du club), voire à les transformer en vendeurs.

Sur Facebook, BMW a proposé à ses clients de repeindre certains modèles. Cette initiative trouve sa place dans la série des hochets pour bébés : difficile d'imaginer un jeu plus abêtissant pour les clients. Mais, en quelques jours, pas moins de 9 000 personnes se sont prêtées à l'exercice. Ce que j'en retiens, c'est que non seulement les gens aiment leur BMW mais qu'ils voudraient que chaque BMW soit unique – des BMW incarnant autant leurs rêves que leur libido. Si l'industrie voulait rendre à l'automobile un peu d'humanité et de personnalité, elle verrait là une belle opportunité. Si nous sommes autant à vouloir nous exprimer au travers des blogs, des vidéos sur YouTube, de Facebook, Bebo, MySpace et des photos sur Flickr – si, comme l'a compris Google, beaucoup d'entre nous cherchent à affirmer leur identité en ligne grâce à des outils d'auto-expression –, il n'y a aucune raison pour que nous ne cherchions pas à le faire aussi au travers de nos voitures. Mais les constructeurs n'ont rien su faire d'autre que de transformer les voitures en outils qui se ressemblent tous. Je sais que c'est une question d'optimisation – quatre gammes de voitures proposées par quatre marques différentes, mais qui partagent la même carrosserie, le même moteur et les mêmes pièces détachées, sont plus rentables. Pour ces mêmes raisons d'optimisation de production et de coût de distribution, il est devenu pratiquement impossible de commander une voiture sur mesure. Aujourd'hui, on ne passe plus de commande à l'usine : on nous impose de choisir dans le stock disponible. Bien souvent, les voitures sont pré-équipées avec des options dont nous n'avons que faire – exactement comme pour les bouquets de chaînes satellite. À chaque fois que je démarre ma voiture, je dois éteindre la vision nocturne du rétroviseur, une option à plus de cent dollars dont je ne voulais pas mais qui m'a été imposée. Bien entendu, on nous propose tout un tas d'accessoires – des diffuseurs de parfum d'ambiance, des enjoliveurs qui clignotent, des décalcomanies de pin-up – mais je ne me sens pas concerné.

Toyota a fait un petit pas vers la personnalisation en lançant le concept Scion, permettant ainsi aux clients de choisir eux-mêmes le motif du tissu des sièges. Mais il faut aller plus loin : imaginer, par exemple, que je puisse acheter une voiture non peinte et ensuite la confier à l'un des artistes du groupe BMW sur Facebook, ou bien à l'un de mes étudiants fan de graffitis, pour que ma voiture soit unique. Libre à moi d'y mettre le prix. Je pourrai dire que cette voiture est vraiment la mienne et que j'entretiens avec elle une relation affective parce qu'elle correspond à ma personnalité.

Pour un constructeur, cette voiture sans peinture pourrait constituer le premier pas vers une démarche Open Source. À quoi ressemblerait une voiture sur laquelle je pourrais greffer le tableau de bord, les sièges ou le moteur d'un autre constructeur ? Un peu plus haut, j'ai évoqué la flotte de véhicules de Google, des Toyota Prius hybrides, modifiées pour pouvoir être rechargées à l'énergie solaire. La voilà la Google Mobile. Google a utilisé la Prius comme une plate-forme. Toyota devrait s'en réjouir : elle devrait proposer d'autres possibilités pour modifier les voitures sans limites. J'entends déjà les objections : la production sera complexifiée, les coûts exploseront, l'image de marque souffrira d'une certaine confusion. Peut-être, mais en tout cas je pourrais acheter la voiture qui me plaît vraiment. À l'avenir, les constructeurs automobiles devront se comporter en plates-formes sur lesquelles d'autres constructeurs pourront proposer des voitures répondant aux désirs de la clientèle. C'en sera terminé des voitures imposées aux clients par les constructeurs.

Quelques projets se penchent sur la construction d'une voiture Open Source, dont le projet Oscar en Allemagne ou le projet c, mm, n (ou commons) sur la voiture à hydrogène, mené par plusieurs universités aux Pays-Bas conjointement avec la Society for Sustainable Mobility Car (d'après le magazine *Fast Company*, ce projet est mené par 150 ingénieurs à temps partiel). Le projet Aptera, financé par l'IdeaLab de Bill Gross (je reviendrai sur ce personnage dans le chapitre consacré à Google Capital), porte sur un beau véhicule à trois roues, qui pourra être hybride ou électrique, et sera lancé en Californie. Telsa Motors travaille sur un projet de voiture de sport électrique financé par l'un des cofondateurs de PayPal. Tous ces projets sont sympas et je leur souhaite bonne chance. Mais il est très difficile de réussir dans l'automobile – regardez John DeLorean[1].

Un constructeur automobile déjà établi devrait se mettre à penser Open Source et essayer de servir de plate-forme à ces efforts naissants. Imaginez voir circuler des millions de Prius, de Ford ou d'Aperta, et vous demander ce qu'on peut bien y trouver, quel est

---

1. John DeLorean est le créateur de la DeLorean Motor Company en 1975 et le concepteur de la DMC 12 (la voiture à voyager dans le temps de *Retour vers le futur*). Après avoir fait faillite en 1982, il a été accusé de trafic de drogue et a terminé au bord de la ruine.

leur moteur, qui a fait la peinture, où se procurer cette calandre que vous trouvez superbe. Imaginez pouvoir personnaliser chaque composant de votre voiture. Les voitures redeviendraient des objets de passion. Qu'on me donne le contrôle de ma voiture et je m'approprierai cette marque, je la ferai vivre, je l'aimerai et je la vendrai, parce que c'est la mienne et non la vôtre. Voici les valeurs-clés de la Google Mobile : la passion, l'individualisme, la créativité, le choix, le plaisir et la nouveauté. À n'en pas douter, les conducteurs créeront des groupes sur Facebook, des blogs, des clubs sur Meetup, où ils vanteront les mérites des voitures qu'ils auront réellement choisies – ou, plus exactement, construites. Des équipementiers pourront proposer des accessoires améliorant les voitures Open Source – exactement comme des programmeurs indépendants développent des applications pour Facebook ou font des mashups avec Google Maps. On verra alors la formation de nouvelles entreprises et le développement du marché de l'automobile. Voilà les avantages à tirer pour un constructeur automobile se muant en plate-forme.

Abordons maintenant le plus gros problème de l'industrie automobile : les concessionnaires. Les vendeurs de voitures sont insupportables (en 2007, une enquête de Gallup classait ce métier en dernière position des métiers préférés par les Américains, 5 % seulement des personnes sondées estimant qu'ils sont honnêtes). Ils n'apportent presque pas de valeur ajoutée lors de l'achat, et aucune sur le produit. Ils rendent désagréable l'achat d'une voiture. Aux États-Unis, les constructeurs automobiles n'ont pas la possibilité de vendre directement leurs produits aux clients[1]. Ils doivent recourir à des concessionnaires. Comment pourraient-ils s'y prendre ? Je leur propose de commencer par créer une plate-forme où les clients seront libres de dire ce qu'ils pensent des vendeurs de voitures. Les constructeurs mettront ainsi le nez des vendeurs devant la réalité. Avec un peu de chance, la voix du peuple montera jusqu'au Congrès et ce dernier changera la loi pour ouvrir aux constructeurs la vente de véhicules. Aujourd'hui, les acheteurs d'automobiles utilisent Internet pour prospecter le marché, se renseigner, lire des essais et en discuter avec leurs amis. Le rôle du concessionnaire se limite aux essais. Une fois que mon choix est fait, pourquoi me faut-il encore aller jusqu'à une concession ? Pourquoi le concessionnaire ou le constructeur ne viendrait-il pas jusqu'à moi ? Pourquoi ne pourrais-je pas acheter ma voiture au salon de l'auto ? Pourquoi me faut-il négocier pied à pied avec trois concessionnaires différents, alors qu'en quelques clics sur Internet je connais les prix moyens pratiqués ? Les coûts d'infrastructures des concessionnaires ont atteint un tel niveau que ni l'industrie ni les clients ne peuvent plus les supporter.

Le service après-vente est un peu plus pratique. La garantie est une sorte d'assurance qu'on peut faire jouer dans n'importe quel garage. Les constructeurs forment les garagistes – je préfère autant confier ma

---

[1]. En France la situation est un peu différente car les constructeurs, surtout nationaux, peuvent posséder un réseau de succursales.

voiture à un spécialiste qualifié – et leur fournissent des pièces d'origine. Si le marché du service après-vente était plus compétitif, tout le monde en profiterait, les clients et les constructeurs.

J'ai eu l'occasion de faire part de mes idées de plate-forme Open Source à Fred Wilson, un capital-risqueur dont je vous reparlerai. Je lui ai demandé à quoi ressemblerait un constructeur automobile adoptant l'esprit Google. Il m'a répondu qu'il en existait déjà un, Zipcar, une entreprise qui met 5 000 voitures à disposition de 200 000 conducteurs dans plusieurs villes et sur certains campus universitaires. L'abonnement à Zipcar coûte 50 dollars par mois. On peut réserver une voiture en ligne puis aller la chercher dans un des parkings gérés par l'entreprise. À New York, le système coûte 9 dollars de l'heure ou 69 dollars par jour. Le prix est tout compris : essence, assurance et 300 kilomètres. Les loueurs traditionnels pratiquent à peu près les mêmes prix mais leurs offres sont moins pratiques. D'après Zipcar, chacun de ses véhicules remplace 15 voitures personnelles. Zipcar affirme que 40 % de ses membres ont vendu leur voiture depuis qu'ils utilisent le système. Dans le même esprit, le maire de Paris a annoncé en 2008 que, fort du succès du Vélib, la ville allait proposer un service de location de voitures électriques. 4 000 voitures seront disponibles dans 700 stations de location. L'objectif de cette initiative est d'encourager les Parisiens à acheter moins de voitures.

Je me doute de ce que vous pensez (et j'entends d'ici ricaner les constructeurs automobiles) : la dernière chose que souhaite un constructeur, c'est de vendre moins de voitures. Es-tu fou, Jarvis ? Pas du tout, je ne fais que mettre le marché sens dessus dessous. Lorsque j'ai évoqué la question avec le publicitaire Rishad Tobaccowala dont l'agence travaille avec les constructeurs automobiles, il m'a répondu qu'en vérité, les constructeurs automobiles ne travaillent pas réellement dans l'automobile. Il a creusé un peu le sujet. D'après lui, un constructeur automobile qui serait dans l'esprit de Google pourrait se définir comme « une entreprise qui déplace des gens d'un point A à un point B. Ceci étant donné, comment proposer un service différent ? Comme les gens vont d'un point A à un point B, comment faire en sorte qu'ils aient l'impression de le faire en sécurité, tout en restant connectés ? » Il a ajouté que, sauf pour dormir, on passe plus de temps à l'extérieur que chez soi. « L'automobile est un autre chez-soi. » Qu'en est-il donc de la voiture ? « La voiture doit permettre de se déplacer et de s'amuser. » La technique doit passer au second plan. Pour Rishad Tobacowala, les activités les plus intéressantes de General Motors sont celles du programme OnStar et du crédit. La construction automobile proprement dite est coûteuse, elle implique des fournisseurs et des sous-traitants, exige de la main-d'œuvre, permet des économies d'échelle très importantes et est concurrentielle. C'est une industrie matérielle.

Que se passerait-il si un constructeur automobile devenait leader dans le domaine du transport de personnes en utilisant les matériels produits par d'autres entreprises, des avions, des trains et des voitures ?

Vous n'auriez qu'à lui dire où vous désirez vous rendre – ou bien il le saurait en accédant directement à votre Google Calandar – et il vous proposerait le moyen de transport le plus adapté en optimisant votre budget de transport : aujourd'hui prenez le train, profitez-en, il y a des billets en promotion. Demain, vous devrez utiliser votre voiture car vous avez des courses à faire. Après-demain, prenez une voiture de location, ce sera plus économique. Ce week-end, louez une Mercedes pour votre dîner d'anniversaire. La semaine prochaine, il vous faudra impressionner vos clients : louez une voiture avec chauffeur. Ce constructeur automobile d'un nouveau genre vous proposerait de souscrire à certaines options au cours de vos déplacements, comme accéder à vos films préférés en voiture, bénéficier d'une connectivité sans fil dans le train, recevoir des alertes sur votre iPhone, avoir à disposition des assistants de navigation pour sortir des bouchons. Voilà ce que pourrait être une entreprise de transport personnalisé. Un constructeur automobile qui se transformerait en plate-forme serait tout à fait capable de proposer ce genre de service. Bienvenue à bord de la Google Mobile.

Google Cola : nous sommes plus que des consommateurs

Si l'automobile ne se prête pas bien à la méthode Google, c'est un exercice encore plus difficile à faire concernant les biens de consommation courante. Ce sont les éléments de base de la consommation de masse. Ils sont fortement dépendants de la productivité, du marketing et des masses critiques. Depuis qu'on se sert d'Internet pour faire de la publicité, il a paru évident que personne ne cliquerait jamais sur une publicité pour du papier toilette – mis à part peut-être pour s'inscrire à un club ou donner son avis sur un blog – et, de l'avis général, c'est le dernier produit susceptible de retirer quelque bénéfice que ce soit de l'Internet. Il ne peut donc profiter de l'effet Google. On pourrait éventuellement imprimer les pages de Wikipedia sur des rouleaux de papier toilette, mais il faut se rendre à l'évidence : je ne peux pas imaginer du papier toilette Google triple épaisseur.

Tous les biens de consommation sont-ils condamnés à être privés de l'effet Google ? Rien n'est moins sûr. Imaginons ce que serait le Google Cola. Comme tous les autres biens de consommation courante, le Google Cola devra s'appuyer sur l'alpha et l'oméga de ce marché : tenter de plaire à tout le monde. Bien sûr, un certain nombre de marques alternatives se battent déjà pour exister et grappiller quelques centimètres de linéaires dans les rayonnages. Mais il n'y a jamais assez de versions différentes. Je n'ai encore jamais trouvé le Cola parfait. Mon Cola parfait serait sans caféine, mais il contiendrait du vrai sucre et non de l'édulcorant (dont je ne supporte pas l'arrière-goût). Il serait disponible en petites canettes pour éviter qu'il s'évente ou, encore mieux, en bouteilles recyclables. On pourrait y ajouter différents parfums (du café aujourd'hui, de la cerise demain). Si ce Cola parfait existait, j'en achèterais chez une grande marque, Coca-Cola ou Pepsi (je suis fidèle aux deux marques), mais pas chez une autre (je ris encore de l'affaire du Hojo Cola[1]). Qu'arriverait-il si Coca-Cola demandait à l'un de ses fournisseurs de fabriquer des bouteilles sur mesure en petites séries – à la condition que je m'engage à en commander un certain nombre par an ? Je suis tout disposé à souscrire un abonnement pour avoir enfin le Cola de mes rêves.

Si je me débrouillais pour vendre ce Jeff Cola à mes voisins ou aux lecteurs de mon blog (en leur faisant remarquer qu'un soda sans caféine et avec du vrai sucre n'est pas un non-sens), le nombre de commandes augmenterait et le prix baisserait. Je pourrais créer un Cola club. Ce n'est pas très différent de ce que fait Gary Vaynerchuk sur son site pour vendre le vin qu'il produit. Nous deviendrions à la fois vendeurs et consommateurs de nos produits. Il nous serait possible de proposer des parfums différents et de les vendre sous notre propre marque, en utilisant Coca-Cola comme plate-forme de fabrication et de distribution. Nous entrerions dans l'industrie du Cola. Mon Cola finirait-il par atteindre une masse critique ? Il n'y a pas la moindre chance. Mais les petits ruisseaux font les grandes rivières et tous ces petits Colas s'ajouteraient à la production globale de Coca-Cola. Sans compter que Coca-Cola finirait par développer de nouvelles relations avec tout un réseau de clients fidèles. L'entreprise pourrait en apprendre beaucoup sur les goûts de ses

---

1. Le Hojo Cola a été lancé à la fin des années 1960 par Howard Johnson, le propriétaire d'une chaîne de restaurants. Ce fut un échec retentissant, malgré une campagne de lancement ambitieuse.

clients et développer de nouveaux produits à grande échelle. Elle ferait des économies sur ses dépenses de publicité car ses clients seraient leurs vendeurs. Elle pourrait acquérir des niches de marché qui pour l'instant lui échappent encore. Elle aurait la liberté d'abandonner un secteur ultra-concurrentiel pour mettre à profit le nouveau système économique de la « longue traîne ».

Cette stratégie que je viens de décrire pour le Cola est applicable à n'importe quel produit de consommation courante se prêtant à la personnalisation : les biscuits, les bonbons, les produits ménagers de plusieurs parfums. Non seulement les grandes entreprises du secteur, mais également les fabricants artisanaux – qui y sont plus adaptés – pourraient mettre en œuvre ce principe et utiliser des plates-formes comme Amazon ou eBay. À ma connaissance, M&M's est le seul industriel qui propose des produits personnalisés : on peut commander des M&M's de la couleur de son choix (à partir de 28 euros/kg). C'est amusant, mais ça ne change pas réellement la nature du produit. Il faudrait que je puisse commander des M&M's au café ou bien ajouter le parfum des M&M's au Cola de mes rêves et ensuite les vendre autour de moi. Voilà ce que serait le Google Cola.

À première vue, les gadgets électroniques ne peuvent pas profiter de l'effet Google. Ils sont compliqués à concevoir et à fabriquer. Mais ils sont plus faciles à mettre à jour que les voitures parce qu'on peut changer leurs programmes sans avoir à changer le matériel.

C'est ce que fait Google en proposant son logiciel à tous les fabricants de téléphones portables.

Google pourrait mettre des logiciels Open Source à disposition de tous les gadgets électroniques connectables au réseau. Il existe déjà des réfrigérateurs que l'on peut connecter à Internet. Les fabricants nous racontent qu'un jour ces réfrigérateurs géreront tout seuls leurs contenus, qu'ils nous indiqueront quelles recettes on peut envisager avec ce qui reste à l'intérieur, et que c'est le réfrigérateur qui se chargera d'acheter les produits manquants. Voilà précisément le genre d'information que Google se fera un plaisir de traiter et d'organiser. Des services de livraison à domicile comme Fresh Direct ou Peapod aux États-Unis et Tesco au Royaume-Uni se chargeront de gérer nos commandes et de nous les livrer. Ils en profiteront pour nous proposer également un système de couponning. Epicurious.com pourrait nous fournir des recettes adaptées à ce qui reste dans notre réfrigérateur. Ces entreprises transformeront nos réfrigérateurs en plates-formes de vente à domicile.

Les foyers regorgent de systèmes de sécurité connectés, de capteurs et de caméras. On trouve dans les salons des systèmes multimédia connectés qui peuvent diffuser des Web-radios, de la musique, des films stockés sur nos ordinateurs et des vidéos de YouTube sur tous les appareils de la maison. Bientôt, les voitures seront connectées : elles pourront lire des informations trafic et télécharger des programmes de divertissement. Les caméscopes ont des GPS et peuvent se connecter aux ordinateurs. Les téléphones mobiles se transforment peu à peu en ordinateurs. Tous ces appareils produisent de l'information, peuvent être paramétrés et personnalisés ; ils sont communicants, nous permettent de nous divertir, et seront très bientôt connectés à l'Internet, donc à Google. Google va dialoguer avec tous ces gadgets – si on lui en donne l'autorisation – et s'en servira pour diffuser de l'information. Elle s'empressera également d'utiliser cette information pour diffuser de la publicité personnalisée et ciblée. Voilà une perspective qui va effrayer les défenseurs de la vie privée. Mais si l'on dispose d'un moyen de contrôle sur tous ces flux d'informations dont certains nous sont utiles (comme l'information ou la publicité ciblée, les bonnes affaires, les coupons de réduction), je connecterai mon téléphone et mon réfrigérateur. Google pourrait alors devenir le système d'exploitation non seulement du Web et du monde, mais également de nos maisons et de nos vies.

Je vous propose un autre défi : la mode. Tout le monde sait que les fans de Google ont une mode bien à eux : un tee-shirt, un short et des sandalettes. On n'imagine pas qu'ils puissent un jour porter un costume sombre et une cravate, servir d'exemple du bon goût et faire naître des tendances. Les modes sont dictées par la presse spécialisée ou par Hollywood. La mode est imposée au plus grand nombre par quelques intellectuels – du moins elle l'était. L'Internet a démocratisé le monde de l'information et du divertissement et le même phénomène se produira avec la mode. Threadless est l'un des premiers arrivants dans ce domaine. C'est un fabricant de tee-shirts qui propose à ses clients de mettre leurs propres créations en ligne.

La communauté peut ensuite élire les meilleures créations. Les créateurs dont les tee-shirts ont été élus gagnent 200 dollars et 500 dollars supplémentaires à chaque fois qu'est produite une nouvelle série de leur création. Ils s'apprêtent à devenir les Versace des défilés populaires.

Exactement comme c'est le cas en matière de divertissement, nous sommes en train de comprendre que le grand public veut créer et laisser sa marque. Une réponse intelligente à apporter à cette demande est de créer une plate-forme qui donne vie à cette volonté populaire. CafePress.com et Zazzle proposent à chacun de réaliser et de vendre des produits personnalisés : tee-shirts, mugs, autocollants, et même des sous-vêtements. L'auteur perçoit une commission sur les ventes. Threadbanger, un Web vidéo-magazine hebdomadaire, demande à de jeunes créateurs comment les spectateurs peuvent créer eux-mêmes des vêtements sympas. Jetez aussi un œil à BurdaStyle.com, site édité par Burda, ce géant allemand des médias qui a pris la décision de placer ses modèles de tissus dans le domaine public et incité ses clients à les utiliser à leur guise, les modifier et les partager. Le site est plein de dessins, de modes d'emploi et de discussions. D'après Springwise, en 2008, SANS, une petite maison de New York, a arrêté la vente de sa chemise vedette à 85 dollars et en a mis le modèle dans le domaine public. Pour six dollars, vous pouvez vous procurer le tissu et le patron. Il ne vous reste alors qu'à personnaliser le tissu et à coudre l'étiquette de la marque. Transférer le modèle dans le domaine public est une bonne idée, mais je ne sais pas coudre. Les tailleurs pourraient donc proposer l'assemblage sur commande des chemises SANS ou des vêtements Burda, et les vendre sur Etsy, un site qui propose des objets artisanaux et qu'ont utilisé plus de 100 000 vendeurs depuis 2005.

D'accord, les produits de consommation courante, les gadgets et la mode peuvent être repensés d'après la méthode Google. Et le papier hygiénique Google dans tout ça ? Il semble tout à fait impossible de repenser le papier toilette en utilisant la méthode Google : il n'y aura jamais de communauté d'utilisateurs de papier toilette. Je ris d'avance en imaginant le papier toilette 2.0, alors que je viens à nouveau de tomber sur une publicité pour du papier toilette dont le seul argument était de ne pas pelucher sur les fesses. Il devait être chouette, le briefing de l'agence ! Quand je vois de telles choses, je me dis que la publicité ne devrait pas exister.

Il est peut-être temps pour les industriels du papier hygiénique d'accomplir la même révolution culturelle que les journaux et de s'interroger : quel est leur vrai secteur ? Disons que c'est le secteur de la propreté.

Lorsque j'étais à Davos, j'ai été tout aussi étonné de croiser des dirigeants et des chefs d'État que de faire un tour au petit coin : on y trouvait des toilettes automatiques et autonettoyantes. Après avoir tiré la chasse, un bras robotisé se déclenchait et nettoyait la cuvette et le siège des toilettes qui tournait tout seul. J'ai été tellement étonné que j'ai tourné une vidéo et l'ai publiée sur YouTube (cherchez « Davos Toilet » sur YouTube, ou pour une version plus rigolote car moins politiquement correcte cherchez « Swedish toilet Gizmodo »). L'entreprise qui les produit n'est pas dans le papier toilette, mais dans l'industrie du nettoyage des sièges.

Toto, un industriel japonais de la plomberie, a décidé que cette activité n'était ni une question de papier ni une question de nettoyage de siège, mais qu'il s'agissait d'avoir les fesses propres et de vivre à l'aise. Toto a inventé le Washlet automatisé, des toilettes qui sont une petite merveille de technologie et d'informatisation. Le siège est chauffé à 38° et les toilettes pulvérisent de l'eau chaude une fois que vous avez fait vos petites affaires. Puis on termine en vous séchant avec un flux d'air chaud qui élimine les odeurs comme par magie (allez sur YouTube et cherchez « Washlet FlushTV » pour voir l'engin en action). Avant de rigoler, gardez à l'esprit que Toto a vendu 17 millions de Washlet (ils ont même fait de la publicité sur mon blog). Sur YouTube, les vidéos de Toto ont été visionnées des milliers de fois. Will Smith s'est vanté à la télévision de s'être équipé d'un modèle haut de gamme à 5 000 dollars et de ne plus jamais acheter de papier hygiénique. Le Washlet représente l'adéquation totale entre un problème et sa solution, entre le matériel et le programme qui le contrôle, entre une réponse technologique et une façon de remettre en cause les idées reçues. Le Washlet est le parfait exemple de l'application de la méthode Google aux cuvettes de toilettes.

Même pour les entreprises très industrielles, les connexions rendues possibles par l'Internet vont changer la manière de faire des affaires. La liste des biens de consommation qui vont tirer parti d'un dialogue plus ouvert est presque infinie : les fabricants d'outils vont pouvoir dialoguer avec les bricoleurs, les fabricants d'ustensiles de cuisine avec les cuisiniers, les équipementiers avec les athlètes et les sportifs amateurs. À n'en pas douter, l'un ou l'autre finira bien par s'ouvrir au dialogue avec les clients. Ces derniers pourront alors participer à la conception, au service ou à la vente de produits qui seront alors ciblés. Google et l'Internet changent tout, même les usines.

SERVICES

Google Air : un réseau social de clients
Google Immobilier : le pouvoir de l'information

Google Air : un réseau social de client

Me plongeant dans une réflexion sur la manière d'appliquer à une compagnie aérienne la méthode Google, j'ai failli abandonner. Que peut-on bien faire avec un service aussi commun et dont l'image est devenue exécrable ? Aujourd'hui, les compagnies aériennes pratiquent les surréservations, facturent l'enregistrement des bagages, les oreillers, les cacahuètes et presque tout ce qu'on peut imaginer, sauf l'air. Elles remplissent les avions à ras bord, traitent les clients comme des prisonniers, les forcent à rester des heures dans des salles d'attente sans leur fournir ni eau ni nourriture (en prison, au moins, on est nourri) et ne donnent jamais la moindre information – naturellement, tout ça ne les empêche pas d'augmenter leurs prix. Google ne peut pas régler ce problème. À vrai dire, personne ne peut relever ce défi.

Et puis j'ai combiné la loi de Google sur les liens et la sagesse des foules avec la loi de Mark Zuckerberg sur les organisations élégantes. J'ai ensuite ajouté à ce cocktail ma propre première loi. Je me suis donc demandé ce qu'il adviendrait si les usagers des transports en commun (avions, trains, bateaux et même hôtels) avaient la possibilité de prendre un peu plus le contrôle de la situation (je ne parle pas, bien sûr, de leur laisser le manche à balai). Que se passerait-il si les passagers d'un avion pouvaient se connecter en réseau, si un vol en avion devenait un réseau social avec sa propre économie ?

Partons de ce constat : sur le plancher des vaches, la plupart des gens sont connectés. Bientôt, on pourra se connecter depuis les avions, comme on peut déjà le faire dans les hôtels qui se sont enfin équipés de réseaux sans fil. Avec le WiFi, les compagnies aériennes auront quelque chose de plus à nous facturer. Les passagers pourront travailler et seront sans doute moins prompts à geindre et à faire des esclandres en cas de retard (mais nous pourrons aussi diffuser les moindres problèmes sur Twitter ou sur les blogs). Une fois connectés à Internet, les passagers seront en mesure de se connecter les uns aux autres. Les compagnies aériennes – voire les passagers eux-mêmes – pourront organiser des chats et des réseaux sociaux sur des thèmes très variés : le déroulement du vol, les activités à destination, l'organisation du séjour avant et pendant le vol. Les passagers pourront s'arranger pour partager des taxis une fois arrivés à destination, échanger des informations sur les restaurants sympas, les magasins, les musées ou le trajet à emprunter pour se rendre à tel ou tel endroit. Si le WiFi n'est pas hors de prix et si les sièges sont équipés de prises de courant, il serait même possible de passer des heures à jouer les uns avec les autres.

Au moment de son lancement, il était prévu que le Boeing 747 dispose de salons où les passagers auraient pu faire connaissance. Cette idée a été vite abandonnée car les compagnies aériennes ont utilisé le moindre centimètre carré pour installer des sièges, plus rentables. Les salons sont supposés faire leur grand retour dans les futurs super-jumbo-jets Boeing 787 Dreamliner et Airbus A380. On pourra se trouver grâce au réseau social du bord et se donner rendez-vous dans le salon de l'avion. Les voyages en avion deviendront des expériences sociales.

Étant donné notre expérience actuelle des trajets en avion, ma vision doit vous paraître utopique. Mais continuons de rêver. Proposer une expérience sociale pourrait redonner de la valeur au transport aérien. Que se passerait-il si les clients choisissaient telle ou telle compagnie aérienne parce qu'ils y rencontrent des gens sympas ? Les propriétaires de BMW se retrouvent sur Facebook. Les passagers de Lufthansa pourraient également le faire, et, en plus, ils ont davantage de choses en commun – un goût partagé pour les voyages ou pour certaines destinations. Gardez en tête que l'entreprise que vous choisissez est celle que vous appréciez. Vos clients sont votre marque. Les compagnies aériennes se débrouilleront sans doute pour attirer les gens les plus intéressants sur leurs lignes, et ce parce que les personnes intéressantes en attireront d'autres à leur tour. Ces compagnies pourront proposer des réductions ou des avantages aux membres les plus actifs ou les plus populaires de leur réseau social. Aujourd'hui, les compagnies aériennes ne proposent qu'un seul produit : des sièges. Et si elles proposaient une nouvelle manière de vivre en société ? Je sais bien que tout le monde a horreur d'être assis à côté d'un voisin bavard. C'est peut-être parce que l'on est de mauvaise humeur dès que l'on pose le pied dans un avion. Mais cessons de nous faire l'avocat du diable. Revenons à nos moutons. Imaginons que deux personnes se soient rencontrées au cours d'un vol. Peut-être que pour le vol suivant ces deux passagers voudront être assis l'un à côté de l'autre. Si je suis assis à côté d'un voisin que j'apprécie, je supporterai mieux d'avoir le siège du milieu.

Ces réseaux de passagers permettraient de faire émerger une nouvelle économie autour des vols. Les compagnies auraient la possibilité d'organiser des ventes aux enchères, au moins pour un certain nombre de sièges. BlueJet l'a expérimenté sur eBay en 2008, usant de formules comme : combien êtes-vous prêt à payer pour aller à Orlando lundi prochain ? Au lieu d'acheter leurs places exclusivement à la compagnie aérienne, les clients qui prennent leur billet à la dernière minute pourraient également utiliser une place de marché ouverte, réservée aux clients de la compagnie, et racheter son billet à un autre passager obligé d'annuler un déplacement. Voilà une solution au problème des surréservations qui forcent les compagnies aériennes à défrayer les passagers non retenus sur les vols. Évidemment, les spéculateurs ne manqueraient pas de jouer sur le prix des places, mais si elles sont payées d'avance et non remboursables, je ne vois pas où est le problème pour les compagnies aériennes. Les revendeurs se transformeront en régulateurs du marché. Cette place de marché fera émerger une nouvelle tarification et dans certains cas, les prix seront plus élevés que ceux proposés par la compagnie aérienne.

Les compagnies aériennes pourraient mettre à profit cette place de marché pour calculer leurs estimations de trafic. Elles seraient ainsi sans doute capables de détecter des demandes auxquelles elles ne s'attendaient pas. Elles sauraient anticiper et revoir leurs plans de charge à la hausse, et gagneraient une longueur d'avance sur les arbitragistes. Les compagnies aériennes ont toujours contrôlé leur marché par l'offre. Mais grâce à la place de marché, elles le contrôleront également par la demande. De la même manière, si un vol se retrouvait vide, les compagnies aériennes pourraient proposer à leurs clients des solutions alternatives en leur offrant des réductions importantes, ce qui permettrait d'annuler le vol et de réaffecter les avions bien avant le départ. Il en résulterait des économies importantes. Les compagnies aériennes amélioreraient leur efficacité et leurs profits, les clients en tireraient des avantages et l'environnement serait protégé. Une place de marché souple et ouverte transformerait l'économie du transport aérien.

Les compagnies aériennes pourraient en profiter pour proposer à leurs voyageurs réguliers une bourse aux Miles. Le système des Miles a créé une sorte de monnaie virtuelle dont la valeur et le pouvoir d'achat n'ont rien à voir avec les monnaies de pacotille de Second Life ou de Facebook. Mais les Miles ont le gros défaut de n'avoir aucune souplesse. Les compagnies aériennes s'arrangent pour que les Miles soient très difficiles à utiliser, à moins de vouloir réserver un vol pour Tataouine un jour de Noël dans dix ans. Toutes les autres offres qu'elles proposent – qui consistent à utiliser des Miles pour acheter une télévision – sont de très mauvaises affaires. D'ailleurs Google est là pour m'aider à acheter une télévision quand je le désire. Les Miles ont vu leur valeur diminuer à tel point qu'on peut les utiliser d'une compagnie aérienne à une autre, si bien qu'ils ont même perdu le rôle de fidélisation qui était leur objectif initial. Il est grand temps qu'on en fasse une monnaie d'échange sur une place de marché ouverte. Qu'on nous laisse les utiliser pour enchérir sur les billets-primes des surclassements, et même pour passer au statut Silver ! Qu'on permette aux clients d'échanger des Miles (je vous vends mon iPod pour tant de Miles dont j'ai besoin pour aller en vacances) ! Cette monnaie d'échange récupérerait ainsi de la valeur. Mais tous ces Miles échangés seraient une épée de Damoclès au-dessus de la tête des compagnies aériennes.

Tout ce système d'échange pourrait engendrer des effets pervers, notamment en matière d'identité et de paiement. Il est évident que sur ces places de marché il faudra décliner son identité, donner son numéro de carte bancaire et mettre en place une organisation sérieuse. Quoi qu'il en soit, la création d'un tel réseau social permettrait à la première compagnie aérienne à s'y lancer de transformer son image de marque en profondeur – elle deviendrait la compagnie agréable, celle où je peux prendre le contrôle (et je me servirais du réseau social pour créer un mouvement contre les sans-gêne qui balancent le dossier de leur siège dans mes genoux. Sur une place de marché ouverte, j'irais même jusqu'à les payer pour qu'ils évitent de le faire).

Imaginons maintenant que les compagnies aériennes mettent ces réseaux sociaux à profit pour capter toutes les informations que leurs clients sont disposés à leur donner et les transformer en valeur. Lors du voyage de retour, elles pourraient nous demander ce que nous avons pensé de l'hôtel et des restaurants où nous sommes allés, et aussi proposer aux autochtones de partager avec les visiteurs la connaissance qu'ils ont de leur ville. De la même façon, les hôtels auraient intérêt à demander l'avis de leurs clients sur les restaurants des environs (ce que Hyatt a commencé à faire avec Yatt'it, son site communautaire). Les lignes maritimes devraient faire de même avec les bons plans shopping de chaque port. Les compagnies aériennes ont même une monnaie d'échange pour rémunérer leurs clients : elles peuvent utiliser les Miles ou proposer des réductions sur les prochains vols. Et, puisqu'elles savent qui nous sommes, elles peuvent agréger toutes ces données de manière anonyme pour améliorer l'information, comme je l'ai déjà suggéré pour les restaurants, sur le mode « les porteurs de la carte American Express Platinum vous recommandent… » ou bien « les Canadiens qui vont en Floride apprécient réellement… ». Les compagnies aériennes ont vraiment la possibilité de collecter en temps réel de grandes quantités d'informations mises à jour et fournies par des voyageurs en chair et en os. Avec le temps, elles engrangeront des informations plus pertinentes que celles de Lonely Planet ou des Guides Fodor – à qui elles pourraient même en fournir en toute transparence, ce qui servirait, en retour, leur promotion. Les compagnies aériennes auraient la liberté d'éditer des guides en se mettant à l'écoute de leurs clients, en organisant leurs connaissances et en leur donnant les outils pour les mettre en commun.

La pierre d'angle de cette refondation des compagnies aériennes réside dans leur capacité à laisser aux mains de leurs clients le contrôle et l'organisation, et dans l'aide qu'elles apporteront aux passagers pour qu'ils puissent se trouver les uns les autres, échanger et créer des marchés. Les clients ont de la valeur à revendre. Les compagnies aériennes peuvent trouver de nouvelles voies pour capter cette valeur, baisser leurs tarifs et améliorer leurs comptes de résultats (relisez le passage consacré à Ryan Air dans « La gratuité est un modèle d'affaires »). Mais les clients ne seront pas enclins à faire don de leur valeur tant qu'on ne leur en donnera pas et qu'on continuera à les traiter comme du bétail.

Au cours d'une soirée lors du Forum économique mondial de Davos, j'ai eu l'occasion de rencontrer l'un des cofondateurs de Google. Je l'ai informé que je menais une réflexion sur la nature d'une hypothétique compagnie aérienne dont Google serait aux commandes, estimant qu'elle pourrait constituer une sorte de réseau social. Il a grimacé et m'a parlé d'un créateur d'entreprise qui avait fondé exactement ce type de compagnie aérienne en réseau. Mais il a dû mettre la clé sous la porte : les employés en avaient profité pour organiser un réseau de trafic de drogue. Dommage !

Google Immobilier : le pouvoir de l'information

J'ai déjà eu l'occasion de dire tout le mal que je pense des agents immobiliers et de leur système de rémunération oligopolistique. Aussi ne vais-je pas chercher comment ils pourraient réinventer leur métier, mais tenter d'imaginer comment de nouveaux entrants pourraient faire irruption sur leur marché, casser les prix et bouleverser ce secteur.

Je vais d'abord vous expliquer d'où vient cette rancœur que j'éprouve envers les agents immobiliers. Tout simplement parce que j'ai eu affaire à des escrocs. Je sais qu'il existe des agents immobiliers honnêtes, et je ne porte pas d'attaque personnelle. C'est une affaire de gros sous. Je ne crois pas que les agents immobiliers apportent suffisamment de valeur à la vente d'une maison pour justifier leurs 6 % d'honoraires. Tout ce qui justifie leur commission, c'est le fait qu'ils aient réussi à prendre le contrôle du Multiple Listing Service (le MLS[1]), donc de la seule façon pour les acheteurs de savoir qu'une maison est à vendre. Les marchands de biens ne sont pas les seuls à nous tondre la laine sur le dos lors la vente d'une maison. La garantie de passif[2] est aussi embêtante, de même que toutes ces inspections qu'il faut faire et refaire. Sans oublier les notaires qui rendent la vente terriblement compliquée et qui, eux aussi, nous rasent. Et enfin il y a les journaux dont les petites annonces sont hors de prix et se révèlent totalement inefficaces.

En matière d'innovation et de rupture, l'immobilier est une cible de choix. Malgré quelques essais, aucune initiative n'a encore réellement pu réussir parce que toutes les tentatives relevaient d'une volonté de casser un marché déjà ouvert ou de proposer des prix moins chers sans remettre en cause le système lui-même. En 2008, un décret du Département de la Justice a cassé le monopole des agents immobiliers sur le MLS, mais cela n'a pas beaucoup fait avancer les choses. Il est temps de changer le système. Si demain tous les vendeurs publiaient leurs annonces sur Craigslist ou sur un service équivalent, le MLS se verrait couper l'herbe sous le pied. Quelques agents immobiliers – des visionnaires – font paraître leurs annonces sur ces bases de données alternatives. Les acheteurs pourraient aussi publier leurs annonces d'achat, de location ou de colocation (comme on en trouve déjà sur Craigslist), et

---
1. Voir note 1, p. 167.
2. Aux États-Unis la souscription d'une garantie de passif en cas de vente d'un bien immobilier est un point de passage obligé.

quelqu'un – pour ne pas dire Google – trouverait une solution pour mettre en relation acheteurs et vendeurs, transformant ainsi l'Internet lui-même en place de marché. D'autres acteurs fourniraient les informations nécessaires à la fluidification du marché. Zillow.com, par exemple, collecte les montants des transactions, ce qui permet aux acheteurs et aux vendeurs d'estimer par eux-mêmes le prix d'un bien équivalent.

Je suis certain que le premier agent immobilier (ou plutôt son mari, comme c'est souvent le cas) qui lira ce chapitre se précipitera sur Internet pour m'écrire un e-mail incendiaire ou publier une note sur un blog disant que je n'ai rien compris à la valeur que les agents immobiliers apportent à la vente. Mais s'il vous faut expliquer la valeur que vous apportez, c'est qu'elle n'est pas aussi importante que vous le pensez. Avec tout le respect que je dois à ces personnes, une telle réaction révèle le même état d'esprit défensif et conservateur que celui qu'on trouve dans les autres secteurs dont je parle dans ce livre. Une réaction intelligente au défi que je propose serait d'y voir des opportunités. Je ne vais pas sortir dans la rue pour détruire les agences immobilières. Je veux que le secteur se réveille. Si vous pensez être l'agent immobilier le plus malin du coin, c'est à vous de dépasser vos concurrents, de changer leur modèle d'affaires et de mettre à profit les nouvelles opportunités que fait naître l'Internet. Si vous ne le faites pas vous-même, de nouveaux entrants le feront à votre place.

Les vendeurs et les acheteurs continueront à avoir besoin de certains services. La prochaine génération d'agents immobiliers les leur proposera sans doute à la carte. Pour commencer, les vendeurs veulent que les acheteurs puissent trouver les biens qu'ils vendent. C'est du marketing. Aujourd'hui, les agents immobiliers affirment proposer cela, mais en réalité ils ne font pas grand-chose. Comme j'ai déjà eu l'occasion de l'écrire, quand un agent immobilier publie une petite annonce, c'est autant pour vendre un bien que pour se vendre lui-même. Si je devais lancer une société dans l'immobilier, ce serait avant tout pour aider les vendeurs à réaliser leur vente sur Internet : je publierais des annonces sur Craigslist, je prendrais des photos et des vidéos, je créerais des pages Web assurant la promotion des biens à vendre, en vérifiant que ces pages sont bien référencées par les moteurs de recherche. J'irais même jusqu'à acheter des publicités sur Google. Grâce à Google, vous pouvez dès aujourd'hui le faire par vous-même : avec Picasa pour les photos (publiez-en autant que vous le souhaitez), avec YouTube pour les visites virtuelles en vidéo, avec Google Maps pour indiquer les facilités à proximité, avec Google Earth pour les vues aériennes. Et vous pouvez même aller jusqu'à utiliser Yelp, un service de Google Maps, pour indiquer les restaurants sympas qui sont dans le coin. Un vendeur a la possibilité d'ajouter autant de liens qu'il le souhaite, pour signaler les petits commerçants aux alentours et dire où se trouve le jardin public préféré des enfants. On passe ainsi d'une simple vente de bien à la vente de votre expérience de vie dans le quartier. D'ici peu de temps, vous présenterez vos voisins à vos acheteurs *via* leur blog ou leur profil sur Facebook. La plupart des vendeurs ne voudront pas se donner la peine de faire tout ça par eux-mêmes. Il y a là une opportunité de faire des affaires : il faut la saisir. Si je me lançais dans ce secteur, je proposerais tous ces services en y ajoutant des options et je les facturerais au forfait, pas à la commission.

L'autre grand problème lorsqu'on vend une maison, c'est de supporter les visites. Sur ce plan, je lancerais une entreprise proposant un service de concierge pour planifier les visites et accompagner les acheteurs potentiels. Le concierge n'a pas à vendre la maison (en tant qu'acheteur, je n'ai besoin de personne pour ouvrir les portes des placards et constater comme ils sont vastes). Les vendeurs pourraient fort bien payer le concierge pour ouvrir leur maison (et offrir du café aux visiteurs) – et je pense que si les acheteurs savaient qu'ils n'auront pas affaire au vendeur d'une agence immobilière, ils n'hésiteraient pas à visiter les maisons. Je ne serais pas surpris de voir certains blogueurs se mettre à proposer leurs services pour prendre des photos, organiser des promenades dans les environs, et tenir la chronique du marché immobilier local. Les vendeurs auraient alors tout intérêt à acheter des publicités sur ces blogs.

La vente en elle-même est le dernier problème à résoudre. Ce qu'il faut changer, c'est la législation. Il faut l'assouplir et donner plus de pouvoir aux acheteurs et aux vendeurs, sans les obliger à recourir à un notaire.

Les opportunités technologiques sont nombreuses, elles aussi. J'aimerais bien disposer, sur mon iPhone, d'une application grâce à laquelle positionner les biens à vendre sur une Google Map, et entrer certains critères pour organiser une journée de visites. Cette application pourrait également afficher les photos et les vidéos des biens que je souhaite visiter. Naturellement, elle me permettrait de contacter les vendeurs, les concierges et les agents pour organiser les rendez-vous. Qui aimerait se balader avec un agent immobilier dans une Mercedes hors d'âge alors qu'il pourrait le faire tranquillement tout seul ?

Les acheteurs peuvent utiliser le Web ou leur téléphone mobile pour chercher un quartier potentiel où habiter. De nouveaux services, comme EveryBlock.com, listent tout un tas d'informations de proximité – les taux de criminalité, les derniers permis de construire déposés et même la date à laquelle les graffitis ont été nettoyés pour la dernière fois. Outside.in organise les notes des blogs d'information locale par adresse pour qu'on puisse lire ce que racontent nos voisins. Les acheteurs peuvent aussi contacter des utilisateurs de Facebook qui vivent dans le quartier où ils souhaitent acquérir une maison. Et encore CleverCommute, un nouveau service très bien fait, donne un aperçu précis du trafic routier. Tous ces services qui vous fournissent des informations utiles valent beaucoup mieux que l'avis d'un agent immobilier pour qui tous les quartiers sont merveilleux et toutes les maisons ont un gros potentiel.

L'agent immobilier 2.0 aura un site Web d'une grande richesse, qui couvrira tous les quartiers où elle[1] a déjà

---

1. L'auteur emploie le féminin !

vendu des maisons. Son site comportera de nombreux liens utiles et des informations sur sa zone d'activité. Elle cherchera à utiliser l'effet Google. Lorsque je la contacterai pour acheter une maison, je chercherai peut-être quelqu'un pour m'aider. Ce sera peut-être un agent immobilier nouvelle génération qui m'offrira ce service, ou un nouvel entrant pratiquant l'innovation, ou, au final, peut-être que je me débrouillerai tout seul. Je partirai moi-même à la recherche de la bonne affaire sur un marché ouvert et compétitif – sans que personne ne paie 6 % à quiconque.

ARGENT

*Google Investissement : l'argent crée les réseaux
Google Banque : les marchés
mais pas les intermédiaires*

Google Investissement : l'argent crée les réseaux

Aucune activité n'est davantage dans l'esprit de Google que le capital-risque, et pour une raison simple : la vie des capital-risqueurs est faite d'innovation, de changement et de risque. Ils regardent ce que fait Google, désirent réussir aussi bien qu'elle, et suivent ses banquiers comme leur ombre. Lorsque j'ai dit à Fred Wilson, un des associés de Union Square Venture à New York, que j'écrivais un livre sur la méthode Google, il m'a ri au nez en me disant : « C'est ce que nous nous demandons à longueur de journée. C'est même notre stratégie d'investissement. » Il se demande aussi, avec ses associés, quelle peut bien être la méthode Sequoia (Sequoia Capital est l'investisseur qui a permis le succès de Google).

Fred Wilson, de tous les gens que je connais, est celui qui porte le mieux la Google attitude, et il travaille dans le secteur qui témoigne le plus d'attention à la méthode Google. Il a été l'un des premiers capital-risqueurs à tenir un blog. Au début, ses concurrents l'ont pris pour un fou. Le capital-risque est une activité qui se fait dans la discrétion. Vous ne voulez pas que vos concurrents sachent ce que vous pensez à tel ou tel moment, ni qu'ils soient informés des tendances, des entreprises et des gens que vous suivez. Cette activité est une course de vitesse : il faut arriver le premier sur les bonnes affaires. Mais Fred Wilson a tiré parti de la révélation publique de ses réflexions. Grâce à son blog, il a pu affiner ses analyses et signer des contrats – d'après lui, un tiers de ses investissements ont été faits *via* son blog et/ou des conversations sur Internet. En exposant ses réflexions, Fred Wilson a pu se bâtir une réputation sur Internet et développer son réseau de relations. Tout ceci a fini par l'aider à un moment ou à un autre. Il s'apprêtait à passer un mois en Europe juste après notre entretien, car il voulait mener des projets dans des endroits plus reculés – la Slovénie, par exemple. Il a évoqué son voyage en Europe à la fin d'une de ses notes sur son blog. Aussitôt, il a reçu plus de cent demandes de rendez-vous. Pendant son voyage, j'ai pu suivre ses comptes rendus de réunion sur Twitter.

À ses yeux, « il faut vivre au grand jour et être accessible par les moteurs de recherche pour pouvoir être trouvé facilement. C'est très important d'arriver sur la première page des résultats de Google, ça me permet de construire la marque Fred Wilson ». Si vous cherchez Fred Wilson sur Google, c'est son blog (avc.com) qui arrive en tête des résultats. Suivent sa biographie (en deuxième et quatrième position), sa fiche sur Wikipedia (en cinquième position). En sixième position on trouve son blog sur Tumblr (une entreprise dans laquelle il a investi). En neuvième position, c'est son fil Twitter (encore une entreprise dans laquelle il a investi). Il y a d'autres Fred Wilson sur cette page de résultats : un groupe de rock et un artiste homonyme. Mais, d'après Google, je parlais bien du bon Fred Wilson.

Sur son blog, Fred Wilson lance de nouvelles idées et met à l'essai de nouveaux produits en utilisant les plates-formes et les outils du Web. Il a fait tourner ses lecteurs en bourrique en installant trop de nouveaux widgets très tendance. Mais, par la suite, il a investi dans un grand nombre de ces outils. L'usage que Fred Wilson fait de son blog ressemble beaucoup au mien : nous mettons nos blogs à profit pour apprendre, expérimenter de nouveaux outils, développer notre réputation et rencontrer des gens. Fred Wilson utilise son blog pour gérer son entreprise : il a même rencontré son dernier associé à la suite d'une note sur son blog. Il conseille aux autres entreprises d'embaucher des gens de la « génération Internet », qui comprennent ce nouveau monde parce qu'ils y vivent – et l'Internet est le meilleur endroit pour trouver ces gens. Fred Wilson a inspiré un grand nombre de ses concurrents qui se sont également mis à ouvrir des blogs – en particulier ceux qui investissent sur le Web, pas tellement ceux qui réalisent de lourds investissements dans les biotechnologies ou les infrastructures technologiques. Il y a aujourd'hui un grand nombre de capital-risqueurs bien inspirés qui, sur leurs blogs, expliquent aux créateurs d'entreprise comment retenir l'attention des banquiers et gérer correctement une entreprise.

Cette philosophie du partage s'est diffusée aux entreprises que Fred Wilson détient en portefeuille. Fred Wilson m'a dit que l'un de ses investissements, Clickable, une entreprise de marketing direct sur le Web, participe à des discussions tenues sur d'autres sites, uniquement pour répondre à des questions rarement en lien avec sa propre activité. Elle n'en profite pas tout le temps pour faire sa promotion. Elle ne fait que partager ses connaissances, en bonne citoyenne de l'économie de la gratuité. En résumé, « sa réputation est sa marque ». Fred Wilson m'a parlé du patron d'une start-up qui apprécie beaucoup de participer à des conversations – y compris avec des utilisateurs énervés du fait de la surcharge du service – parce qu'il peut ainsi connaître en détail les tendances de son marché.

Les plates-formes de Web 2.0 – des logiciels ou services ouverts et bon marché permettant de créer facilement et sans gros investissements de nouveaux sites, services, produits, ou même entreprises – offrent aux investisseurs des opportunités et des défis. La loi selon laquelle les petits sont les nouveaux gros ne facilite pas la tâche des capital-risqueurs, car ces derniers ont l'habitude de faire des gros coups – parce qu'ils cherchent à faire le plus de profits possible. Aujourd'hui, un grand nombre de nouvelles entreprises n'ont tout simplement pas besoin de faire appel aux capital-risqueurs et, quand cela s'avère nécessaire, leurs besoins restent peu importants. Si les capital-risqueurs se mettaient à investir des montants plus petits dans un plus grand nombre de sociétés, leurs portefeuilles seraient-ils plus difficiles à gérer ? Les coûts et les risques de leurs investissements augmenteraient-ils ? Avouez que vous ne pensiez pas avoir un jour à plaindre la dure vie de ces pauvres petits capital-risqueurs.

Prenons l'exemple de Outside.com. Cette entreprise a été fondée par Steven Johnson, auteur, journaliste et entrepreneur. Outside.com organise les notes et les conversations des blogs d'information locale par villes et par centres d'intérêts. Ce site utilise de manière très astucieuse les informations de certaines bases de données gratuites, comme Google Maps, et d'autres logiciels Open Source. Steven Johnson a pu démarrer son activité avec 60 000 dollars récupérés auprès d'un *business angel*. Il m'a avoué que s'il avait dû lancer son site cinq ans plus tôt, il en aurait eu pour 50 millions de dollars.

Non seulement les investissements diminuent, mais les entrepreneurs sont de plus en plus jeunes. La plupart des nouvelles entreprises qui ont fleuri avec le Web 2.0 – Facebook ou Digg, pour n'en citer que deux – ont été créées par des entrepreneurs de moins de 30 ans. Sur son blog, Fred Wilson écrit : « Les choses les plus intéressantes que j'ai vues ce mois-ci ou même cette année, ce sont des gamins avec à peine trois poils au menton qui les ont faites. » Et il précise que ce phénomène ne doit rien au hasard. « C'est terriblement difficile d'imaginer de nouveaux paradigmes quand, depuis l'enfance, on a été habitué à lire son journal tous les matins. Mais la génération qui arrive aujourd'hui à l'âge adulte n'a jamais utilisé les journaux, la télévision ou les magazines pour se tenir informée ou se divertir. Elle est née avec l'Internet. Elle a grandi dans les chat-rooms d'AOL, a passé des heures à chatter entre potes après dîner, et ses membres se sont connus à l'école *via* leur login Facebook. L'Internet est leur média. Ils ne font que nous montrer comment il faut vraiment l'utiliser. » Ils ne font que construire l'Internet de demain, autrement dit ce dans quoi Fred Wilson veut investir.

Cette note du blog de Fred Wilson a froissé un certain nombre d'entrepreneurs de ma génération (à titre d'indication, ma barbe est grisonnante). Mais Clay Shirky a soutenu la thèse de Fred Wilson sur la jeunesse en affirmant que « le plus gros atout d'un jeune entrepreneur, c'est d'être inexpérimenté. Ce qui aurait constitué un frein dans presque toutes les autres circonstances est un avantage ici et maintenant… Dans un monde que l'Internet a révolutionné en quelques années seulement, un monde où tout est devenu possible si tant est que vous n'ayez pas la moindre idée de ce qu'étaient les choses avant, ce sont les gens arrivés dans les cinq dernières minutes qui sont le plus à même de comprendre quelles sont les nouvelles possibilités. Et ils le comprennent parce que, précisément, pour eux ce n'est pas nouveau ».

Clay Shirky se fait le porte-parole de toute ma génération lorsqu'il affirme avoir appris, par expérience, qu'on achète les disques dans des magasins, qu'il faut essayer un pantalon avant de l'acheter, et qu'on trouve un nouveau boulot en lisant les journaux. « J'ai dû me défaire de chacune de ces idées, et de milliers d'autres également. C'est ce qui fait de moi un analyste à peu près correct : je dois commencer par assimiler moi-même les nouvelles technologies – je suis trop vieux pour qu'elles m'apparaissent évidentes. Mais c'est aussi pour ça je serais un piètre entrepreneur. »

Fred Wilson a répondu à la polémique qu'il avait créée en disant que, sans faire du jeunisme, ses partenaires et lui constataient simplement que les idées nouvelles leur étaient proposées par des gens de plus en plus jeunes. « Les sites Web qui apportent de vrais services et répondent aux attentes réelles du marché nous sont présentés par des gamins âgés de 15 à 20 ans », disent-ils. Lorsqu'il a publié cette note sur son blog, Fred Wilson a créé un lien vers un site géré par mon fils Jake, âgé de 15 ans à ce moment-là, et qui venait de créer quelques applications sur Facebook et de les vendre. L'un des concurrents de Fred Wilson avait notamment acheté l'une de ces applications. Lors d'un rendez-vous dans les bureaux de Union Square, après avoir interrogé Jake sur sa vision du monde, Fred Wilson et ses associés lui ont conseillé de se trouver un mentor technologique. Ils lui ont suggéré de contacter David Karp, le créateur de Tumblr (Union Square y a fait un investissement). Fred Wilson m'a prévenu que David Karp avait abandonné le lycée pour lancer son entreprise. (*Le lycée !* Petit conseil de mon épouse à notre fils : « Ce n'est même pas la peine d'y *penser !* »)

Comment les investisseurs font-ils pour entrer en contact avec les entrepreneurs d'une autre génération ? Ils doivent tout simplement être présents sur de nombreux réseaux ouverts et entretenir des relations avec un grand nombre d'informateurs. Les capital-risqueurs sont encore un point de passage obligé : ils lèvent des fonds auprès des investisseurs, se chargent des relations avec les start-up, versent leurs dividendes aux investisseurs et prélèvent leur commission au passage. Ce sont des intermédiaires. Or Google permet de contourner les intermédiaires. Comme les capital-risqueurs sont de moins en moins présents – réalisant davantage d'investissements, mais de plus petite taille – il leur est de plus en plus difficile de rester incontournables. Il est également de plus en plus difficile de trouver des entreprises et de les évaluer. En lisant TechCrunch, un blog technologique très connu qui s'intéresse aux entreprises du Web 2.0, j'ai failli attraper la migraine. Il y a tellement de projets qu'il est impossible de tous les suivre : des projets sur les mobiles, sur les réseaux sociaux, sur la gestion des commentaires de blog... À l'ère des petits, qui sont les nouveaux gros, lancer un nouveau projet est devenu très peu coûteux. Des entreprises se créent sur des activités de niche. Mais les barrières à l'entrée se sont également beaucoup abaissées. Il n'a jamais été aussi difficile qu'aujourd'hui de savoir quel acteur gagnera la partie.

Les investisseurs auront donc besoin de se servir de réseaux plus larges de personnes de confiance pour aider celles-ci à trouver et gérer de nouvelles entreprises. Ils pourront lever des fonds auprès de ces personnes de confiance et leur reverser une partie des bénéfices si l'entreprise dénichée est un succès. Ils pourraient aussi développer des réseaux de mini-investissements adossés à leurs structures de capital-risque. Les New York Angels sont une variante de ce modèle. Il s'agit d'un groupe de 65 investisseurs qui évaluent ensemble des entreprises en phase de démarrage. Les incubateurs participent eux aussi activement à l'émergence de nouvelles start-up. Holtzbrinck, un groupe d'édition basé en Allemagne, a créé un labo aidant certaines entreprises à démarrer et investissant dans d'autres entreprises avant de décider ou non de les racheter. Idealab, fondé par Bill Gross, a été l'incubateur d'un grand nombre d'entreprises, dont Overture (le moteur de publicité de Yahoo – et indirectement de Google), PetSmart, Picasa (désormais le logiciel de photo de Google), CitySearch et Aptera Motors, un constructeur de voitures électriques. Ces deux incubateurs fournissent aux entreprises qu'ils accueillent de l'espace, des services de secrétariat, des conseils et des fonds. Ensuite, il y a les incubateurs de nouvelle génération qui se sont spécialisés dans le Web 2.0. Parmi eux, on trouve Y Combinator, qui finance des entrepreneurs individuels et les aide à faire de leur idée une entreprise, SeedCamp, qui organise régulièrement des concours et permet à des start-up européennes de lever des fonds, et Betaworks, qui finance et conseille des start-up en phase de lancement.

Les investisseurs doivent aussi surveiller les campus du MIT (Massachusetts Institute of Technology) et de Stanford – voire même la cour de récréation du lycée de mon fils. Là, les bonnes idées sont légion. J'ai voulu travailler dans l'enseignement car je n'arrivais plus à faire bouger les choses dans un groupe de médias et je croyais que je serais plus utile à l'innovation en aidant les étudiants à innover. À l'université de la ville de New York, j'ai proposé un cours de journalisme entrepreneurial car je pensais que ce n'était pas un non-sens d'enseigner le management à des journalistes. Mes étudiants doivent créer des projets viables d'entreprises de presse et, grâce à une bourse de la Fondation McCormick, la classe fournit au meilleur projet un capital d'amorçage. Pour reprendre ce que disait Fred Wilson à propos de la jeunesse, j'ai remarqué que mes étudiants obtiennent de bien meilleurs résultats lorsqu'ils pensent comme des jeunes, et se plantent lorsqu'ils pensent comme de vieux barbons. D'ailleurs, parfois, ce sont les vieux barbons qui le leur font remarquer. Jim Kennedy, le patron de la stratégie de l'Associated Press, a évalué les projets de mes étudiants, puis il m'a fait remarquer que tous proposaient de créer des sites Web. Il avait prononcé « site Web » avec autant de dédain que certains mélomanes disent « rock'n'roll ». Cette réflexion a inspiré une idée à l'une de mes étudiantes, qui a proposé de lancer un Web magazine pour apprendre aux adolescentes comment passer du Web à Facebook. Elle ne faisait que penser différemment.

L'esprit d'entreprise se diffuse dans la jeunesse. Il existe un blog dédié aux capitalistes en herbe : College-Startup.com (dont le slogan est : « Devenez riche depuis votre piaule »). En 2007, une enquête menée par Harris Interactive pour le compte de la fondation Ewing Marion Kauffman a montré que 63 % des jeunes âgés de 8 à 21 ans ont la possibilité et la volonté de lancer une entreprise et que 40 % ont prévu de le faire. La valeur n'attend pas le nombre des années.

Les capital-risqueurs auraient sans doute intérêt à ressembler à une école : ils ne devraient peut-être pas se limiter à lever des fonds mais aussi proposer des cours (ce que certains investisseurs font déjà au travers de leur blog). Si j'étais capital-risqueur, je me rendrais dans les universités et proposerais d'aider les entrepreneurs talentueux, en échangeant du capital d'amorçage contre de bonnes idées dans lesquelles investir (nous en reparlerons dans les pages consacrées à la Google Université).

Les capital-risqueurs pourraient se comporter comme des places de marché. Lorsque j'ai demandé à Bill Gross comment il s'y prendrait pour repenser le capital-risque à partir de la méthode Google, il m'a répondu : « J'ai toujours pensé qu'on pourrait améliorer le marché des start-up en organisant une sorte de bourse aux start-up ouverte uniquement à des investisseurs soigneusement sélectionnés. Mais il faudrait que toutes les informations y soient publiques pour rendre le système encore plus transparent. » Le problème d'un tel système, c'est qu'il ne permettrait pas aux fondateurs et à leur équipe de réaliser leurs investissements avant que l'entreprise ne soit cédée ou mise sur le marché. On pourrait alors organiser une bourse qui leur serait réservée, leur laisserait la possibilité de se séparer de quelques actions pour s'offrir des BMW, mais les obligerait à rester en poste. C'est un peu ce qu'a fait Facebook en 2008, en autorisant les employés à se vendre des actions les uns aux autres. Bill Gross, l'entrepreneur des entrepreneurs, aimerait se lancer dans une telle entreprise.

Les grandes entreprises peuvent-elles favoriser l'entrepreneuriat dans leurs rangs ? Bien sûr, il y a Google et sa règle des 20 % de temps de travail. C'est une forme d'investissement pour développer l'innovation en interne. Google acquiert également de l'innovation quand elle rachète des entreprises. Mais cela n'était pas suffisant à ses yeux et elle a pris tout le monde de court, en 2008, avec le lancement de son propre fonds d'investissement. Lorsque je travaillais dans de grandes entreprises, j'ai pu me rendre compte à quel point il leur était difficile d'investir dans des start-up. Ce genre d'investissement demande plusieurs types de compétences. Identifier des start-up implique d'être actif dans des réseaux. Gérer la relation avec les créateurs est une forme d'accompagnement. Et les grandes entreprises doivent se montrer assez patientes pour laisser leurs investissements se développer à leur propre rythme, en suivant leurs propres étapes. Pour autant, financer l'innovation est vital pour tout domaine et toute entreprise. Sans aller jusqu'à appliquer la règle des 20 % promue par Google, les entreprises peuvent susciter l'innovation dans leur équipe : elles peuvent proposer des bonifications aux employés qui seraient amenés à créer des entreprises en échange d'une entrée au capital de leur start-up. Les universités ont peut-être elles aussi un rôle à jouer. Je travaille actuellement au sein de mon université à la création d'un incubateur spécialisé dans l'industrie des médias.

Le but des capital-risqueurs est de trouver des personnes de talent apportant de bonnes idées et de fournir à ces personnes les ressources nécessaires à la réalisation de leurs idées. Si j'étais un capital-risqueur et si j'essayais de penser comme Google, je me demanderais comment construire une plate-forme au service de l'entrepreneuriat. Je ferais preuve de la même transparence que Fred Wilson en ce qui concerne mes idées, et j'essaierais que celles-ci en fassent naître beaucoup d'autres. Je ferais en sorte de me comporter en facilitateur plutôt qu'en intermédiaire et je n'hésiterais pas à mettre directement en relation des start-up et des investisseurs, sans me mettre en travers de leur route. Je m'appuierais sur un large réseau distribué de personnes de confiance pour qu'elles m'aident à trouver et gérer mes investissements, et je récompenserais ceux qui composent ce réseau. Je mettrais en relation des réseaux de start-up à même de s'entraider, que j'y ai investi ou non. Je revendique tout cela, car de même qu'il est devenu de plus en plus facile de créer des contenus et des médias, il va devenir de plus en plus facile de créer de nouveaux types d'entreprises. J'organiserais l'abondance. Ce qui, bien entendu, suppose que j'aie de l'argent en abondance, ce que je n'ai malheureusement pas. Tans pis !

Google Banque : les marchés mais pas les intermédiaires

La banque est le royaume des intermédiaires. Les banques agrègent des fonds et les redistribuent sous forme de prêts, sans oublier de prendre des commissions au passage. Petit à petit – puisque les petits sont les nouveaux gros – l'Internet a déjà commencé à mettre fin au règne des intermédiaires de cette activité, en promouvant les relations directes.

Prenons l'exemple du microcrédit en peer-to-peer. En 2008, les 750 000 membres de Prosper.com avaient prêté ou emprunté plus de 150 millions de dollars, les sommes en jeu pouvant être de l'ordre, au minimum, de 50 dollars. Ce système a permis de financer des créations d'entreprises, des frais de scolarité ou des mensualités de cartes de crédit. Il est d'une incroyable facilité et profondément humain. Il suffit de lire quelques demandes de financement : « Depuis que je me suis installé aux États-Unis, il y a neuf ans, je rêvais d'ouvrir une pizzeria napolitaine. J'ai décidé de commencer petit, avec une roulotte à pizzas, puis je me suis développé petit à petit… Aujourd'hui j'aimerais passer de ma petite roulotte à une vraie pizzeria. » J'aurais bien aimé investir dans ce projet. Prenons-en un autre : « Cet emprunt va me servir à lancer une activité à temps partiel pour donner des cours de cuisine *raw food.* » De la cuisine *raw food* ? Beurk, je passe mon tour. Je suis aussi tombé sur une étudiante à la recherche d'une aide pour financer sa dernière année à l'université : « J'ai un travail à temps plein en parallèle de mes cours. Actuellement, ma moyenne au GPA est de 3,9[1]. Je suis en train

---

1. Le GPA est un système de notation unifié dans le monde universitaire américain. On pourrait comparer ce système à celui des ECTS qui a cours en Europe et en France depuis la réforme LMD. Le GPA est évalué sur une échelle de 0 à 4.

de terminer mon diplôme en comptabilité et finance et je sais qu'il est très important de rembourser ses dettes. Et puis, je tiens à garder ma bonne réputation sur ce site. » OK, vendu : j'ai investi dans son projet. Prosper conseille à ses utilisateurs de diversifier leurs investissements pour diminuer les risques en cas de défaillance d'un emprunteur. Même si les taux d'intérêt sont élevés, ce n'est ni un moyen de s'enrichir, ni la meilleure manière de se transformer en Bank of America. Mais c'est charmant et amusant. Prosper transforme l'activité la plus impersonnelle qui soit en une sorte de reality-show concret, avec ses rêves, ses gagnants et ses perdants.

Voici d'autres variations sur le même thème : Zopa vend des certificats d'investissement et permet aux investisseurs de participer aux décisions d'investissement. Loanio est censé rendre le crédit plus sûr en impliquant les cosignataires et en leur fournissant une copieuse documentation. Virgin Money organise dans les moindres détails les emprunts entre amis ou entre membres d'une même famille. Lending Club fait du crédit une activité sociale, *via* Facebook.

Le microcrédit est plus connu – et sert une cause meilleure – pour participer au développement des pays du Tiers Monde où les gens ont coutume d'acheter une vache pour démarrer une entreprise et envoyer l'un de leurs enfants à l'école. Rendez-vous sur dhanaX.com pour voir ce qui se passe en Inde – l'investissement est réservé aux Indiens – ou sur Kiva.org, où les prêts débutent à 25 dollars et servent à financer des entreprises partout dans le monde. Sur Kiva, le montant total des prêts s'élève à 35 millions de dollars – l'emprunt moyen est de 485 dollars – dans 43 pays, avec un taux de remboursement de 98,1 % (à titre de comparaison, aux États-Unis, durant le printemps 2008, le taux de non-remboursement des emprunts était de 2,7 % ; sans parler des subprimes dont le taux de non-remboursement est de 16,6 %). Voici un exemple de demande d'emprunt trouvée sur Kiva : au Cambodge, Mme Phally a un élevage de porcs qui lui rapporte 7 dollars par jour. La ferme de son mari rapporte 5 dollars par jour. Leurs enfants travaillent à l'usine locale de vêtements et contribuent à la vie du foyer. Mme Phally a besoin de 1 000 dollars pour acheter un petit tracteur qui permettra à son mari de labourer sa terre. Kiva précise qu'au Cambodge, il est courant que les fermiers louent leur tracteur pour améliorer leurs revenus. Kiva ne rémunère pas les prêteurs mais l'administration locale facture des intérêts. Chacun de ces crédits change la vie d'un entrepreneur. C'est l'intérêt de l'Internet.

On trouve aussi ce principe aux États-Unis avec DonorsChoose.org, qui vous donne la possibilité de subvenir aux besoins des projets de classes dans les écoles primaires. Vous pouvez aussi jeter un œil sur l'application Causes de Facebook qui permet aux membres de créer, de rejoindre et de faire des dons pour un engagement ou un autre. Toutes ces initiatives font confiance au principe des petits ruisseaux faisant les grandes rivières et aux relations directes et personnelles. Elles laissent ceux qui ont les moyens gérer l'utilisation des ressources comme bon leur semble et s'appuient sur des informations ouvertes.

La crise financière de 2008 s'est propagée partout dans le monde depuis les États-Unis. Elle prend ses racines dans le fait qu'on avait soigneusement planqué des crédits risqués derrière des crédits sans risques et rassemblé le tout dans des packages pour les vendre sur les marchés. Toute cette cuisine financière s'est faite sans que la moindre comptabilité opère une quelconque vérification au niveau de chaque crédit et sans la moindre transparence. Cela n'arrive jamais avec le crédit en peer-to-peer. Je ne prétends pas que le crédit social va remplacer les banques. Mais les banquiers auraient intérêt à en prendre de la graine. Pourquoi ne pas créer une place de marché où je pourrais gérer moi-même mon portefeuille, où je serais libre de l'investir dans des crédits accordés à de petites entreprises, des crédits immobiliers ou des prêts étudiant ? Pourquoi les banques ne mettraient-elles pas leurs infrastructures à la disposition de leurs clients pour faciliter leurs transactions financières ? Virgin Credit et PayPal le font bien, eux. Pourquoi ne pas essayer de redonner aux banques un visage humain ? Il ne faut pas s'attendre à de telles évolutions dans nos bonnes vieilles banques traditionnelles – elles sont trop grosses et trop anciennes. Aussi voit-on émerger des innovations comme les banques en peer-to-peer ou les institutions financières de nouvelle génération. Mais il ne fait aucun doute que le secteur bancaire doit chercher à se montrer plus transparent et plus responsable.

L'Internet ouvre également de nouvelles opportunités en matière de marchés financiers. On trouve sur le Web de nombreuses sources d'information à propos des sociétés ainsi que des analyses plus neutres que les avis des analystes rémunérés par les institutions financières. Les investisseurs peuvent mettre en commun leurs connaissances, leurs données, leurs stratégies, leurs succès et leurs échecs. Le service CAPS de Motley Fool's agrège les informations que possèdent les investisseurs pour venir en aide à chaque membre de la communauté. J'ai investi sur Covestor, où les boursicoteurs en herbe peuvent suivre les investissements des boursicoteurs chevronnés qui publient leurs historiques d'investissements après validation. Tout investisseur peut devenir sa propre Sicav. Un investisseur talentueux tirera des revenus supplémentaires de ses placements judicieux.

Pendant l'un de mes cours sur le journalisme entrepreneurial, Clay Shirky a conseillé aux étudiants travaillant sur un site financier de lancer une carte de crédit à la marque du site : ils pourraient ainsi rassembler les données de consommation de la communauté et permettre aux gens de se comparer aux personnes ayant un profil équivalent au leur, du style : « Alerte – vos dépenses de restaurant sont supérieures de 15 % à celles des gens de votre âge avec un revenu comparable au vôtre. » Savoir tirer parti de grandes quantités d'informations est l'un des piliers de l'esprit Google. Les banques et les institutions financières en savent plus que quiconque sur nos dépenses et presque autant qu'Amazon sur nos achats. Individuellement, ce sont des achats, mais une fois rassemblées, ces informations reflètent l'intelligence des foules. Je souhaite que les banques nous transmettent un jour ces informations pour que nous puissions analyser nos dépenses et gérer nos finances.

Pour quantité de bonnes raisons, les marchés financiers sont régulés – pas suffisamment, si on regarde les résultats de la crise des subprimes. Il faut donc s'aventurer dans ce domaine avec précaution. Mais le Web permet de penser et d'agir autrement, y compris dans le bon vieux domaine de la gestion de l'argent.

Je suis même surpris de constater que le Web n'ait pas eu jusqu'ici d'impact plus considérable sur ce secteur. À chaque fois que je vois un commerce changer de propriétaire dans mon quartier, je suis affligé de m'apercevoir que c'est souvent une banque qui s'y installe. C'est totalement inutile, et pas drôle pour deux sous. J'aimerais tellement voir s'installer un autre Starbucks, un Taco Bell ou, pourquoi pas, une bonne vieille boulangerie. Pourquoi les banques s'acharnent-elles encore à créer autant d'agences et à les remplir avec autant de personnel ? Aux débuts de l'Internet, on a vu se créer des banques sans agences, mais aucune n'a réussi parce qu'elles n'offraient pas suffisamment d'avantages pour pousser les clients à changer de banque. Au final, elles ont toutes été rachetées. Au Royaume-Uni, Egg a été rachetée par Citi, Direct par HSBC[1]. Si ces banques avaient proposé à leurs clients de profiter des économies qu'elles faisaient en opérant uniquement sur Internet – l'avantage de l'Internet en espèces sonnantes et trébuchantes –, peut-être aurions-nous été incités à devenir clients.

---

1. On pourrait rajouter : en France, Banque Directe par Axa.

Peut-être verra-t-on un jour aux États-Unis se généraliser la vie sans argent liquide. Sans doute cela se produira-t-il au lendemain de l'arrivée du bureau sans papier – c'est-à-dire jamais[1]. On a parfois ouï dire qu'au Japon ou en Finlande, on peut acheter du Coca ou payer son parking avec son téléphone portable. Mais je n'en ai jamais entendu parler aux États-Unis. Microsoft avait imaginé devenir le caissier de l'Internet avec son système Passport, mais je pense que personne n'ose faire confiance à Microsoft pour gérer son argent. Google n'a pas été plus chanceux avec Cherckout. PayPal, qui a été racheté par eBay, est pratique pour échanger de l'argent entre particuliers mais trop peu de commerçants l'acceptent. Nous avons peut-être simplement besoin d'une nouvelle devise virtuelle en usage partout dans le monde et qui puisse servir de base à la construction d'un nouveau système financier. À quoi ressembleront les billets de Google ? *In Google we trust*[2].

---

1. Le *paperless desktop* est un vieux serpent de mer de la micro-informatique. Ici l'auteur fait un jeu de mots avec une expression de son cru : *cashless society*. Le parallèle entre les deux est amusant et à propos.

2. Il s'agit d'un jeu de mots sur l'expression « *In God we trust* », qui apparaît sur tous les dollars américains (billets ou pièces).

SANTÉ PUBLIQUE

Hôpital Saint-Google
Mutuelle Google : travailler en coopération

Hôpital Saint-Google

Chaque fois que je participe à un débat sur le journalisme citoyen, il se trouve toujours un journaliste professionnel dans l'assistance pour fanfaronner : « Pourquoi devrais-je me fier à un journaliste amateur ? Vous feriez confiance à un chirurgien amateur, vous ? » Non, je ne crois pas, en effet.

Mais j'aimerais que le système de santé entre dans l'ère de Google et qu'il en profite pour tirer pleinement parti des opportunités qui se présentent en matière de partage d'information. J'aimerais qu'il permette aux patients d'être mieux informés au sujet des traitements possibles, qu'il les rassemble en communautés de malades libres de partager leurs expériences et leurs besoins, et qu'il utilise la puissance des outils collaboratifs pour faire progresser la science dans l'esprit de l'Open Source.

Sur mon blog, j'ai violé le secret médical en révélant mon état de santé et en évoquant ma fibrillation auriculaire (un dysfonctionnement du rythme cardiaque – mais je vais bien, merci). Ouvrir mon dossier médical à mes lecteurs m'a été d'une grande utilité. Des patients affectés par la même maladie m'ont apporté leur soutien, transmis des liens vers des sites d'information, fait part de leurs expériences avec tel ou tel traitement que j'avais envisagé, fourni des informations sur les entreprises travaillant sur de nouveaux traitements. Même Sergey Brin, l'un des cofondateurs de Google, a révélé sur son blog que son profil génétique présentait une prédisposition à la maladie de Parkinson.

Imaginez combien il serait précieux, pour les malades, de pouvoir s'enregistrer sur un site dès qu'ils ressentent les premiers symptômes de l'afib (le diminutif de cette maladie). Pour certains patients, un régime alimentaire riche, un stress ou une activité trop importants peuvent être des facteurs déclenchant la maladie. Pour d'autres, c'est sans effet. Les médecins connaissent déjà ce genre d'informations, mais leurs sources sont des études portant sur un nombre limité de patients. Si des millions de patients dans le monde entier pouvaient partager leurs expériences, on découvrirait peut-être de nouveaux symptômes, corrélations, facteurs déclenchants, voire même de nouveaux traitements. Je n'en sais rien, mais on ne peut être sûr de rien tant qu'on n'a pas essayé, tant qu'on n'a pas proposé de site pour partager et analyser des informations.

PatientsLikeMe a créé une plate-forme destinée aux malades d'un certain nombre de pathologies, comprenant la sclérose en plaques, la maladie de Parkinson, la dépression et le stress post-traumatique. J'ai pu parler avec le mari d'une femme atteinte de sclérose en plaques depuis quelques mois. Il m'a dit que le site lui avait été d'un grand secours : il a pu s'y informer, consulter des témoignages et dialoguer avec d'autres personnes, ce qui l'a considérablement aidé. Les 7 000 patients du groupe consacré à la sclérose en plaques – dont le nombre de membres augmente de presque 700 personnes par mois – se classent eux-mêmes par symptômes ou traitements et racontent leur histoire de façon détaillée. On constate que 395 patients prennent des médicaments contre la fatigue ; 23 d'entre eux ont arrêté de le faire parce que les effets secondaires étaient trop lourds, 21 parce que le traitement était sans effet, et 14 parce qu'ils le trouvaient trop cher. Ces informations sont une mine d'or pour un patient qui essaie d'appréhender sa maladie et de s'impliquer dans son traitement. L'industrie pharmaceutique peut elle aussi y puiser des informations intéressantes. L'entreprise qui exploite ce site explique qu'elle couvre ses frais de fonctionnement par « des partenariats avec des professionnels de la santé qui se servent des données, rendues anonymes, disponibles dans la base des patients de PatientsLikeMe pour conduire leurs recherches et améliorer certains aspects des traitements ». Lorsqu'on partage des informations sur un réseau, tout le monde en profite.

Pour permettre à de tels réseaux de voir le jour, il faut remettre en cause le sacro-saint principe de confidentialité qui a cours dans le domaine de la santé. On doit lutter contre les freins qui nous empêchent d'évoquer publiquement notre état de santé. Personne ne sera enclin à franchir ce pas si, du fait de notre état de santé, nous sommes victimes d'un rejet de la part des assureurs ou des employeurs. Non que je veuille proposer de modifier la législation en ce domaine. Mais si l'on disposait d'un système de santé universel, de nombreux problèmes trouveraient leur solution. Je ne suggère même pas que tout le monde rende publics tous ses problèmes de santé. Je comprends fort bien que vous ne souhaitiez pas révéler les vôtres. Mais si vous le faisiez, cela pourrait vous être utile. La santé est l'un des meilleurs exemples de l'impact subtil mais profond que peut avoir sur notre vie quotidienne le principe d'ouverture auquel l'Internet nous a habitués.

En 2008, Google a lancé un site consacré à la santé (google.com/health). Ses utilisateurs peuvent y créer un dossier médical complet : conditions générales, traitements suivis, résultats d'examens, suivi de certaines données (le cholestérol, par exemple), etc. Ces données ne sont pas destinées à être rendues publiques, même si certains utilisateurs souhaiteraient pouvoir le faire et créer des réseaux de santé. L'objectif de Google est de donner aux utilisateurs de ce service les moyens de s'informer au mieux (ils m'ont fait parvenir des documents sur la fibrillation auriculaire) et de prendre le contrôle de leur santé. Car, pour l'instant, ce n'est pas le cas.

Une tendance se fait jour actuellement, qui propose de travailler à la normalisation des informations de santé. Dans son esprit, cette approche n'est pas très différente des tentatives de standardisation des relations avec les vendeurs – ce qu'on appelle le *Vendor Relationship Management* (VRM), en quelque sorte le pendant du *Customer Relationship Management* (CRM)[1]. Doc Searls, l'un des membres associés du Harvard's Beckman Center for Internet and Society, a popularisé le concept de VRM. J'ai étudié ce qu'il propose. Cela consiste à donner aux clients le contrôle de la relation qu'ils entretiennent avec les commerçants. C'est tout à fait dans l'esprit de la première loi de Jarvis. Fort de ses convictions en matière de VRM, Doc Searls, qui n'est pas médecin, a porté son intérêt vers le secteur médical à la suite d'une semaine épique passée à l'hôpital pour cause de pancréatite. Il a tenu la chronique de cette semaine depuis son lit d'hôpital, sur Twitter d'abord, puis sur un blog. Il a commencé par se plaindre du manque d'information, ce qui a conduit ses médecins à prendre des décisions qui n'ont fait qu'empirer son état. En publiant un lien vers le blog de Fred Trotter, qui propose que chaque patient prenne le contrôle de ses informations de santé, Doc Searls a ajouté : « Je pense que le caractère privé et propriétaire[2] des informations de santé est en soi une maladie qu'il faudrait éradiquer. » Sur son blog, Fred Trotter ajoute : « Imaginons que j'aie de bonnes raisons pour vouloir rassembler toutes mes informations de santé. Pour y parvenir, il me faudra contacter chaque médecin

---

1. En français on parle de GRC : Gestion de la Relation Client.
2. Ce mot est à prendre ici dans son acception informatique. « Propriétaire » s'oppose ici à « ouvert » au sens d'Open Source.

que j'ai consulté et lui demander quelles informations me concernant il a en sa possession. » Tous ces médecins ne manqueront pas de lui faxer leurs dossiers. Fred Trotter conclut en ajoutant : « Le fax est le réseau d'échange du secteur de la santé en vigueur aux États-Unis. » Le dossier ainsi constitué finira par ressembler à une pile de paperasses dans laquelle il sera impossible de chercher efficacement quoi que ce soit. On y trouvera quantité d'informations redondantes et rebutantes à la lecture. Le médecin de Fred Trotter ne sera pas enchanté à l'idée de fouiller dans cette masse de données à la recherche du petit détail manquant.

Doc Searls affirme que l'information médicale doit utiliser des standards ouverts que les patients doivent contrôler. Il voit dans ce changement un chantier aussi ambitieux que la création de l'Internet (ou, comme je préfère le dire, l'application de la méthode Google au secteur de la santé). Sur son blog, Doc Searls ajoute : « On ne peut pas résoudre tous les problèmes de la santé au niveau institutionnel. Aucune entreprise, aucune administration ne peut trouver de solution globale pour la santé, exactement comme ce fut le cas avec l'informatique ou les télécommunications. Ce problème sera réglé par des informaticiens cherchant à développer pour leur usage des solutions qu'on pourra ensuite appliquer à tout le monde. » Doc Searls espère pouvoir un jour porter un regard rétrospectif sur sa vie et constater qu'une infrastructure Open Source accessible sur Internet a révolutionné le secteur de la santé. Il espère que de nouvelles entreprises se seront créées en se servant « des patients comme de plates-formes ».

Essayons maintenant d'appliquer cet état d'esprit – exigence d'ouverture, de standards et de bon sens – non plus seulement au secteur de la santé, mais à la recherche médicale. Comment la recherche pharmaceutique pourrait-elle évoluer si les informations étaient partagées et si elle travaillait davantage dans l'esprit de l'Open Source ? Je ne compte plus les arguments utilisés par l'industrie pharmaceutique pour s'opposer à ce type de démarche : le coût de développement exorbitant d'une nouvelle molécule oblige les entreprises faisant de la recherche à garder secrètes les informations dont elles ont besoin pour mettre sur le marché un nouveau médicament. Je ne m'oppose pas à ce genre de raisonnement. Il faut respecter leur travail et je peux comprendre que les industriels aient besoin de gagner leur vie et de protéger leur propriété industrielle. Pour autant, la question mérite d'être traitée. On aurait peut-être intérêt à augmenter les crédits de recherche publique de telle façon que les résultats de recherche entrent dans le domaine public. Si les universités, les médecins et les hôpitaux se mettaient à pratiquer le partage d'informations à partir de bases de données standard et ouvertes – et en encourageant les patients à y faire part de leurs connaissances et de leurs expériences –, cela ne profiterait-il pas à tout le monde davantage que le système actuel, opaque et fermé ? Si la recherche pharmaceutique était, elle aussi, menée de façon ouverte, à quoi ressemblerait le marché du médicament ? Qui pourrait organiser toutes ces informations ? Google a rendu accessibles la plupart des connaissances humaines à ce jour – toutes celles qui sont numérisées et que l'on peut chercher, du moins –, je pense donc qu'elle pourrait très bien en faire autant avec les connaissances en matière de médecine. Comme Doc Searls, j'espère pouvoir constater de mon vivant que ce rêve est devenu réalité.

En matière de relations avec les patients, la médecine est le royaume du secret. En 2008, j'ai eu l'occasion d'assister à une conférence rassemblant des médecins du monde entier. Ils n'ont pas cessé de parler du fait que leurs patients passent leur temps sur Internet et y trouvent des informations incomplètes ou inexactes. Tous ces médecins auraient préféré que leurs patients évitent d'aller sur Internet. Ils auraient voulu que ce soient les médecins, les vrais experts du domaine, qui puissent contrôler l'accès à toutes ces informations. Eh bien, messieurs, c'est trop tard. Je leur ai conseillé, au contraire, de fournir à leurs patients les informations les plus précises possible. Ou bien de créer eux-mêmes des sites Web. Pourquoi ne lanceraient-ils pas des blogs pour informer très précisément leurs patients – et en profiter pour organiser des réseaux de médecins partageant les mêmes préoccupations ? Après tout, si leurs patients pouvaient accéder à des informations de qualité, cela ferait d'eux des patients de qualité, non ? Les médecins présents m'ont écouté d'un air très dubitatif. Il m'est arrivé de discuter avec mon médecin du traitement qu'il me fait suivre pour soigner ma fibrillation auriculaire. Ce que j'attends de lui, ce sont des informations précises sur mes possibilités de choix pour que nous puissions prendre ensemble les meilleures décisions. Je ne suis pas un cardiologue amateur, mais c'est de mon cœur dont il s'agit.

Je pense qu'on devrait également rendre publiques des informations sur les médecins eux-mêmes. On peut déjà s'en procurer à propos des performances des hôpitaux dans certains domaines (en dépit du fait que certains hôpitaux refusent des patients compliqués parce qu'ils ne veulent pas prendre le risque de faire baisser leurs chiffres). Sur certains sites Web, les patients peuvent évaluer leurs médecins – comme on le fait déjà pour les enseignants et les restaurateurs. Mais les informations ne sont pas très fiables car elles restent anonymes. J'aimerais savoir quels médecins traitent majoritairement quelles pathologies pour pouvoir choisir les meilleurs spécialistes. Si un restaurant appliquant la méthode Google est capable de me dire combien de personnes ont commandé telle ou telle pizza, un médecin appliquant la même méthode devrait bien pouvoir me dire combien de fois il a dû traiter des fibrillations auriculaires. Je serais favorablement impressionné si ce médecin avait fourni sur Internet des informations utiles concernant cette maladie. Et je le serais également si des confrères faisaient des liens vers les pages écrites par mon médecin.

Nous venons de toucher du doigt quelques changements qu'il faudrait mettre en œuvre dans le secteur médical. Tous sont en relation avec l'information : il faut lui appliquer le principe d'ouverture, la rendre publique, l'organiser et l'analyser de telle sorte que ce secteur, et notre propre santé, profitent des effets bénéfiques des réseaux. C'est justement la spécialité de Google.

Mutuelle Google : travailler en coopération

Pendant la préparation de l'écriture de ce livre, j'ai annoncé sur mon blog avoir trouvé quelques secteurs pour lesquels la méthode Google ne pourrait pas s'appliquer. L'assurance occupait la première place sur cette liste (avec quelques autres sur lesquels je reviendrai bientôt).

Les assureurs proposent à leurs clients de jouer avec des dés pipés – et nous acceptons de jouer avec eux en sachant fort bien que nous allons perdre. Personne n'est heureux d'avoir à payer des assurances contre les accidents, les incendies, les inondations, les maladies, ni même une assurance vie. Nous savons que c'est pire que Las Vegas : les assureurs n'arrêtent pas d'accumuler des montagnes de jetons, alors que nous perdons sans arrêt. C'est la base même de leur modèle d'affaires. Si nous ne ramassons pas de jetons, nous sommes perdants (il nous a fallu payer des primes). Si nous en ramassons, nous sommes également perdants (c'est qu'une catastrophe nous est tombée sur la tête). Si une compagnie d'assurances couvre trop de sinistres et fait faillite, les clients qui auront été de bons payeurs sont les dindons de la farce. Il nous est impossible de gagner. Les assureurs n'arrêtent pas de nous prendre pour des menteurs et, en cas de problème, exigent qu'on leur prouve qu'il y a eu sinistre avant de nous rendre l'argent que nous avons mis au pot. Les polices sont si complexes que nous ne nous rendons même pas compte qu'ils nous prennent pour des imbéciles et que, naïvement, nous continuons à payer rubis sur l'ongle – pour le plus grand profit des compagnies d'assurances. Le rapport que nous entretenons avec les assureurs est donc nécessairement méfiant et conflictuel. Diamétralement opposé à la méthode Google.

Les lecteurs de mon blog n'ont pas partagé mon analyse. Un certain nombre d'entre eux ont laissé des commentaires me montrant que les assureurs pouvaient changer et comment ce serait possible. Je reproduis ici quelques extraits de ces messages qui m'ont permis d'en apprendre beaucoup sur les assurances (ce chapitre pourrait être une étude de cas de la puissance de la réflexion ouverte et collaborative).

Dans le premier commentaire, je me suis fait tancer par Seth Godin, l'auteur de *La Vache pourpre : Rendez votre marque, vos produits, votre entreprise remarquables !*[1], de *Tribes*, de *Small is the New Big* et de quelques autres best-sellers de gestion. Il écrivait : « Vois plus grand, Jeff. » Puis il a détaillé quelques exemples d'assurances collaboratives. Premièrement :

> 20 familles coréennes ont fait un pot commun pour lancer des entreprises chacune à leur tour... tous les membres du groupe avaient intérêt à ce que chaque entreprise réussisse pour qu'ils puissent avoir assez d'argent quand ce serait leur tour de se lancer. On pourrait imaginer de créer une assurance en suivant

---

1. Maxima, Laurent Dumesnil Éditeur, Paris 2008, pour l'édition française.

ce principe, chaque membre de cette coopérative travaillant à faire baisser le risque de tous les membres du groupe.

Une internaute française, Bertil Hatt, a indiqué que la MAIF applique en partie le principe des bénéfices réciproques. En plus des polices d'assurance, elle fournit également certains services comme de l'aide à domicile ou des gardes d'enfants. Elle a ajouté que les primes de cette compagnie sont plus élevées que la moyenne mais qu'il n'y a pas de tarifs bonifiés pour les jeunes, les personnes en difficulté et les étudiants. Cette internaute se demandait « comment y arrivent-ils ? ». C'est « grâce à un contrat implicite : quand ils ont plus de moyens, les clients restent fidèles à la MAIF non seulement à cause des services proposés mais également parce qu'ils adhèrent aux valeurs proposées par l'entreprise ». L'assurance devient un bien collectif.

Ensuite, Seth Godin a évoqué certains biens qu'on pourrait assurer moins que les autres parce qu'ils sont mieux équipés. Par exemple, des voitures équipées de freins plus efficaces pourraient voir leur prime d'assurance baisser : en effet, elles sont plus sûres et moins coûteuses en réparations et en garantie – ce qui est une autre forme d'assurance. Seth Godin a poussé la réflexion un peu plus loin et proposé que « ces produits mieux équipés que les autres puissent être vendus avec leurs propres assurances, parce qu'ils sont tellement mieux que les autres et peuvent communiquer entre eux ».

> On pourrait baisser le prix des assurances des voitures capables de se localiser toutes seules et de faire elles-mêmes un diagnostic de panne, ou bien de celles qui savent communiquer directement avec la police.

Bien vu. Le réseau pourrait devenir une sorte d'assurance puisqu'on pourra s'en servir pour surveiller, réparer ou améliorer certains produits qui sauront alors rendre davantage de services. Dans un des commentaires, Chris Cranley a repris l'idée de Seth Godin. Il a suggéré que plus un produit est intelligent, moins il devrait coûter cher à assurer. Il a proposé d'étendre ce principe aux personnes : « Si j'avais su comment éviter tel problème, je n'aurais pas souscrit d'assurance contre ce problème. » En suivant ce principe, l'éducation et l'information deviendraient des assurances contre les assurances. Seth Godin a poussé la réflexion à la limite de l'absurde en spéculant sur les opportunités dont bénéficieraient non seulement les gens plus intelligents mais également – génétiquement parlant – les personnes en meilleure santé. On pourrait recourir aux services de 23andMe, une entreprise qui fait des analyses d'ADN (elle a été fondée par Anne Wojcicki, l'épouse de Sergey Brin. Google a investi dans cette entreprise). Seth Godin poursuivait :

> Et, même si tout le monde n'appréciera pas cette idée, que se passera-t-il quand 23andMe aura pu collecter beaucoup d'informations et proposera aux gens en meilleure santé que les autres de souscrire à leur propre assurance-vie coopérative ?

Le journaliste économique britannique James Ball allait dans mon sens en reconnaissant que l'assurance est « un casino incroyable » où les assureurs « proposent de nous couvrir contre un certain nombre de risques – des risques défavorables – mais où c'est à nous de mettre au pot. Le parallèle entre les compagnies d'assurances et les bookmakers peut être fait aisément ». Son commentaire ajoutait qu'en rendant les paris plus transparents, les parieurs se sont moins fait plumer par les bookmakers. On pourrait proposer d'appliquer le même principe au marché de l'assurance. Il ajoutait : « Il n'y a pas de raison intrinsèque pour que les assurances collaboratives ne réussissent pas. ». James Ball affirmait, comme je l'ai fait de nombreuses fois dans ce livre, que la puissance de l'information ouverte rendra les marchés plus efficaces. Je dois concéder qu'il m'avait convaincu avec mes propres arguments.

Mais, lui ai-je répondu au fil de la conversation, il reste le problème des fraudes : il y aura toujours des gens pour essayer d'arnaquer les assureurs, ce qui risque de faire voler en éclats les communautés et les marchés qui se développent autour de la confiance. James Ball m'a rétorqué que, dans certains cas, la fraude n'est pas un problème si important. « Imaginons qu'une assurance contre le vol impose que le vol soit mentionné dans la presse avant de procéder aux dédommagements. » Il poursuivait :

> Un assureur qui voudrait prendre des risques, ou qui ferait confiance à ses clients, pourrait proposer des indemnités dérisoires pour certains sinistres au cas

où les clients n'apportent pas assez d'éléments de preuves. En traitant l'assurance comme n'importe quelle autre activité où tout est affaire de pari, chacun aurait la garantie de pouvoir diluer son risque.
De façon encore plus intelligente, cette place de marché pourrait prélever une partie de certaines primes (pourquoi pas 5 % ?) pour financer des audits portant sur un certain nombre de sinistres pris au hasard. Cela permettrait de rassurer les clients qui veulent prendre le moins de risques possible ou de s'adresser à des marchés particulièrement sensibles aux risques moraux.

James Ball disait que la place de marché telle qu'il la propose pour l'assurance se servirait des outils technologiques et du principe des réseaux sociaux prenant appui sur la transparence plus que sur la confiance. Il concluait en disant que « l'assurance maladie mériterait certainement d'être étudiée, mais résidant au Royaume-Uni, je n'ai pas ce problème ». Pourquoi donc, James ? Allez, fonce et propose-nous quelque chose.

Shaun Abrahamson, un de mes amis et anciens collègues, y est allé de son petit commentaire, lui aussi, en faisant remarquer que les premières compagnies d'assurances, tout comme les banques mutualistes, « avaient été notoirement reconnues comme les précurseurs des réseaux sociaux ». Puis il a porté la discussion sur l'aspect collaboratif : « Pour rebondir sur ce que disait James à propos des assurances collaboratives, ne peut-on penser que des groupes de gens qui se connaissent bien parviennent à gérer leurs risques plus efficacement que des actuaires ? Ne croyez-vous pas qu'il serait difficile d'escroquer un réseau de gens qui se sont connus par cooptation ? » En d'autres termes, dans une communauté qui s'assurerait elle-même, chacun éviterait d'escroquer ses amis ou ses voisins.

Ivan Pope, un cyber-entrepreneur britannique, est revenu sur ce que disait Shaun Abrahamson. Il m'a affirmé que ma position était erronée. Pour lui, l'assurance est intrinsèquement sociale :

> De même que les banques mutualistes et les sociétés coopératives sont toutes sociales, l'assurance est un contrat social. Chacun paye son écot et celui qui fait face à un problème prend au pot commun selon son besoin. Avec le temps, les assurances sont devenues des entreprises et le marché s'est développé, mais le principe reste inchangé. Avec un peu d'imagination et d'ambition on peut construire à nouveau des assurances qui soient des communautés sociales.

Scott Heiferman, le fondateur de Meetup, a replacé notre discussion dans une perspective historique. S'inspirant des notions qu'il évoque sur son blog (le « graphique social » auquel il se réfère est ce que Mark Zuckerberg nomme l'organisation des connexions personnelles sur Facebook), il a écrit un court manifeste des changements à apporter dans la prochaine décennie :

> Historiquement, quand les gens ont pu se réunir et s'associer librement, ils ont auto-organisé les assurances, de manière coopérative. Puis, avec le temps, l'assurance est devenue l'industrie centralisée et

professionnalisée qu'on connaît aujourd'hui. Je suis en mesure de vous dire qu'une « craigslistification » massive des assurances se produira avant le 27 avril 2018. Tout sera une affaire de dés-institutionnalisation – elle ne proviendra pas du cyborg gouvernemental (la Sécurité sociale) ni du cyborg institutionnel (AIG). La Nouvelle Sécurité sociale sera décentralisée et autogérée. Ce ne sera pas la règle du chacun pour soi mais le triomphe du tous ensemble. Voilà le défi que nous avons devant nous.

Ici, on touche à la plus grande promesse de Google, celle qui lui donne toute sa puissance : faisons-le ensemble.

Pour finir, Gregory Lent a résumé la discussion en proposant l'assurance idéale de l'ère de Google. Il prévoit que les réseaux sociaux du Web 2.0

feront voler en éclats l'assurance, parce qu'ils relieront la totalité du système de manière transparente : les assureurs, les assurés, les intermédiaires que les assureurs rémunèrent. Il n'y aura plus rien à cacher, la responsabilité existera partout, les prix chuteront et finiront certainement par se fondre dans d'autres dépenses. C'est ce qui pourrait nous arriver de mieux.

En assemblant toutes ces idées, on peut commencer à tracer les contours d'une hypothétique compagnie d'assurances nouvelle génération, grâce à laquelle une communauté prendrait le pouvoir en contrôlant les polices d'assurance souscrites par ses membres. J'ai présenté ce scénario à quelques assureurs qui m'ont pris pour un fou... tout en reconnaissant que mes idées ne manquaient pas de bon sens.

Imaginons une entreprise tournée vers le futur – Google, par exemple – et se lançant dans la création d'une nouvelle compagnie d'assurances. Si la communauté se maintient en bonne santé et fait baisser par là les coûts des soins – tout en augmentant l'efficacité du système –, le montant des polices d'assurance diminuera. Face à une telle proposition, les membres de la communauté se motiveront les uns les autres pour faire attention à leur santé et rester en forme ; ils s'encourageront mutuellement à faire du sport et à manger sainement. Mais – excepté le fait que nous nous portons mieux – les économies ainsi générées se font entièrement au profit de la compagnie d'assurances, et personne ne récupère jamais la moindre information sur les bénéfices qui en résultent. C'est pourquoi la compagnie d'assurances 2.0 rendra la communauté responsable en partageant avec elle avantages et responsabilités. Cette compagnie d'assurances sera totalement transparente vis-à-vis de ses clients. Ces derniers pourront avoir accès à toutes les informations en matière de données actuarielles, de coûts et de profits. Cette compagnie d'assurances fera pression sur les médecins pour qu'ils lui transmettent des informations à propos de leur activité, et donnera ainsi aux membres de sa communauté les moyens de prendre les meilleures décisions possibles en matière de traitement.

La communauté, en retour, devra faire attention à sa santé et garder un œil sur les professionnels de santé. Par exemple, les médecins qui assurent mon suivi me font venir toutes les quatre semaines à la clinique pour vérifier les effets de l'anticoagulant que je prends du fait de ma fibrillation auriculaire. Mes résultats sont toujours identiques. Chaque fois que j'y vais, je suis horrifié de l'inefficacité de l'organisation : il m'est arrivé de voir deux infirmières me faire tout un cinéma pour piquer le bout de mon doigt (alors que certains diabétiques le font une demi-douzaine de fois par jour). Cette clinique tire son chiffre d'affaires de ce que je lui paye et de ce que lui verse ma compagnie d'assurances (grâce à la prime versée par moi-même). C'est du gaspillage. Je n'ai pas envie de perdre mon temps avec tout ça. Les seules relations que j'entretiens avec ma compagnie d'assurances sont méfiantes et conflictuelles. Je n'ai rien à gagner si je proteste ou si je fais un scandale. Si ma communauté et moi étions responsables de notre système de santé, ça ne se passerait pas comme ça, mon implication étant tout autre.

La communauté pourrait aussi choisir de parrainer des courses, des régimes et des écoles, et financer ces actions en prélevant une partie des primes, si elle pense que parier sur la santé générera du profit. Elle pourrait prendre exemple sur la MAIF et proposer services à domicile et gardes d'enfants, si la communauté pense que le jeu en vaut la chandelle. Tout serait une affaire de décisions communautaires. On verrait apparaître une communauté dont les membres veulent rester en bonne santé pour un prix et un niveau de risque faibles. Et ils y arriveront parce que la compagnie d'assurances de nouvelle génération leur fournira une plate-forme, des outils, des informations et une logistique qui permettront à la communauté d'atteindre les buts qu'elle s'était fixés. Ce sera la responsabilité de la communauté, pas de la compagnie d'assurances. Ma vision des choses applique une grande partie de la méthode Google, à commencer par la première loi de Jarvis.

J'ai pu élaborer ce point de vue avec l'aide des lecteurs de mon blog. Ils m'ont aidé à résoudre d'anciens problèmes en appliquant les nouvelles méthodes issues de l'Internet. Ils m'ont permis de voir ce qui pouvait être amélioré. Ils ont estimé que davantage de transparence sur le marché de l'assurance permettrait d'en tirer plus de valeur. Ils ont pensé qu'ajouter une dimension sociale – les intérêts partagés et la pression d'une communauté – pourrait accroître la valeur. Ils m'ont dit qu'en laissant le marché s'autoréguler, on pourrait augmenter la confiance, et l'assurance est une question de confiance. Ainsi ils m'ont proposé des réseaux d'intérêts mutuels et de services permettant de réduire voire d'éliminer le rôle des intermédiaires.

Je n'adhérais pas du tout à ces idées. Mes généreux lecteurs, eux, y croyaient. Ils ont été mon assurance contre un chapitre vide.

SERVICE PUBLIC

Google Université : des enseignements ouverts
Les États-Unis de Google : les geeks font la loi

Google Université : des enseignements ouverts

Qui a encore besoin de l'université quand on peut utiliser Google ? Tout ce que le monde compte d'information numérisée est accessible *via* le moteur de recherche. Il est possible de connecter ceux qui veulent apprendre et ceux qui ont le savoir. Les étudiants peuvent entrer en contact avec les meilleurs professeurs. On peut trouver des experts dans tous les domaines. Les manuels n'ont plus à être figés sous forme de bouquins mais peuvent comporter des liens vers des informations complémentaires et donner lieu à des discussions. Ils peuvent être écrits en collaboration par plusieurs auteurs, mis à jour et corrigés en temps réel. Ils peuvent contenir des FAQ[1], des

---

1. Foire Aux Questions : une liste des questions les plus triviales suivies de leurs réponses. Cette pratique a été généralisée par l'Internet et est devenue courante dans de nombreux domaines.

quiz et même proposer des contenus multimédia. Je ne vois pas pourquoi mes enfants devraient se limiter aux cours dispensés dans leur seule école. Déjà aujourd'hui, ils peuvent suivre en ligne des cours du MIT et de Harvard, excusez du peu. Et il n'y a aucune raison pour que moi aussi, même si mes études sont loin derrière moi, je ne suive pas ces mêmes cours.

Vous vous dites sans doute qu'étant professeur, je vais à présent vous dérouler la longue litanie des avantages de l'enseignement à distance et que par une belle pirouette de rhétorique je finirai par vous démontrer pourquoi il faut conserver le système universitaire en l'état. Mais il n'en sera rien. Naturellement, je respecte l'institution universitaire et ses traditions, et je ne souhaite pas les voir disparaître. Mais, tout comme les autres secteurs étudiés dans ce livre, l'enseignement doit faire face aux défis de l'ère de Google qui remettront en cause ses fondamentaux. En fait, l'enseignement est l'un des secteurs qui se verront le plus profondément touchés par les innovations à venir – tout comme celui qui pourrait y trouver les opportunités les plus grandes.

Prenez-moi pour un utopiste si vous le souhaitez, mais je me plais à imaginer un nouveau système éducatif dans lequel les étudiants pourraient suivre n'importe quel cours et les professeurs choisir d'accueillir n'importe quel élève. Un système où les cours seraient publics et collaboratifs, où la créativité se nourrirait de Google, où l'on favoriserait ceux qui se plantent en beauté et pas les bachoteurs, où l'on pourrait continuer ses études bien après 21 ans, où les notes et les diplômes compteraient moins que le dossier personnel, où l'économie du don fournirait à quiconque possédant des connaissances la possibilité de devenir professeur, où l'on préférerait les capacités de recherche, de raisonnement et de remise en cause à celles de mémorisation et de calcul, et enfin où les universités proposeraient une abondance de cours au lieu de se cantonner à gérer la rareté des places dans les salles de classe.

Qui a dit que l'université était l'endroit le plus adapté à l'enseignement, voire le seul ? Sur son blog Webblog-ed.com, Will Richardson enseigne à ses collègues comment tirer parti d'Internet pour leurs cours. Il y a écrit une lettre ouverte à ses enfants, Tess et Tucker : « Je veux que vous sachiez que vous n'êtes pas obligés d'aller au lycée si vous ne voulez pas y mettre les pieds. Il existe d'autres voies vous assurant un avenir et elles dispensent un enseignement plus riche, meilleur, et plus utile qu'un diplôme. » Il ajoutait que, certes, le système scolaire les ferait passer de classe en classe et leur délivrerait des diplômes, mais que les alternatives étaient nombreuses, à commencer par les jeux, les communautés et les réseaux construits autour de leurs intérêts respectifs. Il disait à ses enfants : « Au lieu de recevoir un beau morceau de papier à accrocher au mur, qui affirme que vous êtes des experts, vous aurez développé toute une série d'expériences, de réflexions et de dialogues qui prouveront votre expertise et montreront ce que vous savez, en toute transparence. En feront partie un corpus de réalisations et un réseau d'élèves que vous animerez en permanence, qui évoluera avec vous et retiendra vos leçons les plus importantes. »

Si c'est à ça que ressemblera l'enseignement, à quoi l'université pourra-t-elle bien ressembler ? J'ai posé cette question sur mon blog et Bob Wyman (qui travaille pour Google) m'a répondu. Il a fait abstraction de l'université pour se concentrer sur ses fonctions-clés : enseigner, évaluer et faire de la recherche. Ce à quoi j'ajoute une quatrième fonction, informelle : apprendre la vie en société. Examinons-les, en commençant par la dernière.

C'est à l'université qu'on apprend à vivre en société et c'est pour cela que chacun souhaite y envoyer ses enfants. Les adultes considèrent que l'université correspond à une période de la vie qui nous fait mûrir, nous apprend l'indépendance et les responsabilités. Les étudiants y voient une occasion de quitter leurs parents. Peu importe. Jeffrey Rayport, consultant et professeur à la Harvard Business School, m'a invité au Harvard Club de New York. Il m'a dit avoir été intronisé par un diplômé de cette université qui n'accordait que peu d'importance à l'ambiance formelle de l'école de Cambridge. Au sein du club, il a créé ce qu'il aurait aimé trouver à Harvard : un endroit chaleureux, une expérience réelle – dans le sens que Disney donne à ce mot – de l'enseignement. Je pense sincèrement qu'il faut un moment dans la vie pour faire ce genre d'expérience et vivre avec ses pairs. C'est ce que font les personnes âgées. Mes parents habitent à Sun City Center, en Floride, une ville qui a officiellement interdit aux moins de 55 ans de s'y installer. Pourquoi ne pas proposer des villes réservées aux jeunes et que l'on devrait quitter en atteignant 30 ans, une sorte d'université de Melrose Place ?

Mais sérieusement... Quand on peut s'offrir le luxe d'explorer le monde avant d'entrer dans la vie active, il ne faut pas s'en priver. Pour ce faire, on peut visiter l'Asie sac au dos ou s'engager dans une association humanitaire. Aujourd'hui, cette découverte peut également prendre la forme d'une création d'entreprise. Nos jeunes années sont sans doute les plus créatives et les plus productives. Bill Gates, Mark Zuckerberg et les petits gars de Google ont tous abandonné leurs études à un moment donné pour fonder des entreprises. Celles-ci sont finalement devenues des géants. Peut-on réellement forcer des enfants à passer douze, seize ou même dix-huit ans à l'école – en essayant de leur apprendre à tous les mêmes choses – avant de commencer à les laisser agir ? De même, au lieu de leur proposer ce bon vieux service national, ne pourrait-on les aider à trouver ou à nourrir leur violon d'Ingres ?

Il faudrait peut-être séparer la période de jeunesse de l'éducation. Les connaissances restent valables toute la vie, alors que la jeunesse est une période d'exploration, de maturation, de socialisation. Il faudrait chercher à préserver la jeunesse – tout comme Google parvient à préserver ses inventeurs – pour permettre aux jeunes de se développer et d'affronter des défis. Que se passerait-il si l'on imposait aux étudiants, comme le font les ingénieurs de Google, de consacrer une journée par semaine, un cours par semestre, ou une année durant leurs études, à un projet personnel – créer une entreprise, écrire un livre, composer une chanson, faire de la sculpture, inventer quelque chose ? L'école pourrait agir comme un incubateur en conseillant, encourageant et nourrissant les idées et efforts des étudiants. Que sortirait-il de tout ça ? Du bon et du mauvais. Quoi qu'il en soit, les étudiants seraient obligés de s'investir davantage dans ce qu'ils font et de sortir du confort de l'uniformité. Cela les obligerait à se poser les questions avant qu'on leur fournisse les réponses. Ils en viendraient à connaître leurs propres talents et leurs propres besoins. Les plus sceptiques d'entre vous objecteront que les étudiants ne sont pas tous assez responsables ni assez autonomes pour qu'un tel programme puisse être lancé. C'est possible. Mais comment pourrons-nous savoir ce que les étudiants ont dans les tripes si on ne leur donne pas l'occasion de nous le montrer ? Et pourquoi faudrait-il que l'enseignement soit perpétuellement nivelé par le bas à cause de quelques cancres qui n'arrivent pas à suivre ?

En allant à l'université, on a aussi l'occasion de se créer un réseau – les fameux réseaux de potes. Les associations d'anciens élèves n'ont plus à prouver leur utilité en matière de recherche d'emploi et de développement de réseau. Mais, aujourd'hui que nous avons à notre disposition la plus grande machine à connexions du monde – l'Internet –, avons-nous encore besoin de ces bonnes vieilles associations d'anciens élèves ? LinkedIn, Facebook et les services similaires nous donnent la possibilité de créer, d'organiser et de développer des réseaux (les amis de nos amis…) à partir non seulement de nos anciens amis de l'université, mais également de nos ex-collègues, des personnes rencontrées dans les salons et même de celles croisées sur des blogs. Les membres des Skull and Bones de l'université de Yale[1] ou les anciens de la Harvard Business

---

1. Une des confréries les plus fermées de l'université de Yale.

School ne seront peut-être pas d'accord avec moi. Mais, en bon évangélisateur de l'Internet, je me réjouis à l'idée que les bons vieux réseaux traditionnels puissent un jour être éclipsés par de nouvelles méritocraties. Facebook n'a pas seulement offert une organisation élégante aux universités, il va sans doute les supplanter en tant que créateur de réseaux.

Traiter du développement de la recherche, rôle important des universités, à partir des réseaux distribués me sera plus difficile. La recherche, surtout la recherche fondamentale, représente un coût qu'une économie de marché a du mal à supporter. À moins d'être liée à un marché et financée par une entreprise, la recherche doit trouver son financement dans des fondations, des dotations, des dons et des impôts – et aussi, bien souvent, dans la généreuse passion des chercheurs. Cela restera encore longtemps le cas. Toute la question est de savoir si la recherche continuera à être menée dans les universités ou les groupes de réflexion et si elle le sera par des enseignants-chercheurs ou des têtes pensantes apportant finance. Il y a peu de raisons pour que la recherche continue à être aux mains des universitaires sur les campus, peu de chances pour que ces universitaires n'élargissent pas leurs réseaux. Depuis longtemps, la recherche est davantage une méthode qu'un produit, puisque les articles publiés sont évalués par les pairs et que les résultats de recherches d'une équipe finissent toujours par être repris comme point de départ par d'autres équipes. Et ce phénomène s'est amplifié maintenant que les recherches sont publiées sur des sites Web, des blogs et des wikis et que tous ces contenus sont accessibles par les liens et par Google (qui propose un moteur de recherche dédié au monde de l'éducation sur scholars.goole.com). Cette ouverture encourage les contributions, le travail collaboratif et les vérifications.

L'une des missions des universités consiste à faire subir des examens et à délivrer des diplômes : il y a des étapes à franchir pour devenir un expert. Le principe d'une certification unique, à subir une seule fois dans sa vie – pour obtenir un diplôme –, est à remettre en cause car, de nos jours, la vie change tellement vite qu'il faut sans cesse s'adapter à de nouvelles réalités. Peut-on imaginer des moyens plus adaptés que les diplômes pour évaluer les connaissances ? Pourquoi faudrait-il arrêter sa formation aux alentours de 21 ans[1] ? Les diplômes commencent à sentir la poussière. La plupart des choses que j'ai été amené à entreprendre au cours de ma carrière m'ont demandé d'acquérir de nouvelles connaissances – bien après avoir terminé mes études – en matière de technologie, de gestion, d'économie, de sociologie, de sciences, de pédagogie, de droit et de conception. La plupart de ces connaissances, je les ai acquises par moi-même, en public, sur mon blog et avec l'aide de mes lecteurs. J'encourage donc les enseignants à ouvrir des blogs et à accepter les défis que leur lancent leurs publics. Je crois qu'un blog devrait avoir autant de poids qu'un article dans une revue. Bloguez ou mourez, en quelque sorte...

---

1. C'est-à-dire l'âge moyen auquel les étudiants obtiennent leur « bachelor », qui est le premier grade universitaire et qui correspond à la licence française, un grade qui s'obtient à bac + 3.

Nos dossiers de recherches en ligne, accessibles *via* Google, pourraient devenir nos nouveaux CV. Neil McIntosh, un des rédacteurs en chef du *Guardian*, a écrit sur son blog qu'il attendait des candidats aux postes de Web journalistes qu'ils tiennent des blogs. « Quand on postule à un poste de Web journaliste, tenir soi-même un blog est un point de passage obligé, écrivait-il. De plus, la qualité de ce blog a une grande importance, parce que je peux ainsi me rendre compte de ce qu'un candidat a dans le ventre lorsqu'il est poussé par sa seule motivation et qu'il n'a pas de directives éditoriales. » Notre travail – c'est-à-dire nos créations, nos prises de position, nos particularismes ou autres – révèle quantité de choses sur ce que nous sommes. Avant un entretien d'embauche, quel est l'employeur qui ne fait pas de recherche sur Google à propos des candidats qu'il va recevoir (cette pratique est interdite en Finlande, au passage) ? La crainte des candidats, c'est qu'un futur employeur ne tombe sur des informations embarrassantes et des photos de soirées trop arrosées. Mais c'est une raison de plus pour qu'il soit aussi en mesure de trouver votre blog et vos travaux en tous genres.

Il peut arriver qu'un employeur ait besoin d'une certification. Et c'est là qu'on en arrive à ce que Bob Wyman appelle les tests : des examens permettant de s'assurer que les nouveaux docteurs, juristes ou techniciens informatiques savent réellement de quoi ils parlent. Mais ces certifications sont souvent délivrées par des organismes professionnels, non par des écoles. La préparation de ces examens est prise en charge par des organismes spécialisés ou des entreprises de formation telles que Kaplan. Les universités leur ont abandonné ce marché. Pourtant, ces certifications font sens. Elles constituent une garantie contre les chirurgiens amateurs (ou alors, c'est que l'amateur est diplômé). Tester les étudiants *après* qu'ils ont appris quelque chose plutôt qu'avant n'est pas dénué de sens. Les examens qu'on fait passer *avant* d'intégrer une formation – les examens d'entrée – seraient plus utiles aux étudiants s'ils leur permettaient de mettre en lumière non ce qu'ils savent déjà mais ce qu'ils ont encore à apprendre. Entre les examens d'entrée à l'université[1] et ceux exigés par la loi *No Child Left Behind*[2], nous cédons à la tyrannie de l'examinite aiguë qui dévalue l'enseignement. Le système fait en sorte que tous les élèves se ressemblent.

Nous arrivons à présent au cœur du sujet, à savoir la réelle valeur ajoutée des universités : l'enseignement. Je vais violer ma propre première loi et affirmer que le contrôle de l'éducation ne doit pas toujours être laissé aux étudiants. Lorsque nous nous embarquons dans une discussion sur l'enseignement, il arrive souvent que nous ne sachions pas sur quels points nous sommes

---

1. Aux États-Unis aucun élève ne peut entrer à l'université s'il n'a pas réussi un examen standardisé, le *Scholastic Aptitude Test* (SAT).
2. Le *No Child Left Behind Act* de 2001 institue des examens annuels d'évaluation des élèves des écoles primaires qui sont censés s'assurer que tous les élèves d'une classe ont bien assimilé les programmes. C'est un examen assez controversé dans la communauté pédagogique.

ignorants. Ou, pour le dire avec les mots de Google, nous ne savons pas quoi chercher. Le professeur a donc encore un rôle à jouer et de la valeur à apporter. Si vous désirez apprendre à réparer un ordinateur, opérer un genou ou appréhender la métaphysique, le plus simple est encore de vous adresser à un professeur, car celui-ci aura élaboré un cours sur le sujet et sera à même de vous aider à comprendre. Lorsqu'on sait parfaitement ce qu'on veut apprendre – comment créer une vidéo sous Final Cut, comment améliorer son français –, il est tout à fait possible de recourir à des livres, à des vidéos ou à l'expérimentation, et d'apprendre par soi-même. L'Internet peut aussi simplifier la mise en relation des professeurs et des étudiants. Jetez un coup d'œil sur le site TeachStreet.com. D'après Streetwise il rassemble, dans deux villes seulement, 55 000 professeurs, tuteurs, coaches, accompagnateurs, et ce dans toutes sortes de cours. Je n'irais pas sur ce site pour apprendre la chirurgie, mais il m'aiderait sans doute à améliorer mon allemand qui est bien rouillé.

L'un des avantages à disposer d'universités distribuées et connectées, c'est que les étudiants seraient libres de choisir leurs professeurs. Les enseignants ne pourraient plus compter sur leurs rentes de situation (et je parle en connaissance de cause) mais devraient assurer leur progression par le seul mérite. Bien sûr, certains sites comme RateMyTeacher.com permettent déjà d'évaluer les professeurs, mais les étudiants restent prisonniers de leurs salles de cours. S'ils pouvaient suivre des cours partout, une place de marché des cours verrait le jour et les meilleurs cours pourraient s'y distinguer. Ce serait l'université des savoirs rassemblés.

Les professeurs auraient également la possibilité de sélectionner les meilleurs étudiants. Une classe deviendrait alors une équipe composée de personnes triées sur le volet, étudiant en commun un sujet particulier, publiant sur un blog les avancées de ses travaux ou rédigeant un manuel. Cette équipe n'oublierait pas d'y joindre une rubrique FAQ comportant des réponses détaillées utilisables par la classe suivante ou par le grand public (un cours sans FAQ a-t-il encore du sens ?). Naturellement ce contenu serait accessible à la recherche et constituerait, pour les futurs étudiants, le moyen de trouver et d'évaluer les meilleurs cours et les meilleurs professeurs. Tout cela contribuerait à l'amélioration du système éducatif. S'inviterait dans la salle de classe le principe de transparence issu de l'Internet.

On pourrait construire de nouveaux modèles économiques pour l'enseignement. À commencer par l'enseignement sur abonnement : je m'abonne à un professeur ou une institution qui me font parvenir régulièrement de nouvelles informations, des tests, des questions-réponses, le tout étalé sur une année entière. De nombreuses universités proposent à leurs diplômés des formations continues et des sessions de mise à niveau. Au sein de l'école de journalisme de l'université de la ville de New York, on appelle cela notre garantie 100 000 kilomètres. L'enseignement pourrait se faire plutôt dans le cadre d'un club que dans celui d'une classe : on se réunirait, chacun pourrait apprendre des autres et enseigner aux autres. Qui a déjà longuement creusé un sujet pourrait l'enseigner aux autres. L'enseignement en peer-to-peer fonctionne très bien sur Internet, surtout pour les langues. Allez voir le site LiveMocha où les professeurs d'une langue étrangère ont la possibilité d'être élèves dans une autre langue, et où chacun peut librement critiquer ou aider un étudiant. C'est un réseau d'apprentissage.

En classe, qu'elle soit réelle ou virtuelle, Google oblige les professeurs à enseigner différemment. Je me demande pourquoi l'on demande encore aux étudiants de retenir des faits quand on peut aisément les retrouver en cherchant sur Internet. La mémorisation n'est pas une discipline vitale à partir du moment où les étudiants ont les moyens d'étancher leur soif de connaissances en s'appuyant sur des recherches et des raisonnements, et où ils sont capables d'identifier ce qu'ils ne savent pas, de poser des questions pertinentes, de trouver les réponses, sans oublier d'apprendre à évaluer leurs sources. Il faudrait enseigner aux étudiants à utiliser l'Internet et Google pour retrouver des faits avérés, sans oublier de leur apprendre comment évaluer les sources.

Existera-t-il encore des universités à l'ère post-Google ? Naturellement, ces institutions sont trop grosses, trop riches et trop précieuses pour disparaître. Mais, comme toutes les autres, elles devront se remettre en question et prendre en compte les nouvelles opportunités. Il est nécessaire que les universités réfléchissent à la valeur qu'elles apportent à l'enseignement : elles sélectionnent les enseignants, permettent aux étudiants de se bâtir un CV, fournissent des plates-formes d'apprentissage. Il faudra bien que l'on se demande quand et pourquoi continuer à rester avec d'autres étudiants dans la même classe qu'un professeur. Le temps passé en classe est utile mais pas toujours nécessaire. De nombreux MBA destinés aux professionnels ont trouvé des solutions pour limiter cette durée et éviter que l'enseignement n'empiète trop sur le temps de travail. La Berlin School of Creative Leadership (où je siège au conseil pédagogique) organise des rencontres entre ses étudiants partout dans le monde, de telle façon que chacun puisse s'enrichir des savoirs locaux. Les universités peuvent dès lors dépasser les limites de leurs campus. En agrégeant des intérêts ou des besoins particuliers provenant de toute la planète, elles peuvent également devenir plus petites, focalisées sur des niches de connaissances, et abandonner les enseignements généralistes à d'autres universités. Les écoles aussi devront se concentrer sur ce qu'elles font le mieux et faire des liens vers le reste. Cela exigera qu'elles rendent leurs connaissances ouvertes et accessibles par les moteurs de recherche. C'est une obligation pour les utilisateurs de Google.

Comment les universités génèreront-elles leurs revenus ? Pour citer Tom Lehrer, un ancien professeur du MIT, devenu auteur de chansons satiriques, et qui évoquait Werner von Braun, le fameux spécialiste allemand des fusées embauché par la Nasa : « Une fois que les fusées sont lancées, qui se préoccupe d'où elles atterrissent ? Ce n'est pas mon service qui s'en occupe. » Si je donne trois cours de trois heures par semestre à vingt étudiants pendant deux ans et que chaque étudiant me paye sur la base du salaire que me verse mon université, financée par l'État de New York – environ 250 dollars de l'heure –, je gagne 90 000 dollars, c'est-à-dire à peu près ce que je gagne aujourd'hui (mais je ne donne pas de cours pour l'argent que cela me rapporte). Sur un marché concurrentiel, existerait-il des étudiants prêts à payer 750 dollars pour assister à mes cours ? Cela dépendra de leur qualité, de la réputation de l'université et des offres concurrentes. S'il y en a qui sont prêts à payer cette somme, l'université n'en retirera aucun bénéfice. Ses frais de structures seront couverts, comme aujourd'hui, par des subventions privées ou publiques. Ce n'est pas un modèle tellement viable.

Et pourtant, regardez à nouveau ce qui se passe à l'université de Phoenix, chez Kaplan, et dans d'autres organismes d'enseignement professionnel privés qui ont créé des produits permettant à leurs élèves d'apprendre ce dont ils auront besoin dans leurs vies professionnelles. Ces organismes ne sont pas aussi académiques qu'Oxford, mais ils remplissent leur rôle et se comportent comme des entreprises. Ils facturent les heures d'enseignement plus cher que les universités publiques, mais bien moins cher que les universités privées. Je pense que nous verrons naître de nombreuses entreprises d'enseignement parce que l'Internet offre la possibilité de créer un nouveau marché pour l'éducation. De nouvelles entités inventeront sans doute de nouveaux métiers. Pour apprendre la programmation de bases de données, il faut aller chez Kaplan. Pour créer un nouveau Google, mieux vaut aller à Stanford.

Sur son blog officiel, Google donne des conseils aux étudiants, non pas sur les endroits où il faut étudier, mais sur les domaines qu'il faut étudier. Jonathan

Rosenberg, vice-président pour la gestion des produits, a écrit dans une note que l'entreprise cherchait « des compétences en résolution de problèmes non routiniers ». Il a fourni un exemple : la façon routinière de résoudre le problème de la vérification orthographique est d'utiliser un dictionnaire. La façon non routinière consisterait à étudier les corrections faites par les gens au fur et à mesure de l'affinement de leurs recherches, et d'utiliser ces informations pour proposer de nouvelles orthographes attestées dans aucun dictionnaire. Jonathan Rosenberg a indiqué que Google recherchait des gens ayant des capacités dans cinq domaines : le raisonnement analytique (« on commence avec les données, c'est-à-dire qu'on peut parler de ce qu'on connaît au lieu de ce qu'on pense connaître »), la communication, le goût de l'expérimentation, le travail en équipe, la passion et le leadership. Il a ajouté que, « dans la vraie vie, les tests sont des livres ouverts et votre succès est toujours évalué à l'aune des leçons que vous pouvez tirer du marché ».

Le meilleur diagnostic que Jonathan Rosenberg puisse soumettre aux étudiants et aux universités est le suivant : « Il est très facile de se consacrer aux domaines connus et beaucoup plus difficile de se consacrer aux domaines en devenir. » Google est apparue parce qu'elle possédait une vision d'avenir. Notre système permettra-t-il aux étudiants de travailler pour Google ou de créer de nouveaux Google ? Permettez-moi de rester sceptique.

Les États-Unis de Google : les geeks font la loi

Qu'adviendrait-il si l'un des petits gars de Google était élu président ? Dans un précédent chapitre, je vous ai raconté en quoi les visions de Larry Page et Sergey Brin et celle d'Al Gore concernant l'environnement étaient en opposition. Les fondateurs de Google voient le monde avec des yeux d'ingénieurs. Plutôt que de chercher des solutions en usant de la loi et de l'interdiction, ils ont recours à l'inventivité et à l'investissement. Ils pensent en termes de ce que l'on pourrait faire et non de ce qu'il ne faut pas faire. Si les geeks prennent le pouvoir – et ils finiront par le prendre –, l'administration s'acheminera vers une ère de rationalisation scientifique. Des personnalités issues du monde des affaires ont déjà commencé à améliorer la situation. Michael Bloomberg gère New York City comme une entreprise. Arnold Schwarzenegger gère la Californie en jouant de l'impact de sa personnalité. Un des petits gars de Google pourrait simplement gérer l'administration comme un service destiné à résoudre des problèmes.

Qu'ils soient élus ou pas, Google et l'Internet auront un profond impact sur la façon de gouverner et de gérer l'administration, sur les relations avec les citoyens, et sur nos attentes les concernant. Aujourd'hui qu'existent les moyens technologiques d'ouvrir l'administration et de rendre transparente chacune de ses actions, il nous faut mettre l'accent sur une nouvelle éthique de l'ouverture. Cela revient à abolir le *Freedom of Infor-*

mation Act[1] et à le renverser entièrement. Pourquoi devrions-nous demander des informations à l'administration ? C'est plutôt elle qui devrait nous demander la permission de les détenir. Par défaut, chacun des actes de l'administration devrait répondre à cette éthique de l'ouverture, être accessible par un moteur de recherche, et laisser la possibilité d'y faire référence *via* des liens. Toute information détenue par l'administration devrait être accessible en ligne et posséder une adresse permanente. Cette dernière est en effet nécessaire pour créer des liens, en discuter et la télécharger pour l'étudier. L'administration se doit d'adopter un comportement nouveau et transparent. Les responsables et les institutions devraient tenir des blogs et engager des conversations ouvertes avec les administrés. Ils devraient diffuser toutes les réunions en Webcasting, puisque c'est devenu si facile aujourd'hui. Vous vous souvenez du corollaire de Weinberger : la confiance est inversement proportionnelle au contrôle. Plus nos dirigeants nous feront confiance en matière d'information, plus nous leur ferons confiance en matière de gouvernement. Aujourd'hui, le niveau de confiance réciproque est trop faible.

Il serait souhaitable que l'administration mette à notre disposition des outils comme MyStarbucksIdea ou comme IdeaStorm chez Dell pour que les citoyens

---

[1]. Le *Freedom of Information Act* est assez comparable, dans l'esprit, au cadre réglementaire français relatif à la Commission d'accès aux documents administratifs.

puissent faire des suggestions, partager leurs idées et les discuter tous ensemble par communautés. Ce serait AdministrationStorm. En 2006 au Royaume-Uni, le cabinet du Premier ministre a lancé E-Petitions avec l'aide des membres de mySociety. Il s'agit d'une initiative citoyenne visant à la création d'outils grâce auxquels l'administration peut devenir plus ouverte. L'une des pétitions a totalisé 1,8 million de signatures, à savoir l'injonction « Arrêtez le système de suivi et de taxation des véhicules sur les routes ». Une autre pétition proposait : « Abaissez la TVA à 5 % sur les jus de fruits sans additifs et sur les smoothies, ainsi que la législation européenne vous y autorise, en vue d'encourager les citoyens à suivre le régime des cinq fruits et légumes par jour. » Elle a recueilli 10 400 signatures. La pétition qui réclamait la légalisation de l'allaitement maternel en public a recueilli près de 6 000 signatures. Au cours de sa première année d'exploitation, E-Petitions a généré 29 000 pétitions (dont 14 000 ont été supprimées parce qu'elles faisaient doublon, qu'elles n'étaient pas sérieuses ou légales) qui ont recueilli un total de 5,8 millions de signatures. Ce résultat est révélateur d'une nouvelle façon d'impliquer les citoyens dans la vie de leur pays.

Il nous faudra mettre ces outils à profit pour rendre le débat sur l'administration positif et constructif. On passe beaucoup trop de temps à se plaindre à tout bout de champ de l'administration et à tenter de rouler ces margoulins. Et ils sont nombreux. Mais certains membres de l'administration luttent aussi contre ces moutons noirs. Étant donné qu'on attend le meilleur des fonctionnaires, on ne voit d'eux que le pire. Mais tentons plutôt de réfléchir à la manière des ingénieurs.

Cherchons à identifier les problèmes et travaillons à trouver des solutions collaboratives. Ça s'apparente à la méthode Coué, mais si l'on ne fait que se plaindre, on n'arrive jamais à rien.

Je ne propose pas l'autogestion de l'administration par les citoyens. Je ne veux pas être soumis à la loi de la jungle, quand bien même elle serait bien faite. Le dialogue nécessaire pour que le pays avance, tout comme l'Internet, a besoin de filtres, de modérateurs, de vérifications de l'information, et de sceptiques. C'est la définition même de la république : les élus sont des filtres. Ils peuvent se servir de l'Internet pour être mieux informés sur nos besoins et nos souhaits. Nous pouvons nous en servir pour nous exprimer et contribuer au débat. L'Internet a le pouvoir de transformer une économie du don en société du don.

L'Internet – souvent accusé de créer des caisses de résonance où seules se font entendre quelques personnes partageant les mêmes points de vue – pourrait nous permettre de nous organiser autrement, autour des questions importantes, et pas seulement sous les bannières de nos engagements politiques. Indépendamment de leurs étiquettes politiques, les gens pourraient se rassembler autour de problèmes comme l'environnement, les impôts, l'éducation, la santé, la criminalité, et rechercher ensemble des solutions. Cela exigerait une nouvelle forme de tolérance politique : nous aurions à prendre position pour trouver d'autres personnes partageant nos convictions. J'aimerais voir les citoyens utiliser le Web pour construire des pages politiques personnelles (PPP) où chacun de nous pourrait, s'il le désire, révéler ses engagements, ses opinions et ses appartenances. Ce serait le Facebook de la démocratie. Sur ma PPP, je publierais mon programme politique en ligne. En ce qui me concerne, je suis un démocrate modéré. Je dirais que j'ai voté pour Hillary Clinton, que je souhaite soutenir activement les mouvements en faveur de la protection du Premier Amendement contre toute censure émanant de la FCC[1], que je suis en faveur d'une politique volontariste en matière de très hauts débits, et que je milite pour l'assurance de santé universelle. Je profiterais de cette page pour commenter et discuter certains problèmes, pour faire des liens vers des blogs où j'ai écrit ou vers des sites qui partagent mes points de vue. Mais je fais déjà cela sur la page de mon blog : je m'y présente parce que j'essaie de mettre en pratique la transparence que je prône. Mes lecteurs ont le droit de connaître mes opinions pour pouvoir juger mes propos en toute connaissance de cause.

Ma PPP serait également pour moi le moyen de gérer mes relations avec les hommes politiques – une variante de ce que Doc Searls appelle le VRM, le *Vendor Relationship Management*. Pourquoi ne pas lancer le PRM, le *Political Relationship Management*[2] ? Je m'en servirais pour indiquer quels candidats et partis peuvent me contacter au sujet de dons ou du temps que j'aurais à leur consacrer. Je proposerais à

---

1. Sur le Premier Amendement, voir note 1, p. 218 et sur la FCC, voir note 1, p. 279.
2. Gestion des Relations Politiques, expression que l'auteur a forgée par mimétisme avec le CRM (*Customer Relationship Management*).

mes adversaires d'essayer de me convaincre : sortez vos meilleurs arguments. Si quelqu'un y parvient, je modifierais publiquement ma PPP. Les PPP pourraient ainsi constituer la base d'un standard d'engagement politique et pourraient expliquer dans un langage clair les débats des hommes politiques et des journalistes.

Imaginons qu'il existe des millions de pages de ce genre et que les moteurs de recherche puissent les parcourir et les analyser. Nous aurions en permanence l'instantané de la *vox populi*. Google deviendrait un organisme de sondage permanent, sauf que ce seraient les citoyens qui créeraient les questions, pas les sondeurs. Cette nouvelle place publique serait un lieu d'expression permanente bien plus efficace que le processus électoral qui n'a lieu que tous les quatre ans (aux États-Unis), une plate-forme grâce à laquelle les citoyens auraient les moyens de s'organiser. On pourrait utiliser Google pour trouver des gens favorables à tel ou tel sujet, pour en rassembler autour de certains engagements, pour les engager à signer telle ou telle pétition ou à voter pour tel ou tel parti.

Lorsque je me suis amusé à évoquer cette idée sur mon blog, l'un des commentaires a été publié par Andrew Tyndall, un critique de télévision qui anime le « Tyndal Report ». Andrew Tyndall y a vu une opportunité de s'abstraire des clichés gauche-droite dans lesquels nous sommes souvent enfermés. Ces clichés, dit-il, rendent les choses

> tellement inamovibles qu'il est très difficile de rassembler des gens d'opinions politiques différentes

autour de grandes causes – on ne peut pas mettre autour d'une même table des *born-again Christians* qui sont anti-avortement, des financiers de Wall Street qui veulent tout libéraliser voire même ouvrir la frontière avec le Mexique, des militants qui veulent légaliser certaines drogues, des démocrates libéraux comme Jeff Jarvis qui militent pour l'assurance santé obligatoire, des idéologues néoconservateurs qui veulent remplacer les autocrates et les théocrates du Middle East, des gestionnaires apolitiques comme Michael Bloomberg qui veut substituer les transports en commun à la voiture.

Les pages politiques personnelles permettraient à chacun d'entre nous de s'extirper des clivages traditionnels gauche-droite des partis politiques que reprennent les instituts de sondages. Elles nous permettraient de prendre position problème après problème et de former des rassemblements *ad hoc* au lieu de coalitions monolithiques.

Dès que Facebook a été traduit en espagnol (en s'appuyant sur sa communauté), il a été utilisé en Colombie pour organiser des mouvements contre la guérilla des FARC. Facebook a servi à construire au sein de la jeunesse un mouvement de soutien à Barack Obama. Chacun peut utiliser l'application *Causes* de Facebook pour militer en faveur d'un engagement. L'Internet et Wikipedia servent aussi à informer les électeurs au moment d'un scrutin. Meetup aide les militants à gérer localement les campagnes politiques. Ces outils sont aussi susceptibles de nous aider à collaborer et à gérer l'administration. Google et les entreprises ne seront pas élues à Washington. Elles nous aideront à prendre le pouvoir.

EXCEPTIONS

*Les agences de relations publiques et les avocats :
sans espoir
Dieu et Apple : au-delà de Google*

Les agences de relations publiques et les avocats : sans espoir

Quand j'ai indiqué sur mon blog que trois secteurs resteraient insensibles à la pensée Google, mes lecteurs m'ont démontré que l'assurance ne devait pas en faire partie – et j'ai pu écrire le chapitre qui lui est consacré. Mais tout le monde a reconnu que c'était vrai pour les agences de relations publiques (RP) et les avocats. Je ne consacrerai pas ce chapitre à une série de blagues sur les agents et les avocats – il en existe déjà beaucoup (allez sur Google, lancez une recherche sur « blagues d'avocats » et amusez-vous bien). Je vais profiter de ce chapitre pour évoquer quelques conditions-clés et quelques prérequis nécessaires à l'application de la pensée Google. J'utiliserai les exceptions pour confirmer la règle.

Le problème des RP et des avocats, c'est qu'ils ont des clients. Ils sont les porte-parole des points de vue de leurs clients, que ces positions à défendre soient bonnes ou mauvaises. Comme ils sont payés pour le faire, les motivations cachées derrière chacune de leurs paroles sont nécessairement suspectes. Ils ne peuvent être transparents, au risque de choquer leurs clients. Leur sincérité ne peut aller bien loin car les opinions qu'ils défendent sont susceptibles de varier du tout au tout selon le bon vouloir du client. Personne n'arrive à savoir ce qu'ils pensent vraiment. Dans un milieu qui donne la priorité aux faits et aux données, ils ne peuvent pas toujours laisser les faits s'imposer : ils doivent se jouer d'eux pour faire triompher leurs idées. Ils doivent défendre les positions de leurs clients jusqu'à leur dernier souffle, ce qui rend toute collaboration avec eux difficile. Leur travail : défendre leurs clients, et personne d'autre. Ce sont des intermédiaires. Ils n'accepteront jamais de se planter en beauté et leurs clients ne les paieront pas s'ils font des erreurs.

Ces professions ne pourront pas profiter de l'esprit Google pour se réformer mais cela ne signifie pas qu'ils ne peuvent pas mettre à profit les outils que nous avons décrits. Ils le font déjà. Certains avocats tiennent des blogs (dont une sélection est disponible sur Blawg.com). Comme les capital-risqueurs, ils trouvent un intérêt à parler de leur domaine, à donner quelques conseils. Ils se vendent eux-mêmes. C'est une sorte de prospection commerciale, parfois aussi du lobbying pour tel ou tel point de vue. Certains, forts de leur expérience, commentent utilement des textes et il faut les en remercier. Il existe des avocats qui – divine surprise ! – savent écrire dans un langage clair et pas seulement en jargon juridique. Mais lorsqu'un avocat conseille sur son blog d'être prudent si l'on a des pneus « made in China », du fait des possibles accidents, c'est aussi parce qu'il cherche des clients pour lancer une *class action*. Les affaires sont les affaires.

Certains avocats mettent à profit les avantages des réseaux pour créer des cabinets virtuels, diminuer leurs frais de personnel et se passer de bureau. D'après le blog LawDragon, les économies de structure réalisées permettent au cabinet Virtual Law Partners de ne prélever que 15 % pour frais de fonctionnement, alors que la règle habituelle est plutôt de 60 à 80 %. Les bureaux de RP et les cabinets de conseil sont plus sournois car ils ne disent pas à leurs clients qu'ils travaillent en réseau.

Les RP tentent d'utiliser les outils du Web 2.0, Google, les moteurs de recherche et les réseaux sociaux, pour moderniser leurs habitudes. La plupart d'entre eux tiennent des blogs. Richard Edelman, par exemple, qui dirige l'agence de RP éponyme. Son spécialiste du Web 2.0, Steve Rubel, passe son temps sur Twitter et sur les blogs. Il n'hésite pas à s'enthousiasmer à chaque nouveauté technologique ; ce sont autant d'occasions de faire la promotion du savoir-faire de l'agence. Les RP se servent de ces outils pour surveiller ce qu'on dit de leurs clients et se joindre à ces conversations. Mais il est arrivé qu'ils se fassent rouler. En 2006, deux blogueurs ont raconté avoir fait la tournée de plusieurs Wal-Mart à travers le pays. Durant ce voyage, ils n'avaient rencontré que des employés affirmant travailler dans d'excellentes conditions. Mais il s'est révélé que tout ceci n'était qu'une opération de communication orchestrée par Richard Edelman et financée par une association d'employés de Wal-Mart. Ce qui n'était qu'une opération de relation publique a perdu toute crédibilité, malgré le fait qu'elle avait été lancée sur un blog. D'ailleurs, Richard Edelman s'en est excusé sur son blog : « Je tiens à m'excuser pour avoir manqué de transparence quant à l'identité réelle des deux blogueurs. C'est notre faute, notre responsabilité et notre erreur à 100 %, pas celle de notre client. » Retenons de cette affaire que les RP ne pratiquent pas vraiment la transparence, et n'oublions pas qu'ils ont des clients.

Mais les agences de RP devraient considérer qu'elles ont le devoir de convaincre leurs clients qu'il est dans leur intérêt d'être transparents et honnêtes. Aujourd'hui, tout se sait très vite sur Internet. Cela revient à mettre les relations publiques sens dessus dessous. Plutôt que de représenter leurs clients et de présenter les choses en leur faveur, les agences de relations publiques devraient leur rappeler que le monde entier les attend au tournant. Les agences pourraient également jouer un rôle nouveau dans le développement de l'image sur Internet. Les entreprises doivent posséder des sites, partager de l'information, tenter d'être factuelles, voire totalement transparentes. L'ouverture est la meilleure agence de relations publiques qui soit. Mais étant donné qu'elles se limitent à une fonction de conseil, les agences de RP ne sont pas toujours en mesure de changer la façon dont une entreprise est gérée.

Je suis certain que les RP et les avocats – tout comme les agents immobiliers – seront heureux de souligner ce qui cloche dans mon analyse. Et je serais très heureux de les accueillir sur mon blog : cherchons ensemble comment ces métiers peuvent mettre en œuvre l'esprit Google, et nous pourrons nous lancer des fleurs. Mais avant cela, ces deux professions ont intérêt à regarder de près les possibilités ouvertes par les outils de Google et la manière dont l'Internet donnera à d'autres acteurs les moyens de les attaquer.

La justice est le royaume de l'obscurantisme. L'Internet peut y remédier. Une petite équipe de volontaires pourrait publier, en s'inspirant du principe de Wikipedia, des explications claires et pratiques des lois et documents juridiques. Il suffit d'un avocat généreux – ce qui n'est pas un non-sens – pour ruiner les affaires de milliers d'autres. J'ai déjà vu quelques sites allant dans ce sens. Ils ne sont pas encore suffisamment bons pour mériter d'être cités, mais c'est un début.

La tendance actuelle qui prône l'ouverture des lois et des procès sur Internet ainsi que leur mise en accès depuis les moteurs de recherche pourrait aider les avocats et leurs clients. Que les travaux de nos gouvernants et de nos juges soient encore protégés par des barrières privées est un vrai scandale. WestLaw et Lexis[1], le duopole qu'on surnomme Wexis, ont transformé les lois en industrie générant 6,5 milliards de dollars. La valeur

---

1. Il s'agit de deux bases de données juridiques réservées aux professionnels et dont les abonnements sont hors de prix.

ajoutée qu'ils proposent tient à l'organisation de l'information, mais des concurrents commencent à proposer des produits meilleur marché. Le magazine *Forbes* a consacré un article à Fastcase, une start-up qui organise l'information grâce à des méthodes automatisées au lieu de recourir à des indexations manuelles. Elle peut ainsi réduire les coûts et proposer des produits moins chers aux avocats. Encore mieux, le site public.resource.org se bat bec et ongles pour rendre les lois et les règlements accessibles gratuitement sur Internet. Les brevets sont déjà accessibles en ligne et Google propose un moteur de recherche spécialisé dans ce domaine (allez sur google.com/ patents et amusez-vous à faire des recherches, c'est très divertissant). Les lois, les règlements et les documents administratifs sont des morceaux de choix pour Google, qui a la possibilité d'y donner accès au plus grand nombre.

Il arrive qu'on ait recours aux services d'un avocat uniquement pour intimider la partie adverse – mais le pouvoir de mobilisation d'Internet fait que les personnes visées peuvent leur retourner la pareille. J'ai vu de nombreux cas de blogueurs demandant de l'aide parce qu'une grande entreprise leur cherchait des poux dans la tête, voire les assignait en justice. Cette initiative leur a parfois permis d'être épaulés par un avocat de la Media Bloggers Association. Les entreprises qui pratiquaient ce genre d'intimidation ont vu leur image attaquée sur Internet. L'Internet n'est pas là pour démoraliser les avocats, mais pour les aiguillonner.

J'imagine bien trouver un jour une place de marché de la représentation juridique. Les clients pourraient y exposer leur cas et les avocats proposer leurs services en illustrant leurs propositions par des affaires qu'ils ont gagnées. Mais on peut imaginer aussi que le conseil juridique devienne Open Source. Les gens qui ont déjà été impliqués dans des affaires similaires proposent gratuitement leur aide aux autres. Voilà comment je m'en suis tiré avec mon propriétaire et voilà les documents que nous avons échangés. Libre à vous de les copier et de les adapter.

L'objectif est de rendre les lois – *nos* lois – accessibles à tous et de les libérer des griffes des professionnels du droit. Rendre les textes totalement accessibles sur Internet, créer des aide-mémoire juridiques facilement compréhensibles et utiles pour se tirer soi-même d'affaire lorsqu'on est confronté à des litiges simples, créer des places de marché juridiques... Tout cela ne remplacerait pas les avocats professionnels et tous leurs défauts mais pourrait bien les faire descendre de leur piédestal.

La Cour suprême tirerait elle aussi parti d'un soupçon d'esprit Google. Après avoir reconnu que des juges avaient commis des erreurs lors de deux décisions en 2008 – une affaire traitant de viol d'enfants mettait en jeu la peine de mort et l'autre portait sur la réglementation de l'énergie –, ses décisions ont été rectifiées par quelques blogueurs qui auraient aimé faire des commentaires *avant* qu'elles ne soient rendues[1], si

---

1. Pour comprendre cet enjeu, il faut garder à l'esprit que la Cour suprême est une juridiction de dernière instance et qu'on ne peut pas faire appel de ses décisions.

seulement ils en avaient eu l'opportunité. J'attends cela avec impatience.

Y a-t-il d'autres secteurs qui puissent rester sourds à l'effet Google ? D'après le capital-risqueur Fred Wilson, c'est le cas du BTP car il est trop lié au monde réel. Oui, mais l'architecture est en train de s'ouvrir – et j'ai vu plus d'une tentative pour faire passer des créations et des plans en Open Source. On pourrait aussi imaginer des moyens de partager des trucs et astuces de bricolage. Les ordures ménagères ? C'est le monde réel. Mais je parie que les consommateurs que nous sommes sauront obliger les fabricants de lessives à réduire le volume de leurs emballages. Le mobilier ? Sur le blog Ikeahacker, n'importe qui est libre de proposer des idées pour personnaliser les produits standardisés du géant suédois. Les mines ? Le livre *Wikinomics* raconte avec force détails comment une compagnie minière a publié ses recherches géologiques en Open Source, ce qui lui a permis de s'adjoindre l'aide de spécialistes amateurs et de trouver de nouveaux filons. Cette compagnie a partagé les bénéfices avec ceux qui l'avaient aidée. La pornographie ? Sans aucun doute. Les « industriels » du secteur ont été à l'origine de nombreuses innovations sur Internet et ont fait en sorte de mettre à profit toutes les améliorations – jusqu'à ce qu'on finisse par trouver des films amateurs sur PornTube (une version de YouTube à ne pas mettre entre toutes les mains) et que meure ce secteur exploitant la rareté pour son plus grand profit. Les militaires ? En fait, ils ont été parmi les premiers à se lancer dans les blogs et les wikis pour que les troupes puissent mettre leurs expériences en commun. Les terroristes ? Malheureusement, ils utilisent l'Internet pour créer et gérer leurs réseaux avec beaucoup trop d'efficacité. Non, vraiment, très peu de secteurs resteront imperméables à l'effet Google.

Dieu et Apple : au-delà de Google

Et Dieu dans tout ça ? Serait-il préservé, comme par miracle, de l'effet Google ? Les Églises n'ont pas manqué d'utiliser l'Internet pour diffuser leurs messages et créer des congrégations virtuelles se rencontrant en ligne sur Meetup. Il existe des versions religieuses de la plupart des plus grands sites – GodTube est beaucoup plus pieux que YouTube. Certains groupes religieux savent très bien tirer parti d'autres sites : Dieu est présent sur MySpace et sur Facebook. Les versets de la Bible et du Coran sont accessibles en ligne, non seulement sur le Web, mais aussi sur l'iPhone. Difficile d'imaginer que Dieu puisse approuver une version wiki de la Bible – mais on pourrait considérer que le Talmud est le premier wiki de l'histoire. Il y a même des mouvements religieux sur le Web 2.0. Le judaïsme Open Source – qui s'inspire des idées de *Nothing Sacred : The Truth about Judaism*, un livre écrit en 2003 par David Rushkoff – a été à l'origine de la création d'une Haggadah (un livre de prière) Open Source. Dieu n'est donc pas préservé de l'effet Google.

Alors qui ? Qui peut bien rester hors de portée de l'effet Google ? Quelle entreprise a construit son succès en violant les lois de Google ? La seule à laquelle je pense, c'est Apple.

Pensez-y un instant : Apple envoie la première loi de Jarvis sur les roses. Donner le contrôle aux clients ? Non, c'est une blague ! Steve Jobs contrôle tout – d'ailleurs nous voulons qu'il en soit ainsi. Si ses produits sont excellents, c'est grâce à son esprit brillant et visionnaire et à son perfectionnisme acharné. En comparaison, les produits de Microsoft semblent avoir été conçus en dépit du bon sens. Quant aux produits de Google, bien qu'ils soient beaucoup plus pratiques que les produits de Microsoft et prennent largement en considération les demandes des clients, on dirait qu'ils ont été conçus par des ordinateurs (je ne serais pas surpris que Google propose un jour un système automatique de conception d'interfaces).

Apple est le contraire d'une entreprise collaborative. Ce qui ne veut pas dire qu'elle ne prend pas en compte les attentes des clients. Apple sait très bien corriger ses erreurs après le lancement d'un produit – en toute discrétion. Le diamètre de la prise des écouteurs des premiers iPhone avait été réduit pour des raisons esthétiques, ce qui rendait les écouteurs en question incompatibles avec toutes les prises autres que celles d'Apple. Ce problème a été réglé sur l'iPhone 3G, sorti quelque temps après. Il faut se planter en beauté, n'est-ce pas ? Eh bien, Apple préfère se planter en silence. Il arrive même que Apple fasse des excuses publiques – ce fut récemment le cas après le lancement catastrophique de MobileMe – mais ses *mea culpa* sont rares.

Apple est une entreprise culte et ses clients sont ses meilleurs vendeurs. Voilà bien une loi de Google. Les clients d'Apple réalisent même parfois des publicités pour ses produits, c'est dire s'ils aiment cette entreprise. Mais cela n'empêche pas Apple de dépenser des fortunes en publicité, renforçant par là l'image décalée de la marque. En effet, ses publicités sont aussi bien conçues et aussi sophistiquées que ses produits eux-mêmes. Mais la meilleure publicité d'Apple, c'est encore les conférences et les démonstrations faites par Steve Jobs lors de salons ou d'événements organisés en différentes occasions. On ne peut pas faire moins interactif et plus à sens unique que ces conférences.

Le moins qu'on puisse dire est que Apple est loin d'être une entreprise transparente. Elle a même poursuivi en justice certains blogueurs ayant osé devancer ses annonces ou révéler ses secrets au grand jour. S'attaquer à ses propres fans allait à l'encontre de l'esprit de l'Internet, mais Apple se moque de cette contre-publicité. Apple restera Apple.

Apple a une sainte horreur de l'ouverture. C'est sans doute une des raisons pour lesquelles ses produits fonctionnent si bien : elle décide de ce qui peut fonctionner avec ses produits, de la façon dont ce fonctionnement doit se faire, et de la nature du modèle d'affaires de ses autres produits. Au moment du lancement du premier iPhone, certains programmeurs se sont plaints de ne pas pouvoir y faire tourner leurs propres applications. Qu'à cela ne tienne : en lançant la deuxième version de l'iPhone, Apple a également lancé l'AppStore, un magasin en ligne permettant de distribuer des applications qui sont toutes validées par Apple avant d'être publiquement accessibles. Cela a suffi à satisfaire les clients qui, par-dessus le marché, apprécient qu'Apple valide les applications, contrairement à ce qui se passe sur MySpace ou à Facebook où la liste des applications disponibles est une vraie foire d'empoigne.

La façon dont Apple ferme certains marchés fonde l'un de ses avantages. Alors que le reste de l'Internet tuait joyeusement le marché de la musique, Apple a proposé à ses fans un moyen sécurisé d'acheter des milliards de chansons, légalement, dans la joie et la bonne humeur.

Cela dit, Apple soutien l'Open Source. Sur son site elle se vante de contribuer à des dizaines de projets Open Source. Du point de vue économique, c'est une excellente décision. Plutôt que de réinventer la roue, Apple s'est fondé sur Unix pour créer son système d'exploitation. C'est plus propre, beaucoup plus fiable et bien plus simple que Windows.

Apple ne pense pas « distribué ». C'est ce qui explique que ce soit nous qui venions célébrer le culte de la marque sur son propre autel.

Apple ne gère aucune abondance, elle crée de la rareté. Tout le monde a vu des clients fanatiques dormir devant les magasins de la marque le jour de la sortie de l'iPhone pour être les premiers à en posséder un. Certains blogs ont affirmé que le jour du lancement de l'iPhone Apple a arrêté les ventes alors qu'elle possédait encore du stock, parce qu'elle voulait que les queues se reforment le lendemain. Apple crée ses propres foules.

Le matériel ? Ce n'est pas un problème pour Apple. Les clients qui utilisent iTunes achètent toujours plus de matériel Apple.

La gratuité est un modèle d'affaires ? L'économie du don ? Ces notions n'ont pas cours chez Apple. L'entreprise fait payer la qualité au prix fort.

Apple ne suit que quelques-unes des lois de Google. L'entreprise est innovante et personne ne lui arrive à la cheville en matière de simplification et de conception.

Comment peut-elle bien s'y prendre ? Comment parvient-elle à continuer son petit bonhomme de chemin quand les autres entreprises de tous les secteurs sont obligées de se remettre en question ? En vérité, c'est très simple. Apple est visionnaire et ses produits sont excellents. Dans les années 1990, avant que Steve Jobs ne revienne chez Apple, j'avais eu pas mal de problèmes avec plusieurs portables et j'avais décidé passer sur PC. Mais, après mes ennuis avec Dell, je suis revenu à Apple. Aujourd'hui, tous les membres de mon foyer sont sur Mac (sans compter un Dell tout neuf) ; nous avons trois iPhone à la maison et plusieurs iPod. J'ai fait pression avec succès pour que mon école de journalisme s'équipe de Mac. Je suis un Applemaniaque. Mais Apple n'est pas le sujet de ce livre, car je crois que cette entreprise est une exception entre toutes. Frank Sinatra pouvait violer toutes les règles du chant parce qu'il était Frank Sinatra. Apple peut violer toutes les règles de la nouvelle économie parce que c'est Apple (et, plus important, parce que Steve Jobs est Steve Jobs).

Apple serait-elle l'anti-Google absolu ? Ne nous précipitons pas. Lorsque j'en ai parlé à Rishad Tobaccowala, il n'a pas du tout adhéré à mon point de vue. Pour lui, Apple et Google, au fond, sont assez semblables.

« Ils savent très bien trouver ce que veulent les gens », m'a-t-il dit. Le « jugement très sûr » de Steve Jobs y veille jalousement. Ces deux entreprises créent des plates-formes grâce auxquelles les gens peuvent faire toutes sortes de choses – qu'il s'agisse de start-up proposant des étuis pour iPod ou des applications pour l'iPhone, ou de majors cherchant de nouveaux débouchés *via* la vente sur iTunes.

Apple, tout comme Google, sait également comment attirer, retenir et donner un coup de pouce aux personnes de talent. Rishad Tobaccowala ajoute que « chez Apple les employés croient être meilleurs que ceux de Google, parce que Apple, c'est plus cool ».

Les produits d'Apple, tout comme ceux de Google, sont d'une conception très simple. Mais Rishad Tobaccowala reconnaît que Apple possède un avantage sur Google : « Les produits sont beaucoup plus sexy. »

Apple a parfaitement compris la puissance des réseaux. Tous ses produits donnent la possibilité de se connecter à quelque chose. Chez Apple, comme chez Google, c'est l'utilisateur, le client – c'est-à-dire vous et moi – qui est invariablement mis en lumière, pas les entreprises elles-mêmes. Et j'ajouterai, bien sûr, que les deux entreprises proposent les meilleurs produits qui soient. Elles sont obsédées par la qualité.

Mais Rishad Tobaccowala n'a pas manqué de faire remarquer que ce qui rend ces deux entreprises très semblables, c'est que, comme toutes les grandes marques, elles apportent une réponse à un désir très profond. « Les gens veulent se prendre pour Dieu. » Le moteur de recherche de Google nous donne l'omniscience, GoogleEarth nous montre le monde depuis le point de vue de Dieu. Apple donne à ses produits toute la beauté du Zen. Et Rishad Tobaccowala conclut : ces deux entreprises « me font toucher du doigt le pouvoir divin ». C'est là toute la méthode Google.

GÉNÉRATION G

Google change nos sociétés, nos vies, nos relations, notre vision du monde, probablement même nos cerveaux, à un point que nous n'imaginons pas encore.

Commençons par nos relations. Je crois que les jeunes d'aujourd'hui – la génération Google – verront les relations amicales d'un œil très différent : grâce à l'Internet, ils pourront garder le contact avec les personnes qu'ils seront amenés à rencontrer. Google les aidera à rester connectés. Avouez-le, vous avez déjà cherché des ex-petit(e)s ami(e)s sur Google – et vous vous êtes demandé si elles (ils) avaient fait de même. Plus on est vieux, moins on retrouve d'anciens amis. Je suis allé sur Google – naturellement, c'était un exercice purement professionnel – et j'ai lancé une recherche sur d'anciennes petites amies. J'ai pu retrouver la fille avec qui je sortais à l'université, qui est aujourd'hui professeur de philosophie. Je n'ai pas pu dénicher la moindre trace de ma petite copine de lycée. Mais c'est elle qui m'a retrouvé un peu plus tard grâce à mon blog, parce que j'avais laissé beaucoup de traces, comme le petit Poucet. Aujourd'hui, nous habitons dans deux villes très éloignées l'une de l'autre, mais lorsque j'ai eu l'occasion de me rendre dans sa ville pour les affaires, nous nous sommes retrouvés. Nous avons pu discuter de ce que nous étions devenus depuis ces trente (aïe !) dernières années. Sans Google, nous n'aurions jamais pu renouer le contact. Merci Google.

Les jeunes d'aujourd'hui ne pourront pas faire ce genre d'expérience. Grâce à tous les outils de mise en relation, ils resteront connectés, disons, pour le restant de leur vie. À travers leur blog, leurs pages sur MySpace, leurs photos sur Flickr, leurs vidéos sur YouTube, leurs conversations sur Seesmic, leur fil sur Twitter, et tous les autres moyens qu'ils ont de partager leur vie – dont certains restent encore à inventer –, ils laisseront tout au long des années des traces qui permettront de les retrouver facilement *via* Google. Une étude du cabinet Alloy datée de 2007 indique que 96 % des adolescents et des étudiants américains utilisent les réseaux sociaux – tous types confondus. Donc même s'ils se perdent de vue sur l'un de ces réseaux, les jeunes finiront par se retrouver sur un autre, sans s'éloigner de plus d'un ou deux degrés.

Je crois que ces connexions permanentes amélioreront la nature même de l'amitié et la façon dont les gens se considèrent les uns les autres. Il sera de plus en plus difficile d'échapper à son passé, de faire n'importe quoi puis de disparaître. Nous nous rapprocherons les uns des autres grâce à des fils de discussion de plus en plus nombreux, sur des périodes si longues qu'on n'en a plus connu de telles depuis le temps où l'on passait sa vie entière sans jamais quitter son village. Aujourd'hui, nos cercles d'amis ne font que s'agrandir.

Cette abondance d'amitiés rendra-t-elle chaque relation moins profonde ? Je ne le pense pas. L'amitié trouve naturellement sa mesure – chacun connaît sa capacité relationnelle et ne s'engage qu'avec les personnes qu'il apprécie vraiment. Le soi-disant nombre de Dunbar postule que notre capacité relationnelle se limiterait à 150 personnes. Je pense qu'on pourrait sans problème dépasser ce chiffre, étant donné les différentes sortes de relations possibles en ligne. Mais n'oubliez pas ce qui a fait le succès de Facebook : en utilisant nos vrais noms, nous pouvons établir de vraies relations. Tout est une question d'amitié véritable.

Nos ennuis nous poursuivront-ils également tout au long de notre existence ? Nos faux pas, nos erreurs de jeunesse et nos petites indiscrétions seront-ils eux aussi exposés en place publique ? Laisseront-ils des traces indélébiles ? Nous hanteront-ils pour le restant de nos jours parce que le monde, grâce à Google, gardera une meilleure mémoire ? C'est certain. Mais, par conséquent, nous ne serons pas les seuls : ce principe nous protégera tous contre ce risque. Chacun d'entre nous aura néanmoins son côté obscur. Et il y aura également un revers à la médaille : si tu cherches à m'attaquer, je t'attaque aussi. Ou, pour le dire plus élégamment, je citerai de nouveau David Weinberger qui a déclaré lors d'une conférence (d'après le fil Twitter de la blogueuse Lisa Williams, qui a pu y assister) : « Une ère de transparence se doit également d'être une ère de pardon. » Notre nouvelle célébrité nous rendra sans doute aussi plus tolérants. Cela nous poussera à nous pardonner mutuellement nos erreurs et nos faiblesses. De même, nous pardonnerons également aux personnalités connues. D'ailleurs cela s'est déjà produit. Barack Obama a avoué qu'il avait déjà fumé de la marijuana et personne n'a été choqué. Qui sommes-nous pour jeter la première pierre, quand Google nous enferme dans des cages de verre ? Pour le dire avec les mots de Google : la vie est une version bêta.

Les attentes et la pratique de la Génération G en matière de vie privée sont totalement différentes des nôtres. Les gens de mon âge ou plus âgés que moi sont horrifiés à la vue de toutes les informations personnelles que les jeunes de la Génération G dévoilent en place publique. Je m'explique ce phénomène en me disant que partager toutes ces informations est un acte social. C'est la matière première grâce à laquelle Google rend possibles les relations. Rendre publique une information personnelle nous catégorise de façon à ce que nous puissions être retrouvés selon ce critère. Comme je l'ai dit dans le chapitre consacré à la santé, il est désormais possible de me retrouver par une recherche sur ma maladie cardiaque, la fibrillation auriculaire. C'est par cette information que les autres malades entreront en contact avec moi, et cela nous permettra de partager des informations. Vivre en public m'apportera des avantages qui valent bien les risques encourus.

Mais la vie en public nous garantira aussi collectivement certains bénéfices, comme c'est déjà clairement le cas aujourd'hui avec toute la sagesse populaire que

Google rassemble et nous laisse partager *via* nos actions publiques, à savoir nos recherches, nos clics, nos liens et nos créations. La vie en public est un bien commun. La sagesse populaire appartient au peuple. Refuser d'enrichir ce savoir collectif – par un lien, un avis sur un restaurant, un petit conseil – pourrait bien être la nouvelle définition d'un comportement antisocial ou, du moins, égoïste.

Pour toutes ces raisons, et notamment pour la plus forte d'entre elles – l'ego –, nous continuerons à fournir de plus en plus d'informations personnelles sur Internet. Nous chercherons à nous exprimer et nous nous attendrons à pouvoir être retrouvés facilement. Nos ombres numériques deviendront nos identités. Pour sortir du lot au milieu de toutes nos communautés, il nous faudra chercher à nous distinguer. Je parie que l'on verra bientôt des parents donner des prénoms originaux à leur progéniture pour que celle-ci soit facile à retrouver par une recherche dans Google. Le rédacteur en chef de *Wired*, Chris Anderson, a remarqué un signe avant-coureur de cette tendance : d'après Laura Wattenberg, l'auteur de *The Baby Name Wizard*, 25 % des enfants dans les années 1950 portaient l'un des dix prénoms les plus courants. Récemment, cette proportion est tombée à 10 %. J'étais à deux doigts de prédire que, dans un avenir proche, les parents commenceraient par s'assurer que le domaine.com correspondant est bien disponible avant de choisir le prénom de leur bébé. J'ai alors lancé une recherche dans Google. Et, naturellement, il s'est avéré que ceci était déjà arrivé en 2007. Selon l'Associated Press, « bien sûr, avant de donner un prénom à son bébé, Mark Pankow a vérifié que "Bennett-Pankow.com" n'avait pas encore été déposé. Mark Pankow a déclaré : "Un de nos critères de choix exigeait que le domaine correspondant au prénom qui nous plaisait soit libre." Aux dernières nouvelles, le petit Bennett n'a pas encore ouvert son blog, mais son destin est tout tracé ».

Au-delà du choix d'un prénom, l'identité fera l'objet de toutes les attentions. Les activités par lesquelles on vous connaît permettront d'affiner les recherches à votre sujet dans Google. Je suis Jeff Jarvis le blogueur, celui qui écrit à propos de Google et des médias, je ne suis pas Jeff Jarvis le trompettiste de jazz, ni Jeff Jarvis l'organisateur de balades en Segway en Thaïlande (zut ! j'aurais bien aimé être ce Jeff Jarvis-là), ni Jeff Jarvis qui dirige une entreprise de logiciels de suivi d'action de terrain sur mobile (je me demande bien de quoi il peut s'agir) et certainement pas Jeff Jarvis le sportif universitaire (malheureusement, je suis trop vieux et trop mal en point). Sur les résultats de Google, je suis le premier Jeff Jarvis de la liste.

Cela nous amène à relever un autre argument qui s'oppose à l'identité publique, celui d'après lequel nous nous transformerions en exhibitionnistes égocentriques. Nous rendons publique notre vie privée dans ses moindres détails, des plus intimes aux plus triviaux. Qui s'intéresse à ce que j'ai mangé au petit déjeuner ? Pourquoi en ai-je parlé ? Leisa Reichelt, une blogueuse de Londres, pense que cette « intimité ambiante » – qui consiste à publier des bribes de vie quotidienne, à partager ce que nous faisons et avec qui, à dire quand nous changeons de coiffure ou de voiture – nous permet de « rester en contact avec tout un tas de gens, de garder un degré d'intimité et de régularité qu'il n'est pas possible de maintenir autrement, simplement parce qu'on n'en a ni le temps ni l'occasion ». L'intimité ambiante nourrit l'amitié. « Nous pouvons ainsi mieux connaître des gens qui sans cela seraient restés de simples relations. Cela nous rend plus proches des gens que nous apprécions mais dont nous ne parvenons pas à participer à la vie aussi intimement que nous le voudrions. » Et, d'un point de vue plus terre à terre, Leisa Reichelt ajoute : « Ça fait gagner beaucoup de temps lorsqu'on arrive enfin à rencontrer ces gens dans la vraie vie ! »

L'Internet et Google apportent à nos vies un nombre incalculable de petits changements. Encore une fois, leur impact n'est pas facile à évaluer car nous manquons du recul nécessaire. Certains ne seront que des feux de paille, d'autres auront des conséquences profondes sur les convenances sociales. Voici quelques-uns de ces changements :

– Depuis que je me sers d'ordinateurs, je suis toujours impressionné de voir que chaque problème peut se résoudre avec une machine et un programme. Il suffit de trouver le bon programme. Si seulement c'était la même chose dans la vie ! Je crains que la jeune génération ne soit très surprise lorsqu'elle apprendra combien la vie des gens de ma génération a pu être illogique, difficile et compliquée. Une fois encore, nous étions bien naïfs.
– Je n'oublie pas de questionner le culte maladif que Google voue aux données et sa certitude que les

chiffres disent la vérité. Cela ne nous fait-il pas oublier que la vie humaine est aussi faite de données non mesurables et d'actions contre-intuitives : l'étincelle de génie qui surgit contre toute logique ? Serons-nous encore capables d'inventer fortuitement le moule à pain ou de découvrir la pénicilline par un heureux hasard ?

– Une fois encore, peut-être que tout cela servira à améliorer nos capacités d'analyse. Les employés de Google n'ont pas la possibilité de prendre appui sur l'intuition, les sensations, les souhaits, les croyances et tout ce qui a toujours fait le travail humain – des réponses simples et de la sagesse populaire. Nos employés, nos patrons, nos hommes politiques et nos professeurs ne nous seraient-ils pas plus utiles, eux aussi, s'ils se fondaient plus souvent sur des sensations empiriques ?

– Je serais si heureux d'apprendre que le système scolaire ne force pas les élèves à apprendre par cœur des connaissances faciles à retrouver ailleurs. Mais je me demande si la puissance de Google, celle qui nous rend capables de trouver en une fraction de seconde n'importe quelle information, ne finira pas par atrophier les cellules de notre cerveau. C'est peut-être simplement que j'ai peur de vieillir.

En 2008, dans un article paru dans *The Atlantic* et intitulé « Google n'est-elle pas en train de nous rendre stupides ? », Nicholas Carr, l'un des pourfendeurs d'Internet avec qui j'ai parfois croisé le fer sur la blogosphère, s'est interrogé sur les changements induits par l'Internet dans nos habitudes, nos façons de penser et nos modes de vie. Il avouait avoir changé ses habitudes de lecture et lire moins – ce qui est aussi mon cas. Nicholas Carr affirmait que « la lecture attentive possible avec une certaine quantité de pages imprimées ne sert pas seulement à accroître ses connaissances, mais aussi à mettre son esprit en éveil ». Il ajoutait : « C'est dans les moments de calme permis par la lecture soutenue et attentive d'un livre ou tout type de contemplation que nous avons la possibilité de découvrir nos propres associations d'idées, de réfléchir à nos propres corrélations et de chercher des analogies. En bref, de forger nos propres idées. Comme le dit Maryanne Wolf, la lecture profonde est indiscutablement liée à une pensée construite. »

Pour sa défense, Eric Schmidt, le P-DG de Google, a répondu à Nicholas Carr : « Je constate que nous n'avons jamais été aussi intelligents. » Nicholas Carr va sans doute m'accuser d'angélisme – et ce ne serait pas la première fois – mais je pense que les interactions profondes, elles aussi, sont susceptibles de renforcer la pensée construite. Parce que j'écris de courtes notes sur mon blog et non de longs articles, on pourrait croire que mes idées sont de courte vue – je vous laisse libre de partager cette opinion. Mais mes idées peuvent donner naissance à de nombreuses notes et prendre corps en quelques semaines ou quelques mois, se nourrissant d'autres idées, de remises en question et d'arguments apportés par les lecteurs de mon blog et leurs commentaires. Grâce à cela, je choisis parfois d'abandonner certaines idées qui se révèlent inopérantes. Pour moi, un blog est une forme nouvelle et efficace de collaboration et de vérification entre pairs. J'ai pu y forger nombre d'idées pour ce livre. C'est pourquoi je ne m'en fais pas trop pour les livres qui prennent la poussière sur les rayonnages de ma bibliothèque, ni pour les magazines qui traînent sur mon bureau sans jamais être ouverts – ni pour la quantité de pages Web que je devrais lire. Je sais aussi que j'apprends des montagnes de choses chaque jour sur Internet. Je ne sais pas si ma manière actuelle de faire est meilleure ou pire. Je ne sais pas si c'est la bonne façon d'aborder le problème. J'apprends autrement, je discute autrement, je vois les choses autrement, je pense autrement. Penser autrement, c'est à la fois le résultat et la compétence clé de l'ère de Google.

On a souvent prédit que la jeunesse d'aujourd'hui calquerait ses normes sociales, ses mœurs et ses engagements politiques sur ce qu'elle voit dans les jeux vidéo et les réseaux sociaux – je ne parle pas du sexe et de la violence, mais d'une vision plus subtile du monde. Dans un essai, Clay Shirky, professeur à l'université de la ville de New York, a dit que « les réseaux sociaux sont comme une sorte de science politique informatisée ». Dans un autre essai il ajoutait : « Les normes sociales applicables dans les jeux ont des effets sur les habitudes de vie en société. » Lawrence Lessing, professeur de droit à Stanford, a utilisé une formule restée célèbre en disant que le code informatique, c'est du droit : « Ce code, ou architecture, établit les termes permettant de définir la vie dans le cyberspace. Il établit le degré de facilité de protection de la vie privée, le degré de facilité de censure de tel ou tel propos. Il détermine si l'accès aux informations est ouvert ou fermé. Il influe sur l'autorisation d'accès accordée à telle personne pour telle chose et sur la mise sous surveillance. » Il ajoute que le code « implémente des valeurs, ou pas. Il donne certaines libertés ou il les supprime ».

Quels sont donc les conduites, les valeurs, les mœurs et les modèles implicites dans Google et dans l'usage qu'on en fait ? Comment vont-ils influer sur la Génération G ? Encore une fois, il faut garder en tête que c'est très difficile à prévoir. Mais on peut spéculer. J'ai eu l'occasion dans cet ouvrage de parler des nouvelles règles d'éthique que j'ai apprises au contact des blogs et des blogueurs : l'éthique des liens, de la transparence et du savoir-vivre. Que faut-il tirer de plus de Google ?

– Ce que l'on constate en ligne, à savoir le goût pour la simplicité, est en passe de devenir une éthique de la simplicité. Le beau code est simple et efficace. Cette habitude culturelle courante chez les geeks s'est propagée jusque sur la home-page de Google, où les tâches les plus compliquées ont l'air désespérément simples – la simplicité, c'est de la complexité bien pensée. La simplicité va sans doute se diffuser du Web aux produits, à la culture et à nos conceptions de la vie.

– Google récompense l'ouverture – que, d'ailleurs, nous réclamons. Dans notre vie, l'ouverture prend la forme de la transparence – la règle des blogueurs exigeant qu'on mette en lumière conflits et dommages. Dans les affaires, on ne continuera pas longtemps à faire confiance aux entreprises fondant leur développement sur des secrets de propriété. Le grand public s'attendra désormais à ce qu'elles agissent dans le monde de l'ouverture.

– On verra s'accroître l'attention portée aux petits et à la différence. La règle des foules, qui veut que chacun ressemble à monsieur Tout-le-Monde, s'est muée en individualisme assumé parce que Google favorise l'unicité dans les masses de niches – et parce que les geeks, qui aiment la différence, vont imposer la culture dominante.

– Mais je crains que cela ne favorise le développement d'une culture de la réclamation – et je voudrais présenter mes excuses pour y avoir une part de responsabilité, du fait de mes ennuis avec Dell. Sur Internet, toute réclamation finit par payer. Après avoir passé des années sous le joug de la culture d'entreprise, c'est pour nous, petits et sans-grade, une libération que de voir le plus petit d'entre nous capable de gagner contre la plus grande des entreprises. Mais sur Internet, la moindre réclamation est aussi susceptible de se transformer en bataille rangée. Nous devons, nous le peuple, prendre conscience que nous détenons plus de pouvoir que nous ne le pensions, et nous devons apprendre à l'utiliser à bon escient.

Fort de toutes ces nouvelles règles de vie en société dégagées par l'Internet, mon plus grand espoir est que les futures générations sachent imposer une doctrine de liberté d'expression dans le dialogue avec l'administration et les institutions. L'Internet donne vie au Premier Amendement. L'Internet ne supporte pas la censure, il la réduit à néant – car toute expression censurée quelque part sur l'Internet finit par se propager. C'est l'aspect positif des communications globalisées. Le danger de cette globalisation, cependant, est de voir la liberté réduite à un dénominateur commun d'expression que dicterait le pire des systèmes, issu de la répression gouvernementale, des groupes de pression luttant contre certaines émissions de télévision aux États-Unis ou certaines caricatures au Danemark, ou de lois régressives scélérates (et qui, d'après quelques-uns, sont dépassées avant même leur entrée en application). Nous devons placer nos espoirs dans des entités puissantes comme Google qui peuvent mettre tout leur poids dans la balance pour faire pression contre la censure en Chine, en Iran et partout ailleurs, et défendre la liberté d'expression.

Quelles que soient les causes qu'elle défendra, la Génération G pourra s'organiser sans organisation, comme Clay Shirky l'a montré dans *Here Comes Everybody*. Cette capacité à se rassembler déstabilisera en profondeur les institutions. Il est possible de s'organiser en contournant les gouvernements, les frontières, les partis politiques, les entreprises, les universités, les religions, les groupes ethniques, dont le pouvoir et l'emprise sur nos vies seront donc inévitablement réduits. Dans un article publié par le magazine *Foreign Affairs* en 2008, Richard Haas affirme que le monde est en train de passer d'une organisation bipolaire (héritée de la Seconde Guerre mondiale) à une organisation non polaire (c'est-à-dire sans modèle de référence). Le monde est devenu une place de marché des opinions. Google nous donne le moyen de diffuser nos positions, de trouver, d'organiser et de travailler de concert avec d'autres. Il n'est plus nécessaire de contrôler les institutions pour avoir la haute main sur les décisions. Richard Hass prévoit la dissolution des gouvernements. Les blogueurs Umair Haque et Fred Wilson avaient déjà envisagé la mort de l'entreprise. Et, au cours de ce livre, j'ai exposé l'idée selon laquelle les réseaux pourraient dépasser les entreprises en efficacité. Sur mon blog, je suis la tendance à la déliquescence que connaît le quatrième pouvoir, la presse. On pourrait aussi débattre sur le rôle et le pouvoir du premier état : l'Église. Quoi d'autre ? L'Internet permettra l'avènement du tiers état – celui du peuple. Cela mènera peut-être le monde à l'anarchie, mais l'Internet porte en lui le pouvoir de s'organiser.

Notre organisation est adaptative. Partout dans le monde, chacun peut retrouver ses pairs et mener toutes sortes d'actions avec eux. Je fais le vœu que les talents individuels puissent ainsi de nouveau être mis en avant. Sur Internet, on est libre de faire tout ce que l'on veut par soi-même ou de rassembler un groupe pour travailler à plusieurs. Ce n'est pas parce qu'on n'a pas de pouvoir qu'on ne peut pas chercher à en acquérir. Cela favorisera l'engagement dans des communautés et des nations – vous avez vu toutes ces armées de jeunes qui se sont groupées autour de Barack Obama sur Facebook ? Cette génération a retenu la leçon pour la vie entière.

Alors que l'Internet n'en était encore qu'à ses tout débuts, je m'étais demandé s'il était intrinsèquement de droite ou de gauche. On avait l'habitude de considérer que la télévision hertzienne, qui s'adressait aux masses populaires, était un média de gauche, tandis que la télévision par câble ou la radio, tournées vers des niches et martelant des messages contradictoires, était un média de droite. Où se situait donc l'Internet ? De prime abord, j'ai été tenté de le considérer comme libertaire car à l'époque les premiers blogueurs appartenaient à cette tendance politique. Cela avait du sens : l'Internet permettait et favorisait la liberté individuelle. Mais, avec le temps, je me suis aperçu que l'Internet n'était ni monolithique ni même un média. Que ce soit en matière de politique ou d'économie, il désagrège les organisations en particules élémentaires et les réorganise en de nouvelles molécules. Il fragmente les anciennes réalisations et unifie les nouvelles réalités. Il rend caduques les bonnes vieilles notions de gauche et de droite et offre des opportunités pour construire de nouvelles expressions politiques. C'est à partir de ce moment-là que je suis arrivé à la conclusion que l'Internet n'était ni de droite ni de gauche, ni même libertaire, mais que c'était une machine à établir des connexions nous rassemblant tous, quelles que soient nos opinions.

J'espère que Google et l'Internet transformeront, diffuseront et renforceront la démocratie. L'ambition de Google, à savoir nourrir tous les possibles, est une conception parfois oubliée de la démocratie. Cette révolution ne se fera pas par le haut, par la volonté des gouvernements et des institutions établies. Comme tout ce à quoi Google prend part, elle se fera par le bas, à partir de communautés de toutes tailles et de toutes sortes, et ce parce que l'implication mène à de nouvelles organisations, de nouveaux modes de gestion et de gouvernement. Voilà ce que je veux dire lorsque j'affirme que le pouvoir se décale vers les bords et qu'il n'est plus centralisé. Aux États-Unis, les mouvements politiques n'auront plus à naître à Washington mais pourront démarrer dans mille endroits à la fois, tous connectés par des liens sur Internet. Quand des millions de gens donnent chacun dix dollars pour financer une campagne – et que ce ne sont plus dix personnes qui donnent un million de dollars chacune –, le pouvoir se décale vers les bords. C'est ce que certains espèrent. C'est ce que pense le stratège politique Joe Trippi. Il expose son point de vue dans son livre *The Revolution Will not Be Televised*. La Génération G développera un sens différent de l'appartenance, de la fidélité, du patriotisme et du pouvoir. Elle se reconnaîtra dans de nouvelles nations : une nation de geeks, une nation de diabétiques, une nation d'artistes… Elle se sentira plus proche de ces nations, et moins de leurs villes et de leurs pays.

Voici la Déclaration d'indépendance du Cyberspace, écrite en 1999 par John Perry Barlow, l'ancien parolier des Grateful Dead et l'un des cofondateurs de l'Electronic Frontier Foundation : « Gouvernements du monde industrialisé, géants fatigués de chair et d'acier, je viens du cyberspace, le nouveau domicile de l'esprit. Au nom du futur, je vous demande à vous, qui appartenez au passé, de nous laisser en paix. Vous n'êtes pas les bienvenus parmi nous. Vous n'avez aucune souveraineté sur le territoire où nous nous rassemblons[1]. » Il ajoutait que la seule loi reconnue par la cyberculture était LA loi entre toutes : « Nous sommes en train de

---

1. Pour ce texte plein d'emphase, je reprends ici une traduction qui en a été donnée par le magazine *Cybersphère*, aujourd'hui disparu.

créer un monde où chacun, où qu'il soit, peut exprimer ce qu'il croit, quel que soit le degré de singularité de ses croyances, sans avoir à craindre d'être forcé de se taire ou de se conformer. »

Ma génération, celle des enfants des années 1960, a revendiqué le non-conformisme. Mais notre non-conformisme d'hier est devenu le conformisme d'aujourd'hui. Je crains que ça n'ait été qu'une mode. Certains pensent que le non-conformisme et l'individualisme de la Génération G seront une reconnaissance plus que le fruit d'un combat, une forme de solitude plus qu'une revendication collective, une lubie plus qu'une réflexion. Tout cela, et même pire, est peut-être exact. Mais j'ai foi en cette génération. Parce que, bien avant leurs aînés – mes semblables –, les jeunes d'aujourd'hui ont pris le pouvoir, participé à la vie sociale et économique, et créé des choses d'exception : des technologies d'exception, des entreprises d'exception, des idées d'exception.

Et l'on finit toujours par en revenir au même point : la création. Il suffit de regarder l'Internet pour être frappé par l'énergie créatrice dont font preuve les gens. Une des enquêtes que j'ai citées plus haut disait qu'un livre dormait au fond de la majorité d'entre nous. Une autre disait, mais c'est une pure coïncidence, que les jeunes pensaient avoir une future entreprise en eux. Nous avons examiné quelques-unes de nos créations. Nous faisons des dizaines de millions de blogs, nous publions des centaines de millions de photos sur Flickr. Quelques centaines de milliers de personnes créent des applications pour Facebook. À chaque minute qui passe, dix heures de vidéo sont téléchargées sur You-Tube. Les gens conçoivent des tee-shirts sur Threadless, des chaussures sur Ryz et vendent toutes sortes d'objets artisanaux sur Etsy.com. Des gamins créent des entreprises. La liste est sans fin.

L'Internet ne nous rend pas plus créatifs. En fait, il nous fournit une tribune où nos créations peuvent être montrées, écoutées, utilisées. Il permet à tous les créateurs de trouver leur public, le public qu'ils méritent. Ainsi, la création se trouve libérée des griffes de la soi-disant communauté des artistes, de ceux qui pensaient être les propriétaires exclusifs de la créativité. Ceux qui restent sceptiques vis-à-vis de l'Internet affirment que ce dernier, ainsi que Google, mènent le monde à sa ruine en dérobant à la communauté des artistes ses moyens financiers et en empiétant sur leur pré carré. Ils les déboulonneraient de leur piédestal. Au contraire, les promoteurs de l'Internet, dont je fais partie, mettent en avant l'idée que l'Internet démultiplie la créativité, tue l'uniformité et fait triompher la qualité. Il nous permet non seulement de trouver ce qui correspond à nos goûts, mais également d'entrer en contact avec les personnes qui apprécient ce que nous faisons. L'Internet tue les masses, une fois pour toutes. Nous assisterons à la mort des mass media et de tous les systèmes économiques fondés sur les masses. Et je ne me lamenterai pas sur leur sort.

Il y aura toujours une communauté des artistes, mais son rôle et sa relation avec le public devront changer. Cette communauté sera obligée de se comporter non seulement en créatrice, mais également en exemple, en éducatrice. Elle sera l'inspiratrice d'autres à sa suite – la pierre angulaire de la créativité. C'est ce que Paulo Coelho est devenu lorsqu'il a demandé à ses lecteurs d'écrire un scénario à partir de l'un de ses livres.

Les sceptiques pensent aussi qu'en s'abaissant au niveau des pâquerettes, on patauge dans la fange. À dire vrai, on aurait tout intérêt à élever le débat – dans le sens défini par le public, non par les spécialistes. Ce qu'il faut récompenser, c'est l'attention. C'est cela qui constitue notre culture des liens et de la recherche, cela qui fonde une méritocratie. Seulement, désormais, il y a beaucoup de définitions du mérite et chacune doit se mériter.

On a longtemps cru – et on m'a enseigné – qu'il y avait deux choses rares dans la culture : le talent et l'attention. Il y a énormément de gens bourrés de talent et nous leur prêtons beaucoup d'attention – mais il n'y a pas encore assez des deux. Et, comme c'est le cas pour tous les autres secteurs, la culture passe de la rareté à l'abondance. Il existe une abondance de talents et une volonté sans limites de créer. Mais ils ont été bridés par un système éducatif qui a mis en avant l'uniformité, étouffés par un système économique qui n'a récompensé que quelques géants, et découragés par des spécialistes et des critiques qui ont reconnu une communauté d'artistes ne reflétant qu'une petite part de la richesse créative. Ces ennemis de la création de masse ont castré la création pour transformer l'abondance en rareté. Google et l'Internet ont renversé la vapeur. Aujourd'hui, les talents de toutes sortes et de toutes formes peuvent donner libre cours à leur imagination, à leur expression. Nous voulons être libres de créer et le faire avec générosité. Nous voulons attirer sur nous l'attention que nous méritons. Ce qui signifie que la fange sera laissée de côté. Mais tout dépend de votre définition de la fange.

Lorsqu'on parle de l'ère de Google, on parle d'une nouvelle société. Les lois que nous avons étudiées dans ce livre – les lois de Google – sont les lois de cette société, fondées sur les connexions, les liens, la transparence, l'ouverture, la vie en public, l'écoute, la confiance, la sagesse, la générosité, l'efficacité, les marchés, les niches, les plates-formes, les réseaux, la vitesse et l'abondance. Cette nouvelle génération et sa nouvelle vision du monde changeront notre perception et nos interactions avec le monde. Nous verrons également évoluer la façon dont les entreprises, les gouvernements et les institutions interagissent avec nous. Tout ne fait que commencer. J'espère savoir comment tout cela va finir. Mais je suis effrayé à l'idée d'être là, aujourd'hui, avec vous, et d'assister à la naissance de ce nouveau monde.

POUR CONTINUER LA CONVERSATION

J'espère que notre discussion ne fait que commencer. Vous avez certainement noté des lois de Google qui m'auront échappé. Vous avez certainement des corrections à apporter, des informations à ajouter, des expériences à partager et des opportunités à explorer. J'espère que vous vous connecterez sur mon blog, Buzzmachine.com, pour continuer la conversation et répondre à cette question : que ferait Google à notre place ?

L'effet Google touche non seulement les entreprises, les secteurs industriels et les institutions, mais également les individus. Il vous donne de nouveaux outils et crée de nouvelles attentes portant sur l'orientation à donner à votre carrière, votre vie personnelle, et vos projets. Si vous voulez adopter la Google attitude et utiliser au mieux ces nouvelles opportunités, il vous faudra comprendre comment Google valorise la création, l'ouverture, les connexions, les particularismes, la collaboration et l'inventivité. C'est pourquoi, dans les cinq étapes pour se Googliser, je partage des suggestions, des liens et des astuces pour commencer un blog, créer des liens, utiliser Facebook, Flickr et beaucoup d'autres outils. Ce guide est accessible sur BuzzMachine.com/tips.

Et si vous avez oublié l'adresse, pas de souci, vous me trouverez sur Google.

REMERCIEMENTS

Tout d'abord, je tiens à remercier les amis de mon blog – ceux qui ont lu, commenté et fait des liens sur Buzzmachine.com – pour leur inestimable, perspicace et généreuse contribution à l'écriture de ce livre. Ils m'ont inspiré et renseigné. Ils m'ont donné des idées grâce auxquelles j'ai pu améliorer les miennes. Ces amis sont trop nombreux pour que je les cite tous.

Je suis reconnaissant envers mon éditeur, Ben Loehnen, pour toutes les fois où je l'ai maudit (« bon sang, mais il a raison »). Bien que je remette en cause l'édition à l'ancienne, il m'a prouvé sa valeur, sa perspicacité et m'a témoigné son aide toujours pleine de bonne volonté. HarperCollins m'a beaucoup surpris par l'ouverture dont cette maison a fait preuve en cherchant de nouvelles pistes sur Internet. (Quand nous en sommes arrivés au chapitre sur l'édition électronique, il m'a été reproché de ne pas oser pousser mon analyse plus loin.) Au sein du Collins Publishing Group, je tiens à remercier Carla Clifford, Hollis Heimbouch, Larry Hughes, Matt Inman, Angie Lee, Shawn Nicholls, Carolyn Pittis,

Catherine Barbosa-Ross, Steve Ross et Margot Schupf pour leur détermination à faire de ce livre un succès.

Je tiens également à remercier mon agent, Kate Lee, de ICM – c'est le premier agent que je connaisse qui envisage les blogs comme source de talent et d'idées. Kate a patiemment pris en compte mes idées et m'a poussé à en trouver de meilleures jusqu'à ce qu'on flashe sur *What Would Google Do*[1] ?

Ma famille n'aurait pu se montrer plus merveilleuse qu'elle ne l'a été tout au long de la période d'écriture de ce livre. Ma charmante et intelligente épouse, Tammy, a supporté toutes mes heures de travail, de voyage, de stress et m'a permis d'écrire. Mon fils, Jake, m'a montré le chemin qui va vers l'avenir. Ma fille Julia m'a servi de cobaye. Ils m'ont encouragé aussi. Je remercie mes parents Joan et Darrell Jarvis et ma sœur, la révérende Cynthia Jarvis, qui m'a soutenu dans l'écriture de cet ouvrage sans m'accabler d'avoir mis vingt-quatre ans à accomplir mon rêve en publiant un livre.

Plusieurs employeurs et collègues m'ont généreusement permis de bloguer et de m'informer sur les médias numériques, et je les en remercie. Je tiens notamment à remercier Dean Steve Shepard et son associé Dean Judy Watson à l'université de la ville de New York ; Steve Newhouse d'Advance.net ; Jim Willse de Star-Ledger ; Alan Rushbridger, Emily Bell et l'équipe de rédaction du Media Guardian, au

---

1. Titre original du livre en américain.

sein du *Guardian* ; Upundra Shardanand et Tom Tereck de Daylife. Je tiens à remercier les chefs de rubrique de *Business Week* pour m'avoir confié des enquêtes qui m'ont été utiles pour ce livre.

Je remercie également Peter Hauck, Margaret Kimble, Scott Karp, Clay Shirky, David Weinberger, Doc Searls, Jay Rosen, Rishad Tobaccowala, Fred Wilson, Paulo Coelho, Paula Bracconot, Gary Vaynerchuk, Edward Roussel, Tom Evslin, Seth Godin, Craig Newmark, Samir Arora, Marc Benioff, Chris Bruzzo, Peter Osnos, Jim Louderback, Mark Zuckerberg, Dave Winer, Umair Haque, Martin Nisenholtz, Jeffrey Rayport, Andrew Heyward, Kevin Rose, David Cohn, Dave Morgan, Nick Denton, Scott Heiferman, Chris Anderson, Steven Johnson, Ken Layne, Matt Welch, Caterina Fake, Stewart Butterfield, Bob Garfield, Jimmy Wales, Joan Feeney, Bob Wyman, Will Richardson, Andrew Tyndall, Rick Segal, Bonnie Arnold, Tim O'Reilly, Henry Copeland, Marcel Reichert, Stephanie Czerny, Jochen Wegner, Hubert Burda, Wolfgang Blau, Claudia Gonzalez Gisiger, the World Economic Forum, the Aspen Institute, Lionel Menchaca, Richard@Dell, Michael Dell et son entreprise, Dell Inc.

Vous noterez que je ne remercie pas Google. Je lui suis très reconnaissant d'exister, de nous donner des leçons, et de nous inspirer – sans compter les précieuses citations de Marissa Mayer en ligne. Mais je tiens à ce que vous sachiez que je n'ai pas cherché à entrer en contact avec Google pour écrire ce livre. Je voulais me forger moi-même mon propre jugement en gardant mes distances. Mon admiration envers Google ne vient donc pas de relations que j'aurais pu nouer au sein de l'entreprise, mais seulement de l'incroyable exemple que j'ai conscience qu'elle nous donne.

Et, finalement, je tiens à vous remercier d'avoir lu mon livre.

POSTFACE
faberNovel

Dans une étude publiée en décembre 2008, « Tout ce que vous avez toujours voulu savoir sur Google sans jamais oser le demander », faberNovel s'est attachée à comprendre les raisons de la réussite industrielle et commerciale de Google et a identifié les six facteurs-clés de succès qui expliquent le leadership pris en seulement dix ans par le moteur de recherche.

L'étude examine comment ces facteurs sont mis en œuvre dans la stratégie de Google et démontre que ces mécanismes nés dans l'univers digital peuvent être exploités par les acteurs du monde numérique voire, plus largement, par toute industrie innovante.

Cette étude a rencontré un certain écho dans les médias et suscité un grand nombre de commentaires sur les blogs spécialisés. Nombreux étaient ceux qui regrettaient que les faiblesses du géant de Mountain View n'aient pas été évoquées.

Pour tenter de répondre à ces interrogations, faberNovel a, en mars 2009, dans *Pourquoi Google n'est pas invincible*, identifié douze menaces stratégiques réglementaires ou internes qui pèsent sur Google. Chacune d'elles a été évaluée selon son impact potentiel, sa probabilité et son échéance.

Ces deux études, publiées sous licence Creative Commons (Paternité-Pas d'utilisation Commerciale-Partage des Conditions Initiales à l'Identique) sont en ligne sur le site faberNovel :

http ://www.fabernovel.com/fr/analyze/news/fabernovel-publie-une-etude-sur-les-facteurs-cles-de-succes-de-google

http ://www.fabernovel.com/fr/analyze/news/pourquoi-google-n-est-pas-invincible

L'édition de *La Méthode Google*, version française de *What would Google do ?*, était la suite logique de ces études. Nous tenons à remercier vivement tous ceux qui ont contribué à la publication de cet ouvrage :

Les collaborateurs faberNovel des deux études :
- Stéphane Distinguin, CEO
- Cyril Vart, VP Strategy & Development
- Amaury de Buchet, fondateur de UlyssCo
- Pierre Fremaux, Project Analyst
- Matthieu Lecomte, Junior Project Analyst
- Alexis Arquié, Junior Project Analyst
- Mounir Fassouane, Junior Project Analyst

Les bloggeurs qui les ont relayées :
- Michael Arrington, Ouriel Ohayon et les équipes de tech-crunch.com/ et mobilecrunch.com/
- Richard MacManus et l'équipe de readwriteWeb.com/
- Olivier Ertzscheid : affordance.typepad.com/

- Google Operating System : google-system.blogspot.com/
- Frédéric Cavazza de fredcavazza.net/

Notre partenaire, les éditions Télémaque, en la personne de Stéphane Watelet ; notre traducteur, François Druel ; Aurélie Huz pour sa précieuse relecture et Hélène Huby ; Franck Riboud qui nous a fait l'honneur de rédiger la préface et Benedikt Benenati qui nous a permis de l'approcher ; Gabriel Gaultier pour ses conseils avisés ; les équipes de HarperCollins Publishers et des éditions Gallimard ; et évidemment Jeff Jarvis sans qui ce livre n'existerait pas !

Découvrez tous nos titres disponibles en version numérique

Rendez-vous sur les sites des **e-libraires** et sur **www.pocket.fr**

Visitez aussi :

www.fleuvenoir.fr
www.pocketjeunesse.fr
www.10-18.fr
www.languespourtous.fr

Il y a toujours
un **Pocket** à découvrir

Composé par Nord Compo
à Villeneuve-d'Ascq (Nord)

Imprimé en France par

MAURY IMPRIMEUR
à Malesherbes (Loiret)
en février 2015

POCKET – 12, avenue d'Italie – 75627 Paris Cedex 13

N° d'impression : 194758
Dépôt légal : septembre 2011
Suite du premier tirage : février 2015
S21621/04